dtv

»Kann man an die Existenz oder gar an die tätige Anwesenheit eines Gottes in einem Universum glauben, das sich nach einigen Jahrhunderten naturwissenschaftlicher Forschung unserem Verstand als erklärbar zu präsentieren begonnen hat?« Mit dieser einfachen, aber für uns Menschen heute lebensnotwendigen Frage beschäftigt sich dieses Buch von Hoimar von Ditfurth. Er versucht dabei nichts Geringeres, als die naturwissenschaftliche Deutung der Welt mit ihrer religiösen Interpretation zu verbinden. Ditfurth unternimmt diesen Versuch in der Überzeugung, daß der Brückenschlag zwischen theologischem und naturwissenschaftlichem Weltbild überfällig geworden und ohne fundamentale Widersprüche möglich ist. Im Zentrum seiner Darstellung steht dabei der für die moderne Naturwissenschaft grundlegende Gedanke der Evolution: »Bemerkenswerterweise liefert gerade dieses geistige Konzept einen entscheidenden Schlüssel zu einem besseren, in mancher Hinsicht ganz neuen Verständnis uralter theologischer Aussagen, bis hin zu der Behauptung von der Realität einer jenseitigen Wirklichkeit.«

Hoimar von Ditfurth, am 15. 10. 1921 in Berlin geboren, war Professor für Psychiatrie und Neurologie. Viele Jahre lang gehörte er zu den erfolgreichsten deutschen Wissenschaftsjournalisten. Seine Fernsehserie ›Querschnitte‹ galt als ein Musterbeispiel für spannende und verantwortungsbewußte Popularisierung von Ergebnissen der modernen Naturwissenschaft. Ditfurth starb am 1. 11. 1989 in Freiburg. Er veröffentlichte u. a.: ›Kinder des Weltalls‹ (1970), ›Im Anfang war der Wasserstoff‹ (1972), ›Dimensionen des Lebens‹ (1974), ›Zusammenhänge. Gedanken zu einem naturwissenschaftlichen Weltbild‹ (1974), ›Der Geist fiel nicht vom Himmel‹ (1976), ›So laßt uns denn ein Apfelbäumchen pflanzen‹ (1985), ›Unbegreifliche Realität‹ (1987), ›Innenansichten eines Artgenossen‹ (1989), ›Das Gespräch‹ (1990), ›Das Erbe des Neandertalers‹ (1992), ›Die Sterne leuchten, auch wenn wir sie nicht sehen‹ (1994).

Hoimar von Ditfurth

Wir sind nicht nur von dieser Welt

Naturwissenschaft, Religion und die
Zukunft des Menschen

Deutscher Taschenbuch Verlag

Zeichnungen Andrea Schoormanns
Abbildungsvorlagen für Abb. S. 27: Hoimar von Ditfurth: Kinder des Weltalls. Hamburg 1970, S. 284; Taschenbuchausgabe München 1982, S. 289; für Abb. S. 47: Hoimar von Ditfurth: Im Anfang war der Wasserstoff. Hamburg 1972, S. 170/171; Taschenbuchausgabe München 1981, S. 170/171; für Abb. S. 55: Hoimar von Ditfurth: Im Anfang war der Wasserstoff. Hamburg 1972, S. 84; Taschenbuchausgabe München 1981, Abb. 10; für Abb. S. 183: Hoimar von Ditfurth: Der Geist fiel nicht vom Himmel. Hamburg 1976, S. 192; Taschenbuchausgabe München 1980, Abb. 12.

Von Hoimar von Ditfurth
sind im Deutschen Taschenbuch Verlag erschienen:
Im Anfang war der Wasserstoff (30015)
Innenansichten eines Artgenossen (30022)
Der Geist fiel nicht vom Himmel (30080)
Kinder des Weltalls (30091)
Das Erbe des Neandertalers (30433)
Die Sterne leuchten, auch wenn wir sie nicht sehen (30533)

Ungekürzte Ausgabe
1. Auflage Juli 1984 (dtv 10290)
11. Auflage Mai 1997
Deutscher Taschenbuch Verlag GmbH & Co. KG,
München

ISBN 3-455-08778-7
Umschlagkonzept: Balk & Brumshagen
Umschlagbild: ›Die Durchbrechung des mittelalterlichen Weltbildes‹ (1818), Holzschnitt (© AKG, Berlin)
Gesamtherstellung: C. H. Beck'sche Buchdruckerei,
Nördlingen
Gedruckt auf säurefreiem, chlorfrei gebleichtem Papier
Printed in Germany · ISBN 3-423-30058-2

Inhalt

Für Jutta, Christian, Donata und York

Einleitung

Die Wahrheit ist unteilbar

Kann man an die Existenz oder gar an die tätige Anwesenheit eines Gottes in einem Universum glauben, das sich nach einigen Jahrhunderten naturwissenschaftlicher Forschung unserem Verstand als erklärbar zu präsentieren begonnen hat? Diese einfache, aber alles entscheidende Frage bildet den Hintergrund dieses Buchs.

Sie wird heute nur noch selten in so direkter Form gestellt.[1] Das ist eigentlich sonderbar, denn gleichzeitig redet alle Welt aus gutem Grunde von der Notwendigkeit einer »Sinnfindung«. Wie aber könnte es uns gelingen, einen Sinn unserer Existenz überzeugend zu formulieren, ohne Stellung zu beziehen zu unserer Eingangsfrage? Wie die Antwort im Einzelfall auch immer ausfallen mag, sicher ist, daß sich über den Sinn menschlicher Existenz sinnvoll nicht reden läßt ohne eine Entscheidung darüber, ob man diese Welt, unsere alltägliche Wirklichkeit, für in sich geschlossen, für aus sich selbst heraus erklärbar hält oder nicht.

Darüber aber, ob es nur das Diesseits gibt oder auch eine jenseitige Wirklichkeit, wie es alle großen Religionen von jeher behaupten, darüber wird zwischen Theologen und Naturwissenschaftlern schon seit langem nicht mehr ernstlich diskutiert. Nicht etwa, weil die Frage entschieden wäre. Der Theologe setzt das Jenseits voraus (Religion *ist* die Überzeugung von der Realität einer jenseitigen Wirklichkeit). Für den Naturwissenschaftler dagegen ist das Jenseits kein Thema (sondern allenfalls ein psychologisches oder religionssoziologisches Phänomen).

Daß heute zwischen den beiden Lagern äußerlich Friede herrscht, heißt also nicht etwa, daß man nach Jahrhunderten erbitterter Auseinandersetzungen schließlich zu einer gemeinsamen Auffassung gefunden hätte. Der Friede ist durch einen Kompromiß zustande gekommen. Er ist lediglich die Folge davon, daß man sich, des langen Streites müde, darauf verständigt hat, die Wahrheit für teilbar zu erklären.

Was für den Glauben wahr sei, könne für die Vernunft falsch sein und umgekehrt, so lehrte der Philosoph Siger von Brabant im 13. Jahrhundert.[2] Er hatte es möglicherweise als Ausflucht gemeint, um sich die Freiheit philosophischer Spekulation gegenüber theologischer Denkzensur zu erstreiten. (Es half ihm nichts, man hat ihn trotzdem eingekerkert.) Mit aller Entschiedenheit ernst gemeint war aber das trotzig-triumphierende *»Credo quia absurdum«* des Tertullian (um 160 – um 220 n. Chr.) (frei übersetzt: »Ich glaube es gerade deshalb, *weil* es meinem Verstand so unannehmbar erscheint«). Welchen Sinn der antike Theologe selbst seinem Ausspruch auch immer beigemessen haben mag, die moderne Religionskritik würde hier kühl und sachlich von einem typischen Fall von »Immunisierungsstrategie« sprechen.
Denn wer seinen religiösen Standpunkt so definiert, zieht sich auf eine Position zurück, auf der er von rationalen Argumenten grundsätzlich nicht mehr erreicht werden kann. Er »immunisiert« sich gleichsam gegen jeden denkbaren Einwand. Er beansprucht eine Wahrheit für sich, die unabhängig ist von dem Begriff, den unser Verstand von demselben Wort hat.
So wie »dichterische Wahrheit« einen Eigenwert beansprucht, obschon sie ausdrücklich nichts gemein haben will mit dem Wahrheitsbegriff unseres Alltags, so radikal unterscheidet sich nun auch nach der Auffassung vieler moderner, vor allem protestantischer Theologen »religiöse Wahrheit« von allem, was kritische Vernunft für wahr oder falsch, für beweisbar oder für widerlegbar halten kann.[3] Während die dichterische Wahrheit jedoch nicht vorgibt, mehr zu sein als ein übertragener, bildlich zu verstehender Begriff, nimmt religiöse Wahrheit das ganze existentielle Gewicht der ursprünglichen Wortbedeutung für sich in Anspruch.
So haben die Theologen die Wahrheit denn in Stücke zerlegt und mit den Wissenschaftlern geteilt. Nur so ließen sich, wie man offensichtlich meinte, die Widersprüche umgehen, vor denen man sich im theologischen Lager weitaus mehr fürchtete als auf der anderen Seite. Von da ab galten sorgfältig, man ist versucht zu sagen: ängstlich abgegrenzte Zuständigkeiten. Sobald uns die Frage nach dem Sinn unseres Lebens beschäftigt oder der Gedanke an unsere Sterblichkeit, immer dann auch, wenn wir unser Verhalten den Maßstäben von Gut und Böse unterzuordnen wünschen, gibt der Theologe uns die notwendige Auskunft. Wann immer wir dagegen an den Rätseln des Fixsternhimmels interessiert sind oder am Aufbau der Materie, an der Geschichte des

irdischen Lebens oder den Geheimnissen der Funktion unseres Gehirns, werden wir auf jene anderen Wahrheiten verwiesen, die der Obhut der Naturwissenschaften unterstehen.

Beide Wahrheiten aber haben, damit suchen die Theologen uns und sich selbst zu beruhigen, nichts miteinander zu tun. So kommen sich die zwei Lager nicht länger ins Gehege. Man hat aufgehört, sich gegenseitig die Klientel abzujagen. Man ist dazu übergegangen, die Reviergrenzen einvernehmlich festzulegen. Das erspart, soviel ist sicher, eine Menge Streit.[4]

Die Frage ist nur, ob sich ein Theologe eigentlich guten Gewissens damit zufriedengeben darf, auf diese Weise der Fortführung der alten Auseinandersetzungen enthoben zu sein. Wie will er es eigentlich rechtfertigen, daß er bereit ist, »die Welt« den Naturwissenschaftlern zu überlassen? Wie lange wollen die Theologen die Probleme noch ignorieren, die daraus entstehen, daß beide Wahrheiten, die des wissenschaftlichen Verstandes und die der Religion, letztlich dann doch in den Köpfen konkreter einzelner Individuen gemeinsam Platz finden müssen? Wie lange werden sie die kritische Einsicht verdrängen können, daß ihr rapide zunehmender Autoritätsverlust in der Öffentlichkeit die unvermeidliche Folge ihres Verzichts auf die Anerkennung einer einzigen, Welt und Jenseits in gleicher Weise umfassenden Wahrheit ist?[5]

Wie lange noch wollen sie die Augen vor der Tatsache verschließen, daß sie aufgehört haben, die diesseitige Welt als Schöpfung wahrhaft ernst zu nehmen, was doch nur heißen könnte, sie unter Einschluß auch all unseres wissenschaftlichen Wissens über sie ernst zu nehmen?

Es ist *eine* Sache, zu deklarieren, daß religiöse Wahrheit von gänzlich anderer Art sei als jede durch rationale Anstrengung erkannte Wahrheit dieser Welt. Und eine *andere* Sache ist es, in seinem Leben konkret zu erfahren, daß es dieselbe Welt ist, in der die Angst vor dem Tod und das Wissen vom Atom aufeinandertreffen oder die moralische Beunruhigung angesicht bestimmter gesellschaftlicher Strukturen in dieser Welt und das Wissen über die historischen Ursachen eben dieser Strukturen. Hat jemand, der ausdrücklich verkündet, daß die von ihm vertretene Wahrheit mit den in dieser Welt herrschenden logischen und natürlichen Gesetzen nichts, aber auch gar nichts zu tun habe, eigentlich Anlaß, sich zu wundern, wenn sein Anspruch, in dieser Welt mitzureden, auf skeptische Zurückhaltung stößt?

Was uns mit der Lehre von den »zwei Wahrheiten« zugemutet wird, ist nichts weniger als ein Leben in einer geistig gespaltenen Welt. In der einen Hälfte sollen wir glauben, was wir in der anderen aus logischen Gründen zu verwerfen haben. Und angesichts der Unvollkommenheit der weltlichen Hälfte sollen wir uns an jener ganz anderen Wahrheit orientieren, die mit der Natur dieser Welt, wie uns versichert wird, nicht das geringste zu tun hat. Verantwortlich fühlen sollen wir uns für Tatbestände in einer diesseitigen, von menschlicher Vernunft bestimmten Hälfte der Welt, auf die es dennoch, wie sofort hinzugefügt wird, letzten Endes überhaupt nicht ankommt.
Das alles ist mehr, als Menschen ertragen können. Daß uns diese Gewaltkonstruktion nicht so absurd erscheint, wie sie ist, läßt sich nur durch den Effekt langer Gewöhnung erklären.
Die unvoreingenommene Betrachtung der Szene ergibt denn auch, daß die Scheinlösung, ungeachtet aller offiziell geäußerten Zustimmung, in Wirklichkeit zu keiner Zeit akzeptiert worden ist. Von niemandem. Alle Versuche, sich selbst und den anderen das Gegenteil einzureden, haben zu nichts geführt. Sie haben nicht vermocht, bei irgendeinem der Beteiligten das untrügliche Gefühl zu ersticken, daß es nur *eine* Wahrheit geben kann und daß diese unteilbar ist.
Das Festhalten an einem gespaltenen Weltbild hat daher bedenkliche Konsequenzen. Denn in uns allen schlummert der Verdacht, daß nur eine der »beiden« Wahrheiten, auf die zugleich man uns einschwören will, wahr sein kann. Beim Naturwissenschaftler und all den Menschen, deren Weltbild in wesentlichen Zügen von der modernen Naturwissenschaft geprägt ist, führt das zu einer zunehmenden Hinwendung zum Atheismus, zu dem Versuch also, mit dem Diesseits und der eigenen Vernunft allein zurechtzukommen.
Aber nicht einmal die Theologen scheinen von der Schlüssigkeit der von ihnen propagierten Lösung allzuviel zu halten. Der Kompromiß hat ihnen zwar Ruhe vor den Attacken der Naturwissenschaftler verschafft. Ihr theologisches Gewissen aber hat er offensichtlich nicht beruhigt. Wie anders läßt sich das nach wie vor unübersehbar gestörte Verhältnis deuten, das tiefe Mißtrauen, das weite Teile der Kirche (und hier nun insbesondere der katholischen Kirche) heute noch immer gegenüber der Naturwissenschaft an den Tag legen?
Noch 1950 rügte Pius XII. es in der Enzyklika »Humani generis« als »verwegene Überschreitung« der für einen Katholiken zulässigen Meinungsfreiheit, so zu argumentieren, »als sei der Ursprung des menschli-

chen Körpers aus einer bereits bestehenden und lebenden Materie... bereits mit vollständiger Sicherheit bewiesen«. Aus der defensiven Stellungnahme spricht unüberhörbar die Sorge, daß die einschlägigen Erkenntnisse der Biologie denn doch mit der religiösen Wahrheit kollidieren könnten. Warum sonst die Warnung?

Anfang 1977 stellte der Vorsitzende der Glaubenskommission der deutschen katholischen Bischöfe, Kardinal Volk, fest, »daß die Ergebnisse der Naturwissenschaften in die theologische Aussage einbezogen werden können, ohne daß der Glaube damit angegriffen würde«. Überflüssig war diese gerade vier Jahre zurückliegende Versicherung offensichtlich nicht. Der Kardinal fuhr fort, aus dieser Einsicht ergebe sich die »keineswegs leichte Aufgabe« einer intensiven theologischen Aufarbeitung moderner naturwissenschaftlicher Erkenntnisse. Bis 1977 hatte diese Aufarbeitung nach Ansicht des Kardinals also offensichtlich noch nicht einmal begonnen.

Kein Zweifel, bis auf den heutigen Tag fällt es dem gläubigen, kirchentreuen Christen schwer, zur Naturwissenschaft, insbesondere zur Biologie, ein unbefangenes Verhältnis zu finden. In seinem tiefsten Inneren läßt eben auch er nicht von der Überzeugung ab, daß wissenschaftliche Erkenntnisse, die sich auf die Schöpfung und ihre Kreaturen beziehen, nicht ohne Zusammenhang mit dem Schöpfer gesehen werden können, an den er glaubt. Zwei voneinander getrennte Wahrheiten, die nichts miteinander zu tun haben? Offensichtlich – und glücklicherweise – glauben nicht einmal die Theologen selbst an eine solche Möglichkeit.

Damit sind wir da, wo wir waren, wo wir schon vor Jahrhunderten waren, als sich die Frage nach dem Verhältnis zwischen religiöser und rationaler Deutung dieses einen Kosmos zum ersten Male stellte, dieser einen Welt, die zugleich Schöpfung ist *und* Gegenstand menschlicher Wissenschaft, nichts anderes. Die Frage ist noch immer unbeantwortet. Den Naturwissenschaftler braucht das nicht zu kümmern. Er hat sich auf ein methodologisch definiertes Spezialterrain zurückgezogen, auf dem er sich selbst genug ist. Der gläubige Mensch hat es da schwerer. Und wie ein Theologe mit dem existentiellen Schisma zurechtkommen kann, das unser augenblickliches Weltbild kennzeichnet, das bleibt sein Geheimnis.

Die Berührungsangst, die die Kirchen – und unter ihrem Einfluß so viele gläubige Menschen – naturwissenschaftlichen Erkenntnissen gegenüber empfinden, hindert sie daran, zu erkennen, daß ihre

Besorgnisse schon seit einiger Zeit überflüssig geworden sind. Die Züge, die das naturwissenschaftliche Weltbild während der letzten Schritte der Forschung angenommen hat, machen alle Befürchtungen gegenstandslos, zwischen der Welt als Schöpfung und der Welt als Objekt menschlicher Wissenschaft könnte ein unüberbrückbarer Gegensatz klaffen. Freilich muß man, um an dieser befreienden Einsicht teilzuhaben, bereit sein, dieses naturwissenschaftliche Weltbild auch vorurteilslos zur Kenntnis zu nehmen. Jedenfalls waren die Aussichten auf eine Harmonisierung von religiösem und naturwissenschaftlichem Weltbild seit dem frühen Mittelalter nicht mehr so günstig wie heute.

Diese, manchem im ersten Augenblick vielleicht kühn erscheinende Behauptung läßt sich begründen. Das wird im Ablauf des Buchs ausführlich geschehen. Hier vorab in kürzester Zusammenfassung nur so viel: Während des Mittelalters wurde in unserem Kulturkreis in einer gewaltigen, alle anderen Fragen hintanstellenden Anstrengung der Versuch unternommen, die Existenz Gottes und die Realität einer jenseitigen Wirklichkeit ein für allemal zu beweisen. Das Resultat bestand in der Erkenntnis, daß das grundsätzlich unmöglich ist.

Daraufhin trat die Wissenschaft auf den Plan. Da der Mensch zu Extremen neigt und dazu, nach eindeutigen, exklusiven Lösungen zu suchen, galten die folgenden Jahrhunderte in einer nicht weniger gewaltigen Anstrengung dem Versuch, Gott und das Jenseits zu widerlegen. Dem Versuch, den Nachweis zu führen, daß Natur und Diesseits auch ohne die »Hypothese Gott« funktionieren und daß sie für unseren Verstand durchschaubar sind. Das Ergebnis war die Einsicht, daß auch das unmöglich ist.

Zu Anfang dieses Jahrhunderts führte die Naturwissenschaft den endgültigen, unwiderlegbaren Beweis, daß unser Verstand nicht ausreicht, diese Welt zu verstehen. Als entscheidender Markierungspunkt läßt sich die Relativitätstheorie von Albert Einstein anführen.[6] So hat »die letzte Schlußfolgerung der Vernunft« uns die Einsicht beschert, »daß es eine Unzahl von Dingen gibt, die ihr Fassungsvermögen übersteigen«, ganz so, wie Pascal es mit seinem wissenschaftsgeschichtlich geradezu prophetisch wirkenden Ausspruch vor mehr als 300 Jahren vorausgesagt hatte.[7]

Damit sind wir heute frei, die Frage nach der Vereinbarkeit religiöser und wissenschaftlicher Weltdeutung erneut aufzugreifen, unbelastet von den Vorwürfen und Vorurteilen der Vergangenheit. Das unnatürliche und gewiß nicht folgenlose Schisma unseres Selbstverständnisses erscheint nicht länger als unüberwindbar. Die Wiedergewinnung eines einheitlichen, in sich geschlossenen Weltbildes ist in greifbare Nähe gerückt.[8]

Die Ansicht, daß naturwissenschaftliche Erkenntnisse notwendig im Widerspruch zu religiösen Aussagen ständen, hat sich endgültig als Vorurteil herausgestellt. Aber das ist noch nicht alles: Es gibt darüber hinaus heute auch schon Beispiele dafür, daß naturwissenschaftliche Entdeckungen und Denkmodelle uralte Aussagen der Religion auf eine unerwartete Weise bestätigen.

Die Begründung dieser Behauptungen bildet den Inhalt des vorliegenden Buchs. Es ist in der Überzeugung geschrieben, daß die Verbindung religiöser und wissenschaftlicher Aussagen über die Welt zu einem einheitlichen Weltbild heute möglich geworden ist. In der Überzeugung, daß sie nicht nur möglich, sondern auch dringend notwendig ist, wenn der Schwund an Glaubwürdigkeit, dem die religiöse Verkündigung heute in der breiten Öffentlichkeit ausgesetzt ist, nicht weiter fortschreiten soll.[9]

So ist dieses Buch als ein Angebot an die Kirchen zu verstehen. Als ein Versuch, aus naturwissenschaftlicher Perspektive die Wege anzudeuten, auf denen sich heute vielleicht doch wieder gemeinsam gehen ließe, und die Brückenschläge zu skizzieren, mit denen die getrennten Standpunkte vielleicht doch wieder zu verbinden wären. Da der Verfasser Naturwissenschaftler ist, ist nicht auszuschließen, daß die Darstellung der theologischen Implikationen trotz aller Bemühungen hier und da Fehler enthalten könnte. So bedauerlich das wäre, das Prinzip des Vorschlags, der in diesem Buch entwickelt wird, würde davon nicht berührt.

Im Zentrum der Darstellung steht das weit über den Spezialfall der Biologie hinaus geltende, für die gesamte heutige Naturwissenschaft grundlegende Konzept der Evolution. Bemerkenswerterweise liefert gerade dieses geistige Konzept einen entscheidenden Schlüssel zu einem besseren, in mancher Hinsicht ganz neuen Verständnis uralter theologischer Aussagen, bis hin zu der Behauptung von der Realität einer jenseitigen Wirklichkeit. Dieser Gedanke war der entscheidende Anstoß zur Entstehung des Buchs, das unter diesen Umständen mit einer relativ ausführlichen Darstellung des modernen Evolutionsbegriffs beginnt.

In Kenntnis der im religiösen Lager bestehenden Berührungsängste sei zuvor nochmals betont, daß niemand zu befürchten braucht, in einem der folgenden Kapitel werde von ihm verlangt, auch nur ein Quentchen seiner religiösen Überzeugung in Frage zu stellen. Die Einbeziehung des von den Naturwissenschaften zutage geförderten Materials über die Welt und den Menschen kann die Stabilität des Gebäudes der Theologie nicht gefährden, sondern nur festigen. Allerdings: Auch wenn nicht eine einzige tragende Wand eingerissen zu werden braucht – ganz ohne Umbauten läßt sich die Neueinrichtung nicht bewerkstelligen.

Erster Teil

Evolution und Schöpfungsglaube

1. Evolution und Selbstverständnis

Die einschneidendsten Korrekturen, zu denen sich ein selbstkritischer Theologe heute veranlaßt sehen müßte, ergeben sich aus der Tatsache der Evolution. Es ist notwendig, dieser Feststellung gleich eine Erläuterung hinzuzufügen. Hier lauern zwei Mißverständnisse, die zu beseitigen sind, wenn die Diskussion nicht von vornherein einen falschen Weg nehmen soll.

Das erste: Die Evolution hat in unserem Zusammenhang nicht deshalb eine zentrale Bedeutung, weil sie der religiösen Interpretation der Welt als göttlicher Schöpfung widerspräche. Da eine große Zahl, möglicherweise die Mehrzahl der sogenannten Gebildeten in unserem Kulturkreis, davon nach wie vor überzeugt zu sein scheint, ist es notwendig, bereits zu Beginn der Argumentation darauf hinzuweisen, daß es sich dabei um nichts anderes als um ein Vorurteil handelt. Da dieses ebenso verbreitet wie hartnäckig ist, werden wir darauf noch in einem eigenen Abschnitt ausführlich eingehen.

An dieser Stelle so viel: Evolution und Schöpfungsglaube stehen keineswegs im Widerspruch zueinander. (Dieses Buch wird, um es noch einmal, zum vorletztenmal, zu wiederholen, in der Überzeugung geschrieben, daß wissenschaftliche und religiöse Weltdeutung sich nicht gegenseitig ausschließen.) Ihr Aufeinandertreffen kann andererseits nicht ohne Folgen bleiben. So werden die Theologen, wenn sie mit der von ihnen angekündigten »Aufarbeitung« naturwissenschaftlicher Erkenntnisse ernst machen, sehr bald darauf stoßen, daß viele ihrer Formulierungen von einem statischen, mittelalterlichen Weltbild abgeleitet sind, das nicht länger als gültig angesehen werden kann.

Ein einziges Beispiel möge das schon an dieser Stelle verdeutlichen. Ein statisches Weltbild geht von dem Bestehenden als unveränderlicher Realität aus. Es suggeriert damit unter anderem, ob ausgesprochen oder stillschweigend, daß die vom heutigen Menschen in seiner Umwelt festgestellten Strukturen und Rangordnungen endgültig und damit gewissermaßen das von den Faktoren oder Mächten, die diese Welt hervorgebracht haben, unbewußt oder gar bewußt angestrebte

Ergebnis sind. Von hier ist es nicht mehr weit bis zu der Überzeugung, der Mensch sei der Gipfel, die »Krone« der Schöpfung. Als Beweis genügt dann der Hinweis auf die unbestreitbare Tatsache, daß der Mensch auf der Erde hier und jetzt den obersten Platz einnimmt.
Vor dem Hintergrund der Evolution stellt sich die Situation anders dar. Wer den historischen Charakter der Natur, ja des ganzen Kosmos erst einmal erkannt hat, für den läuft die eben skizzierte »statische« Beschreibung der Rolle des Menschen in der Welt auf die aberwitzige Behauptung hinaus, daß 13 oder mehr Milliarden Jahre kosmischer Geschichte zu nichts anderem gedient hätten als dazu, den heutigen Menschen hervorzubringen, einschließlich der Ost-West-Gegensätze und all der anderen Probleme, die wir als Folgen der Unvollkommenheit unserer Veranlagung anzusehen haben.
Derart zugespitzt formuliert, erscheint diese Annahme so absurd, wie sie ist. Das Gegenteil ist richtig. Die Entdeckung der Evolution schließt die Einsicht ein, daß unsere Gegenwart mit absoluter Sicherheit nicht das Ende (oder gar das Ziel) der Entwicklung sein kann. Daß diese Geschichte vielmehr auch in die Zukunft hinein über Zeiträume hinweg weiter ablaufen wird, die nicht weniger unermeßlich sind als jene, die sie schon hinter sich gebracht hat. Unsere Gegenwart – wir selbst und die uns umgebende Natur – erweist sich aus dieser Sicht als ein seinem Wesen nach vorübergehendes, vor dem Hintergrund der kosmischen Geschichte als flüchtig anzusehendes Phänomen. Als bloße Momentaufnahme einer Entwicklung, in der sie, betrachtet man die realen zeitlichen Proportionen einmal nüchtern, nicht mehr als einen winzigen Ausschnitt darstellt.
Damit aber erweist sich unser heutiger Rang ebenfalls als grundsätzlich provisorischer Natur. Lassen wir die Wahrscheinlichkeit der Existenz intelligenter Wesen auf anderen Planeten im Kosmos hier vorerst einmal beiseite. (Wir werden sie später noch in etwas anderem Zusammenhang zu diskutieren haben.) Die Tatsache der Evolution allein beweist, daß die Rolle des *Homo sapiens* in seiner uns gewohnten Besonderheit um nichts gültiger oder gar endgültiger sein kann als die des Neandertalers oder des *Homo habilis*. Es ist sicher, daß es uns nicht mehr geben wird, lange bevor die Geschichte des Universums zu ihrem Ende gekommen ist. Wir wissen nicht, ob wir einfach aussterben werden (womöglich von eigener Hand), ob wir genetische Nachkommen haben werden, die von uns so weit entfernt sind, wie wir vom noch sprachlosen *Homo habilis,* oder ob wir womöglich das Verbindungs-

glied zu nichtbiologischen Nachfahren ganz anderer Art darstellen.[133]

Fest steht allein, daß, falls überhaupt jemand, so nicht wir das Ende oder Ziel der Entwicklung sein können. Das Universum käme auch ohne uns zurecht, und es wird eines Tages mit Gewißheit ohne uns auskommen müssen, ohne daß seine Geschichte deshalb ihren Sinn verlöre, wenn sie denn einen hat.[10]

Diese Einsicht tut allenfalls unserem Stolz Abbruch, nicht jedoch unserer Würde. Beides sollten wir sorgfältig auseinanderhalten. Sie zwingt uns aber, das Wesen unserer Würde neu zu überdenken. Und sie gibt, das sei am Rande erwähnt, auch dem Neandertaler und all den anderen unserer evolutionären Vorläufer jenen Teil ihrer Würde zurück, den wir ihnen vorenthalten, wenn wir sagen, daß sie nichts gewesen seien als unsere Vorläufer. Denn, eingebettet in den Strom der alles, auch zukünftiges Leben umfassenden Evolution sind wir alle in der gleichen Lage.

Die evolutionistische Betrachtung zwingt nun unvermeidlich auch zu einer kritischen Überprüfung bestimmter religiöser, insbesondere christlicher Formulierungen. Dies gilt, um vorerst nur wieder ein Beispiel zu nennen, offensichtlich etwa für den zentralen christlichen Begriff der »Menschwerdung« Gottes. Es ist kein Zweifel daran möglich, daß Jesus Christus vom Neandertaler nicht als »Mitmensch« hätte begriffen werden können (eher schon als göttliches Wesen). Das gleiche gilt, vice versa, nun aber auch angesichts unserer zukünftigen Nachfahren.

Die Absolutheit, die dem Ereignis von Bethlehem im bisherigen christlichen Verständnis zugemessen wird, steht im Widerspruch zu der Identifikation des Mannes, der dieses Ereignis personifiziert, mit dem Menschen in der Gestalt des *Homo sapiens*. Es besteht Einigkeit darüber, daß der Mensch in seiner heutigen Gestalt auch unter biologischem Aspekt ein unvollkommenes, »unfertiges« Wesen ist. Er hat, entwicklungsgeschichtlich gesprochen, das Tier-Mensch-Übergangsfeld noch nicht völlig durchschritten, sich als wahrer Mensch noch nicht vollständig verwirklicht. Verhaltensforscher und Theologen haben keine Mühe, Widersprüchlichkeiten und Irrationalismen menschlichen Verhaltens aufzuzählen, welche die Folge dieser Tatsache sind.

Ist die Identifikation mit einem solchen Wesen einer historischen Relativierung wirklich für alle Zukunft enthoben? Man kann das Problem nicht etwa dadurch aus der Welt schaffen, daß man die noch in der Zukunft liegende, heute also noch nicht reale Existenz unserer evolutionären Nachfahren außer Betracht läßt. Denn »Absolutheit« meint ja gerade auch die Unabhängigkeit von aller zukünftigen Entwicklung. Meint die für alle Zeiten unveränderliche Bedeutung einer konkreten, historischen Person, die zugleich *auch* als *Homo sapiens* verstanden werden soll. Es geht hier, bekanntlich, um nichts weniger als um »ewige« Wahrheiten.

Ich sehe nicht, wie sich der Widerspruch anders beseitigen ließe als durch das Zugeständnis einer grundsätzlichen historischen Relativierbarkeit auch der Person Jesus Christus. Warum eigentlich sollte das nicht möglich sein, ohne daß die Substanz berührt wird, auf die allein es ankommt? Welche Formulierung dem Problem gerecht werden könnte, das herauszuarbeiten muß den Theologen überlassen bleiben. Ich kann nur darauf hinweisen, daß hier ein Problem besteht.

Das zweite Mißverständnis, das erwähnt werden muß, betrifft den Geltungsbereich des Begriffs »Evolution«. Die meisten denken dabei noch immer nur an die biologische Entwicklungsgeschichte. In den letzten Jahrzehnten aber ist immer deutlicher geworden, daß das Entwicklungsprinzip nicht nur für den Bereich der belebten Natur gilt. Es ist weitaus umfassender. Es ist, deutlicher gesagt, das umfassendste denkbare Prinzip überhaupt, denn es schließt den ganzen Kosmos ein.

Der Kosmos ist nicht, wie der Mensch jahrtausendelang glaubte, so etwas wie ein statisches Behältnis für die Gesamtheit aller Dinge dieser Welt. Er ist selbst ein sich entwickelnder, ein alle anderen Entwicklungen umgreifender historischer Prozeß. Alle Wirklichkeit, die uns umgibt, hat historischen, sich entwickelnden Charakter. Die biologische Evolution ist nur ein Teil des universalen Prozesses. Deshalb müssen wir, wenn wir ihre Realität begründen und ihre Gesetzlichkeit verstehen wollen, auch von diesem umfassenden, kosmischen Rahmen ausgehen. Das soll im folgenden Kapitel geschehen.

Es ist klar, daß die Tatsache der Evolution zu begründen ist, bevor wir uns ihren Konsequenzen zuwenden können. Eben weil die Konsequenzen gewichtig sind, muß das Fundament gesichert sein. Da aber, 100 Jahre nach Darwin und 200 Jahre nach Kant, dem Begründer der modernen Kosmologie, die Zweifel und Vorurteile in diesem Bereich noch immer überwiegen, muß das mit einiger Ausführlichkeit geschehen.

Zuvor aber möchte ich vorsorglich noch einmal, nunmehr zum letzten

Male, wiederholen: Dies Buch wird in der Überzeugung geschrieben, daß die naturwissenschaftliche und die religiöse Deutung der Welt und des Menschen miteinander in Einklang zu bringen sind. Daher kann jeder der Argumentation der anschließenden Kapitel folgen, ohne die Sorge haben zu müssen, es werde von ihm verlangt, auch nur einen Bruchteil seiner religiösen Überzeugung in Frage zu stellen.

2. Kosmische Fossilien

Evolution gibt es nicht nur im Reich des Lebendigen. Es gibt auch eine kosmische Evolution. Aus diesem Grunde existieren Fossilien, also Relikte früherer, längst vergangener Entwicklungsstufen, auch nicht nur in der Paläontologie, der Wissenschaft von den Vorläufern der heutigen Lebensformen, sondern ebenso in der Kosmogonie, der Lehre von der Entstehung und Geschichtlichkeit des Kosmos. Was dem Paläontologen sein Knochenfund, das ist dem Kosmologen sein Helium.

Rund 7 Prozent aller im Weltall vorhandenen Atome liegen in der Form von Helium vor. Die Schätzung – die grundsätzlich natürlich nur für den von uns beobachtbaren Teil des Weltalls gilt – ergibt sich aus astronomischen, insbesondere auch radioastronomischen Beobachtungen. Warum gerade dieser Wert, warum nicht die Hälfte oder das Dreifache?

Bemerkenswerterweise gibt es auf diese Frage seit neuestem eine Antwort. In den letzten Jahren haben sich die Kosmologen die erstaunlichen Rechenkapazitäten der jüngsten Computergeneration zunutze gemacht, um den Zustand der Welt in den ersten Augenblicken ihrer Existenz zu berechnen.[11] Die Berechnungen sind außerordentlich schwierig, da in dem abnorm dichten Feuerball, aus dem das Universum im Anfang bestand, eine Fülle kompliziertester atomarer Umwandlungen mit ungeheurer Geschwindigkeit ablief.

Zu berücksichtigen ist ferner, daß die Temperatur in dem Feuerball des Anfangs als Folge seiner mit Lichtgeschwindigkeit erfolgenden Ausdehnung rapide abfiel: von 10 Billionen Grad eine Millionstelsekunde nach der Entstehung der Welt bis auf 10 Milliarden Grad nur wenige Sekunden später. Die Bedingungen für die Umwandlungen von Elektronen, Positronen und anderen Elementarteilchen ineinander oder in Strahlung in Form von Photonen änderten sich damit von einem Augenblick zum anderen, wobei das Tempo des Temperaturabfalls seinerseits wiederum von der Art der sich gerade abspielenden Teilchenprozesse unterschiedlich beeinflußt wurde.

Mit Hilfe der modernen Rechenmaschinen ist es trotzdem gelungen, einen ersten Blick in die blitzschnell wechselnden Strukturen des Urchaos zu werfen. Dabei stießen die Computer auf eine für die Kosmologen höchst interessante Konstellation.

Wenige Sekunden nach dem Anfang muß es, so zeigten die Berechnungen, eine Phase gegeben haben, in der das Wechselspiel von Teilchenprozessen und Ausdehnung des Feuerballs die Temperatur minutenlang bei knapp unter einer Milliarde Grad nahezu konstant hielt.

Das Universum war in dieser Phase weit genug abgekühlt, um Protonen und Neutronen zu Heliumkernen verschmelzen zu lassen. Bereits wenige Minuten später unterschritt die kosmische Temperatur jedoch die für derartige Kernverschmelzungen kritische Grenze (sie betrug jetzt »nur« noch einige Millionen Grad), bevor die Kerne schwererer Elemente hatten entstehen können.

Insgesamt ergaben die Berechnungen, daß die zur Kernverschmelzung geeignete Phase gerade lange genug gedauert haben dürfte, um etwa 7 Prozent der vorhandenen Protonen durch ihre Verbindung mit Neutronen in Heliumkerne umzuwandeln (während die übrigbleibenden Protonen im weiteren Ablauf durch den Einfang von Elektronen zu Wasserstoffatomen wurden). Aus diesem Szenario ergibt sich ferner, daß keines der im periodischen System an Helium anschließenden schwereren Elemente in dieser Anfangsphase des Universums entstanden sein kann. Sie alle sind vielmehr erst in den Zentren der sehr viel später entstandenen Sterne aus dem Wasserstoff des Uranfangs zusammengebacken und noch später durch Supernova-Explosionen wieder freigegeben worden.

Die von den Computern erstellten Modelle förderten also eine Jugendphase des Kosmos zutage, deren Dauer und physikalische Beschaffenheit zu der Entstehung einer Heliummenge von just 7 Prozent aller im Kosmos vorhandenen Materie geführt haben mußte. Daß diese Zahl mit der Heliummenge übereinstimmt, welche die Astronomen heute, rund 13 oder mehr Milliarden Jahre später, im Kosmos tatsächlich finden, ist ein für den Kosmologen höchst erfreuliches Zusammentreffen.

Diese Übereinstimmung macht das heutige Helium in seinen Augen zu einem Überbleibsel, einer Spur jener Entwicklungsphase aus der Jugendzeit unseres Kosmos. Es beweist ihm die Realität dieser so unvorstellbar weit zurückliegenden Phase mit der gleichen Zuverlässigkeit, mit der ein heute gefundener Knochen einem Paläontologen das

Vorkommen von Urelefanten im Rheintal vor etlichen Millionen Jahren belegen kann. Helium ist ein kosmisches Fossil![12]

Gäbe es nur diesen einen Fall, dann wären Zweifel vielleicht noch möglich. Aber wenn die Kosmologen mit kosmischen Fossilien auch nicht so reich gesegnet sind wie ihre paläontologischen Kollegen mit Knochenfunden, einzigartig ist der Fall des Heliums keineswegs.

Ein weiteres, sehr viel anschaulicheres Beispiel liefern die sogenannten Kugelsternhaufen. Bei ihnen handelt es sich um kugelförmige Sternsysteme, jedes einzelne bestehend aus einigen hunderttausend bis Millionen Sonnen. Zu unserer Milchstraße gehören etwa 300 dieser eigentümlichen Gebilde. Ihre Verteilung und ihre von denen aller anderen Sonnen unseres Systems grundsätzlich abweichenden Bewegungsbahnen sind ebenfalls eine noch heute feststellbare Spur der Tatsache, daß der Kosmos vor sehr langer Zeit ganz anders ausgesehen haben muß als heute. Daß sein heutiger Zustand also das Resultat einer Entwicklung ist, einer Geschichte, die auch in die Zukunft hinein weiterlaufen wird.

Die Sterne sind im Weltall bekanntlich nicht gleichmäßig verteilt oder regellos verstreut. Jede einzelne der unzähligen kosmischen Sonnen ist vielmehr mit vielen, mit bis zu mehreren hundert Milliarden anderen Sonnen Baustein einer sogenannten Galaxie, eines »Milchstraßensystems«. (Von ihnen gibt es, wie die Auswertung hochempfindlicher Fotoplatten ergeben hat, mindestens einige hundert Milliarden in den Tiefen des Raums, wobei die weitesten eine Milliarde und mehr Lichtjahre von uns entfernt sind.) Ein typisches Beispiel aus unserer Nachbarschaft ist der berühmte, unzählige Male abgebildete »Andromedanebel«. Mit dem damals größten Teleskop, speziellen Fotoplatten und extrem langen Belichtungszeiten ist es vor etwas mehr als einem halben Jahrhundert erstmals gelungen, sein nebelartiges Aussehen »aufzulösen« und nachzuweisen, daß er in Wirklichkeit aus rund 200 Milliarden Sonnen besteht.

Diese sind so angeordnet, daß sie insgesamt eine kreisrunde, flache Scheibe bilden, im Zentrum etwas dicker als am Rand, also etwa vom Aussehen eines Diskus. Die von der Mitte, der Achse des Diskus, spiralförmig zum Rand verlaufenden »Arme« (die dem Gebilde den Namen Spiralnebel verschafft haben) und ebenso die Konzentration fast aller Sonnen, aus denen das System besteht, auf eine einzige, gemeinsame Ebene sprechen von vornherein dafür, daß es sich um eine Rotationsfigur handelt.

Der direkte Nachweis, daß ein Spiralnebel sich tatsächlich in der vom Verlauf seiner Arme angedeuteten Richtung um seine Achse dreht, ist jedoch erst relativ spät gelungen. Er wurde unter anderem dadurch erschwert, daß die riesigen Gebilde mit einer relativ zu ihrer Größe nur geringen Geschwindigkeit rotieren. Zwar legt eine Sonne am äußersten Rand des Andromedanebels (oder unseres eigenen Milchstraßensystems, zu dessen Bauelementen unsere Sonne gehört) infolge dieser Rotation in jeder Sekunde nicht weniger als 500 Kilometer zurück. Wegen des ungeheuren Umfangs eines galaktischen Systems (größter Durchmesser bis zu 100000 Lichtjahre) nimmt ein einziger kompletter Umlauf aber trotzdem so viel Zeit in Anspruch, daß die schnellsten von ihnen es seit ihrer Entstehung vor etwa 10 Milliarden Jahren erst zwanzigmal geschafft haben, sich um die eigene Achse zu drehen.

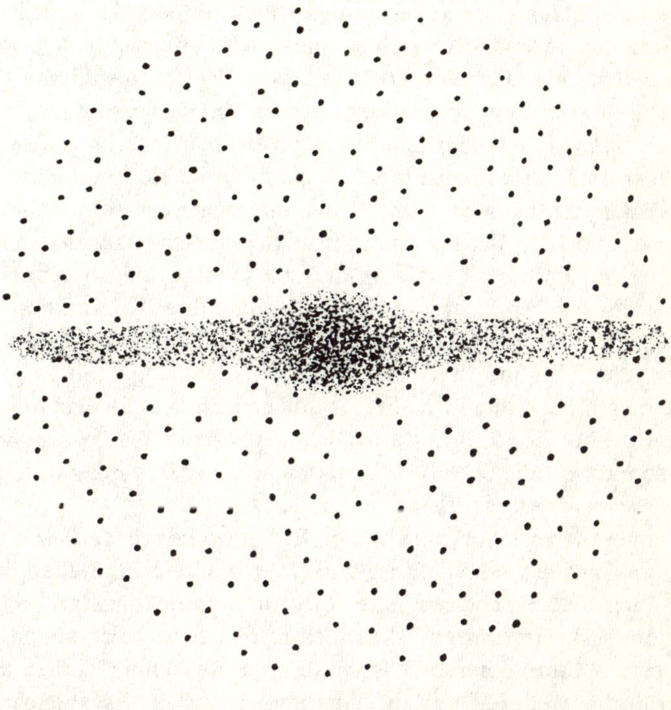

Durchschnittliche Verteilung der zu unserem Milchstraßensystem gehörenden Kugelsternhaufen. Das aus rd. 200 Mrd. Sternen bestehende scheibenförmige Milchstraßensystem ist hier von der Kante dargestellt, die Sternhaufen umgeben es in der Form eines kugelförmigen »Halo«. Einzelheiten im Text.

Das »fossile« Verhalten der Kugelsternhaufen besteht nun darin, daß sie diese Rotation als einzige Sonnen des ganzen Systems nicht mitmachen. Selbstverständlich umkreisen auch sie das galaktische Zentrum als gemeinsamen Schwerpunkt. Sie würden sonst, von keiner Zentrifugalkraft daran gehindert, in diesen Schwerpunkt hineinstürzen. Aber sie, und sie allein, verhalten sich wie Individualisten, die sich der gemeinsamen Wanderung aller anderen Sonnen entzogen haben. Nicht einmal zwischen ihnen selbst gibt es in dieser Hinsicht irgendeine Abstimmung. Jeder der etwa 300 Kugelsternhaufen unserer Milchstraße zieht seine Kreisbahn in einer anderen Ebene und in einer anderen Richtung als alle übrigen Mitglieder des Systems. Insgesamt erfüllen sie dabei einen Raum, der die Scheibe des Milchstraßensystems kugelförmig umgibt.
Die Erklärung für dieses seltsam eigenständige Verhalten ist nicht schwer zu finden. Der kugelförmige Raum, in dem die geschlossenen Sternhaufen ihre Kreise ziehen, entspricht offensichtlich etwa dem Raum, den die Materie unserer Galaxis vor Zeiten ausfüllte, als sie am Anfang ihrer Existenz noch eine turbulente Gaswolke war. Als diese Wolke dann, unter dem Einfluß ihrer eigenen inneren Massenanziehung, in sich zusammenzufallen begann, geriet sie in eine kreiselnde Bewegung, erst ganz langsam, dann immer schneller werdend.
Wie ein Eisläufer, der bei einer Pirouette die Arme eng an den Körper heranzieht, drehte sich die galaktische Wolke um so schneller, je kleiner ihr Durchmesser im weiteren Verlauf ihrer Kontraktion wurde. Immer mehr flachte sich dabei das ursprünglich kugelförmige Gebilde unter dem Einfluß der zunehmenden Zentrifugalkräfte zu einer Scheibe ab. Bis schließlich ein Zustand erreicht war, in dem Massenanziehung und Zentrifugalkräfte sich gegenseitig die Waage hielten. Seitdem rotiert die Scheibe bis auf den heutigen Tag mit gleichbleibender Geschwindigkeit und in stabiler Gestalt.
Die inneren Anziehungskräfte der Riesenwolke wirkten aber keineswegs nur auf das Gebilde insgesamt. An zahlreichen Stellen bildeten sich auch lokale Schwerpunkte, die zur Materiekonzentration durch Anziehungskräfte führten. Aus diesen lokalen Verdichtungen gingen die ersten Sterne hervor. Auch diese Entwicklung verlief anfangs langsam, im weiteren Verlauf dann immer rascher. Es ist leicht einzusehen, daß sich zunehmend lokale Konzentrationen als Kristallisationskerne für die Entstehung von Sternen herausbildeten, während die Wolke sich immer mehr verdichtete.

Der ganze Prozeß lief bemerkenswert rasch ab. Die Spezialisten schätzen, daß vom Beginn der Kontraktion der ursprünglichen Wolke bis zur Entstehung des fertigen Milchstraßensystems nur einige 100 Millionen Jahre verstrichen. Das ist für einen Astronomen eine verhältnismäßig kurze Zeit.
Woher wissen wir nun, daß die Ereignisse etwa so abgelaufen sein müssen, wie sie hier skizziert wurden? Zum einen wieder aufgrund von Rekonstruktionen und Modellrechnungen mit der Hilfe von Computern. Woher aber können wir sicher sein, daß diesem von den Computern als physikalisch und rechnerisch möglich ermittelten Szenario vor rund 10 Milliarden Jahren ein realer Ablauf entsprach? Die Antwort lautet: unter anderem eben aus dem Verhalten der Kugelhaufen.
Dieses ist anders gar nicht zu verstehen. Ganz offensichtlich sind die Sterne dieser Haufen gemeinsam in einer sehr frühen Phase des geschilderten Prozesses entstanden. Zu einer Zeit, in der die galaktische Wolke noch gar nicht zu rotieren begonnen hatte. Nur so läßt sich erklären, daß die aus diesen Sternen bestehenden Haufen nicht in der Ebene der heutigen Milchstraße liegen und nicht ihrem Drehsinn unterworfen sind. Nur so läßt sich auch erklären, daß jeder dieser Haufen seine eigene, individuelle, von allen anderen Haufen gänzlich unabhängige Umlaufrichtung eingeschlagen hat. Über ihre Bahnen wurde eben aufgrund zufälliger, lokaler Schwerkrafteinflüsse und Eigenbewegungen entschieden, lange bevor das Gesamtsystem sich in Bewegung gesetzt und allen seinen Elementen eine gemeinsame Richtung aufgezwungen hatte.
Daß diese Deutung richtig ist, wird noch durch einen weiteren Befund bestätigt. Die Mitglieder der Kugelsternhaufen sind mit Abstand die ältesten Sterne, die wir kennen. Ihr Alter wird aufgrund verschiedener Indizien auf mindestens 10 Milliarden Jahre geschätzt. Sie stammen offensichtlich also wirklich aus der Geburtsphase unserer Milchstraße. Bei allen anderen Galaxien, die uns nahe genug sind, um eine Untersuchung der auch sie umgebenden Kugelsternhaufen zu gestatten, haben sich genau die gleichen Verhältnisse ergeben.
Kein Zweifel also: Der Kosmos hat nicht immer so ausgesehen, wie er sich uns heute darbietet. Er »entwickelt« sich, auch in diesem Augenblick und in alle Zukunft. Daß es der äußersten Anstrengung menschlicher Intelligenz bedurfte, diese Tatsache zu entdecken, liegt einzig und allein an unserer, gemessen an kosmischen Prozessen, extrem kurzen Lebensdauer. In den wenigen Jahrtausenden, während derer

der Mensch sich Gedanken über die wahre Natur des Nacht für Nacht über seinem Kopf auftauchenden Sternhimmels macht, ist freilich nichts Auffälliges geschehen. Trotzdem besteht an der Tatsache einer permanenten Veränderung, einer Entwicklung des Weltalls nicht mehr der geringste Zweifel. Es ist nicht notwendig, weitere Beweise dafür zusammenzutragen. Das neue Bild des Universums ist, nach zahlreichen Veröffentlichungen über das Thema, auch der breiteren Öffentlichkeit in allen wesentlichen Umrissen geläufig. Eine Wiederholung der Argumente ist hier auch deshalb unnötig, weil die Öffentlichkeit den Entwicklungsgedanken im Bereich kosmischer Prozesse ohne jegliches Zögern bereitwillig akzeptiert hat.

Das gleiche gilt auch noch für die sich anschließende planetare Evolution. Daß das Sonnensystem nicht seit Ewigkeit existiert, daß die Erde vielmehr zusammen mit den anderen Planeten erst vor rund 5 Milliarden Jahren entstand, diese Tatsache einzusehen und in das eigene Weltbild einzubauen, bereitet offensichtlich niemandem Schwierigkeiten. Auch darüber hinaus scheint jedermann bereit, die Geschichte der Entwicklung der Welt und der Natur noch ein Stückchen weiter widerspruchslos zur Kenntnis zu nehmen. Mir ist nie zu Ohren gekommen, daß jemand etwa auf den Gedanken verfallen wäre, die Geschichte der Erdkruste, so wie Physiker und Geologen sie rekonstruiert haben, für anstößig zu halten.

Daß dieses Kapitel der Entwicklungsgeschichte eben so verlief, daß auf der Oberfläche unseres Planeten schließlich alle physikalischen und chemischen Faktoren zusammentrafen, die als Voraussetzung für den anschließenden Übergang zu einer biologischen Fortsetzung der Geschichte ganz und gar unentbehrlich waren, diese Behauptung empfindet, soweit ich sehe, niemand als provozierend.

Das ändert sich erst, dann aber unvermittelt und radikal, wenn der nächste Entwicklungsschritt selbst zur Sprache kommt. Die Entwicklung der ersten Lebensformen als Fortsetzung der vorangehenden Entwicklungsphasen zu verstehen, fällt sehr vielen Menschen erfahrungsgemäß äußerst schwer. Insbesondere religiösen Menschen erscheint die Behauptung als Provokation, die Biogenese und die mit ihr einsetzende biologische Phase der universalen Evolution seien durch den Einfluß der gleichen Naturgesetze zu erklären wie alle anderen, vorhergehenden Abschnitte der Entwicklung auch. Die wissenschaftliche Aussage, daß es bei der Lebensentstehung und im Verlauf der *biologischen* Evolution ebenfalls naturgesetzlich zugegan-

gen sei, also »mit natürlichen Dingen« in dem gleichen Sinne wie bei den vorangegangenen Kapiteln der kosmischen Evolution, kollidiert mit ihrer religiösen Überzeugung.
Hier, aber erst hier, glauben sie eine grundsätzliche Zäsur sehen zu müssen. An dieser Stelle zerfallen Welt und Natur für sie plötzlich in zwei Hälften: in eine, die von Naturgesetzen regiert wird, und eine andere, deren Entstehung und Existenz nicht mehr durch Naturgesetze allein, sondern nur durch einen zusätzlichen, über bloße Naturgesetzlichkeit hinausgehenden unmittelbaren Eingriff eines göttlichen Schöpfers erklärt und verstanden werden kann.
Diese Erfahrungstatsache ist der sehr einfache Grund, warum hier die kosmische Evolution und alle anderen Schritte nur relativ kurz erwähnt zu werden brauchen, während die biologische Evolution in einiger Ausführlichkeit behandelt werden muß. Dieses Buch hat ja nicht die Schilderung der natürlichen Geschichte der Welt zum Gegenstand[13], sondern das Problem der Vereinbarkeit von wissenschaftlicher und religiöser Wahrheit. Unter diesen Umständen haben wir uns hier auf die Steine des Anstoßes zu konzentrieren.
Die biologische Evolution ist ohne jeden Zweifel der gewichtigste von ihnen. Deshalb kommt sie auch als erstes zur Sprache. Wir haben dabei in einer gewissen Reihenfolge vorzugehen. Zunächst wollen wir uns die Belege und Argumente vor Augen führen, mit denen die Evolutionsforscher die Tatsache der biologischen Stammesgeschichte und die Gesetzlichkeit ihres Ablaufs begründen. Danach sollen die wichtigsten Einwände gegen diese Argumente betrachtet und kritisch untersucht werden. (Die kritische Würdigung dieser Einwände ist eben erst sinnvoll, wenn wir die Argumente der Evolutionsforscher kennengelernt haben.) Danach erst können wir uns der entscheidenden Frage zuwenden, ob und in welchem Sinne Evolutionslehre und Schöpfungsglaube sich miteinander vertragen. (Hier werde ich wortbrüchig und wiederhole vorwegnehmend zum allerletzten Male: Sie vertragen sich!)
Eines aber, ein einziges der Argumente, die in dem für unseren Zusammenhang entscheidenden letzten Kapitel dieses Teils erörtert werden müssen, will ich hier wenigstens andeutungsweise vorwegnehmen. Ich tue das in der Hoffnung, dadurch vielleicht doch den einen oder anderen Zweifler schon an dieser Stelle so weit nachdenklich stimmen zu können, daß er bereit ist, die in den folgenden Abschnitten vorgetragenen Argumente zunächst einmal zur Kenntnis zu nehmen, anstatt sie von vornherein beiseitezuschieben.

Ich will das Argument, an das ich denke, in die Form einer Frage kleiden: Sind sich die Menschen, die an einen Gott glauben (das tue ich auch) und daraus dann die Verpflichtung meinen ableiten zu müssen, die Möglichkeit einer naturgesetzlichen Erklärbarkeit der Lebensvorgänge grundsätzlich abzulehnen, sind sie sich eigentlich klar darüber, daß sie damit einen Teil der Welt und der Natur dem Schöpfungsbereich des von ihnen geglaubten Gottes entziehen?

Wenn ich die Natürlichkeit der kosmischen und aller anderen unbelebten Entwicklungsabläufe akzeptiere, um im nächsten Augenblick die Natürlichkeit der Lebensvorgänge mit dem Argument zu bestreiten, daß deren »Schöpfungscharakter« nur mit der Annahme einer übernatürlichen Verursachung in Einklang zu bringen sei, dann ist damit stillschweigend doch auch gesagt, daß Sonne, Mond und Sterne offenbar *nicht* Teil der göttlichen Schöpfung sind. (Jedenfalls nicht in dem Sinne wie die lebende »Kreatur«.) Müßte diese Konsequenz nicht eigentlich stutzig machen?

Aber ich lasse es bei diesem einen Hinweis bewenden. Es hilft nichts, wir müssen der Reihe nach vorgehen. Darum jetzt endlich zu den Fakten der biologischen Evolution.

Drei Fragen müssen wir dabei unterscheiden. Zunächst ist die Behauptung zu begründen, daß es überhaupt eine biologische Stammesgeschichte gegeben hat. Daß die heute auf der Erde lebenden Tier- und Pflanzenarten also nicht von Anfang an existiert haben, daß sie aber auch nicht simultan durch einen einmaligen Schöpfungsakt von einem Augenblick zum anderen entstanden sind. Daß sie vielmehr im Verlaufe sehr langer Zeiträume durch einen Prozeß hervorgebracht wurden, der von einfachsten Urformen des Lebens über zahllose Zwischenstufen bis zu den heute lebenden höheren Tieren und zum Menschen geführt hat.

Nach dieser Erörterung der Realität der biologischen Stammesgeschichte müssen wir uns dann dem Problem ihres Anfangs zuwenden. Unsere zweite Frage gilt also dem klassischen Problem der »Urzeugung«, der Art und Weise, wie man sich die Entstehung der ersten Lebensformen aus noch unbelebter Materie naturwissenschaftlich erklären könnte.

Das dritte Problem schließlich ist das der Evolutions*gesetze.* Wenn es eine biologische Stammesgeschichte gegeben hat, die durch eine unter natürlichen Umständen erfolgte Lebensentstehung in Gang gesetzt worden ist, bleibt immer noch die Frage, ob auch der Verlauf dieser

Geschichte, die, wie es scheint, *zielstrebig* zu immer komplizierteren, »höheren« Lebensformen führte, noch als das Ergebnis der Wirkung natürlicher Gesetze verstanden werden kann.

3. Die Realität der biologischen Stammesgeschichte

Es ist wahr: Niemand hat bisher einen biologischen Entwicklungsvorgang mit eigenen Augen gesehen. Das braucht uns jedoch nicht zu irritieren. Es hat uns ja auch bei früherer Gelegenheit nicht irritiert. Kein menschliches Auge hat jemals die Entstehung eines Milchstraßensystems verfolgen können. Trotzdem gibt es angesichts der vorliegenden »fossilen« Spuren und Indizien keinen vernünftigen Grund, daran zu zweifeln, daß und auf welche Weise die heute von uns beobachteten Milchstraßensysteme (Galaxien) das Resultat kosmischer Entwicklungsabläufe sind. Das gleiche gilt für die biologische Evolution.

Die Parallele besteht hier allerdings nur in der Tatsache, daß auch für uns (etwa aus Gründen extrem unterschiedlicher Zeitmaßstäbe) unwahrnehmbare Vorgänge dennoch real und auf indirektem Wege nachweisbar sein können. Die Fossilien jedenfalls, im ganz konkreten, ursprünglichen Sinn des Wortes, taugen im Zusammenhang mit unserer ersten Frage als Beweis weniger, als mancher glaubt.

Wer die *Tatsache* der Evolution (und ich werde das Wort im weiteren Text ohne Zusatz stets im Sinn von *biologischer* Evolution gebrauchen) heute noch bestreitet, für den sind Knochenfunde kein unabweisbares Argument.

Zunächst ein Wort zum Gewicht dieser Gegenstimmen, deren Stellenwert von vielen Nichtfachleuten erfahrungsgemäß maßlos überschätzt wird. Daß die Evolution eine realhistorische Tatsache ist, daß sich in den letzten 4 Milliarden Jahren auf der Erdoberfläche eine biologische Entwicklung konkret abgespielt hat, wird heute längst von der überwältigenden Mehrzahl selbst derer anerkannt, die Darwins Theorie, also der naturgesetzlichen *Erklärung* des konkreten Verlaufs dieser Geschichte, ablehnend gegenüberstehen. Aber auch heute gibt es noch Einzelgänger, die selbst das Faktum der Evolution bestreiten. Darunter ist immer wieder einmal auch ein mit einem akademischen Titel geschmückter Autor.

Als Wissenschaftspublizist bekommt man in fast regelmäßigen Abständen »antidarwinistische« Aufsätze zugeschickt. In den Begleitbriefen heißt es dann, meist vorwurfsvoll, man habe offenbar einen Autor übersehen, der gegenteiliger Meinung sei, und folglich die Existenz entgegengesetzter Auffassungen verschwiegen.

Die Absender derartiger Briefe können als Laien nicht wissen oder erkennen, daß es sich bei den heute mit wissenschaftlichem Anspruch auftretenden »antidarwinistischen« Autoren ausnahmslos um Außenseiter handelt, auch dann, wenn sie promoviert haben oder den Professorentitel tragen. Damit ist nichts gegen die grundsätzliche Möglichkeit gesagt, daß auch eine verschwindende Minorität einmal recht haben könnte. Wir werden daher in diesem Buch, das sich an die Öffentlichkeit wendet und nicht an Fachleute, die Argumente und Einwände dieser Anti-Propheten auch noch im einzelnen untersuchen.

Daß es sie gibt, das allein besagt nun allerdings überhaupt nichts. Es gibt keine noch so unsinnige Behauptung, welcher Art auch immer, für die sich nicht einzelne Zeugen anführen ließen. Bekanntlich verkünden heute sogar beamtete Pastoren von der Kanzel herab, sie glaubten nicht an die Existenz Gottes (und reagieren dann naiverweise noch beleidigt, wenn man sie daraufhin von der Kanzel entfernt). Gäbe das nun jemandem das Recht zu behaupten, die Frage, ob Gott existiere, sei offensichtlich »auch in der Kirche selbst in Wahrheit noch umstritten«?

In England, der Heimat schrulliger Käuze, existiert noch heute ein Club, dessen Mitglieder ihre Aufgabe darin sehen, die Ansicht durchzusetzen, daß die Erde in Wirklichkeit keine Kugel, sondern eine flache Scheibe sei. Dieser Vereinigung sollen sogar studierte Mitglieder angehören. Verpflichtet dieser Umstand nun jeden Autor einer erdkundlichen Veröffentlichung, die Kugelgestalt der Erde als »umstritten« anzusehen? Die Zahl und der Rang (im Urteil der eigenen Fachkollegen) derer, die heute im Lager der Wissenschaft die Erklärungskraft der Evolutionstheorie ablehnen oder gar die *Tatsache* der Evolution bestreiten, sind, wenn man die Situation kennt und objektiv betrachtet, nicht anders einzuschätzen als in den angeführten Beispielen.

Auch der bei solchen Anlässen von Laien häufig geäußerte Hinweis auf die Möglichkeit, daß es sich um einen jener Fälle handle, in denen die »etablierte Wissenschaft«, wie in der Vergangenheit schon vorgekommen, einen neuen Gedanken eben seiner Neuartigkeit wegen nicht anerkennen wolle oder könne, zieht hier nicht. Und zwar gleich aus mehreren Gründen.

Zunächst einmal ist die Ablehnung der Evolution kein »neuer Gedanke«, sondern das genaue Gegenteil: der Versuch nämlich, einen neuen Gedanken abzulehnen und das Rad der Erkenntnis zurückzudrehen. Das mag in manchen Fällen durchaus angebracht sein, es rechtfertigt aber natürlich selbst dann nicht die Berufung auf die Ablehnung genialer Gedanken in der Vergangenheit.

Diese mag, zweitens, tatsächlich gelegentlich vorgekommen sein. Die Zahl der Beispiele ist jedoch sehr viel geringer, als es das Vorurteil wahrhaben will. Dafür, daß wirklich revolutionierende, geniale Gedanken jemals dem Unverständnis der »Lehrmeinung« zum Opfer gefallen wären, gibt es kein überzeugendes Beispiel. Widerstände hat es in jedem Fall gegeben, in keinem aber haben sie »Erfolg« gehabt. Darwin ist bekanntlich nicht von seinen wissenschaftlichen Kollegen angefeindet worden, und weder Kopernikus noch Galilei wurden von den Astronomen ihrer Epoche bekämpft. Die Widerstände kamen, wie erinnerlich, aus einer ganz anderen Ecke.

Außerdem ist darauf hinzuweisen, daß selbst Fälle, in denen es dem »wissenschaftlichen Establishment« gelungen wäre, den Durchbruch eines neuen Gedankens vorübergehend aufzuhalten, keinen Umkehrschluß zulassen: Selbst wenn es vorgekommen sein sollte, heißt das nicht, daß jeder von der wissenschaftlichen »Lehrmeinung« abgelehnte Gedanke deshalb schon revolutionär oder überhaupt von irgendeinem Wert sein müßte. Von seltenen Ausnahmen abgesehen geschieht das eben deshalb, weil er schlicht und einfach falsch ist.

Aber zurück zu der Frage nach den Argumenten, die die Tatsache einer biologischen Entwicklungsgeschichte auf der Erdoberfläche beweisen können. Fossilien, versteinerte Überreste ausgestorbener Lebensformen, gehören nicht dazu, so hatten wir gesagt. Jedenfalls nicht für jemanden, dem bloße, auch überwältigende Wahrscheinlichkeit nicht genügt, der vielmehr entschlossen ist, seinen Standpunkt auf Biegen oder Brechen, auch mit weit hergeholten Argumenten zu verteidigen. In der Tat, ein »Fundamentalist« strenger Observanz läßt sich durch noch so viele derartige Funde nicht in seiner Überzeugung irremachen, daß Gott alle existierenden Tier- und Pflanzenarten in jenem Zeitraum zugleich erschaffen habe, von dem die Genesis berichtet.[14]

Was besagen schon die Funde von Saurierknochen? Der Zweifler könnte getrost einräumen, daß diese Reptilien einst die Erde beherrschten und vor sehr langer Zeit ausgestorben sind. Bestreiten

würde er lediglich, daß es sie nicht vom Anfang der Schöpfung an gegeben habe und daß sie biologische Vorfahren von Säugetieren oder Vögeln sein könnten.
Natürlich wäre es ihm auch nicht möglich, die Existenz ausgestorbener menschenähnlicher Lebewesen von der Art des Neandertalers oder des *Homo habilis* in Abrede zu stellen. Er müßte das auch gar nicht, um an seiner fundamentalistischen Position festhalten zu können. Wieder brauchte er nur den evolutionären Wandel zu bestreiten, der von einem dieser durch Knochenfunde belegten vormenschlichen Wesen zum anderen geführt hat, ihr Verhältnis von Vorfahre und biologischem Nachkommen also.
Das ist, wie mir scheint, überhaupt die tiefere Wurzel dieser heute schon lange nicht mehr logisch, sondern nur noch psychologisch zu erklärenden Opposition gegen den Evolutionsgedanken: die Einsicht, daß es, hat man sie einmal akzeptiert, ganz unvermeidlich ist, auch den Menschen, sich selbst also, in das Geschehen einzubeziehen. Die durch diese Vorstellung bei vielen Menschen auch heute noch ausgelösten Vorurteile und Mißverständnisse sind so mächtig, daß wir ihnen noch ein eigenes Kapitel widmen werden.
Welches Argument aber wäre denn nun stark genug, um auch einen eingefleischten Fundamentalisten nachdenklich zu stimmen – wenn es überhaupt gelingen sollte, ihn dazu zu bringen, es zur Kenntnis zu nehmen und darüber nachzudenken? Das einzige Argument, das dazu eigentlich ausreichen sollte, stützt sich auf die unbestreitbare Beziehung zwischen Ähnlichkeit und Verwandtschaft. Wir setzen diese Beziehung als selbstverständlich voraus, als keiner besonderen Begründung bedürftig, wo es um unsere verwandtschaftlichen Beziehungen innerhalb unserer eigenen bürgerlichen Familie geht. Daß Kinder ihren Eltern ähnlich sehen, entspricht unseren Erwartungen. Insbesondere dann, wenn es sich um eine Übereinstimmung mit dem Aussehen des Vaters handelt, erfüllt uns die Beobachtung mit Befriedigung, weil sie auch in diesem Falle für alle Augen unbezweifelbar macht, daß Blutsverwandtschaft vorliegt.
Für selbstverständlich halten wir es auch noch, abnehmende Grade der Verwandtschaft mit einer Abnahme derartiger Übereinstimmungen in Verbindung zu bringen. Wenn wir, umgekehrt, in alten Familienalben blättern, kommt keiner von uns auf den seltsamen Einfall, auch nur einen Augenblick in Zweifel zu ziehen, daß die sich auf den Fotos der Repräsentanten ganz verschiedener Generationen dokumentierenden

Ähnlichkeiten eine Folge der Tatsache sind, daß die abgebildeten Personen nicht nur im zivilrechtlichen, sondern auch im biologischen Sinne ein und derselben Familie angehören und diese Ähnlichkeiten folglich das Vorliegen genetischer Verwandtschaft beweisen. Der Tatsache also, daß die fotografierten Individuen einen gemeinsamen Stammbaum haben, sie zueinander also im Verhältnis genealogischer Aufeinanderfolge stehen.

Auch einem Fundamentalisten müßte es nun eigentlich schwerfallen, alle diese Einsichten sofort zu vergessen, wenn es um unübersehbare Ähnlichkeiten zwischen dem Menschen und nichtmenschlichen – tierischen oder auch pflanzlichen – Lebensformen auf dieser Erde geht. Daß ein Affe zwei Augen und zwei Ohren hat, fünf Finger an jeder Hand und dieselbe Zahl von Rückenwirbeln wie wir auch, läßt sich für jemanden, der Wahrscheinlichkeiten als Argument gelten läßt, ebensowenig durch bloßen Zufall erklären wie die physiognomischen Ähnlichkeiten zwischen Vettern.

»Denken Sie bloß, meine Liebe, mit den Affen sollen wir verwandt sein! Hoffen wir, daß es nicht stimmt. Aber wenn es stimmen sollte, dann wollen wir beten, daß es sich nicht herumspricht!« So soll sich die Frau eines hohen englischen Geistlichen zu einer Freundin geäußert haben, als sie um die vergangene Jahrhundertwende erstmals in einen Vortrag über »Darwinismus« hineingeraten war.

Der Schreck, der der Lady in die Glieder fuhr, verbindet sie mit den heutigen Fundamentalisten. An kritischer Rationalität ist sie diesen jedoch haushoch überlegen. Denn während der Fundamentalist sich auf den Standpunkt zurückzieht, daß nicht sein kann, was (seiner Ansicht nach) nicht sein darf, zweifelte die Engländerin nicht einmal im ersten Schrecken daran, daß die Frage, ob die schockierende Entdeckung wahr sei oder nicht, völlig unabhängig von ihren eigenen Hoffnungen oder Befürchtungen sein müsse.

Wie anders als durch Verwandtschaft, durch die Abstammung von einem gemeinsamen Vorfahren, soll eigentlich die Tatsache zu erklären sein, daß alle Säugetiere sieben Halswirbel haben, vom Maulwurf mit seinem gedrungenen Hals bis zur Giraffe (die ihre sprichwörtliche Langhalsigkeit nicht einer Vermehrung der Wirbelzahl, sondern lediglich deren Verlängerung verdankt)? Oder daß die 5-Strahligkeit der Vorderextremität nicht nur für die menschliche Hand gilt, sondern ebenso für den Flügel einer Fledermaus, die Grabschaufel des Maulwurfs oder die Flosse eines Wals?

»Zufall, nichts als bloßer Zufall!« schallt es uns aus dem fundamentalistischen Lager entgegen, in dem man von statistischer Wahrscheinlichkeit nicht viel zu halten scheint. So haarsträubend unwahrscheinlich ein Zufall hier auch immer sein mag, er wird als Einwand ins Feld geführt und veranlaßt uns, in die Tiefe des biologischen Details hinabzusteigen, bis auf die molekulare Ebene. Dort werden wir Ähnlichkeiten begegnen, bei denen Zahlen ins Spiel kommen, welche die Möglichkeit einer bloß zufälligen Übereinstimmung rechnerisch ausschließen.
Es gäbe keine Fundamentalisten mehr, wenn sie sich diesem Beweis nicht ebenfalls noch durch eine letzte Ausflucht entziehen zu können glaubten. Diese aber ist, wie wir sehen werden, so weit hergeholt, daß man auf sie nichts mehr zu erwidern braucht.

4. Auf der Suche nach einem fossilen Molekül

Ein versteinerter Knochen – oder dessen Abdruck – ist die geläufigste Form eines Fossils, keineswegs jedoch die einzige. Wir hatten das schon bei der Erörterung der Besonderheit des Verhaltens von Kugelsternhaufen erkannt. Ein Fossil ist einfach die heute noch auffindbare und identifizierbare Spur einer früheren Epoche der Entwicklung. Deshalb gibt es auch biochemische und molekulare Fossilien.

Die lebende Natur ist nicht weniger konservativ als die Erdkruste. Wie diese bewahrt sie Spuren ihrer Vergangenheit über fast beliebig lange Zeiträume. Der Grund ist mit ihrem Wesen eng verknüpft: Jede der entscheidenden »Erfindungen«, die das Leben auf der Erde gemacht hat, entspricht der Realisierung einer so kleinen Chance, einem Glückstreffer solchen Ausmaßes, daß die Natur an ihr mit all der Hartnäckigkeit festhält, die ihr der »Vererbung« genannte Mechanismus zur Verfügung stellt.

Dieser stellt so etwas wie ein Gedächtnis dar, einen Speicher für alle Erfolge, die das Leben jemals errungen hat. Die Niederlagen werden vergessen. Kein Fehler bleibt im genetischen Code bewahrt. Eben das ist der Grund dafür, daß die Natur aus ihren Fehlern nicht lernt, daß sie sie, wie ein lernunfähiges Kind, immer aufs neue wiederholt, ohne jede Rücksicht auf noch so viele Mißerfolge in der Vergangenheit.

Der Vergleich mit einem lernunfähigen Kind hinkt weniger, als Vergleiche das meist zu tun pflegen: Die Natur, die Evolution, ist außerstande, durch Erfahrung zu lernen, ihre Strategien der Erfolgsquote entsprechend zu variieren. Deshalb produziert sie zum Beispiel immer wieder und in zahllosen ihrer Linien Albinos. Ohne die geringste Chance, je lernen zu können, daß eine albinotische Amsel, ein weißer Hirsch oder eine weiße Maus in der freien Natur durch ihre Auffälligkeit von vornherein in der Hinsicht »unterprivilegiert« sind, auf die es vor allem ankommt: in der Fähigkeit zum Überleben.[15]

Während die Evolution aus ihren Fehlern nicht lernt, hält sie an ihren »Treffern« mit einer Zähigkeit fest, die auch über Jahrmilliarden hinweg nicht erlahmt. Der Mechanismus, der sie dazu befähigt, ist der

der Vererbung, der molekulare Apparat des genetischen Codes, dessen submikroskopischen Bau wir heute schon zum Teil zu verstehen begonnen haben. »Vererbung« heißt ja nichts anderes, als daß es dem Leben erspart bleibt, jede zu seinem Überleben notwendige Einrichtung eines Organismus in jeder Generation von neuem erfinden zu müssen.

Das wäre in der Tat eine unerfüllbare, eine im wahren Wortsinn tödliche Voraussetzung. Daß das Leben nun schon so lange auf der Erdoberfläche existiert, ist nur deshalb möglich, weil es dieser Vorbedingung enthoben ist. Dafür sorgt der von uns »Vererbung« genannte genetische Übertragungsmechanismus, indem er alle lebensnotwendigen Funktionen und Strukturen in der Gestalt eines »Codes« speichert und von Generation zu Generation »überliefert«. Vererbung ist nichts anderes als das Gedächtnis der Evolution. Vererbung, so könnte man auch sagen, ist genetische Tradition.

Nun hätte, und damit nähern wir uns dem Kernpunkt der Sache um einen weiteren Schritt, die Reihenfolge, in der die den Bauplan eines Lebewesens ausmachenden Strukturen und Funktionen in diesen genetischen Code aufgenommen worden sind, einer bestimmten Priorität unterliegen müssen. Wenn eine bestimmte Art eine Millionen von Jahren und Generationen umspannende Entwicklungsgeschichte durchlaufen hat, dann ist zwingend zu erwarten, daß sie die für die Lebensfähigkeit ihrer Mitglieder *fundamentalen* Funktionen *früher* speicherte als irgendwelche Spezialisierungen, die für die Art in ihrer heutigen Konstitution vielleicht charakteristisch sind.

Es ist ganz trivial: Bevor man sich den Luxus der Anschaffung von Flügeln, Antennen oder anderen Spezialausrüstungen leisten kann, müssen erst einmal die elementaren, lebenserhaltenden Funktionen, etwa die des Stoffwechsels, gewährleistet sein. Die »Generalien« des Lebens mußten früher verwirklicht werden als alle über das Notwendigste hinausgehenden speziellen Ausstattungen.

Das ist wirklich ganz trivial. Aus dieser Trivialität aber ergibt sich ein für unseren Gedankengang entscheidender Rückschluß. Ohne Zweifel gibt es Lebensfunktionen, die so elementar sind, daß sie bei *allen* Lebensformen nachweisbar sind. Dazu gehören zum Beispiel die zur Energieaufnahme und -umsetzung erforderlichen Stoffwechselfunktionen. Ein Lebewesen, das nicht in ständigem Energieaustausch mit seiner Umwelt steht, ist undenkbar.

Wenn es nun möglich wäre, für bestimmte Stoffwechselabläufe spezifische molekulare Funktionsträger zu finden, dann könnte man daraus eine Voraussage ableiten, deren Überprüfung die Frage, ob sich auf der Erde eine biologische Stammesgeschichte abgespielt hat oder nicht, eindeutig entscheiden ließe. Denn wenn es derartige spezifische Funktionsträger für elementare biologische Prozesse gibt, dann müßten diese sich, falls eine Evolution stattgefunden hat, bei allen heute existierenden Lebewesen in identischer Form nachweisen lassen, vom Einzeller bis zum Elefanten. Einfach deshalb, weil sie für Lebensfunktionen so elementarer Art verantwortlich sind, *daß sie schon zu einer Zeit entstanden sein müssen, in der die evolutive Aufsplitterung der Nachkommen der Urzelle in die Vielzahl der heutigen Stammeslinien noch gar nicht eingesetzt hatte!*

Diese spezifischen, für ganz elementare Lebensprozesse zuständigen Funktionsträger existieren nun tatsächlich. Es handelt sich um sogenannte Enzyme, kompliziert gebaute Moleküle, die, je nach ihrer individuellen Struktur, bestimmte einzelne Stoffwechselschritte auslösen. Und sie finden sich in der Tat bei allen, wirklich ausnahmslos allen Lebensformen, bei denen man bisher nach ihnen gesucht hat. Vom Elefanten bis zum Einzeller und vom Menschen bis zum Weizenkorn auf dem Acker.

Ihr komplizierter Bau macht jedes dieser Enzyme zu einem so unverwechselbaren »Molekül-Individuum«, daß ihre Identifizierung bei den verschiedensten Organismen mit absoluter Sicherheit möglich ist. Wir stoßen hier, mit anderen Worten, wiederum auf eine Ähnlichkeitsbeziehung, diesmal auf molekularer Ebene. Daß diese molekulare Ähnlichkeit nunmehr offensichtlich *alle* existierenden Lebensformen umgreift, beweist, daß diese alle miteinander verwandt sind. Sie alle gehören zu einem einheitlichen, alles irdische Leben umfassenden Stammbaum. Die Evolution ist eine Realität!

Wir können es hier natürlich nicht bei dieser Behauptung allein bewenden lassen. Das Gewicht dieser Aussage für unseren Gedankengang ist so groß, daß wir die Argumentation am Beispiel eines geeigneten Enzym-Moleküls im einzelnen durchführen müssen. Ich will das am Beispiel eines Enzyms tun, das die Wissenschaftler »Cytochrom c« nennen.[16] Dabei werden wir sehen, daß sich der »fossile« Charakter dieses Moleküls gerade aus minimalen Unterschieden ergibt, die zwischen seinen Kopien bei den verschiedenen Tier- und Pflanzenarten festgestellt wurden, so paradox das nach allem, was hier gesagt wurde, im ersten Augenblick auch klingen mag.

Daß das Cytochrom c »uralt« sein muß, ergibt sich aus seiner elementaren Funktion (Sauerstoffübertragung im Zellinneren). Die Tatsache, daß es bei allen Lebensformen diese gleiche Funktion nach demselben Prinzip erfüllt, beweist deren universale Verwandtschaft, ihre Abstammung von einem einzigen gemeinsamen Vorfahren, einer »Urzelle«, die diese Funktion vor langer Zeit erfand, woraufhin der Mechanismus der Vererbung sie an alle ihre Nachkommen weitergab. Die minimalen Abweichungen aber, die sich am Cytochrom-c-Molekül feststellen lassen, je nachdem, von welcher Art es stammt, erzählen darüber hinaus sogar den Ablauf der Geschichte selbst: Sie erlauben es uns heute noch, das Tempo, in dem die Entwicklung sich vollzog, ebenso zu rekonstruieren wie die Zeitpunkte, zu denen die verschiedenen Äste sich gabelten, und die Stellen des Stammbaums, an denen das geschah.

5. Die Geschichte des Cytochrom c

In allen der etwa 50 Billionen Zellen, aus denen unser Körper besteht, müssen in jeder Sekunde Hunderte von komplizierten chemischen Reaktionen ablaufen, wenn wir am Leben bleiben sollen. Das alles muß auf engstem Raum geschehen, bei nur wenig mehr als 37°C, mit Geschwindigkeiten, die für manche Reaktionen in der Größenordnung von Bruchteilen einer Zehntausendstelsekunde liegen, und so, daß keine der gleichzeitig nebeneinander ablaufenden Reaktionen die andere beeinflußt. Leben, wie wir es kennen, setzt die Lösung dieser Probleme im Inneren des Mikrokosmos einer jeden Zelle voraus.
Die Natur hat die nahezu unlösbar scheinende Aufgabe auf eine Weise gelöst, die relativ zur Kompliziertheit des Problems ebenso einfach wie genial anmutet. Sie hat eine Art molekularer »Schlüssel« entwickelt – der Wissenschaftler nennt sie »Enzyme«. Das sind Moleküle von so »unwahrscheinlicher« Gestalt, daß man sie hinsichtlich ihres Aussehens und ihrer Funktion mit der von Sicherheitsschlüsseln vergleichen kann.
Die Verläßlichkeit eines Schlüssels, die Sicherheit, die er seinem Besitzer und legitimen Benutzer verschafft, hängt vom Grade seiner »Spezifität« ab: von der Frage, mit welcher Wahrscheinlichkeit das Schloß, für das er gemacht ist, auch noch mit anderen (»fremden«) Schlüsseln zu öffnen ist. Bei primitiven Schlössern ist diese Wahrscheinlichkeit groß. Der nur aus einem simplen Viereck bestehende Bart des Schlüssels einer mittelalterlichen Haushaltstruhe paßt mit hoher Wahrscheinlichkeit auch in viele Schrankschlösser derselben Epoche. Er ist weitgehend »unspezifisch« und verschafft daher nur eine minimale Sicherheit.

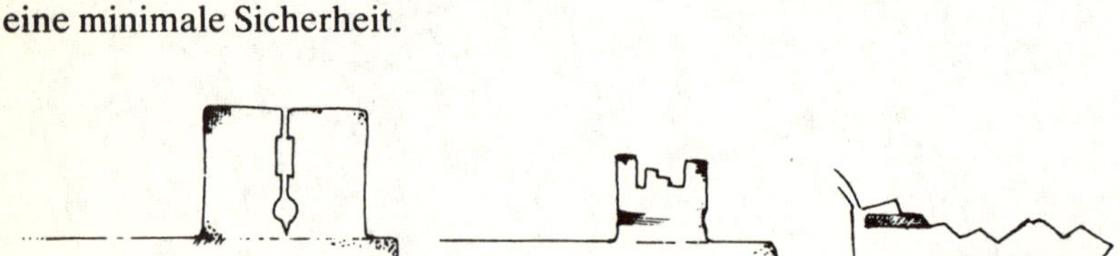

Die Wahrscheinlichkeit, daß sich ein Schloß mit einem beliebigen Schlüssel öffnen lassen könnte, nimmt nun aus einsichtigen Gründen immer mehr ab, je komplizierter der Bart des Schlüssels für diesen Zweck geformt zu sein hat. (»Dietriche« sind absichtlich unspezifisch gestaltete, dafür aber auf jeweils ganz bestimmte gängige Schlössertypen hin entwickelte Instrumente, die die vom Bau eines Schlosses verlangte individuelle Kompliziertheit bis zu einer gewissen Grenze gleichsam zu unterlaufen gestatten.)
Alles in allem ergibt sich daraus, daß die Spezifität eines Schlüssels »negativ korreliert« ist mit der Chance, daß es unbeabsichtigt (»zufällig«) einen zweiten Schlüssel mit der gleichen Bartform geben könnte: Je geringer diese Chance, um so größer ist die Spezifität (die Sicherheit) des Schlüssels. Ganz kurz kann man also sagen, daß die *Unwahrscheinlichkeit* der Bartform eines Schlüssels der Gradmesser seiner Spezifität ist, der Sicherheit, mit der er das Schloß schützt, für das er gearbeitet worden ist.
Der sicherste (»spezifischste«) denkbare Schlüssel überhaupt wäre ohne Zweifel daher ein Schlüssel mit einem Bart, dessen Form auf dem ganzen Globus nur ein einziges Mal existiert. Das ist der Grund dafür, daß in Zukunft aller Voraussicht nach Sicherheitsschlösser entwickelt werden dürften, die aufgrund eines elektronischen Erkennungsmechanismus einzig und allein auf den Daumenabdruck der zum Öffnen befugten Person ansprechen. Nach aller daktyloskopischen, kriminologischen Erfahrung dürfte das Kriterium der Einmaligkeit gegeben sein, wenn der eigene Fingerabdruck die Funktion des Schlüsselbarts übernimmt.
Ob es heute einen mechanischen Schlüssel gibt, der diese Idealbedingung erfüllt, ist fraglich (unter praktischen Gesichtspunkten aber auch bedeutungslos, denn ein Safe wird nicht dadurch gefährdet, daß irgendwo auf der Erde vielleicht einige Dutzend Menschen, ohne es zu wissen, im Besitz von Schlüsseln sind, mit denen man ihn auch öffnen könnte). In molekularen Dimensionen aber existieren derartige »absolut spezifische« Schlüssel längst, und zwar schon seit Hunderten von Jahrmillionen.
Es sind die Enzyme. Beginnen wir damit, daß wir den Bau dieser für ganz bestimmte chemische Reaktionen innerhalb der Zelle zuständigen Moleküle etwas näher betrachten, um zu verstehen, warum und in welchem Sinne sie mit Recht als Schlüssel anzusehen sind.
Enzyme sind Eiweißkörper und bestehen, wie alle Eiweiße, aus Ami-

nosäuren. Wie eine Aminosäure (eine stickstoffhaltige organische Säure) selbst zusammengesetzt ist, braucht uns hier nicht zu interessieren. Wichtig ist dagegen, daß von den Hunderten oder mehr verschiedenen Aminosäuren, die ein Chemiker sich ausdenken oder auch in seinem Labor herstellen kann, in allen irdischen Lebewesen nur 20 vorkommen. Alle Eiweißarten, die es in irgendeiner auf der Erde existierenden Zelle geben mag – und es gibt Abertausende verschiedener Eiweißarten! –, sind aus diesen immer wieder gleichen 20 Aminosäuren als Elementen oder Bausteinen zusammengesetzt.

Passender noch als der Vergleich mit einem Baustein ist der mit der Perle einer Kette, denn alle Eiweißkörper sind Kettenmoleküle – eine kettenartige Aneinanderreihung der erwähnten immer wieder gleichen 20 Aminosäuren in bunter, wechselnder Aufeinanderfolge. Die Länge der Ketten ist dabei von Eiweißart zu Eiweißart verschieden. Das Hormon Insulin zum Beispiel besteht aus Eiweißmolekülen von jeweils 51 Aminosäuren. (Auch hier sind es nur die genannten 20 verschiedenen Aminosäuren, von denen jede aber in mehrfacher Wiederholung an verschiedenen Stellen der Molekülkette auftreten kann.)

Das Enzym Cytochrom c, auf dessen Bau wir näher eingehen wollen, ist ein aus 104 Aminosäuren zusammengesetztes Kettenmolekül. In der Skizze ist sein Aufbau schematisch dargestellt. Jede der Aminosäuren, aus denen es besteht, ist darin durch ein bestimmtes graphisches Symbol gekennzeichnet. Konkret in dieser, und zwar genau in der hier abgebildeten Reihenfolge, sind diese Aminosäuren bei dem Molekül angeordnet, das die Biochemiker Cytochrom c getauft haben. Es ist, wie schon erwähnt, ein Enzym, ein »Stoffwechsel-Schlüssel«.

Im Unterschied zu einem gewöhnlichen Schlüssel läßt sich die Spezifität, die Sicherheit also, mit der Cytochrom c eine ganz bestimmte und nur diese eine chemische Stoffwechselreaktion auslöst (oder »aufschließt«), in konkreten Zahlen angeben. Sie entspricht, wie wir uns erinnern, der Wahrscheinlichkeit (bzw. Unwahrscheinlichkeit), mit der die gleiche Form, die der Schlüssel hat, rein zufällig noch an ganz anderer Stelle existieren könnte. Diese Wahrscheinlichkeit aber ist im Falle des Cytochrom c gleich Null!

Das läßt sich leicht beweisen. Die Wahrscheinlichkeit einer rein zufälligen »Wiederholung« entspricht hier der konkreten Chance, mit der das für Cytochrom c charakteristische Muster der Reihenfolge der Aminosäuren, die seine »Kette« bilden (seine »Aminosäure-Sequenz«), durch Zufall entstehen könnte. Einfacher ausgedrückt: Wie oft müßte man

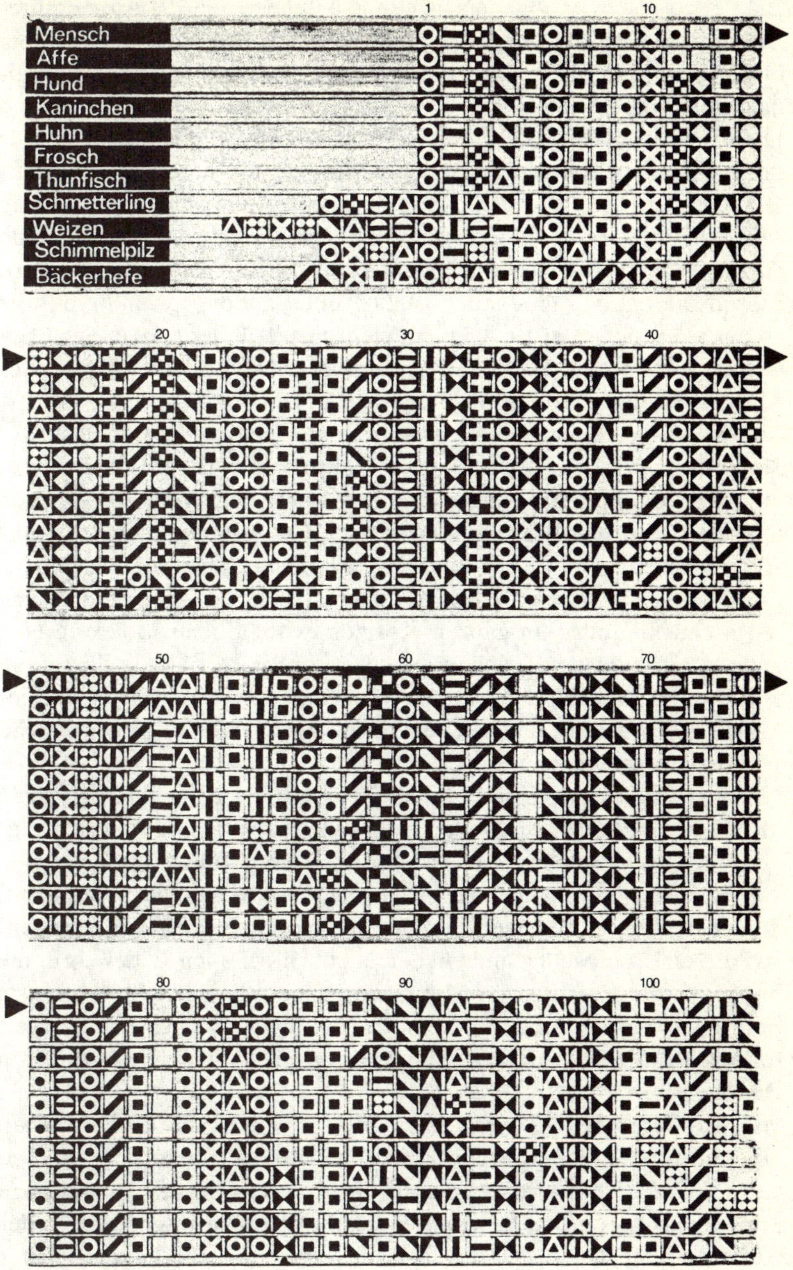
1
10
Mensch
Affe
Hund
Kaninchen
Huhn
Frosch
Thunfisch
Schmetterling
Weizen
Schimmelpilz
Bäckerhefe
20
30
40
50
60
70
80
90
100

104 Perlen der 20 richtigen Farben (entsprechend den 104 Aminosäure-Bausteinen des Enzyms) in eine Rille werfen, bis sie darin rein zufällig in der Reihenfolge nebeneinandergeraten würden, die der des Originals entspricht?
Die Frage läßt sich präzise, mit einer exakten Zahl, beantworten. Für die Anordnung von 20 verschiedenen Elementen innerhalb einer aus 104 Gliedern bestehenden Kette gibt es genau 20^{104} verschiedene Möglichkeiten. Von diesen ist die im Cytochrom c vorliegende eine einzige. Die Wahrscheinlichkeit, gerade sie durch reinen Zufall zu reproduzieren, beträgt damit 1 zu 20^{104} oder, auf die gewohntere Basis 10 umgerechnet, 1 zu 10^{130}. Damit steht fest, daß der Enzym-Schlüssel Cytochrom c weder auf der Erde noch im ganzen Kosmos ein zweites Mal durch reinen Zufall entstanden sein kann.
Seit der Entstehung der Welt, seit dem »Ur-Knall«, sind erst 10^{17} Sekunden vergangen. (So groß sind Exponentialzahlen!) Wenn also mit den 104 Perlen in jeder seit Anbeginn der Welt vergangenen Sekunde 1mal gewürfelt worden wäre, gäbe es heute erst höchstens 10^{17} verschiedene Varianten der aus 104 Gliedern bestehenden Kette. Die des Cytochrom c wäre also gewiß noch nicht darunter. Selbst wenn jedes einzelne aller im ganzen Kosmos existierenden Moleküle eine andere Variante der 104gliedrigen Kette repräsentierte, selbst dann würde es im ganzen Kosmos so gut wie sicher noch immer kein einziges Molekül Cytochrom c geben, denn im ganzen Weltall sind nur rund 10^{80} Atome vorhanden!
Man wird zugeben müssen, daß die Möglichkeit einer rein zufälligen Wiederholung dieser speziellen molekularen Aminosäuresequenz auf dem relativ beschränkten Areal der Erdoberfläche unter diesen Umständen mit hinreichender Sicherheit ausgeschlossen werden kann. Dennoch aber begegnen wir ihr nun, davon waren wir ja ausgegangen, auf dieser Erde wieder und wieder, nämlich bei allen Lebewesen, die bisher darauf untersucht worden sind: nicht nur bei uns selbst, sondern bei Affen, Hunden und Ameisen, bei Fischen, Fröschen und Schmetterlingen und ebenso bei Schimmelpilzen, Weizen und der ordinären Bäckerhefe.
Wie ist das möglich, wenn der Zufall als Ursache einer solchen Übereinstimmung mit so großer Sicherheit ausgeschlossen werden kann? Wie ist die Übereinstimmung unter diesen Umständen anders zu erklären als durch eine *Beziehung,* die alle die Lebewesen miteinander verbindet, bei denen sich das gleiche, hochspezifische Enzym-Muster

findet? Und wie anders wäre diese Beziehung zu verstehen als die einer durch Vererbung, durch »genetische Überlieferung« entstandenen Gemeinschaft von Organismen, die allen heute zwischen ihnen bestehenden Unterschieden zum Trotz sämtlich als die Nachkommen ein und derselben Urzelle angesehen werden müssen?[17]

Der Fundamentalist, entschlossen, die Realität der Evolution zu bestreiten, weil er (irrtümlich) davon ausgeht, daß sonst Abstriche an seinem religiösen Glauben unumgänglich seien, hat auch darauf noch eine Antwort.* Sie lautet: Es war offenbar kein Zufall. Aber ein genetischer Zusammenhang ist auch damit keineswegs bewiesen, denn Gott hat es bei der Schöpfung eben so eingerichtet, daß alle von ihm geschaffenen Lebewesen mit diesen und unzähligen anderen identischen Enzymen ausgestattet worden sind.

Aber auch auf diesen Einwand läßt sich noch etwas erwidern. Hier kommen die minimalen »Abweichungen« ins Spiel, von denen schon kurz die Rede war. Wirklich absolut identisch sind die bei den verschiedenen Arten festgestellten Aminosäure-Sequenzen des Cytochrom c nämlich doch nicht. In dem Schema auf Seite 47 sind sie für den Menschen und 10 andere biologische Spezies zum Vergleich untereinandergestellt. Die Reihenfolge der Spezies untereinander entspricht dabei abnehmenden Graden der Verwandtschaft.

Es zeigt sich bei diesem Vergleich nun ein weiterer, außerordentlich interessanter Befund: Die Zahl der Unterschiede nimmt in dem Schema von oben nach unten zu. Zwischen der Aminosäure-Sequenz des vom Menschen stammenden Cytochrom c und der des Rhesusaffen (2. Zeile) besteht nur ein einziger Unterschied (auf der Position 58). Vergleicht man unsere »eigene« Sequenz mit der eines Hundes, dann stößt man schon auf elf Unterschiede – und so geht es fort. Je entfernter die Verwandtschaft, um so größer die Zahl der Unterschiede.

Genaugenommen müßten daher bei der Wahrscheinlichkeitsberechnung auf Seite 48 anstatt der nur bei dem Vergleich zwischen verschiedenen Menschenrassen gültigen Zahl 20^{104} je nach der Art, mit der verglichen wird, auch niedrigere Exponenten eingesetzt werden. Bei einem Vergleich mit dem Rhesusaffen eben 20^{103}, im Falle des Hundes

* Ich habe schon erwähnt, daß es sich dabei heute wirklich nur noch um eine verschwindende Minorität handelt und daß die *Tatsache* der Evolution heute auch von der Mehrzahl derer anerkannt wird, die ihre (darwinistische) Erklärung noch immer ablehnen.

20^{93} usw. Diese Korrekturen ändern aber, vor allem dann, wenn man sich nicht allein auf den Menschen bezieht, sondern die verschiedenen Arten untereinander vergleicht, an der Beweisführung grundsätzlich nichts. Die resultierenden Wahrscheinlichkeiten bleiben auch dann immer noch so extrem gering, daß die Möglichkeit, die Übereinstimmungen durch bloßen Zufall zu erklären, weiterhin ausscheidet.

Welche Ursache aber haben diese individuellen Abweichungen, in denen uns dieses seiner Abstammung nach ursprünglich identische Molekül bei den verschiedenen Arten begegnet? Der Antwort nähern wir uns, wenn wir uns einmal vor Augen halten, wie oft dieses Molekül wohl reproduziert, also »kopiert« worden sein mag, seit es von der Evolution vor unausdenklich langer Zeit erfunden wurde. Bei jeder Zellteilung mußte seine Bauanleitung in allen Einzelheiten verdoppelt werden. In jeder neuen Zelle mußte es anhand dieser mitgegebenen Bauplan-Kopie dann von neuem synthetisiert werden.

Nun funktioniert der molekularbiologische Apparat, der für diesen »Vererbungs«-Prozeß zuständig ist, zwar mit einer geradezu unglaublichen Präzision. Absolut perfekt, fehlerlos, ohne Rücksicht auf die Zahl der Atome, die er in jeder Sekunde in einer bestimmten Anordnung arrangieren muß, und ohne Rücksicht auf die unvorstellbaren Zeiträume, über die hinweg das von Augenblick zu Augenblick zu geschehen hat, gelingt das aber auch ihm nicht. Absolute Perfektion gibt es im Universum nicht. Auf molekularer Ebene verhindern das schon die natürliche radioaktive Strahlung der Umgebung und die von der unvermeidbaren Wärmebewegung ausgehenden Störungen.

Es schleichen sich also Fehler ein. Erstaunlich selten, wenn man die Subtilität der molekularen Reproduktionsabläufe bedenkt, aber im Laufe der Zeit sammeln sie sich eben an. Da sitzt dann plötzlich, nach der Neubildung des Moleküls in einer neu entstandenen Zelle, sozusagen eine Perle »falscher Farbe« an einem bestimmten Punkt der Kette: Eine Aminosäure ist durch eine andere ausgetauscht worden. Die Biologen bezeichnen eine solche Änderung des erblichen Materials bekanntlich als »Mutation«.

Ob der Austausch Folgen hat, hängt wiederum von der Stelle ab, an der die Änderung der Sequenz innerhalb der Molekülkette erfolgt ist. Betrifft die Mutation das sogenannte »aktive Zentrum« des Moleküls, dann sind die Konsequenzen – von verschwindenden Ausnahmen abgesehen – tödlich. Das aktive Zentrum ist so etwas wie der »Bart« des Enzym-Schlüssels, also der Teil des Moleküls, der für seine Stoffwechselfunktion entscheidend ist. Beim Cytochrom c besteht diese, wie schon erwähnt, in der Sauerstoffübertragung innerhalb der Zelle. Eine Mutation im Bereich des aktiven Zentrums von Cytochrom c führt daher in der Regel zum sofortigen Absterben der neu entstandenen Zelle als Folge innerer Erstickung: Die Mutation hat sich als »letal« erwiesen.

Die verschwindende Ausnahme bedeutete in diesem Fall, daß die neue Aminosäure, die da plötzlich innerhalb des aktiven Zentrums aufgetaucht ist, zu einer *Verbesserung* der Funktionsfähigkeit des Moleküls führte. Daß ihr Auftreten den »Bart« des Moleküls also rein zufällig in einer Weise veränderte, welche die Sauerstoffübertragung in irgendeiner Hinsicht verbessert, indem sie sie etwa schneller oder ergiebiger werden läßt. Es läßt sich leicht denken, daß das nur außerordentlich selten vorkommt. Andererseits steht ebenso fest, daß jeder einzelne derartige Fall einen »Erfolg« darstellt, an dem die Evolution von da ab hartnäckig festhalten wird.

Das geschieht einfach in der Form, daß ein Organismus, der durch einen solchen Glückstreffer in der Mutationslotterie eine Verbesserung seiner Ausstattung erfahren hat, bessere Überlebenschancen hat. Er wird daher – mit großer Wahrscheinlichkeit – eine größere Nachkommenzahl hinterlassen, die, da Mutationen erbliche Änderungen sind, mit dem gleichen Vorzug ausgestattet sind. Der neue Typ setzt sich daher in einem derartigen Fall auch zahlenmäßig gegenüber den weniger gut ausgestatteten Konkurrenten seiner eigenen Art innerhalb weniger Generationen durch.

Kein Biologe zweifelt heute mehr daran, daß die Spezifität eines Enzyms im Verlaufe längerer Zeiträume auf diesem Wege entstanden ist. Schritt für Schritt: Jeder »Glückstreffer« wurde festgehalten, alle Zellen mit einer negativ wirksamen Mutation innerhalb des aktiven Zentrums (und das war ohne Zweifel die überwältigende Mehrzahl) starben dagegen ab. Sie schieden aus, all ihre Spuren sind längst getilgt.

Daneben aber gab es nun noch die Mutationen, die nicht das aktive Zentrum des Moleküls betrafen, nicht den Bart, sondern sozusagen den »Griff«, den bloß statischen Teil des enzymatischen Molekülgerüsts. Sie sind ganz offensichtlich die Ursache der Verschiedenheiten, die wir heute zwischen den Cytochrom-c-Molekülen unterschiedlicher Herkunft – ob vom Menschen, einem Insekt oder einer Pflanze – finden. Von den »letalen« Mutationen gibt es keine Zeugnisse mehr.

Die Träger dieser Mutationen konnten nicht überleben (und ihre negative Eigenschaft daher nicht in die »genetische Tradition« einführen). Die extrem seltenen positiven Mutationen führten zu der heute vorliegenden Spezifität und der kaum mehr zu überbietbaren Effektivität des »modernen« Cytochrom c. Alle an anderer Stelle des Moleküls erfolgenden Mutationen aber konnten sich im Ablauf der Zeit nach und nach ansammeln, da sie für die Funktion des Enzyms unerheblich waren.

»Nach und nach«, »im Ablauf der Zeit«, auf diesen Worten liegt die Betonung. Je mehr Zeit verging, um so größer wurde die Zahl der durch Mutationen ausgetauschten Aminosäuren an funktionell neutralen Stellen des Molekülgerüsts. Für die Funktion des Enzyms blieb das ohne Bedeutung. Allein deshalb konnten diese allmählich zunehmenden Unterschiede ja überhaupt vererbt werden. Für uns aber erweisen sie sich aufgrund dieser Zusammenhänge plötzlich als ein Evolutionskalender von erstaunlicher Präzision.

Je größer die Zahl der Unterschiede, um so mehr Zeit muß verstrichen sein: Aus dieser eben so beiläufig gezogenen Schlußfolgerung läßt sich, wenn es denn eine Evolution gibt, angesichts zweier verschiedener, konkret vorliegender Cytochrom-c-Typen der Zeitpunkt der Vergangenheit berechnen, zu dem es einen gemeinsamen Stammvater der beiden unterschiedlichen Organismen-Typen gegeben haben muß, in denen die verglichenen Moleküle heute vorkommen.

Innerhalb ein und derselben Art wird ein in durchschnittlichen Abständen von, sagen wir: Jahrhunderttausenden auftretender Aminosäure-Austausch früher oder später unweigerlich zum gemeinsamen Merkmal aller Mitglieder. Eine Art ist eine »Fortpflanzungsgemeinschaft«. Die sexuelle Durchmischung des gemeinsamen Genpools der Art, der Gesamtheit der für sie typischen Erbanlagen, sorgt für deren Verteilung über die ganze Population.

Sobald nun im Ablauf der Evolution aber eine neue Art zu entstehen beginnt, dadurch daß sich ein genetisch neuartiger Typ von der bis dahin gemeinsamen Abstammungslinie abspaltet, bedeutet das auch den Austritt des Neulings aus der bisherigen Erb-Gemeinschaft.[18] Auch genetisch hat die neue Art von nun an ihr eigenes, individuelles Schicksal.

Für unseren Zusammenhang heißt das: Die im weiteren Ablauf der Geschichte auch weiterhin an den verschiedensten Stellen des Cytochrom-c-Gerüsts zufällig erfolgenden Mutationen werden von jetzt ab

zwischen den beiden Arten über die neu entstandene Artgrenze hinweg *nicht mehr ausgetauscht.*
Vom Zeitpunkt der evolutiven Aufspaltung ab entwickeln sich daher auch die Zufallsänderungen an den funktionell unwichtigen Stellen des Enzymgerüsts bei beiden Arten unabhängig voneinander weiter. Und eben deshalb, weil die zufälligen Kopierfehler, die ihre Ursachen sind, »im Ablauf der Zeit« langsam und Schritt für Schritt an Zahl zunehmen, *ist ihre heutige Zahl ein Maß für die Zeit, die seit der Aufspaltung der beiden verglichenen Arten vergangen ist.*
In der Realität des Labors ist die Ablesung des Evolutionskalenders, der sich aus diesen Zahlen ergibt, nun doch etwas schwieriger und unsicherer, als das relativ einfache Prinzip, das ich hier geschildert habe, zunächst vermuten läßt. Die bloßen Zahlen der Unterschiede in den Aminosäuresequenzen genügen allein noch nicht. Die Frage: »An wie vielen Stellen im Kettenmolekül unterscheiden sich die Aminosäuren der beiden Arten?« wäre zu einfach gestellt.
Die Wahrscheinlichkeit einer Zufallsmutation ist an den verschiedenen Stellen des Moleküls unterschiedlich groß. Vereinfacht könnte man sagen, daß die »Stabilität« des Molekülgerüsts nicht überall gleich groß ist. Ferner ist die Möglichkeit in Rechnung zu stellen, daß an einzelnen Orten der Kette wiederholte Mutationen erfolgt sind. Vielleicht ist dort eine Aminosäure mehrfach ausgetauscht worden. In diesem Falle müßte der an dieser Stelle heute zu registrierende »einfache« Unterschied bei der Zeitberechnung dann dementsprechend doppelt oder gar dreifach berücksichtigt werden.
Alle diese Faktoren und Einflüsse erschweren die Berechnung der Zeitspanne, die für den Austausch der einen oder anderen Aminosäure des Moleküls einzusetzen ist. Die Wissenschaftler bemühen sich, unter Berücksichtigung aller bekannten und denkbaren Einflüsse in der Rechnung die entsprechenden Korrekturen anzubringen. Trotzdem sind, wie kein Beteiligter bestreitet, die Resultate mit einer gewissen Reserve zu betrachten. So viel aber steht fest: Die Größenordnungen stimmen. Nur ist es denkbar, daß in dem einen oder anderen Fall das wirkliche Ergebnis von den Computerberechnungen um 20 oder auch 30 Millionen Jahre abweicht.
Unter diesem Vorbehalt sei hier wiedergegeben, daß sich aus dem Vergleich der Aminosäuresequenzen von Cytochrom c beim Menschen und beim Huhn ein Zeitraum von knapp 300 Millionen Jahren für die Dauer errechnen ließ, während derer das Enzym innerhalb der

Ahnenreihe der beiden heutigen Arten isoliert, ohne wechselseitigen Austausch, im Ablauf der Generationenfolge kopiert worden sein muß. Kürzer und einfacher ausgedrückt heißt das nichts anderes, als daß am Beginn dieses Zeitraums, vor rund 300 Millionen Jahren also, ein Lebewesen existiert haben muß, das als Stammvater sowohl der anschließenden bis hin zu uns führenden Reptilien- und viel später dann Primatenreihe als auch der zu den heutigen Hühnern führenden Entwicklungslinie anzusehen ist.

Entsprechende Berechnungen ergaben weiter, daß sich unser amphibischer Urahn vor etwa 500 Millionen Jahren von den Fischen genetisch getrennt hat und daß sich die Vorfahren der Wirbeltiere und der Insekten vor rund 750 Millionen Jahren genetisch verselbständigt haben müssen.

Weit über eine Milliarde Jahre, wahrscheinlich 1,5 Jahrmilliarden sind vergangen, seit der gemeinsame Vorfahre existierte (eine urtümliche Zelle), der unsere bis auf den heutigen Tag mit dem Korn auf unseren Äckern bestehende Verwandtschaft begründete.[19]

Die Vorbehalte, die hier angebracht sind, gelten allein für die genannten absoluten Zahlen. Diese können das wirkliche Datum innerhalb der schon erwähnten Fehlerbreite möglicherweise verfehlen. Am Prinzip des Arguments ändert das nicht das geringste. Auf jeden Fall gesichert ist die aus dieser Methode des Enzym-Vergleichs sich ergebende *Aufspaltung eines ursprünglich einheitlichen Entwicklungsbaums und darüber hinaus auch noch die Chronologie der Reihenfolge, in der sich die Vorfahren der heute existierenden Arten nacheinander vom ursprünglichen Hauptstamm ablösten.*

Der letzte Befund insbesondere liefert in unserem Zusammenhang einen neuen, nun wirklich schlagenden Beweis. Konstruiert man nämlich anhand der »Chronologie der Aufspaltungsfolge«, wie sie aus dem Enzym-Vergleich ablesbar ist, einen Stammbaum, so erweist sich das Produkt als identisch mit den Stammbäumen, die die Paläontologen schon vor langer Zeit aufgrund völlig anderer Indizien, nämlich anhand ihrer Fossilfunde, rekonstruiert haben.

Identische Schlußfolgerungen auf völlig unterschiedlichen Wegen – läßt sich ein überzeugenderer Beweis für die Realität der Stammesgeschichte denken? Auf der einen Seite die räumliche Verteilung versteinerter Überreste von ausgestorbenen Vorfahren heutiger Organismen, in den unterschiedlich alten Ablagerungen der Erdkruste just so verteilt, wie es ihrem entwicklungsgeschichtlichen Alter entspricht. Auf der anderen Seite der Vergleich unterschiedlicher Kopien eines sehr alten, »fossilen« Moleküls, dessen rechnerische Auswertung zu exakt der gleichen Chronologie des Entwicklungsablaufs führt. Kann man immer noch zweifeln?[20]

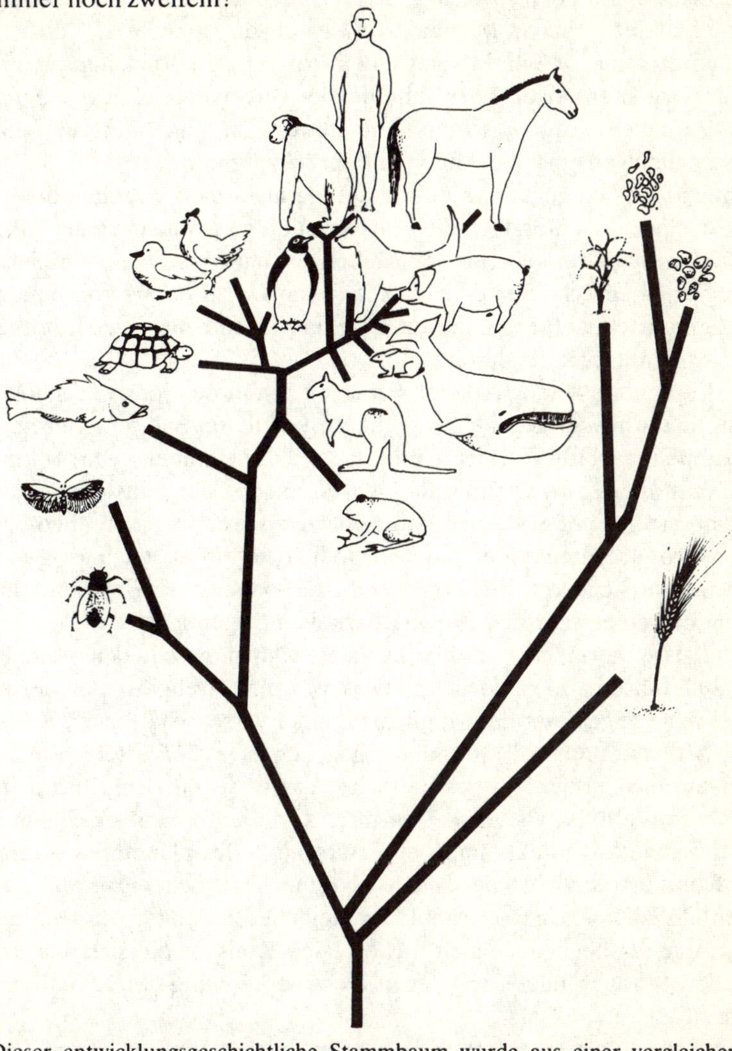

Dieser entwicklungsgeschichtliche Stammbaum wurde aus einer vergleichenden Untersuchung des molekularen Aufbaus von Cytochrom c bei den dargestellten Arten abgeleitet – er ist in allen Einzelheiten identisch mit dem anhand fossiler Makrofunde rekonstruierten Stammbaum! Einzelheiten im Text. (Aus: Margaret O. Dayhoff, *Scientific American*, Juli 1969, S. 86)

Wer sich aufgrund seiner Vorurteile gegen die Einsicht sperren will, läßt sich erfahrungsgemäß auch durch diese Argumentation nicht belehren. Seine letzte Ausflucht: Gott habe es in seinem unerforschlichen Ratschluß eben so gefügt, daß die bei den verschiedenen Arten nachweisbaren Enzym-Muster Abweichungen aufwiesen, die so beschaffen seien, daß ihr Vergleich den (irrigen!) Eindruck hervorrufe, die untersuchten Arten seien miteinander verwandt und in der durch den Vergleich vorgetäuschten Reihenfolge nacheinander auf eine ursprünglich gemeinsame Ahnenlinie zurückzuführen.
Sachlich läßt sich gegen diese Behauptung nicht mehr argumentieren. Aber vielleicht ist hier doch die Frage erlaubt, was von einer sich selbst noch als religiös verstehenden Einstellung zu halten ist, die es vorzieht, dem göttlichen Schöpfer eine im konkreten Detail derart konsequent durchgeführte Irreführung zu unterstellen, anstatt die eigene, vorgefaßte Meinung zu korrigieren.
Auf Argumente dieser Art hat seinerzeit schon der junge Immanuel Kant eine Antwort gegeben, die ebenso für diesen Fall gilt. In seiner »Allgemeinen Naturgeschichte und Theorie des Himmels« geht er kurz auch auf die Kritiker ein, die dem Versuch, die Entstehung des Sonnensystems mit Hilfe der Naturgesetze zu erklären, mit »theologischen« Argumenten widersprachen, indem sie ihn als unzulässig und überdies aussichtslos ablehnten, weil das Sonnensystem als göttliche Schöpfung einer natürlichen Erklärbarkeit entzogen sei.
Es hat also, das möchte ich hier zunächst einmal einschieben, damals, vor 200 Jahren, doch noch so etwas wie eine »religiös motivierte« Ablehnung gegenüber der Möglichkeit einer wissenschaftlichen Erklärung astronomischer Tatbestände gegeben. Damals erschien nicht wenigen auch dieser wissenschaftliche Ansatz als ein Angriff auf ihr religiöses Weltbild, als Gefahr für ihren Glauben. Für uns Zeitgenossen des Apollo-Projekts und der Erforschung des planetaren Raums mit Robotersonden ist das nichts als eine historische Episode. Mir jedenfalls ist, wie schon erwähnt, ein ähnliches Bedenken aus heutiger Zeit nirgends begegnet, auch nicht in den Kreisen, die sich aus den gleichen Motiven heute nun gegen die Anerkennung der Evolutionslehre sträuben.
Könnte diese historische Reminiszenz uns nicht vielleicht helfen, einzusehen, daß es auch im Falle der biologisch-wissenschaftlichen Erkenntnis heute gar nicht wirklich um Glaubensfragen geht, sondern allein um die Aufgabe von Denkgewohnheiten? Keine Religion dieser

Erde ist in ihrer Substanz davon berührt worden, daß das Sonnensystem sich im Verlaufe wissenschaftlicher Beobachtungen als ein mit physikalischen Begriffen umfassend beschreibbares Gebilde entpuppte. Niemand hat Anlaß und niemand sieht auch einen Grund, unser Planetensystem nicht mehr als einen Teil göttlicher Schöpfung zu betrachten, nur weil es uns gelungen ist, sein Verhalten naturgesetzlich zu verstehen.

Warum eigentlich sollen wir den gleichen Irrtum, dem die von Kant angesprochenen Kritiker nachweislich – wie wir heute, zwei Jahrhunderte später, rückblickend mit Sicherheit sagen können – erlegen sind, angesichts der Fortschritte der biologischen Wissenschaft in allen Einzelheiten wiederholen? Ist die historisch zu konstatierende Wanderung der Grenze, an welcher der religiös verbrämte Widerstand jeweils einsetzt und die sich in der seit Kant vergangenen Zeit von der Astronomie auf die Biologie verlagert hat, nicht in sich schon ein unübersehbarer Hinweis darauf, was sich hier in Wirklichkeit abspielt? Daß es sich nämlich überhaupt nicht um die Frage handelt, von welchem Punkt des Erkenntnisfortschritts ab die Substanz religiöser Aussagen berührt werden könnte (ohnehin eine höchst fragwürdige Vorstellung), sondern allein um den psychologischen Widerstand gegenüber der an der sich von Generation zu Generation verlagernden Frontlinie des wissenschaftlichen Fortschritts entstehenden Forderung nach der Korrektur bis dahin für gültig gehaltener Denkgewohnheiten?

Jetzt aber zu der Antwort, die Kant seinen Kritikern seinerzeit gab. Ihrer grundsätzlichen Gültigkeit wegen zitiere ich sie hier in einiger Ausführlichkeit:

> »Wenn denn endlich Gott unmittelbar den Planeten die Wurfskraft ertheilet und ihre Kreise gestellet hätte, so ist zu vermuthen, daß sie nicht das Merkmal der Unvollkommenheit und Abweichung, welches bei jedem Produkt der Natur anzutreffen, an sich zeigen würden. War es gut, daß sie sich auf eine Fläche beziehen sollten, so ist zu vermuthen, er würde ihre Kreise genau darauf gestellt haben; war es gut, daß sie der Zirkelbewegung nahe kämen, so kann man glauben, ihre Bahn würde genau ein Zirkelkreis geworden sein, und es ist nicht abzusehen, weswegen Ausnahmen von der genauesten Richtigkeit selbst bei demjenigen, was eine unmittelbare göttliche Kunsthandlung sein sollte, übrig bleiben mußten.« (Allg. Naturgeschichte und Theorie des Himmels, Reclam, Leipzig o. J., S. 178)

Kant bezieht sich also auf die »minimalen Abweichungen«, die im regelmäßigen Bau des Sonnensystems zu beobachten sind. Auf die geringfügigen Unterschiede zwischen den Bahnebenen der einzelnen Planeten und die Abweichung dieser Bahnen selbst von der idealen Kreisform. Und das, was er über die Bedeutung dieser Abweichungen sagt, gilt nun ohne jede Einschränkung genauso für die in diesem Kapitel ausführlich erörterten »minimalen Abweichungen« im Bau des Cytochrom-c-Moleküls.
Dies sogar in einem zweifachen Sinne. Auch für Kant ist die Annahme absurd, Gott könne diese kleinen Fehler während einer »unmittelbaren göttlichen Kunsthandlung« gewissermaßen übriggelassen haben. Und zweitens sind auch für ihn diese Unregelmäßigkeiten in Wirklichkeit Hinweise, aus denen sich Rückschlüsse auf die Entstehungsgeschichte des Sonnensystems ableiten lassen – ganz so wie für die Biologen aus den »Unregelmäßigkeiten« in der Struktur des Cytochrom c.
Ich vermute überdies, daß das uneingestandene wirkliche Motiv derer, die nicht wahrhaben wollen, daß sich der Lauf der Geschichte des irdischen Lebens unter dem Einfluß der gleichen Naturgesetze abspielte, die auch den Ablauf aller kosmischen Prozesse regieren, erst hinter den (unbewußt) vorgeschobenen Argumenten liegen dürfte. Ich fürchte, daß allzu viele hier in Wahrheit mit dem Gedanken liebäugeln, den sich vor unserer Wahrnehmung so hartnäckig verbergenden Gott durch den Nachweis eines grundsätzlich unerklärbaren, der rationalen und naturgesetzlichen Faßbarkeit prinzipiell entrückten Phänomens in seiner Schöpfung konkret ertappen zu können.
Es erscheint mir wenig zweifelhaft, daß der oft mit so spürbarer Emotion vorgetragene Widerstand gegen die rationale Erklärung eines bis dahin für unerklärlich gehaltenen Naturphänomens auch als Ausdruck der Weigerung zu verstehen ist, auf eine Art »Gottesbeweis« zu verzichten, den man in Händen zu haben glaubt. Die Hoffnung, Gott auf diese Weise sozusagen dingfest zu machen, sich seiner Existenz in konkret-handgreiflicher Form versichern zu können, ist nun aber von vornherein verfehlt. Im Bereich wissenschaftlicher Forschung führt sie, konsequent durchgehalten, nur zu der Peinlichkeit, sich ständig von einer »Widerstandslinie« auf die nächste zurückziehen zu müssen. Und von den Theologen muß sich einer, der diese Position bezieht, sagen lassen, daß die von ihm für möglich gehaltene konkrete Beweisbarkeit eines Weltschöpfers dem Gottesbild aller großen Religionen der Menschheit widerspricht.

»Miracula non sunt multiplicanda« lautet ein bewährtes Prinzip der klassischen Scholastik. Frei übersetzt heißt das: Man suche nicht nach Wundern, wenn sich eine natürliche Erklärung anbietet. Oder, mit den Worten Martin Luthers: »Wir dürfen Gott nicht da suchen, wo wir ihn zu finden wünschen, sondern allein dort, wo er sich uns zu offenbaren geruht.«[21]

6. Die Frage der Lebensentstehung

An der Tatsache der biologischen Stammesgeschichte ist also kein vernünftiger Zweifel mehr möglich. Daran, daß die gegenwärtig auf der Erde existierenden Organismenarten nicht von Anfang an, seit dem Beginn der Geschichte des Lebens auf der Erde, unverändert bestehen, sondern daß sie das (vorläufige) Resultat einer langen, auch heute noch weiterlaufenden Entwicklungsgeschichte sind, zweifelt denn auch kein einziger ernstzunehmender Wissenschaftler auf der ganzen Welt.

Es ist fast müßig zu sagen, daß sich andererseits natürlich und mit der gleichen Selbstverständlichkeit auch heute noch einzelne exzentrische Außenseiter vorweisen lassen, die der gegenteiligen Ansicht sind – oder sie jedenfalls vertreten. Was von den Argumenten zu halten ist, die sie, von den längst vorliegenden wissenschaftlichen Fakten unbeirrt, zu wiederholen nicht müde werden, wird uns in einem der folgenden Kapitel noch im einzelnen beschäftigen. Hier sei nur für den Nichtwissenschaftler schon klargestellt, daß die bloße Existenz dieser Außenseiter kein Argument darstellt. Die einzigen, die sie in der heutigen Wissenschaft noch ernst nehmen, sind sie selbst.

Die Anerkennung der biologischen Stammesgeschichte als historische Realität schließt nun die Einsicht in einen noch umfassenderen, noch bedeutsameren Zusammenhang ein: Wer ihre Realität eingesehen hat, dem öffnet sich der Blick auf ihren Zusammenhang mit der vorhergehenden kosmischen Entwicklung.

Denn es ist ja nicht so – wie eine ausschließliche Beschäftigung mit der biologischen Evolution es suggerieren könnte –, daß der Prozeß einer Entwicklung erst mit dem Beginn der biologischen Stammesgeschichte einsetzte. Es ist auch, noch wichtiger, nicht so, daß kosmische und biologische Entwicklung etwa nur das Wort »Entwicklung« gemein hätten, daß es sich in Wahrheit also um ihrem Wesen nach gänzlich verschiedene Prozesse handelte. Im Gegenteil: Zu den aufregendsten Resultaten moderner Naturforschung gehört die Tatsache, daß sich aus der riesigen Zahl der von ihr gelieferten Einzelresultate heute immer deutlicher, wie aus unzähligen Mosaiksteinen, das Bild einer Welt zusammenzufügen beginnt, in der alles mit allem zusammenhängt, das Größte mit dem Kleinsten, das Nächste mit dem Fernsten und so auch das Tote mit dem Lebendigen.

Eine einheitliche, in sich geschlossene Welt also. Eigentlich, nachträglich betrachtet, doch eine Selbstverständlichkeit. Und trotzdem wirkt die Entdeckung wie eine Überraschung. Mehr noch, die erste Reaktion, die sie bei vielen Menschen auslöst, ist ungläubige Skepsis, ja sogar inneres Widerstreben. Denn das Bild, das sich hier abzuzeichnen beginnt, widerspricht in seiner Geschlossenheit dem Bild, das wir uns jahrhundertelang von der Welt gemacht haben.

Seit langer Zeit hatten wir uns angewöhnt, die Welt in Zonen unterschiedlicher Gesetzlichkeit und ihren »Inhalt« in Kategorien zu unterteilen, die, wie wir glaubten, nichts miteinander zu tun hätten: auf der einen Seite die Weite des Universums und darin, winzig und verloren, unsere Erde, ohne Zusammenhang mit dem Ganzen, gleichsam nur ihrer Bedeutungslosigkeit wegen geduldet. Noch Jacques Monod, der französische Biologe und Nobelpreisträger, hatte sich verpflichtet gefühlt, die Trostlosigkeit, die Unüberbrückbarkeit dieses vermeintlichen Gegensatzes zu unterstreichen.[22]

Oder: auf der einen Seite der Mensch und auf der anderen, wieder angeblich durch eine (durch keinen wie immer gearteten Zusammenhang überbrückbare) Kluft getrennt, die übrige belebte Natur. Und die irdische Umwelt selbst verkannten wir, wie sich gerade heute immer deutlicher herauszustellen beginnt, allzulange als unbeschränkt, beliebig und grenzenlos verfügbare Kulisse, dem Menschen ausgeliefert, der sich auf irgendeine Weise gleichsam »von außen« in sie hineinversetzt mißverstand und sich daher den in ihr geltenden Gesetzen enthoben wähnte.

All das stellte sich im Verlaufe naturwissenschaftlicher Forschung als Vorurteil heraus, als Mißverständnis angesichts der eigenen Position im Rahmen des Ganzen. Die Welt besteht nicht aus »Zonen« unterschiedlicher Gesetzlichkeit. Sie hat auch keinen »Inhalt«. Alles, was existiert, ist »Welt«, Teil der einen, einzigen, in sich geschlossenen Wirklichkeit und darin mit jedem anderen Teil des Ganzen im Zusammenhang.

Die Grenzen, die wir überall wahrzunehmen glauben, gehören nicht der Welt selbst an. Sie sind nichts als Projektionen unserer angesichts der Welt ganz und gar unzulänglichen Vorstellungsstrukturen, so etwas wie ein der Außenwelt von unserem Gehirn übergestülptes Gradnetz, mit dessen Hilfe wir uns in der Fülle der Erscheinungen die Übersicht zu erleichtern suchen. Auch das einer Wanderkarte aufgedruckte Gradnetz, das dem gleichen Zweck dient, gibt ja keine wirkliche Eigenschaft der abgebildeten Landschaft wieder.

Die Spezialisierung unserer naturwissenschaftlichen Forschung ist nicht die Folge einer Spezialisierung der Natur. Sie ist die Folge unseres Unvermögens, das Ganze zugleich im Blickfeld haben und untersuchen zu können. Das Mißverhältnis zwischen der Kompliziertheit der Welt und der begrenzten Kapazität unserer Gehirne läßt uns keine andere Möglichkeit als die, uns einzelne Details, spezielle Aspekte aus der Fülle der Erscheinungen herauszugreifen und isoliert zu betrachten. Wir bekommen diese Auswirkung unserer Inkompetenz aber doppelt zu spüren, wenn wir uns dazu verleiten lassen, aus der Aufsplitterung unserer Wissenschaften in immer zahlreichere Spezialdisziplinen auf eine entsprechende Aufsplitterung in der Natur selbst zu schließen.

Das gilt für alle derartigen »Grenzen«, die wir in der Natur zu sehen meinen. Für viele Kritiker, vor allem aus dem geisteswissenschaftlichen Lager, ist der bloße Gedanke an eine »Grenzüberschreitung« schon eine Todsünde. Natürlich gibt es, vor allem methodisch, unzulässige Grenzüberschreitungen. Dennoch muß man diesen Kritikern entgegenhalten, daß die wirklich gelungenen bisher identisch waren mit unseren bedeutendsten Einsichten in die Natur.

Die Aufhebung der noch vor wenig mehr als 100 Jahren ebenfalls für grundsätzlich gehaltenen Grenze zwischen den Gesetzen der klassischen Mechanik und denen der Theorie der Gase gab den Anstoß zur Entwicklung der modernen Thermodynamik und führte schließlich, über den Begriff der Entropie[23], zu einem tieferen Verständnis aller zeitlichen Abläufe in der Natur.

Bis 1828 galt es als selbstverständlich, daß anorganische und organische Chemie durch eine unüberschreitbare Grenze voneinander getrennt seien. Organische Verbindungen würden sich, dies hielt jedermann, auch in der Wissenschaft, für selbstverständlich, im Gegensatz zu anorganischen Substanzen niemals »künstlich« im Laboratorium erzeugen lassen. Ihre Entstehung sei nur durch eine biologische Synthese in einem lebenden Organismus möglich. Bis Friedrich Wöhler dann die Möglichkeit der Laborsynthese von Harnstoff nachwies und damit das riesige neue Forschungsgebiet der organischen Chemie begründete.

Von der Entdeckung des Zusammenhangs zwischen den auf der Erde ermittelten Fallgesetzen und den Gesetzen der Planetenbewegung durch Newton bis zu der Überwindung der in unserer angeborenen Vorstellung so unüberschreitbaren Grenze zwischen Raum und Zeit in der Relativitätstheorie Albert Einsteins war es immer das gleiche. Man könnte die Geschichte der Naturerforschung auch schreiben als eine Geschichte der Überwindung irrtümlich für real gehaltener Grenzen zwischen Naturphänomenen, die sich unserer menschlichen Vorstellungsweise als grundsätzlich »verschieden« darstellen.

Diese Geschichte ist selbstverständlich keineswegs zu Ende. Unsere psychische Konstitution bringt es mit sich, daß die grundsätzlich gleiche Arbeit bei jeder neu ins Blickfeld rückenden Grenze von neuem geleistet werden muß. Auch dann, wenn die Bereitschaft, ihren illusionären Charakter von vornherein zu unterstellen, noch so groß ist, bleibt stets die ungeheure Arbeit der Beweisführung. Es gehört zu den größten geistigen Leistungen des Menschen überhaupt, die Wirklichkeit so zu erkennen, »wie sie ist« (ein Ziel, das, wie hier vorweggenommen sei, grundsätzlich nie vollständig wird erreicht werden können). Naturwissenschaft ist nichts anderes als der Versuch, auf diesem Weg so weit wie irgend möglich voranzukommen. Der Versuch, die uns angeborenen Strukturen der Weltdeutung zu überwinden, von ihnen im wahren Sinne des Wortes zu abstrahieren, um jenseits des subjektiven Augenscheins ein neues Stückchen objektiver, »wahrer« Natur freizulegen.

Die Grenze, um die es in der zeitgenössischen biologischen Grundlagenforschung seit einiger Zeit entscheidend geht, ist nun die zwischen der unbelebten und der belebten Natur. Wer ihre Realität in Zweifel zieht, wer also an die Möglichkeit eines »natürlichen« und damit grundsätzlich verstehbaren Übergangs von unbelebten zu lebendigen materiellen Strukturen glaubt, bekommt es alsbald mit den Einwänden der »Vitalisten« zu tun.

Mit dem Begriff des Vitalismus wird eine geistige Position bezeichnet, die alle Lebensvorgänge, insbesondere die Entstehung der ersten Lebensformen für naturwissenschaftlich grundsätzlich unerklärbar hält. Umgekehrt, positiv formuliert, ist Vitalismus die Überzeugung, daß Lebensprozesse sich von allen anderen Naturvorgängen, speziell von physikalischen und chemischen Abläufen, grundsätzlich unterscheiden und als Ausdruck einer weder naturwissenschaftlich noch auf andere Weise faßbaren speziellen »Lebenskraft« aufzufassen seien.

Der Einwand, wieder einmal von einer »Grenze in der Natur« abgeleitet, muß jedem, der die Geschichte der Naturwissenschaften einigermaßen übersieht und der sich zum Beispiel an die eben kurz skizzierten früheren Fälle erinnert, fast bis zum Überdruß bekannt vorkommen. Vitalisten aber lernen aus historischer Erfahrung nicht. Zwar befinden sie sich seit mehr als 100 Jahren permanent auf dem Rückzug, doch das tut ihrer Hartnäckigkeit keinen Abbruch.
Die Praxis zeigt, daß sich ein überzeugter Vitalist nur millimeterweise und immer erst dann zurückzieht, wenn die Fakten schließlich unabweisbar auf dem Tisch liegen.
Nun ist, und kein Biologe wird das bestreiten, der konkrete Beweis für die Natürlichkeit der Entstehung des Lebens auf der Erde, also den spontanen, von den uns bekannten Naturgesetzen gesteuerten Übergang von toter zu belebter Materie, bisher noch keineswegs lückenlos geführt. In dem Bild, das die Wissenschaftler in geduldiger Arbeit zusammenzusetzen begonnen haben, fehlt noch immer eine ganze Reihe wichtiger Mosaiksteine. Die Vitalisten saugen daraus unverdrossen ihren Honig. Die Umrisse des Bildes sind aber schon recht gut zu erkennen, und der nächste Rückzug ist vorhersehbar.
Sehen wir uns die Tatsachen und Befunde einmal an, die einen unvoreingenommenen Betrachter veranlassen müssen, vorsichtshalber damit zu rechnen, daß sich auch die uns so prinzipiell erscheinende Grenze zwischen unbelebter und belebter Natur früher oder später als illusorisch erweisen wird.
Beginnen wir mit der so oft schon erzählten Geschichte des Miller-Versuchs. 1953 schloß der junge amerikanische Chemiker Stanley Miller, ein Schüler des berühmten Nobelpreisträgers Harold Urey, die simplen anorganischen Moleküle in eine Glasapparatur ein, die es, wie sein Lehrer ihm gesagt hatte, in der Atmosphäre der Ur-Erde besonders reichhaltig gegeben haben sollte: Kohlendioxid, Methan, Ammoniak und molekularen Wasserstoff. Er ließ seine Lösung einige Tage lang in der Apparatur kreisen, dabei in stetem Wechsel verdampfen und sich wieder niederschlagen, und traktierte sie gleichzeitig mit elektrischen Entladungen als äußerer Energiequelle, womit er die heftigen Gewitter zu simulieren trachtete, die sich in der Atmosphäre der Ur-Erde abgespielt haben müssen.
Jedes Schulkind, das einen auch nur halbwegs ordentlichen Biologieunterricht genossen hat, weiß heute, was bei der Geschichte herauskam. Der so überwältigend simple Versuch Millers, die Verhältnisse

auf der Oberfläche der noch unbelebten Ur-Erde in seiner Apparatur nachzuahmen, resultierte in der spontanen Entstehung einiger der wichtigsten biologischen Lebensbausteine, vor allem in der Gestalt von Aminosäuren. Nun hatte gerade die Entstehung derartiger »Biopolymere« unter nichtbiologischen Bedingungen bis dahin als besonders schwer erklärbar, wenn nicht sogar unmöglich gegolten. Sehr zu Unrecht, wie Miller mit seinem Versuch demonstrierte.

Der Bericht über dieses Experiment wirkte damals verständlicherweise als Sensation. Heute, nicht einmal drei Jahrzehnte später, ist der Millersche Versuch zu einem der Standardversuche geworden, mit denen, wie gesagt, ein gut geleiteter Biologieunterricht an der Oberstufe angereichert zu werden pflegt. Dieser kurze Weg von der Sensation zur Alltäglichkeit des Selbstverständlichen spiegelt die Lehre wider, die Millers Experiment enthält.

Es ist, wie sich kaum länger bezweifeln läßt, wieder einmal nur unser Vorurteil gewesen, das uns so lange die »absolute Rätselhaftigkeit« der Entstehung dieser und anderer Lebensbausteine voraussetzen ließ. Ein Vorurteil, das selbst unsere Wissenschaftler mit der vitalistischen Resignation liebäugeln und die Möglichkeit der grundsätzlichen Unerklärbarkeit einer nichtbiologischen Entstehung der zum Aufbau lebender Organismen unentbehrlichen Molekülbausteine ernstlich in Betracht ziehen ließ.

Alle diese Zweifel sind heute zu nichts zerstoben. Miller und seine Nachfolger haben gezeigt, daß die wirklichen Verhältnisse wieder einmal total anders sind, als unser Vorurteil uns weismachen wollte. Die spontane Entstehung von Lebensbausteinen oder Biopolymeren ist alles andere als rätselhaft oder unerklärlich, sie ist ganz im Gegenteil offensichtlich »die natürlichste Sache von der Welt«, im konkretest denkbaren Sinne dieser Redewendung.

Offenbar neigt die Materie aufgrund der Besonderheiten ihrer atomaren Struktur dazu, sich bevorzugt und sozusagen bei jeder sich ihr bietenden Gelegenheit zu den uns heute rückblickend als Lebensmolekülen geläufigen Verbindungen zusammenzufügen. Deren spontane Entstehung ist damit nicht nur nicht mehr rätselhaft, sie scheint unter dem Einfluß der das Verhalten dieser Materie bestimmenden Naturgesetze vielmehr geradezu unabwendbar, ja zwangsläufig zu sein. Schleunigst sei hinzugesetzt, daß die Angelegenheit damit keineswegs weniger wunderbar wird und daß sie letztlich auch jetzt noch immer ein Geheimnis bleibt, denn wie sollten wir jemals erklären können, *warum*

die Materie so beschaffen ist, daß sie die chemischen Voraussetzungen zur Entstehung von Leben zwangsläufig hervorbringt?
Diese Deutung des Millerschen Versuchs und der in zahllosen Variationen wiederholten Nachfolge-Experimente (die im Laufe der Zeit die Möglichkeit einer abiotischen Entstehung praktisch sämtlicher benötigten Biopolymere demonstriert haben) wird nun noch durch höchst aufschlußreiche Entdeckungen gestützt, die in der Zwischenzeit in einer ganz anderen Wissenschaftsdisziplin gemacht worden sind, und zwar in der Astrophysik. Nach ersten Zufallsentdeckungen haben die Radioastronomen etwa seit 1970 systematisch damit begonnen, in den Tiefen des Weltraums, und zwar in den riesigen interstellaren Staubwolken, nach chemischen Verbindungen zu suchen.
Der Erfolg dieser Suche war überwältigend, sowohl was die Zahl als auch was die Art der entdeckten Moleküle betrifft. Eine neuere Zusammenstellung enthält nicht weniger als 30 organische Verbindungen, die in den früher für leer gehaltenen Weiten zwischen den Sternen unserer Milchstraße nachgewiesen wurden. Wenn man die Aufstellung näher betrachtet, registriert man mit zunehmendem Staunen, daß es sich in fast allen Fällen um Moleküle handelt, die den Biochemikern als Vorstufen von Lebensbausteinen geläufig sind.
So fand man in einer mehrere 1000 Lichtjahre entfernten hauchdünnen Gaswolke zum Beispiel die Moleküle Ameisensäure und Monoaminomethan. Die Verbindung dieser beiden Moleküle aber stellt nun Glycin dar, und Glycin ist die biologisch am häufigsten als Eiweißbaustein vorkommende Aminosäure! Ähnlich verhält es sich mit chemisch höchst speziellen Zuckermolekülen, die als Bausteine des komplizierten Erbmoleküls Ribonukleinsäure bei allen irdischen Organismen vorkommen.
Der englische Astronom Fred Hoyle weist mit Recht darauf hin, daß unter diesen Umständen anzunehmen ist, daß noch weitaus kompliziertere Moleküle (bis hin zu kompletten Aminosäuren und dem Erbmolekül Ribonukleinsäure selbst) in kosmischen Gaswolken spontan entstehen. Aus physikalischen Gründen lassen sich diese mit den heutigen radioastronomischen Methoden bis jetzt noch nicht feststellen.[24]
So dünn diese Moleküle im interstellaren Raum auch verteilt sein mögen, eine sich über mehrere Lichtjahre hin erstreckende kosmische Wolke enthält gewaltige Mengen. Schon vor etlichen Jahren habe ich daher auf die Möglichkeit hingewiesen, daß die zur Entstehung des

irdischen Lebens unentbehrlichen Molekülbausteine vielleicht gar nicht auf der Oberfläche der Ur-Erde entstanden, wie seinerzeit noch fast ausschließlich angenommen wurde. Vielleicht, so vermutete ich, werden sie unserem Planeten von allen Seiten aus dem Weltraum geliefert, in der Gestalt kosmischen Staubes oder durch Meteoritentransport. Wenn ein Planet mit Hilfe seiner Gravitation aus den ihn umgebenden kosmischen Räumen wie eine Art Kristallisationskern Moleküle aufsammelt, muß die Ausbeute gewaltig sein.[25]

Fred Hoyle ist neuerdings über diese Möglichkeit noch weit hinausgegangen und hat die Hypothese formuliert, daß sich sogar die ersten zur Selbstreduplikation befähigten Ur-Organismen nicht auf der Erde, sondern möglicherweise in den Köpfen von Kometen bildeten. Nach deren (infolge der Gezeitenkräfte in den sonnennahen Bereichen unseres Planetensystems früher oder später unvermeidlichem) Zerbersten könnten sie dann im Inneren von Chondriten (Steinmeteoren) den Absturz durch die Atmosphäre und die Landung auf der Erdoberfläche lebend überstanden haben.

Diese Hypothese ist kürzlich durch die Untersuchungen eines amerikanischen Forscherteams gestützt worden. Die Amerikaner legten Beobachtungsdaten vor, die es als wahrscheinlich erscheinen lassen, daß in einem Kometenkopf »über biologisch hinreichende Zeitspannen hinweg« Umweltbedingungen herrschen, die die Entstehung und sogar die evolutive Entwicklung derartiger Lebenskeime begünstigen.[26]

Da die Sonne wahrscheinlich von mindestens 100 Milliarden Kometen umkreist wird, ist die Zahl der hier vorliegenden biologischen »Versuchsansätze« so groß, daß Hoyles Theorie zur Zeit in Fachkreisen sehr ernsthaft diskutiert wird. Vielleicht also hat man sich die Entstehung des Lebens auf der Erde als die Folge einer kosmischen Aussaat vorzustellen.

Wenn man einmal angefangen hat, die Angelegenheit aus dieser Perspektive zu betrachten, fällt es einem wie Schuppen von den Augen. Dann fällt einem zum Beispiel auf, daß die chemische Analyse von Steinmeteoriten eine wirklich atemberaubende Korrelation ergab: Die Häufigkeitsverteilung der in diesen Meteoriten enthaltenen Aminosäuren ist praktisch identisch mit der Verteilung, die bei allen Experimenten à la Miller spontan entsteht. (Ganz abgesehen davon ist es aufregend genug, daß sich bei diesen Untersuchungen im Kosmos entstandene Aminosäuren in großer Zahl und inzwischen einwandfrei haben nachweisen lassen.)

Einige Beispiele: Bei der chemischen Untersuchung des sogenannten Murchison-Chondriten (der Name weist auf den australischen Fundort hin) wurden nicht weniger als 17 Aminosäuren festgestellt. 10 von ihnen kommen bei irdischen Lebewesen nicht vor. Nicht weniger als ein Drittel des gesamten Aminosäuregehalts dieses buchstäblich vom Himmel gefallenen Steins entfielen nun aber auf die Aminosäure Glycin. An zweiter Stelle stand der Eiweißbaustein Alanin, und auf den Plätzen drei und vier folgten Asparaginsäure und Valin.

Bei allen bisher untersuchten Chondriten, in denen man Aminosäuren entdeckte, findet sich diese Reihenfolge grundsätzlich wieder. (Mitunter sind die Plätze eins und zwei vertauscht.) Das allein ist schon bemerkenswert genug. Denn alle diese Meteoriten stammen ja aus ganz verschiedenen Gegenden des Weltraums, je nach dem Zeitpunkt, an dem unsere Erde sie auf ihrer Reise mit der Sonne auflas. Müssen wir nicht auch hier wieder folgern, daß die im ganzen Kosmos gleichen Elemente sich überall zu den gleichen Verbindungen zusammenschließen und daß dabei bestimmte Verbindungen (etwa Glycin oder Alanin) offenbar leichter entstehen als andere?[24]

Diese Deutung erscheint unabweislich, wenn man nun außerdem noch berücksichtigt, daß diese bei den Meteoriten festgestellte Rangfolge just der Ergiebigkeit entspricht, mit der die gleichen Eiweißbausteine beim Millerschen Versuch (und allen seinen Variationen!) entstehen. Die Kette der Indizien schließt sich, wenn man dann noch berücksichtigt, daß diese Rangfolge der im Weltraum und in der künstlichen Umwelt des Labors entstehenden Lebensbausteine identisch ist mit der Rangfolge, die der Biochemiker in den Zellen aller irdischen Lebewesen vorfindet: Glycin ist bei allen Pflanzen, Tieren und auch in unserem eigenen Körper der am häufigsten verwendete Eiweißbaustein. Und Alanin folgt nun an zweiter Stelle nicht nur in den untersuchten Meteoriten, sondern auch bei der spontanen Laborsynthese und ebenso in jeder Zelle der irdischen Natur. Das gleiche gilt für die nächsthäufigen Bausteine Asparaginsäure und Valin.

Noch deutlicher kann man wohl beim besten Willen nicht mit der Nase auf ein Vorurteil gestoßen werden. Die Botschaft, die diese Resultate für uns enthalten, liegt auf der Hand. Wieder einmal hat sich eine angeblich grundsätzlich unbeantwortbare Frage als in Wirklichkeit gar nicht existent, als bloßes Hirngespinst entpuppt.

Die Frage war in diesem Falle die nach einer Erklärung der scheinbar »ganz und gar unbegreiflichen« Tatsache, daß zum Zeitpunkt der

Entstehung des Lebens auf der Erde gerade die 20 Aminosäuren vollständig zur Verfügung standen, auf welche die Natur zum Aufbau lebender Organismen angewiesen zu sein schien. »Es gibt Hunderte und Aberhunderte der verschiedensten Aminosäuren«, so etwa lautete der Einwand, den man den Biologen entgegenhielt, »wie wollt ihr eigentlich jemals erklären, daß sich auf der noch toten Erde damals gerade die 20 ›richtigen‹ angesammelt haben, und die auch noch in der offenbar benötigten Mengenverteilung?«

Wieder einmal schienen die Vitalisten einen »wasserdichten Fall« vorweisen zu können, mit dem sich die Arbeitshypothese der Wissenschaftler von der Naturgesetzlichkeit aller Naturerscheinungen ad absurdum führen ließ. Denn tatsächlich, wie sollte sich auf diese Frage jemals eine »natürliche« Antwort finden lassen, eine Erklärung, die ohne übernatürliche Ursachen auskam?

Bis sich dann herausstellte, daß die Frage ganz einfach falsch gestellt worden war. So, wie ich sie im vorletzten Absatz wiedergegeben habe, ist sie in der Tat unbeantwortbar. Das ist zwar eindrucksvoll, taugt aber als Argument bloß so lange, wie man übersieht, daß sie in dieser Form völlig uninteressant ist. Sie hat mit der Wirklichkeit, die wir erklären und verstehen wollen, in Wahrheit nämlich nichts zu tun.

Es war eben wieder einmal ganz anders, als wir stillschweigend vorausgesetzt hatten. Es war nicht so, daß das Leben auf der Erde unter Hunderten von Möglichkeiten auf nur 20 ganz bestimmte Aminosäuren (und daneben auf zahllose andere Molekülbausteine) angewiesen gewesen wäre. Die Übereinstimmung der kosmischen mit der biologisch-irdischen Molekülpalette zwingt uns dazu, die Angelegenheit aus einer ganz anderen, und zwar der genau entgegengesetzten Perspektive zu betrachten.

Vorgegeben war im entscheidenden Augenblick der Erdgeschichte ganz offensichtlich nicht der spezifische Bedarf zukünftiger, noch gar nicht existierender Organismen, sondern das Material. Anders ausgedrückt: Wir müssen allem Anschein nach davon ausgehen, daß die hier diskutierten 20 Aminosäuren heute nicht etwa deshalb in allen Zellen der irdischen Organismen vorliegen, weil die Entstehung von Leben ausschließlich nur mit ihnen möglich gewesen wäre. Alle hier genannten Befunde sprechen vielmehr dafür, daß die irdischen Organismen allein deshalb mit ihrer Hilfe aufgebaut worden sind, weil sie aus den geschilderten Gründen reichlich vorhanden waren und sich deshalb als Bausteine anboten.

Die atomare Struktur der 92 im Kosmos vorkommenden Elemente ist individuell verschieden. Manche von ihnen neigen wenig oder gar nicht dazu, sich mit einem anderen Element zu verbinden. Sie gelten von alters her als »edel«, weil sie nicht die Tendenz haben, sich mit anderen Elementen »gemein« zu machen: Die Edelmetalle Gold und Silber gehören dazu, ebenso die Edelgase, wie zum Beispiel Helium oder Argon.

Andere Elemente sind genau entgegengesetzt veranlagt. Wasserstoff und Sauerstoff zum Beispiel schließen sich sozusagen bei jeder sich bietenden Gelegenheit mit anderen Elementen zu molekularen Verbindungen zusammen. Daneben gibt es noch ausgesprochene Affinitäten zwischen bestimmten Elementen, die zur Bevorzugung bestimmter Reaktionspartner führen.

Diese unterschiedlichen konstitutionellen »Bereitschaften« kann der Physikochemiker heute einleuchtend mit bestimmten Besonderheiten der Struktur der Oberfläche der Atome verschiedener Elemente erklären. Vereinfacht ausgedrückt hat das Heliumatom zum Beispiel eine glatte, völlig geschlossene Oberfläche, die zur Anheftung eines zweiten Atoms gänzlich ungeeignet ist. Ein Sauerstoffatom dagegen besitzt eine Oberfläche, die optimale »Passungen« für eine ganze Reihe anderer Atome aufweist. Analog finden auch die erwähnten Affinitäten zwischen bestimmten Elementen durch bestimmte Übereinstimmungen im Bau ihrer äußeren Elektronenschalen eine heute längst experimentell nachprüfbare Erklärung.

Es liegt auf der Hand, daß diese Besonderheiten den Reaktionen, die sich aus einer Vermengung verschiedener Elemente ergeben, eine bestimmte Richtung geben müssen. »Edle« Elemente werden die Kontakte unbeteiligt überstehen, alle anderen werden sich, je nach den Umständen, mit geeigneten Reaktionspartnern zu Molekülen verbinden.

»Je nach den Umständen«, das heißt, daß Temperatur, Druck und Konzentration des Gemischs ebenfalls über den Ablauf der Ereignisse bestimmen. Kompliziert wird der hier in extremer Vereinfachung geschilderte Ablauf zusätzlich dadurch, daß sich die Reaktionseigenschaften und Affinitäten der laufend neu entstehenden niedermolekularen, nur aus wenigen, womöglich nur aus zwei oder drei Atomen bestehenden Moleküle von denen der in sie eingehenden Elemente unterscheiden und je nach der Zusammensetzung unvorhersehbar ändern.

Aus dem allen ergibt sich ein sehr komplizierter Ablauf, an dessen Ende unter geeigneten Bedingungen eine Fülle der verschiedensten zum Teil schon relativ komplizierten Verbindungen steht. Daß der Rahmen der »geeigneten Bedingungen« dabei keineswegs allzu eng zu denken ist, zeigt die Ergiebigkeit so simpler Versuchsanordnungen wie der von Stanley Miller und ebenso die Tatsache des reichlichen Vorkommens derartiger Moleküle im freien Weltraum. Daß das Ergebnis *cum grano salis* »immer dasselbe« ist – bei Millers Versuch ebenso wie bei der kosmischen Synthese im Weltall –, spricht dafür, daß der Kurs der Ereignisse weitgehend festgelegt zu sein scheint, festgelegt durch die wiederholt erwähnten Struktureigentümlichkeiten der Elemente, aus denen das ganze Weltall aufgebaut ist, und durch die Ähnlichkeit der äußeren physikalischen Bedingungen im ganzen Kosmos.
»Das immer gleiche Ergebnis« besteht nun offensichtlich in der spontanen, in der angesichts der Eigenschaften der Materie und der Naturgesetze unausbleiblichen Entstehung von Biopolymeren, von Lebensbausteinen also. Das ist ein wahrhaft aufregendes Ergebnis der heutigen Forschung. Mit ihrer Hilfe wird hier der nahtlose Übergang von der kosmischen zu einer biologischen Evolution sichtbar. Es ist, um es zu wiederholen, ein und dieselbe Entwicklung, um die es sich hier handelt. Wir glaubten bloß, sie getrennt sehen zu müssen, weil wir – der besseren Übersicht halber – beide Phasen schon vor langer Zeit mit unterschiedlichen Namen belegt hatten, Jahrhunderte, bevor wir die Chance bekamen, den Zusammenhang zwischen ihnen zu entdecken.
Es muß besonders betont werden, daß uns dieses sehr aufregende, dieses auch philosophisch ohne allen Zweifel höchst bedeutsame Resultat niemals bekannt geworden wäre, wenn die Wissenschaftler dem Rat der Vitalisten nachgegeben hätten. Diese hatten ja von vornherein behauptet, daß die Entstehung der Lebensbausteine aus natürlicher Ursache »unmöglich« und unter diesen Umständen nur unter der Zuhilfenahme übernatürlicher Faktoren vorstellbar sei.
Die Liste der ungelösten Fragen (die von den Vitalisten stets sogleich zu »unlösbaren« Fragen erklärt werden) und der unangreifbar scheinenden Probleme war in der Tat einschüchternd groß. Resignation lag nahe. Sie wäre angesichts der hoffnungslos erscheinenden Aufgabe verständlich, sogar verzeihlich gewesen. Die Wissenschaftler resignierten trotzdem nicht. Sie hielten auch in diesem Falle hartnäckig an der all ihrer Arbeit zugrundeliegenden Absicht fest, zu ergründen, wie weit

sie kommen würden in ihrem Bemühen, die Natur ohne die Zuhilfenahme von Wundern zu verstehen.
Und siehe da, auch in diesem Falle wurde ihr Festhalten an diesem Prinzip belohnt. Die Belohnung bestand abermals in einer Einsicht, die uns die Rolle des Menschen in der Natur, seine Stellung im Kosmos, neu zu sehen lehrte. Erstmals gibt es jetzt einen Befund, der auf einen konkreten Zusammenhang zwischen den Vorgängen im Kosmos und dem irdischen Leben hinweist. Erstmals wurden Zweifel gesät an der noch vor zehn Jahren von dem französischen Nobelpreisträger Jacques Monod mit suggestivem Pathos verkündeten »Sinnlosigkeit der menschlichen Existenz« vor dem Hintergrund der fremdartigen kosmischen Wirklichkeit.[22] Jetzt zeigt sich, daß dieser angeblich so fremde, so lebensfeindliche Kosmos vielleicht sogar unsere Wiege sein könnte.
Das alles sind großartige, unser Weltbild um überraschende Perspektiven erweiternde und unser Selbstverständnis vertiefende Einsichten. Auf sie alle – und unzählige andere – müßten wir verzichten, wenn es Fundamentalisten und Vitalisten gelungen wäre, ihren Einfluß durchzusetzen. Achselzuckend hätten wir uns dann schon vor 100 oder mehr Jahren mit der Auskunft begnügt, es liege eben »ein Wunder« vor. Ein Grund zu weiterer Suche, zur Fortsetzung der mühsamen Forschungsarbeit, hätte dann nicht mehr bestanden.
Was ist das nur für eine erbärmliche Hypothese, die Vitalisten und Fundamentalisten uns seit so langer Zeit aufzudrängen versuchen! Bei Lichte betrachtet ist es nicht einmal eine Hypothese, denn der Vitalismus hat gar keinen konkreten, greifbaren Inhalt. Er reduziert sich auf die bloße Tendenz, Phänomene, die noch unerklärt sind, als grundsätzlich unerklärbar auszugeben und daraus dann den »Beweis« für die Wirksamkeit übernatürlicher Kräfte abzuleiten.
Daß neue wissenschaftliche Entdeckungen ihn immer aufs neue widerlegen, schert einen Vitalisten nicht im mindesten. Schweigend und kommentarlos (und ohne schamrot zu werden) tritt er in einem solchen Fall einfach einen Schritt zurück, auf noch unerforschtes Gelände, und sagt seinen alten Vers von dort aus ohne Stocken von neuem auf. Es ist im ersten Augenblick kaum zu verstehen, warum diese vom Ablauf der Ereignisse offenbar gänzlich unbelehrbare Tendenz bis auf den heutigen Tag von so manchem immer noch für eine plausible philosophische Position gehalten wird und warum der monotone Text des Vitalisten ungeachtet seiner seit mehr als 100 Jahren zu verfolgenden millimeter-

weisen Widerlegung in Laienkreisen bis auf den heutigen Tag nicht geringen Zuspruch findet.

Die wichtigste Erklärung besteht wohl darin, daß der Vitalist seine Position als *religiöse* Position ausgibt. Er nimmt für sich in Anspruch, die religiöse Deutung der Welt gegen das Vordringen der »materialistischen« Wissenschaft zu verteidigen. In dem Maße, in dem es ihm gelingt, diesen Eindruck zu verbreiten, findet er (verständlicherweise) Anklang.

Aber die Behauptung, daß ein wissenschaftlich erklärter Sachverhalt aufhöre, möglicher Gegenstand der Bewunderung, auch der religiösen Bewunderung, zu sein, ist unsinnig. Die vitalistische Position würde uns, hätte sie sich jemals durchgesetzt, nicht nur um alle hier zitierten Erkenntnisse gebracht haben. Sie führt ebenso unweigerlich auch zu einer höchst fragwürdigen Theologie. Denn religiöse Aussagen beziehen sich auch auf den wirklichen Menschen und die wirkliche Welt. Wer den Menschen oder das Bild der Welt dadurch verfälscht, daß er Erkenntnisse unterdrückt, die ihre Wirklichkeit präziser zu erfassen gestatten, der verfälscht daher unvermeidlich auch den Gehalt der religiösen Aussagen, die sich ebenfalls auf diesen Menschen und auf diese Welt beziehen.

Der Vitalismus ist daher, ungeachtet der Sympathie, die ihm von bestimmten kirchlichen Kreisen allzulange entgegengebracht worden ist, nicht nur für die Wissenschaft, sondern auch für die Theologie ruinös. Selbstverständlich bedarf diese Behauptung noch der ausführlichen Begründung. Sie wird im Kapitel 10 erfolgen.

Dies alles heißt, umgekehrt, nun aber natürlich nicht, daß der Wissenschaftler die Welt oder den Menschen für vollständig erklärbar hielte. Es heißt nicht, daß es nur eine Frage historischer Zeit sei, bis menschliche Wissenschaft alle Rätsel der Natur gelöst haben werde. Es mag in der sogenannten klassischen Epoche der modernen Naturwissenschaften um die Jahrhundertwende einzelne Köpfe gegeben haben, die mit dieser Möglichkeit spielten.

Gerade der modernen, und das heißt der evolutionistischen Betrachtungsweise muß der Gedanke jedoch regelrecht absurd erscheinen, daß unser Gehirn nach einer Äonen währenden Entwicklung ausgerechnet heute eine Entwicklungshöhe erreicht haben könnte, die es instand setzte, die Welt als Ganzes in ihrer objektiven Wirklichkeit in sich aufzunehmen. (Ebenso absurd der Gedanke an die Möglichkeit, daß es innerhalb zukünftiger historischer Zeit jemals so weit kommen könnte.) Daher ist von vornherein davon auszugehen, daß sich der Fortschritt unserer Wissenschaft nicht in alle Zukunft mit der gleichen Geschwindigkeit weiter vollziehen wird, wie in den zurückliegenden Jahrhunderten.

Ganz sicher werden wir also früher oder später in Grenzbereiche vorstoßen, in denen die Natur für uns tatsächlich unerklärbar und endgültig unverstehbar wird. In manchen Bereichen, speziell in der Physik, scheint es heute schon erste Anzeichen dafür zu geben, daß wir uns einer solchen Grenze nähern.

Auch diese Erfahrung wäre dann aber eben nicht als Hinweis auf die Aufhebung der uns bekannten Naturgesetze durch »übernatürliche Faktoren« zu deuten, sondern lediglich als Folge der grundsätzlich zu erwartenden Unzulänglichkeit unseres Gehirns angesichts der Größe einer Natur, der wir auch außerhalb unseres beschränkten Erkenntnisvermögens getrost die Fähigkeit zum natürlichen Funktionieren zutrauen sollten. Daß er diese Möglichkeit überhaupt nicht berücksichtigt, ist ein weiterer Denkfehler des Vitalisten. Vitalismus ist eben auch schlechte Philosophie.

Von dem erwähnten (möglichen) Ausnahmefall abgesehen, ist eine definitive Grenze für unser Erkenntnisstreben bisher nirgendwo in Sicht. Ohne Zweifel ist der Raum, innerhalb dessen unsere Wissenschaft sich in der Natur weiter entfalten kann, vorerst noch unabsehbar groß. Auch für unser beschränktes Gehirn gibt es noch Fragen, Probleme und Rätsel in Hülle und Fülle, die zu bearbeiten sich lohnt und deren Lösung, Geduld und Ausdauer vorausgesetzt, letztlich nur eine Frage der Zeit ist.[27]

So ist es eigentlich auch unnötig, besonders hervorzuheben, daß wir heute noch immer weit davon entfernt sind, die Entstehung des Lebens auf der Erde vollständig und in allen ihren komplizierten Teilschritten zu verstehen. Niemand hat das je behauptet. Der Vitalist, der ständig etwas »zu beweisen« glaubt, wenn er mit spitzem Finger und mühsam beherrschtem Triumphgefühl auf die unbestreitbare Fülle der noch offenen, ungelösten Fragen zeigt, delektiert sich in Wahrheit also an einem Tatbestand, der im Grunde völlig trivial ist.

Soviel aber kann heute schon gesagt werden: Alle, aber auch ausnahmslos alle Indizien sprechen dafür, daß die Hartnäckigkeit der Wissenschaftler in absehbarer Zukunft auch auf diesem Problemfeld belohnt werden wird. So wie im Falle der Biopolymere, der hier stellvertretend als Beispiel ausgewählt und etwas eingehender beschrieben wurde, zeichnet sich seit einigen Jahren auch bei den meisten anderen Problemen, die in diesem Zusammenhang zu lösen sind, die Möglichkeit einer wissenschaftlichen Antwort ab.

Es ist in diesem Buch nicht möglich und nicht beabsichtigt, diese anderen Probleme nun ebenfalls mehr oder weniger vollständig abzuhandeln. Wer sich für den augenblicklichen Stand der Forschung auf diesem Gebiet besonders interessiert, sei daher auf die zahlreichen Bücher verwiesen, die zu diesem Thema in den letzten Jahren erschienen sind.[28]

Nur zwei Fragen will ich zum Abschluß dieses Kapitels noch kurz anführen. Die eine betrifft ein in der Tat grundlegendes, bis vor ganz kurzer Zeit nahezu unangreifbar erscheinendes Problem, dessen Auflösung dem Göttinger Nobelpreisträger Manfred Eigen kürzlich gelungen zu sein scheint. Die zweite bezieht sich auf ein nebensächliches Scheinproblem. Beide aber sind in unserem Zusammenhang deshalb wichtig, weil sie in letzter Zeit von gewisser Seite mit besonderem Nachdruck als »Beweise« für die Unmöglichkeit einer natürlichen Lebensentstehung ins Feld geführt worden sind (mit dem Resultat einer beträchtlichen Verwirrung bei Nichtfachleuten).

Das erste Problem betrifft die Entstehung der genetischen Codierung der verschiedenen Aminosäuren. Einzelheiten können hier außer Betracht bleiben. Es genügt, daran zu erinnern – jeder hat heute schon einmal davon gehört, und sei es auch nur durch einen Zeitungsartikel –, daß das Erbmolekül Ribonukleinsäure, abgekürzt RNS, eine Art Schrift oder Chiffre (einen »Code«) enthält, nach deren Anweisung Aminosäuren aneinandergekettet und damit zu bestimmten Eiweißkörpern, etwa Enzymen, zusammengebaut werden.

Die »Buchstaben« dieser Schrift bestehen aus bestimmten chemischen Verbindungen, sogenannten Basen. Verwendet werden von der Natur zum Niederschreiben des Bauplans nur vier verschiedene Basen. Bei der RNS sind es Adenin, Cytosin, Guanin und Uracil, bei der DNS ist es ebenso, mit der einzigen Ausnahme, daß hier anstelle von Uracil die Base Thymin die »Buchstabenfunktion« übernimmt. Die Biochemiker schreiben diese Basen der Einfachheit halber abgekürzt lediglich unter Verwendung der Anfangsbuchstaben, also A, C, G und U beziehungsweise (wenn es sich um DNS handelt) T.

Jeweils drei dieser Basen (ein sogenanntes Triplett) »bedeuten« nun in der chemischen Schrift des Erbmoleküls eine ganz bestimmte Aminosäure. Folgen in einer RNS-Kette zum Beispiel die Basen Cytosin,

Uracil und Adenin aufeinander, so ist das identisch mit der Anweisung, an dieser Stelle des Bauplans die Aminosäure Leucin einzubauen. In der gleichen Weise »codiert« etwa die Reihenfolge (das »Triplett«) Guanin, Uracil, Guanin die Aminosäure Valin, oder die Folge Uracil, Cytosin, Guanin die Aminosäure Serin. In der abgekürzten Schreibweise der Biologen heißt das dann: das Triplett CUA codiert Leucin, GUG codiert Valin und UCG Serin.

Das alles ist seit vielen Jahren bekannt und längst Bestandteil des Biologieunterrichts der Oberstufe. In dieser Entdeckung steckte nun aber von Anfang an eine harte Nuß für alle die Wissenschaftler, die sich der schwierigen Aufgabe verschrieben hatten, die Entstehung des Lebens mit wissenschaftlichen Mitteln aufzuklären. Sie nämlich sahen sich jetzt mit dem Problem konfrontiert, erklären zu müssen, wie die verschiedenen Basentripletts eigentlich zu ihrer jeweiligen Bedeutung gekommen waren.

Warum, das war die Frage, codiert die Folge UCG gerade Serin (und nicht irgendeine andere Aminosäure)? Warum »bedeutet« GUG Valin, warum stellt die Basenfolge CUA die »Information« dar, die den Anbau von Leucin festlegt? Wie könnte es zu erklären sein, daß irgendein Triplett überhaupt eine Bedeutung im Sinne einer solchen Information erhalten hat?

Hier schien doch zwischen dem einzelnen Triplett und einer bestimmten Aminosäure eine Beziehung von der Art vorzuliegen, wie sie etwa beim Morsealphabet zwischen einer bestimmten Folge von Strichen und Punkten einerseits und einem ganz bestimmten Buchstaben unserer normalen Schrift andererseits besteht. Da bedeutet ein einzelner Punkt ein »e«, eine Folge von zwei Strichen ein »m«, während die Aufeinanderfolge von einem Punkt, einem Strich und zwei weiteren Punkten den Buchstaben »l«, wie man hier durchaus sagen könnte: »codiert«.

Der Vergleich macht unser Problem in aller Deutlichkeit anschaulich. Denn der Punkt des Morsealphabets ist ebenso wie alle anderen Zeichen der Morseschrift zu seiner konkreten Bedeutung natürlich allein durch willkürliche Festlegung, durch vorherige Verabredung zwischen denen gekommen, die sich dieses künstlichen Alphabets zu bestimmten Zwecken (etwa der Funktelegrafie) bedienen wollten. Zwischen den Zeichen des Morsealphabets und den Buchstaben unserer gewöhnlichen Schrift besteht, so könnte man den Sachverhalt (etwas hochtrabend) beschreiben, ein »semantischer« Zusammenhang.

Die Information, die ein bestimmtes Morsezeichen enthält, ist, kurz gesagt, nur als Folge willkürlicher Festlegung denkbar.
Man sieht schon, worauf die Sache hinausläuft. Denn müßte es nun bei der molekularen Schrift des genetischen Codes nicht eigentlich genauso sein? Hat die Bedeutung eines bestimmten Basentripletts etwa keinen »semantischen« Charakter? Wie aber sollte sich dann das Zustandekommen der Information, die in dieser seiner Bedeutung enthalten ist, noch natürlich, noch naturgesetzlich erklären lassen? War nicht auch hier allein eine »Vereinbarung«, eine willkürliche Festlegung Voraussetzung für das Entstehen der Information? Aber: Wer hätte denn in diesem Falle irgend etwas »vereinbaren« oder »willkürlich festlegen« können?
Wen wundert es, daß sich die Vitalisten der Angelegenheit sofort annahmen. Insbesondere A. Ernest Wilder Smith und der Biologe Wolfgang Kuhn, im deutschen Sprachraum die publizistisch aktivsten Propagandisten einer vitalistischen Position, reiten seit Jahren auf dem »Argument« herum, in diesem Falle könne es nun wirklich nicht mit natürlichen Dingen zugegangen sein, wobei sie ganz offensichtlich wieder einmal der felsenfesten Überzeugung sind, diesmal endgültig einen unwiderlegbaren Einwand zur Verfügung zu haben.
Information, so etwa folgern beide, sei grundsätzlich nur aufgrund einer Vereinbarung denkbar, die zwischen den Partnern, die die Information austauschen, vorher getroffen werden müsse. (Wilder Smith spricht in diesem Zusammenhang mit besonderer Vorliebe von der Notwendigkeit eines *»know how«,* eine Redewendung, die von ihm in diesem Zusammenhang nirgends präzise definiert wird, die den Laien aber beeindrucken muß und bei der man sich natürlich allerlei denken kann.) Da die Basentripletts von DNS und RNS nun aber, so etwa verläuft dann der weitere »Beweisgang«, wie die Biologen selbst festgestellt hätten, »eine« konkrete Information enthielten, müsse das auch für sic gelten. Ergo ergebe sich der Umkehrschluß, daß die Bedeutung des genetischen Codes bei der biologischen Eiweißsynthese nicht auf natürliche Weise spontan entstanden sein könne, sondern (Wilder Smith: »durch Gott«) festgelegt worden sei. »Sie können nicht nur an Gott glauben, Sie *müssen* unter diesen Umständen einfach an Gott glauben«, sinngemäß mit diesen Worten beendete Wilder Smith bezeichnenderweise denn auch vor einiger Zeit einen Vortrag über das Thema.
Aber ach, auch mit Hilfe des genetischen Codes läßt sich Gottes nicht

auf so handgreifliche Weise habhaft werden (eine Feststellung, die keinen Theologen überraschen dürfte). Die »Beweisführung« der beiden genannten Autoren, in eine jeden Nichtfachmann unvermeidlich beeindruckende wissenschaftlich klingende Phraseologie verpackt, ist nämlich unhaltbar. Es muß hier, nicht um die beiden anzuschwärzen, sondern einfach zum Schutze des Laien vor Verwirrung, einmal in aller Deutlichkeit festgestellt werden, daß die Publikationen von Wilder Smith und Wolfgang Kuhn zu diesem Thema in Fachkreisen lediglich Kopfschütteln hervorrufen, soweit sie überhaupt noch registriert werden. Sie halten einer ernst zu nehmenden wissenschaftlichen Kritik keinen Augenblick stand.

In dem vorliegenden Fall müssen sich beide Autoren vor allem vorhalten lassen, den wissenschaftlichen Informationsbegriff (und die wissenschaftliche Informationstheorie) nicht zur Kenntnis genommen oder nicht verstanden zu haben. »Information« im Sinne der Naturwissenschaft ist nämlich gerade *nicht* identisch mit »einer« Information im Sinne unserer Alltagssprache. Diese allerdings ist in der Tat nur dann gegeben, wenn die Bedeutung der die Information tragenden Zeichen dem Empfänger bekannt ist. In diesem Sinne enthält zum Beispiel ein chinesisch gesprochener Satz für einen westlichen Zuhörer in der Regel tatsächlich keine (verständliche) Information.

Diesen »naiven« Informationsbegriff nun aber in aller Unschuld auf den wissenschaftlichen Begriff etwa der genetischen Information anzuwenden, das ist ein Lapsus, den man allenfalls einem Nichtfachmann durchgehen lassen könnte und der einen Biologiestudenten heute schon in der Vorprüfung scheitern ließe.[29]

»Information« im Sinne der wissenschaftlichen Informationstheorie ist nämlich gerade die *unabhängig von jeglichem Inhalt* festzustellende Abweichung der Signalverteilung vom statistischen Durchschnitt. Der »Gehalt« der so definierten Information hat mit dem »Inhalt« dessen, was wir in unserer Alltagssprache »eine« Information zu nennen gewöhnt sind, nicht das Geringste zu tun. Er ist vielmehr durch das quantitativ feststellbare Maß der Abweichung vom Durchschnitt definiert.

Ich gebe zu, daß ein so abstrakter, im Sinne der Alltagssprache inhaltsleerer, rein mathematisch-statistisch formulierter Informationsbegriff nicht leicht zu verstehen ist. Es ist auch gänzlich unmöglich (aber auch unnötig), ihn hier in einigen Zeilen zu erklären und begreiflich zu machen, worin sein unschätzbarer Wert innerhalb der

Wissenschaft besteht. Wer sich darüber informieren will, muß sich an eine der speziellen Einführungen halten.[30] Der Name »Informationstheorie« ist unter diesen Umständen ganz sicher wenig glücklich, wie auch Fachleute einräumen. Treffender wäre es wahrscheinlich gewesen, hier von einer Theorie der Signalverarbeitung oder -übermittlung zu sprechen.

Aus historischen Gründen ist es aber nun einmal zu der inzwischen fest eingebürgerten Bezeichnung gekommen. Daß sie den Nichtfachmann irreführt, ist begreiflich. Er braucht nicht zu wissen, daß das Wort »Information« in der modernen Wissenschaft einen völlig anderen Sinn hat als den ihm alltäglich vertrauten. Ein Wissenschaftler, der Kompetenz für sich beansprucht, muß das aber selbstverständlich wissen. Insbesondere dann, wenn er sich kritisch oder gar polemisch über seine Verwendung in einem bestimmten Forschungsbereich äußert. Ein Astronom, der die Milchstraße ihres Namens wegen für ein Molkereiprodukt hielte, würde sich lächerlich machen. Genau von dieser Art aber ist die Verwechslung, die den polemischen Attacken von Wilder Smith und Wolfgang Kuhn gegen die »offizielle Lehrmeinung« im Zusammenhang mit der im Zellkern wirksamen »Information« zugrunde liegt.[31]

Basentripletts und Aminosäuren stehen eben nicht in einer Beziehung zueinander wie etwa der Absender und der Empfänger eines Telegramms. Die Information, um die es sich hier handelt, hat keinen »semantischen« Charakter. Sie wird zwischen den beiden Partnern auch nicht auf irgendeine Weise »ausgetauscht«. Da sie ferner keinen »Inhalt« im üblichen Sinne besitzt, scheidet eine irgendwie geartete Vereinbarung als Voraussetzung ihrer Wirksamkeit ebenfalls von vornherein aus.

Was bleibt dann eigentlich noch übrig, wird mancher jetzt fragen. Ein Wissenschaftler könnte darauf, stark vereinfacht, folgendermaßen antworten: Das im Kern einer lebenden Zelle steckende Molekül DNS enthält insofern Information, als die Aufeinanderfolge (Sequenz) der Basenglieder, aus denen es besteht, nicht einer bloßen Zufallsverteilung entspricht. Die Basensequenz der DNS weicht vielmehr in einem quantitativ, rechnerisch erfaßbaren Maß von der statistischen Durchschnittsverteilung ab.

Noch einfacher kann man sagen: Die Basenverteilung innerhalb eines DNS-Strangs entspricht nicht der eines »optischen Rauschens«, wie es etwa auf den Bildschirmen eines eingeschalteten Fernsehgeräts sichtbar wird, wenn der Sender abgeschaltet ist. Sie entspricht vielmehr der eines »erkennbaren Musters«. Am Rande sei angemerkt, daß diese nichtzufällige Verteilung der Basen eines DNS-Strangs sich nicht nur in der lebenden Zelle, sondern ganz spontan, unter dem Einfluß naturgesetzlicher Faktoren, auch dann einstellt, wenn ein künstlich im Labor synthetisierter DNS-Strang sich selbst überlassen wird und dann weiter wächst.

Berechnungen und Experimente, die in dem Institut von Manfred Eigen durchgeführt wurden, haben gezeigt, daß das einfach die Folge unterschiedlicher »Affinitäten« der verschiedenen Glieder der Molekülkette ist. Bestimmte Glieder an einer bestimmten Stelle des Moleküls verleihen diesem eine erhöhte Stabilität und damit eine größere »Überlebenschance« im Reagenzglas. Sie sind insofern anderen Anordnungen überlegen, bei denen sich die aneinandergrenzenden Kettenglieder chemisch weniger gut »vertragen« und die daher in dem wäßrigen Milieu rascher wieder zerfallen.

Hier findet also echte Evolution statt, im Reagenzglas, auf einer noch rein chemischen, vorbiologischen Ebene: zufällig entstehende Molekülvariationen werden von der Umwelt auf ihre Überlebensdauer hin selektiert! Dieser experimentelle Befund weist unübersehbar darauf hin, daß Evolution nicht, wie wir allzuoft gedankenlos voraussetzen, ein spezifisch und ausschließlich biologischer Prozeß ist. Auch hier erkennen wir wieder die Wirksamkeit ein und desselben Prinzips über Grenzen hinweg, die wir selbst in die Natur hineinprojizieren.

Auf diese Weise bilden sich im Reagenzglas also – und ganz gewiß auch in der Natur – DNS-Ketten mit *ganz bestimmten* Sequenz-Mustern in bevorzugter Häufigkeit. Da ein Wissenschaftler ein solches Muster als »Information« bezeichnet, »enthalten« diese Moleküle nunmehr also Information, und zwar, auch das ist wichtig, *spontan entstandene Information.*

Diese Information ist nicht nur absolut inhaltsleer (im Sinne der Alltagssprache), sie hat zunächst auch noch keinerlei »Bedeutung«. Entstanden ist lediglich ein Molekül, das sich, um es einmal ganz simpel auszudrücken, durch bestimmte »Auffälligkeiten« seines Baus vom Durchschnitt abhebt. Diese Besonderheiten der Struktur des DNS-Moleküls machen es so zu einer Art Schlüssel – für den zunächst noch kein Schloß existiert! Das Problem, das die Molekularbiologen hier zu lösen hatten, bestand also lediglich darin, herauszufinden, wie es der Natur gelungen sein könnte, diesem spontan entstandenen »Schlüssel« dadurch zu einer Nutzanwendung zu verhelfen, daß sie gewissermaßen ein passendes Schloß »erfand«, das ihm einen Verwendungszweck verschaffte.

Nicht mehr ist gemeint, wenn ein Biologe davon spricht, daß ein Basentriplett die »Information« zur Anheftung einer bestimmten Aminosäure »enthält«, und die Frage stellt, wie das Triplett die Eigenschaft erworben haben könnte, gerade diese eine Aminosäure und keine andere zu »codieren«. Das Ganze hat, wie man sieht, mit dem, was wir in der Alltagssprache eine Information nennen, überhaupt nichts zu tun. Zwischen Triplett und Aminosäure wird nichts ausgetauscht, schon gar keine Botschaft. Deshalb entfällt hier auch jegliche Notwendigkeit einer vorherigen »semantischen Übereinkunft«.

Deshalb zeugt es – das muß hier zum Schutz des Laien vor gezielter Verwirrung nochmals in aller Deutlichkeit betont werden – lediglich von entlarvender Ahnungslosigkeit, wenn Wilder Smith und seine Geistesgenossen etwa Manfred Eigen vorwerfen, er behaupte »Unsinn«, wenn er den Begriff Information in dem hier kurz erläuterten wissenschaftlichen Sinn benutzt.[32] Es kann dabei offenbleiben, ob hier schlichte Ignoranz vorliegt oder Schlimmeres, nämlich bewußte Irreführung im Interesse eines bestimmten ideologischen Vorurteils. Denn ob Vitalisten dieses Schlages den Informationsbegriff der Wissenschaften jemals begreifen oder zutreffend auslegen werden, das ist im Falle des hier diskutierten Problems inzwischen längst bedeutungslos geworden.

Manfred Eigen und seine Mitarbeiter haben nämlich die ersten Hinweise entdeckt, wie der »Informationszusammenhang« Basentriplett–Aminosäure zu erklären sein dürfte. Der Befund ist ebenso simpel wie erhellend. Sie stellten als erstes fest, daß das Triplett GGC (also die Basensequenz Guanin – Guanin – Cytosin) von allen denkbaren Basenkombinationen chemisch das stabilste ist und zugleich das Triplett, dessen Molekülstruktur der aller anderen Kombinationen am wenigsten ähnelt (was es zum »spezifischsten« aller zur Verfügung stehenden Schlüssel, dem mit der geringsten Verwechslungsgefahr, werden läßt).

GGC aber codiert nun ausgerechnet Glycin: die am häufigsten vorkommende Aminosäure! Daß das kein Zufall sein dürfte, ergibt sich daraus, daß für den Informationszusammenhang zwischen dem Triplett GCC und der Aminosäure Alanin das gleiche gilt: GCC ist nach GGC das zweitstabilste und nächstspezifische Triplett und Alanin, wie schon erwähnt, die zweithäufigste Aminosäure in der belebten Natur. Die weiteren Untersuchungen ergaben für Asparaginsäure und Valin und die ihnen von der Natur zugeordneten Tripletts den gleichen Zusammenhang.

Es sieht demnach im Augenblick so aus, als habe sich die Evolution, Opportunistin die sie ist, einfach die Häufigkeitsverteilungen der beiden Arten von Bausteinen zur Herstellung des zwischen ihnen heute bestehenden Codierungs-Zusammenhangs zunutze gemacht. Auch dieses noch vor kurzem so rätselhaft erscheinende Problem scheint damit kurz vor einer zwar gewiß wunderbar erscheinenden, dennoch aber naturgesetzlich einzusehenden Erklärung zu stehen. Jedenfalls läßt sich theoretisch leicht ableiten, wie es beim Zusammentreffen von Ribonukleinsäuren und Aminosäuren in der Anfangsphase der Lebensentstehung aufgrund der bloßen Wahrscheinlichkeit der Kontakte zu den heute fixierten Zuordnungen hat kommen können.

Ob sie es also nun begreifen (bzw. die Anerkennung der vorliegenden Argumente »ablehnen«) oder nicht, hier zeichnet sich ein konkreter Fortschritt in unserem Verständnis der Natur ab – letztlich der Gesetze, die uns selbst hervorgebracht haben –, der die Vitalisten dazu zwingt, ihrerseits erneut einen Schritt zurückzutreten. Es dürfte ihnen nicht schwerfallen. Sie haben Übung darin.

Das zweite Problem, auf das hier noch kurz eingegangen werden soll, kann sehr viel kürzer abgehandelt werden, weil seine Auflösung, wie schon erwähnt, höchst trivial ist. Es bedarf der Erwähnung aus dem einzigen Grunde, daß es von gewisser Seite ebenfalls mit großer publizistischer Aktivität als »Beweis« für eine übernatürliche Lebensentstehung, also ebenfalls als kaschierter »Gottesbeweis« in der Öffentlichkeit vorgetragen wird.

Es besteht in der »Händigkeit«, aufwendiger formuliert: der »Chiralität« (von griech. *cheir* = Hand) bestimmter Lebensbausteine. Alle in der lebenden Natur vorkommenden Aminosäuren stellen nämlich linksgewendelte Spiralen dar (umgekehrt wie ein Korkenzieher) und die Nukleinsäuren aller irdischen Organismen dagegen (korkenzieherartige) Rechtsspiralen.

Nach Ansicht mancher Vitalisten kann das nun nicht auf natürliche Weise erklärt werden. Denn, so etwa lautet ihr Argument, bei einer natürlichen (spontanen) Entstehung beider Molekülarten im Reagenzglas oder in der unbelebten Natur resultiere immer ein »Razemat«. (So nennt der Chemiker ein Gemisch, in dem »Schraubenmoleküle« beider

Drehrichtungen gleichmäßig verteilt enthalten sind.) Bis dahin ist das vollkommen richtig.

Aus diesem Grunde, so geht der vitalistische Einwand nun aber sinngemäß weiter, müsse auch hier wieder ein »Know-how« vorausgesetzt werden, ein »planender Geist«, der die zum Aufbau eines lebenden Wesens unentbehrlichen Links- bzw. Rechtsschrauben mühsam und kenntnisreich aus dem spontan entstandenen Gemisch hätte auslesen und zusammenfügen müssen. In den Lehrbüchern, so heißt es bei einem der Autoren sogar, werde das Problem meist verschwiegen, weil den Verfassern nur allzu bewußt sei, daß es ihrem »materialistischen Standpunkt« widerspreche.[33]

Die Erklärung für dieses »Verschweigen« ist weit harmloser, als unterstellt wird. Sie besteht darin, daß das für die Frage der Lebensentstehung angeblich so entscheidende »Chiralitätsproblem« für einen Biologen in Wirklichkeit keine unlösbaren Fragen enthält. Deshalb braucht es in Fachveröffentlichungen nicht erwähnt zu werden. In dem wiederholt angeführten Buch »Das Spiel« von Eigen und Winkler, das auch für den Nichtfachmann geschrieben wurde, kann man die im Grunde sehr einfache Antwort dagegen in aller Ausführlichkeit nachlesen.[34]

Sie lautet, abgekürzt: Die ersten zur Selbstreduplikation befähigten Systeme waren sicher noch nicht »lebendig« (im heutigen Sinne) und ganz gewiß keine Zellen. Wahrscheinlich waren es molekulare Systeme von der Art der von Eigen beschriebenen Hyperzyklen. Auch diese konkurrierten nun bereits untereinander, etwa um in ihrer Umgebung nur in beschränkter Zahl vorkommende Bauelemente, die sie zur Herstellung von Kopien ihrer selbst benötigten.

Auch bei ihnen setzten sich im Verlaufe dieser Konkurrenz die Molekülvarianten durch, die infolge zufällig entstandener Eigenschaftskombinationen weniger leicht zersetzlich (»langlebiger«) waren oder die eine überdurchschnittliche »Vermehrungsrate« erreichten, indem sie es fertigbrachten, sich schneller oder mit geringerem Aufwand zu verdoppeln als die Masse der übrigen an der Konkurrenz beteiligten Moleküle. Evolution findet eben auch schon auf vorbiologischer, molekularer Ebene statt! (Auf Seite 80 waren wir bereits auf einen ersten Fall dieser Art gestoßen.)

Diejenigen dieser Systeme, die sich zu ihrem Aufbau aus dem vorliegenden Razemat von sowohl links- wie auch rechtsgewendelten Aminosäuren (oder Nukleinsäuren) wahllos bedient hätten, wären von Anfang an hoffnungslos ins Hintertreffen geraten. Sie hätten für jeden einzelnen Schritt des Zusammenbaus von Eiweißkörpern aus einzelnen Aminosäuren nämlich zwei Enzyme (anstatt ein einziges) gebraucht. Enzyme sind, wie wir uns erinnern, räumlich gebaute Molekülschlüssel. Ein einzelnes von ihnen paßt daher nur entweder an eine links- *oder* eine rechtsgedrehte Aminosäure (oder Nukleinsäure).

Sie hätten schon während der allerersten Phase der Entwicklung, bevor noch Enzyme ins Spiel kamen, geringere »Überlebenschancen« gehabt. Denn ein aus einem razematischem Gemisch unterschiedlich gewendelter Aminosäuren zusammengeknüpftes Eiweiß ist, das leuchtet ohne weiteres ein, weniger stabil als eine »reinrassige« Links- *oder* Rechtsschraube. Deshalb und noch aus einigen anderen Gründen ist es äußerst unwahrscheinlich, daß derartige »Razematsysteme« an der molekularen Konkurrenz des Lebensanfangs überhaupt über einen nennenswerten Zeitraum hinweg beteiligt waren.

Daher ist anzunehmen, daß sich der Überlebenswettkampf der Moleküle in dieser Phase ausschließlich zwischen Systemen abspielte, deren Eiweiße und Nukleinsäuren jeweils entweder reine Links- oder Rechtsschrauben darstellten. Von diesen konkurrierenden Systemen ist ein einziges übriggeblieben: eines, dessen Eiweiß ausschließlich aus linksgedrehten Aminosäuren aufgebaut war und dessen Nukleinsäuren sich ausschließlich aus rechtsgedrehten Bausteinen zusammensetzten. Wir wissen das mit Bestimmtheit, weil auf der Erde heute nur noch Nachkommen dieser einen Variante zu finden sind.

Wir können dagegen nicht mehr feststellen, warum gerade dieses System seinerzeit als Sieger, als einziger Überlebender aus der Konkurrenz hervorging. Wir können nur sagen, daß das sicher zu einem sehr frühen, wahrscheinlich noch vor dem Beginn der eigentlichen biologischen Evolution gelegenen Zeitpunkt geschehen ist. Der Grund muß in einer Eigenschaft bestanden haben, die diese Variante im Vergleich zu ihren Mitbewerbern weit überlegen werden ließ. Dabei könnte es sich, um ein Beispiel zu nennen, um den Erwerb eines Enzyms gehandelt haben, das eine schnellere Verdoppelungsrate bewirkte, oder eines, das die Zuverlässigkeit des Kopiervorgangs erhöhte.

Wie schnell sich in einem solchen Falle der privilegierte Typ definitiv durchsetzen mußte, zeigen sehr anschaulich die von Eigen erdachten und in dem wiederholt genannten Buch beschriebenen »Evolutionsspiele«, mit deren Hilfe sich jeder vom Ablauf derartiger Prozesse selbst eine Vorstellung verschaffen kann. Jedenfalls gilt, ungeachtet aller auch in diesem Zusammenhang zweifellos noch bestehenden Probleme, die »Asymmetrie der Lebensbausteine« aller irdischen Lebewesen heute längst nicht mehr als »unlösbare Frage«.[35]

7. Darwins Konzept

Seltsam, daß niemand sich darüber wundert, warum die Rotkehlchen bei uns nicht rapide an Zahl zunehmen. Daß niemand daran denkt, daß Rotkehlchen und Möwen, Krähen und Spatzen und ebenso alle anderen Vögel (und alle anderen Tiere!) sich eigentlich explosionsartig in kürzester Zeit zu Massen vermehren müßten, denen gegenüber sich die Schwärme, die Hitchcock in seinem Alptraumfilm »Die Vögel« vorführt, vergleichsweise harmlos ausnehmen würden.

Es gehört zu den wesentlichen Kennzeichen des Genies, daß es fähig ist, dort Fragen zu entdecken und nach Erklärungen zu suchen, wo wir Normalbürger aus Gewohnheit nichts als Selbstverständlichkeiten zu sehen glauben. Die »Rotkehlchen-Frage« ist ein lehrreiches Beispiel. Sie war es unter anderem, die Charles Darwin dazu brachte, seine kühne, unser Weltverständnis von Grund auf revolutionierende Theorie zu entwickeln.

Die Frage ist so einfach, daß man sie einem Schulkind klarmachen kann. Man muß eben bloß darauf kommen – und die Konsequenzen erfaßt haben! Es genügt das kleine Einmaleins: Ein Rotkehlchenpaar legt jährlich etwa 10 Eier. Bei seiner für das Leben in freier Wildbahn geltenden Lebenserwartung von rund drei Jahren produziert es insgesamt also 30 Eier.

Wenn aus jedem dieser Eier ein neues Rotkehlchen hervorgehen würde, müßte sich die Zahl aller Rotkehlchen innerhalb von nur drei Jahren folglich verfünfzehnfachen.* Für die aus dieser Vermehrungsexplosion hervorgegangene Rotkehlchenmasse gälte selbstverständlich dasselbe – also wiederum Verfünfzehnfachung ihrer Zahl innerhalb des genannten Zeitraums, und so weiter, alle drei Jahre. Innerhalb weniger Jahre wäre unser Himmel von Rotkehlchen verdunkelt. Warum kommt es nicht dazu?

Die Antwort darauf ist ebenfalls einfach: Aus 30 gelegten Rot-

* In Wirklichkeit wäre die Zahl sogar noch größer, da die Nachfolgegeneration ja schon vor dem Tode des Elternpaars ebenfalls beginnen würde, sich zu vermehren!

kehlcheneiern werden eben nicht 30 neue Rotkehlchen. Manche Eier reifen nicht bis zum Schlüpfen. So mancher Jungvogel fällt aus dem Nest oder erfriert nach einem Wolkenbruch. Noch unbeholfen flatternde Jungvögel werden von Katzen gefressen, und was der Gründe mehr sind. Das alles ist für niemanden neu. Aber wer hat schon einmal darüber nachgedacht, wie hoch die Verlustrate insgesamt wohl sein mag?

Die Zahl ist erschütternd: Aus 30 Eiern entstehen alles in allem nur 2 neue Rotkehlchen, die lange genug am Leben bleiben, um ihrerseits wieder 30 Eier legen zu können. Nur 2 von 30. Das ist eine Verlustquote von etwas über 93 Prozent!

Die Rechnung ergibt sich aus der Feststellung, daß die Zahl der Rotkehlchen (im großen und ganzen) über die Jahre hinweg konstant bleibt. Das kann nur dann der Fall sein, wenn jedes Pärchen, das nach drei Jahren stirbt, bei seinem Tode genau 2 Nachkommen hinterläßt, keinen mehr und keinen weniger. Genau die Zahl also, die den Tod des Elternpaares ausgleicht. Nur dann, wenn diese Relation das Durchschnittsresultat der lebenslangen Bruttätigkeit eines Rotkehlchenpaares ist, bleibt die Zahl der Rotkehlchen insgesamt konstant.

An der Höhe der Verlustquote gibt es also nichts zu deuteln. Man mag über die Zahl erschrecken (sie fügt sich schlecht in das idyllische Bild, das wir uns von der Natur gern machen), bestreiten läßt sie sich nicht. Auf der Hand liegt auch, daß ähnliche (bei den meisten niederen Tieren noch weitaus ungünstigere) Zahlen aus genau den gleichen Gründen für alle anderen Lebewesen auf diesem Planeten ebenfalls gelten.

Das alles ist im Grunde völlig trivial und war den Biologen auch zu Darwins Zeiten selbstverständlich geläufig. Darwin jedoch stellte sich als erster die entscheidende weitere Frage, die Frage nämlich, ob sich nicht vielleicht irgendwelche Gründe angeben ließen, die darüber entscheiden, *welche* beiden Nachkommen eines Elternpaares bei konstanter Populationsgröße schließlich übrigbleiben.

War hier der reine Zufall im Spiel, oder verbarg sich dahinter ein Gesetz? Anders gesagt: War gänzlich *unvorhersehbar,* welche der Jungen in einem bestimmten Fall überleben würden, oder existierten irgendwelche Faktoren, aufgrund derer es theoretisch möglich sein müßte, *vorherzusagen,* wer die »Gewinner« sein würden?

Wenn man über die Frage nachdenkt, geht einem schnell auf, daß die Annahme, der bloße Zufall entschiede über den Ausgang der Überlebenskonkurrenz, eine extrem unwahrscheinliche Voraussetzung enthält: die der grundsätzlichen Chancengleichheit aller an der Konkurrenz beteiligten Individuen. Nur unter dieser Voraussetzung würde es ja überhaupt einen Sinn ergeben, das Ergebnis als Produkt bloßen Zufalls zu bezeichnen.

Grundsätzliche Chancengleichheit aber ist nur als moralische Forderung denkbar, nicht als natürliche Gegebenheit. Keine Macht der Welt kann etwas daran ändern, daß die Ausgangsbasis einem behinderten Kind geringere Chancen einräumt als seinen gesunden Altersgenossen. Eben aus dieser natürlich auch in jedem anderen Falle (und auch zwischen gesunden Kindern) bestehenden Chancenungleichheit erwächst die moralische Verpflichtung, die jeweils Betroffenen vor den Konsequenzen soweit als möglich zu schützen.

So herrscht auch in einem Vogelnest natürlicherweise keine Chancengleichheit. Die Aussichten, zu den beiden Überlebenden zu gehören, die das Elternpaar drei Jahre später ersetzen werden, sind schon im Augenblick des Schlüpfens nicht für alle Nestlinge gleich groß. Natürlich spielt der Zufall im Ablauf der Einzelschicksale auch eine Rolle, und natürlich wäre es allein schon deshalb auch bei einem noch so sorgfältig kontrollierten Experiment keinem Wissenschaftler möglich, das Ergebnis zuverlässig vorauszusagen.

Aber gleich sind die Chancen eben auch hier nicht. Da spielen, vom ersten Augenblick an, die körperlichen Kräfte eine Rolle: Wer am energischsten betteln kann, bekommt mit einer gewissen Wahrscheinlichkeit das meiste Futter ab. Da spielen aber auch, und dies ebenfalls vom ersten Augenblick an, Besonderheiten des Verhaltens eine wichtige Rolle: Wer sich fixer duckt, wenn ein fremder Schatten in Nestnähe auftaucht, vergrößert seine Überlebenschancen. Und etwas als »fremd« zu registrieren, das gelingt auch nicht jedem mit der gleichen Geschwindigkeit und Zuverlässigkeit.

Im Verlaufe des späteren Lebens werden gerade diese individuellen Verhaltensunterschiede immer entscheidender, jedenfalls bei den höheren Tieren.* Bedenken wir als einziges von wahrhaft unzähligen Beispielen nur einmal die Konsequenzen der genetisch festgelegten

* Bei niederen Organismen treten dagegen die körperlichen Unterschiede als schicksalsbestimmende Faktoren immer mehr in den Vordergrund, und bei dem Wettbewerb auf molekularer Ebene, von dem am Ende des letzten Kapitels die Rede war, geben naturgemäß nur noch Besonderheiten der materiellen Struktur den Ausschlag.

Ausgewogenheit zwischen den angeborenen Verhaltensprogrammen »Neugier« und »Angst«: Nicht zu wenig Bereitschaft zur Neugier darf vorhanden sein – sonst werden womöglich lebenswichtige Erfahrungen nicht oder zu spät gemacht –, aber auch nicht zu viel. Denn ein junger Vogel, bei dem die Neugier überwöge, wenn er zum erstenmal einer Katze begegnet, hätte seine Chancen bereits verspielt.

Darwin gelangte zu der Auffassung, daß individuelle Unterschiede dieser Art eine wesentliche Rolle spielen, was die Chancen eines Organismus betrifft, lange genug am Leben zu bleiben, um seinerseits wieder Nachkommen haben zu können, die ihn selbst ersetzen. Mit dieser äußerst einfachen, logisch unabweisbaren These war das Fundament gelegt zu einer Theorie, deren Erklärungskraft die Biologie revolutioniert hat.

Denn wenn man die Konsequenzen der These bedenkt, dann zeigt sich, daß die aus der Ungleichheit der individuellen Chancen resultierenden Faktoren nicht nur das Schicksal des jeweiligen Individuums bestimmen, sondern darüber hinaus unausweichlich auch das seiner ganzen Art. Die Population, die Fortpflanzungsgemeinschaft aller Individuen der gleichen Art, beginnt sich im Verlauf der Generationenfolge zu verändern. Langsam und unmerklich für jedes menschliche Auge, aber mit unwiderstehlicher Tendenz. *Keine biologische Population ist imstande, die Folgen der »Auswahl«, die unter ihren Mitgliedern durch deren unterschiedliche Überlebenschancen getroffen wird, ohne Veränderung zu überstehen.* Dies ist die große Entdeckung Charles Darwins.

Nachträglich sieht das alles wieder so einfach aus, daß man sich fragt, warum nicht schon früher jemand darauf gekommen ist. Aber hinterher ist man stets klüger. Es gehört zu den Merkwürdigkeiten unserer psychischen Natur, daß es immer eines Genies in unserer Mitte bedarf, um hinter dem unseren Verstand ständig behindernden Gewirr von Meinungen, Vorurteilen und bloßen Denkmöglichkeiten die einfachen Wahrheiten herauszufinden, die dann, wenn sie erst ans Tageslicht gekommen sind, uns allen unmittelbar einleuchten. So auch hier.

Fassen wir die Situation noch einmal zusammen: Von den 30 (oder 5 oder 100) Nachkommen eines Elternpaares werden nur 2 wiederum zu Eltern mit gleicher Nachkommenzahl (jedenfalls dann, und diesen Regelfall hatten wir vorausgesetzt, wenn die Population konstant bleibt). Darüber, *welche* der 30 (oder 5 oder 100) Nachkommen dieses Ziel erreichen, entscheiden – neben Zufällen (der eine Jungvogel begegnet einer Katze, der andere vielleicht nicht) – Unterschiede hinsichtlich bestimmter Eigenschaften, individuelle Besonderheiten oder »Merkmale« also.

Lassen wir hier noch einmal beiseite, welcher Art die Merkmale sein könnten, die diese wichtige, wahrhaft schicksalsbestimmende Rolle übernehmen. Betrachten wir zunächst das Prinzip, sozusagen die Logik der hier entstehenden Situation, und nennen wir das Merkmal, das sie herbeigeführt hat, einfach »X«, ohne uns weiter den Kopf darüber zu zerbrechen, worin es besteht. Als einzige Voraussetzung soll lediglich gelten, daß »X« genetischer Natur, also erblich ist.

Da sind also 2 Nachkommen lange genug am Leben geblieben, um ihrerseits wieder 30 Eier bebrüten zu können. Übriggeblieben sind sie aufgrund eines erblichen Merkmals X, durch das sie sich – das war der Ausgangspunkt der ganzen Angelegenheit – von allen ihren Geschwistern unterschieden haben. Damit aber steht fest, daß eben dieses Merkmal X in der nächsten Generation – unter den Jungvögeln, die aus den Eiern dieser »übriggebliebenen« Eltern schlüpfen werden – stärker vertreten sein muß als in der Generation der Eltern (denn diese haben sich hinsichtlich dieses Merkmals ja von allen ihren Geschwistern unterschieden!).

Die Nachkommen stellen damit grundsätzlich einen neuen erblichen »Typ« dar (wenn die Abweichung in der Realität auch noch so unmerklich gering ist). Man sieht schon, wie es weitergeht: Der Überlebenswettkampf (Darwin nannte ihn bekanntlich »Kampf ums Dasein«) spielt sich in der neu entstandenen Generation aufs neue ab. Wiederum erfolgt eine Auslese von »2 aus 30« aufgrund bestimmter erblicher Merkmale (Unterschiede). In der nächsten Generation ist der genetische Unterschied abermals ein winziges Stückchen größer geworden: Die Population hat begonnen, ihren erblichen Charakter ganz langsam zu verändern.

Damit ist der Mechanismus, den Darwin als die Ursache, als den treibenden Motor des Artenwandels entdeckt hat, in seinen entscheidenden Grundzügen bereits beschrieben: ein »Überschuß« von Nachkommen in jeder Generation mit einer folglich entsprechend hohen Verlustquote. Die »Auslese« jener wenigen Individuen, die zu den Eltern der Nachfolgegeneration werden, aufgrund bestimmter genetischer Eigentümlichkeiten (»Selektion« und »Kampf ums Dasein«). Der züchterische Effekt dieses selbsttätig in der Natur sich abspielenden Prozesses, der die Entstehung neuer Arten zur Folge hat, durch

die im Laufe der Generationenfolge resultierende allmähliche Verschiebung der für eine bestimmte Population typischen erblichen Merkmale (»Artenwandel« als Folge »natürlicher Zuchtwahl«).[36]
Darwin entdeckte damit in der freien Natur exakt das gleiche Prinzip wieder, nach dem menschliche Züchter seit dem Beginn der menschlichen Kultur instinktiv verfahren sind (einer der Gründe, aus denen Darwin den Begriff »natürliche Zuchtwahl« prägte). Die uns heute bekannten Haustiere sind ja ebenfalls ausnahmslos aus wildlebenden Arten dadurch hervorgegangen, daß schon der Urmensch begann, sich die Individuen herauszusuchen und zur Wiederaufzucht zu verwenden, deren körperliche und psychische Eigenschaften ihm für seine Bedürfnisse besonders geeignet schienen.
Wenn man gefangene Wölfe aufzieht und aus deren Nachwuchs einige Jahrhunderte lang jeweils die verträglichsten, am leichtesten »erziehbaren« Individuen zur Weiterzucht auswählt, kommt man schließlich – im wörtlichen Sinne! – auf den Hund. Im späteren Verlauf der Kulturgeschichte bestimmten dann auch noch ganz andere, nicht nur an praktischen Vorstellungen orientierte Gesichtspunkte die Auslese, etwa ästhetische Motive oder auch nur der typisch menschliche Wunsch nach etwas Neuem.
Keine Frage, daß auf diese Weise der Hund entstand und schließlich alle seine verschiedenen künstlichen Rassen, von der Dogge bis zum Zwergpinscher und vom Dackel bis zum Schäferhund. Keine Frage auch, daß Schleierfische und die üppige Palette der Ziervögel ihre Entstehung einer derartigen züchterischen Auslese der zur Fortpflanzung zugelassenen Individuen ebenso verdanken wie die unübersehbare Vielfalt unserer Gartenblumen.
An der »künstlichen« Zuchtwahl und ihren Ergebnissen zweifelt denn auch kein Mensch. Die von Darwin entdeckte »natürliche« Zuchtwahl will dagegen vielen noch immer nicht als Ursache der heutigen Artenfülle einleuchten. Warum eigentlich nicht? Worin besteht der Unterschied?
Nun, er existiert ohne Zweifel, und er erscheint vielen als so grundsätzlich, daß sie die Vergleichbarkeit von künstlicher und natürlicher Auswahl für fragwürdig halten. Er besteht darin, daß im ersten – kulturgeschichtlichen – Fall menschliche Züchter bewußt planend, also »gezielt« ausgelesen haben, während im zweiten – natürlichen – Fall niemand zu entdecken ist, dem sich eine solche Planung, eine züchterische Zielvorstellung, unterstellen ließe.

In Ermangelung eines Planes, eines absichtsvoll angestrebten Ziels, so folgern viele weiter, regiere daher im Fall der natürlichen Zuchtwahl allein der Zufall. Das aber lasse Darwins Erklärung hinfällig werden, denn aus Zufall könne die unbestreitbare und komplizierte Ordnung der belebten Natur nicht hervorgegangen sein.

Wir müssen den Einwand ernst nehmen und uns daher der Frage zuwenden, von wem und nach welchen Gesichtspunkten in der vom Menschen unbehelligten Natur eigentlich ausgelesen wird.

8. Ordnung durch Zufall?

Wie lange brauchte eine Horde Affen wohl, um durch wahlloses Herumhämmern auf einigen Schreibmaschinen rein durch Zufall auch nur eine einzige Zeile eines Sonetts von Rilke zu produzieren? Oder: Wie lange müßte man warten, bis ein Windstoß die auf einzelne Zettel geschriebenen Buchstaben des Alphabets zufällig zu einem sinnvollen Satz anordnen würde? Um dieses, in zahllosen Variationen immer wieder vorgebrachte Problem geht es hier.

Wer es als Argument benutzt, kann in einem Vortrag vor Laien auf sicheren Applaus rechnen. Denn das Argument ist in sich logisch und widerspruchsfrei, es wirkt daher »schlagend«, und so etwas hören die Leute gern. Im Kreise von Wissenschaftlern verfehlt es dagegen jede Wirkung. Denn obwohl es aus einer in sich selbst schlüssigen Feststellung besteht, hat es einen zentralen Mangel: Es hat mit dem Sachverhalt, den es widerlegen soll, in Wahrheit nicht das geringste zu tun.

Es ist vollkommen richtig, daß die Affenhorde auf die beschriebene Weise niemals eine einzige Rilke-Zeile zuwege bringen wird. Auch der Wind kann nicht »schreiben«. (Und ebensowenig wird es jemals gelingen – dies eine weitere, oft gehörte Variante des gleichen »Arguments« –, einen Haufen von Metallatomen durch bloßes Schütteln »zufällig« zu einem Volkswagen werden zu lassen.)

Aber was besagt das schon? Mit Sicherheit nicht das, was diejenigen glauben, die Vergleiche dieser Art für Einwände gegen Darwins Konzept halten. Denn alle diese Bilder und Metaphern formulieren doch auf drastische Weise immer nur wieder die Binsenwahrheit: Ordnung kann nicht durch reinen Zufall entstehen. Das ist zwar vollkommen richtig. Es hat aber auch niemand etwas anderes behauptet, Darwin nicht und schon gar keiner der heutigen Wissenschaftler.

Es war bereits davon die Rede, daß die moderne Wissenschaft das Auftreten von Ordnung – zum Beispiel die Entstehung eines Musters – auf fundamentale Weise gerade als Abweichung von einer bloßen Zufallsverteilung definiert. Wie konnte es dann zu der verbreiteten Auffassung kommen, das Darwinsche Konzept schließe eine solche, im doppelten Sinne des Wortes aller Wahrscheinlichkeit hohnsprechende Behauptung ein? Es lohnt sich, dem Mißverständnis ein eigenes Kapitel zu widmen. Nicht nur, um es aufzuklären, sondern auch, weil wir dabei eine Reihe von Beispielen und Argumenten kennenlernen werden, die eine Ahnung von der Tiefe des Einblicks in die Natur vermitteln, die uns die Evolutionstheorie in ihrer heutigen Form verschafft.[37]

»Zufall« ist ein vieldeutiges Wort mit schillernder Bedeutung, seine Verwendung provoziert regelrecht Mißverständnisse. »Zufall« meint auch Fehlen jeglicher Ordnung. Der Ausdruck bezeichnet unter anderem das Gegenteil von Sinn oder erkennbarer Gesetzmäßigkeit, insoweit also Unordnung, Sinnlosigkeit, Unberechenbarkeit. An diese Bedeutungen allein denkt, wer die Darwinsche Erklärung ablehnen zu müssen glaubt, weil sie unbestreitbar Zufallselemente enthält.

Die Kritiker, die so argumentieren, übersehen indes, daß der Begriff Zufall weit mehr Bedeutungen enthält als nur diese negativen Aspekte. Zufall hat zum Beispiel etwas mit Freiheit zu tun. Als »zufällig« bezeichnen wir einen Ablauf, wenn wir Grund haben zu der Annahme, daß er nicht gesetzlich festgelegt (determiniert) ist.

Wenn es den Zufall im Universum nicht gäbe, dann wäre diese Welt nichts anderes als eine gigantische, nach festliegenden Regeln ablaufende Maschine. Dann wären Vergangenheit und Zukunft in jedem Augenblick prinzipiell berechenbar, lückenlos zu rekonstruieren bis in die fernste Vergangenheit und in allen Einzelheiten voraussagbar bis zum Ende aller Tage. Dann wären Willensfreiheit, historische Verantwortung und Gesetz illusorische, da in Wahrheit überflüssige Begriffe, weil der durch Ursachenketten lückenlos festgelegte Weltlauf den Freiheitsraum gar nicht enthielte, der moralische Forderungen erst sinnvoll und notwendig werden läßt.

Bekanntlich gibt es extreme philosophische Positionen, von denen aus behauptet wird, daß es in Wahrheit so sei. Tatsächlich haben auch die Naturwissenschaftler, genauer: Naturphilosophen in einer früheren Epoche unter anderem auch dieses Bild einer lückenlos determinierten Welt als Möglichkeit entworfen. Man erinnere sich an die Modellvorstellung des Laplaceschen Dämons, der in der Lage sein müßte, jeden vergangenen oder zukünftigen Augenblick des Universums zu berechnen, wenn ihm nur das Wissen über den Bewegungsstand aller Atome des Weltalls in einem beliebigen einzigen Augenblick zur Verfügung stünde.

Inzwischen glauben nicht einmal mehr die Physiker an eine solche Möglichkeit. Der erste Schritt in die entgegengesetzte Richtung wurde mit der berühmten »Unschärferelation« von Heisenberg getan. Damit ist die Entdeckung gemeint, daß es grundsätzlich unmöglich ist, den Ort und den Impuls eines Elementarteilchens gleichzeitig genau zu bestimmen. Das liegt, wie Heisenberg bewies, nicht etwa an irgendwelchen methodischen Problemen bei der Beobachtung im subatomaren Bereich. Es ist vielmehr grundsätzlich unmöglich. Das heißt, daß nicht einmal eindeutig zu definieren ist, was eine gleichzeitige Festlegung von Ort und Impuls im Falle eines Elektrons oder eines anderen Elementarteilchens überhaupt aussagen soll. Letztlich hängt das mit der (für uns nicht mehr vorstellbaren) eigentümlichen Zwitternatur dieser Materiebausteine zusammen, die nur noch als »Zwischenwesen« von teils materieller (korpuskulärer), teils wellenartiger Natur beschrieben werden können.

Da in diesem Falle also die Anfangsbedingungen grundsätzlich nicht feststellbar (in gewissem Sinne nicht einmal gegeben) sind, ist es ebenso grundsätzlich unmöglich, das weitere Verhalten eines solchen Teilchens vorauszuberechnen: Ein Elementarteilchen verhält sich »undeterminiert«.* Der Laplacesche Dämon hat damit die Grundlage seiner Fähigkeit zur Prophetie eingebüßt.

Vorübergehend glaubten die Physiker, von dieser Entdeckung bleibe immerhin die kausale Determinierung des Makrokosmos unberührt. Bei allen makrokosmischen Ereignissen kommen ja immer so große Zahlen von Elementarteilchen ins Spiel, daß in diesem Bereich, dem wir selbst angehören, auf dem Umweg über statistische Mittelungen Berechenbarkeit und damit gesetzmäßige Vorhersagbarkeit gleichsam sekundär wieder eingeführt werden. Der oft zitierte Vergleich mit der Situation einer Lebensversicherungsgesellschaft veranschaulicht, was gemeint ist: Dem Mann, der die zur Deckung benötigten Prämien auszurechnen hat, ist grundsätzlich die Möglichkeit versagt, festzustellen, wann ein bestimmter Kunde seiner Gesellschaft sterben wird (welchen Betrag dieser Kunde also an Prämien insgesamt einzahlt). Trotz dieser prinzipiellen Ungewißheit aber kann er die erforderliche

* Nicht »akausal«, wie man manchmal lesen kann. Der Ausdruck ist in diesem Zusammenhang insofern zumindest schief und mißverständlich, als auch das undeterminierte Verhalten eines solchen Elementarteilchens nicht ursachenlos (sozusagen spontan) erfolgt. Gemeint ist lediglich, daß sich aus dem Verhalten grundsätzlich kein von uns erfaßbarer gesetzlicher Zusammenhang ableiten läßt.

Prämienhöhe bis auf Stellen hinter dem Komma präzise ausrechnen, wenn seine Gesellschaft eine so große Zahl prämienzahlender Kunden hat, daß er mit statistischen Mittelwerten arbeiten kann.

Aber auch diese These von der »sekundären« Determiniertheit des Makrokosmos hielt nicht sehr lange. Manfred Eigen wies nach, daß Zufallsereignisse auf molekularer Ebene Schwankungen erzeugen können, die sich aufgrund von Verstärkungsprozessen bis in makroskopische Dimensionen auswirken. Der österreichische Physiker Roman Sexl berechnete vor einigen Jahren ein besonders anschauliches Beispiel: Die Heisenbergsche Unschärferelation hat die Konsequenz, daß bei einer Kollisionsfolge zwischen Billardkugeln auch unter idealen Bedingungen die siebte Kugel die achte nicht mehr mit Sicherheit trifft. Nach achtfacher Potenzierung hätte die aus der Unbestimmtheit der Lage der Moleküle an den Kugeloberflächen resultierende Unschärfe nämlich bereits das Ausmaß eines ganzen Kugeldurchmessers erreicht![38]

1977 schließlich bekam der belgische Physiker Ilya Prigogine den Nobelpreis für den Nachweis, daß die von Darwin schon mehr als 100 Jahre zuvor in genialer Intuition angenommenen Zufallsprozesse ebenso in der Physik, und zwar einschließlich der makrophysikalischen Dimension, wirksam sind. Damit ist, wie Prigogine feststellt, der Evolutionsbegriff zu einem zentralen Begriff für das Verständnis auch der physikalischen Welt geworden. Der Entwurf des Determinismus sei heute als Folge einer »übermäßigen Idealisierung« in der klassischen Mechanik durchschaut. Er müsse heute als der »grundlegende Mythos« der klassischen Wissenschaft angesehen werden.[39]

Die Physiker haben dem Laplaceschen Dämon also nicht nur in der Welt der Atome seine den Weltlauf beherrschende Autorität wieder abgesprochen. Sie halten ihn heute nicht einmal mehr für einen unschlagbaren Billardspieler. Damit ist die Existenz menschlicher Willensfreiheit und Verantwortlichkeit natürlich noch nicht etwa bewiesen. Sie ist jedoch wenigstens als Möglichkeit wieder zugelassen.

Uns soll hier angesichts dieses kurzen Exkurses in die Physikgeschichte vor allem die Rolle interessieren, die der Zufall im Ablauf der Dinge gespielt hat: Zu Beginn hatten ihn die Physiker aus dem Universum verbannt. Da aber gerann der Kosmos zu einem auf festgelegter Bahn automatisch und sinnlos abschnurrenden riesigen Uhrwerk.

In dem Maße, in dem der Zufall dann wieder Eingang fand, das Element des unberechenbaren, nicht kausalgesetzlich Festgelegten den

Weltlauf ebenfalls beeinflußte, wurde die Zukunft dieses Kosmos wieder zu einer »offenen« Zukunft. Zu einer Zukunft, die nicht von vornherein festgelegt (»determiniert«) war, hinsichtlich derer der Mensch daher nicht mehr bloß illusorische, sondern höchst reale Entscheidungen zu treffen hat, in der er sich bewähren muß (und in der er ebenso auch versagen kann).

Kein Zweifel: Aus einer Welt, aus der die Offenheit des Zufälligen verbannt wäre, verschwänden auch Entscheidung, Verantwortlichkeit und sittliches Gesetz als rein subjektive Illusionen. Wo nur noch das Gesetz herrscht, gibt es keine Freiheit mehr. All denen, die das Wort »zufällig« einseitig nur mit »sinnlos« übersetzen, muß man zu bedenken geben, daß die Welt ihren Sinn verlöre, wenn es in ihr nicht auch den Zufall gäbe.

Aber die Hinweise auf die Affenhorde oder den vom Wind zusammengewehten Satz haben mit der Erklärung, die Darwin anbot, ohnehin gar nichts zu tun. Darwin hat das, was ihm mit diesen Vergleichen unterstellt wird, nie behauptet: daß Ordnung durch bloßen Zufall entstehen könne. Was also hat er dann gesagt? Wir müssen uns näher ansehen, welche Rolle der Zufall im Konzept der Evolutionstheorie wirklich spielt.

Es ist schon fast befremdlich, mit welcher Hartnäckigkeit die Kritiker zu übersehen (oder zu verschweigen) pflegen, daß der Zufall in der Evolutionstheorie nicht allein herrscht. Der Zufall als alleiniger Motor der biologischen Entwicklung, das freilich hätte niemals zur Entstehung auch nur eines einzigen funktionierenden Organismus führen können. Es hätte von allem Anfang an nur im völligen Chaos geendet. Niemand braucht das ausgerechnet einem Biologen zu sagen.

Der springende Punkt der darwinistischen Erklärung ist vielmehr das *Zusammenwirken* von Zufallselementen mit gesetzmäßigen Einflüssen. Der Zufall allein bewirkt sinnleeres Chaos. Das Gesetz allein bewirkt sinnleeren Automatismus. Zusammen aber erweisen sich beide, wie Konrad Lorenz es einmal formuliert hat, »als die beiden großen Konstrukteure« des Artenwandels. »Naturgesetze steuern den Zufall«, so lautet denn auch der Untertitel des hier schon wiederholt zitierten Buchs von Eigen und Winkler.

Der Zufall wird in der Evolution durch das Prinzip der Mutation repräsentiert. Das Gesetz kommt in das Geschehen durch das Prinzip einer ganz bestimmten Tendenzen folgenden Auslese hinein. Beides bedarf der Erklärung.

Was eine Mutation ist, wurde auf Seite 50 bereits ausführlich erläutert: ein »Fehler« beim anläßlich jeder Zellteilung notwendig werdenden Kopieren des im Zellkern steckenden Bauplans. Wenn ein, ein ganz bestimmtes »Muster« darstellendes Erbmolekül über Tausende oder Millionen Generationen hinweg millionenmal kopiert werden muß, dann sind gelegentliche »Übertragungsfehler« ungeachtet aller Perfektion des die Kopie besorgenden genetischen Mechanismus völlig unvermeidbar.

Für die Perfektion des Vorgangs spricht die äußerst geringe Fehlerquote. Sie *muß* sehr klein sein, weil sonst das »Gedächtnis der Art« (siehe Seite 40) seine konservative Aufgabe nicht erfüllen könnte, den Bauplan der Organismen einer bestimmten Art über die Jahrmillionen hinweg getreulich zu überliefern. Aber die Fehlerzahl darf auch nicht gleich Null und die Perfektion in der erblichen Überlieferung nicht absolut sein, denn absolute Konservativität würde absoluten Stillstand bedeuten. Hätte der genetische Reduplikationsmechanismus uneingeschränkt fehlerlos, völlig perfekt funktioniert, dann hätte sich die Erde bis heute und bis an das Ende ihrer Tage nur mit den uferlos sich vermehrenden identischen Kopien jenes ersten Molekülsystems füllen können, dem es als erstem gelungen war, sich zu verdoppeln.

Es leuchtet ein, daß es sich bei der Mutations*rate*, also der durchschnittlichen Zahl der Fehler pro Kopiervorgang, um eine für die Geschichte des irdischen Lebens entscheidende Größe handeln muß. Eine Erhöhung der Rate würde den Ablauf der Evolution grundsätzlich zwar beschleunigen. Ab einem bestimmten Punkt aber stellte sie die ganze weitere Entwicklung in Frage, weil dann in jeder neuen Generation »zu viel experimentiert« werden würde. Eine bis dahin relativ stabile Art, deren Mutationsrate plötzlich emporschnellte, brächte innerhalb weniger Generationen mit einem Male eine Fülle der verwegensten Varianten, Mißwüchse und Monstren hervor und stürbe durch das Übermaß an genetischem »Traditionsverlust« sehr bald aus. Einige der schon in grauer Vorzeit von der Erdoberfläche verschwundenen Spezies scheint ein solches Schicksal getroffen zu haben.

Eine zu geringe Rate dagegen ließe die Art extrem »konservativ« werden. Das kann in Ausnahmefällen auch einmal gutgehen, dann nämlich, wenn es bei einer Art geschieht, die optimal an Umweltbedingungen angepaßt ist, die selbst konservativ sind, also über geologische Epochen hinweg konstant bleiben. Einige Arten von Schaben sehen heute noch so aus wie ihre Vorfahren vor Hunderten von Jahrmillionen. Es gibt noch einige weitere Beispiele für derartige »lebende Fossilien«.[40]

In der Regel wirkt sich extreme Konservativität in der Natur aber ebenfalls tödlich aus. Eine allzu geringe Mutationsrate stellt einer Art eben auch eine ungenügende Zahl der Alternativen zur Verfügung, auf die sie angewiesen ist, sobald Veränderungen der Umwelt eine Umstellung der genetischen Anpassung erfordern.

Jedes der beiden Prinzipien für sich allein – der mutative Zufall wie die Tendenz zur fehlerlosen Kopie – würde folglich eine biologische Art so oder so in kürzester Zeit zugrunde richten. Der sich in der Mutationsrate ausdrückende Kompromiß zwischen ihnen aber ist die erste der Ursachen für den Erfolg, mit dem das Leben sich der Erdoberfläche bemächtigte.

Die zweite notwendige Ursache ist das Prinzip der Auslese: Mutationen allein, und sei ihre Zahl noch so wohldosiert, genügen nicht. Denn eine Mutation für sich ist nicht nur zufällig, sie ist auch ohne »Sinn«. Über ihn wird erst durch die Begegnung mit der Umwelt, durch »auslesende Bewertung« entschieden. Diesen Zusammenhang müssen wir uns jetzt näher ansehen.

Den Zufall repräsentiert eine Mutation gleich auf doppelte Weise. Zufällig ist sie einmal insofern, als sich die Störung des Kopierprozesses, die sie darstellt, auf atomarer Ebene abspielt. Der Bauplan, um dessen mutative Abwandlung an irgendeiner Stelle es sich handelt, liegt ja in der Form eines Moleküls (DNS oder RNS) vor. Und der Einbau einer »falschen« Base und damit die Abänderung der Codierung an einer bestimmten Stelle des Moleküls werden durch Prozesse vermittelt, die sich auf der Ebene von Elementarteilchen abspielen. Im Falle der natürlichen radioaktiven Strahlung, die für die Höhe der natürlichen Mutationsrate maßgeblich verantwortlich ist, handelt es sich zum Beispiel um Heliumkerne, Elektronen und Photonen.

Da sich das Verhalten derartiger Teilchen nun aber weder berechnen noch vorhersagen läßt – es ist »undeterminiert« –, ist eine Mutation grundsätzlich ein Zufallsereignis. Ein Molekularbiologe ist zwar in der Lage, bestimmte Wahrscheinlichkeiten anzugeben, mit denen an dieser oder jener Stelle des Erbmoleküls eine Mutation erfolgen kann. Wann das aber geschieht und worin sie besteht (welches im Original vorhandene Glied der Molekülkette in deren Kopie also gegen welches neue ausgetauscht werden wird), das ist gänzlich unvorhersehbar.

Eine Mutation ist im Rahmen des Evolutionsgeschehens aber noch in einem ganz anderen, grundlegenderen Sinn ein Zufallsereignis: Sie erfolgt nämlich prinzipiell ohne jegliche Berücksichtigung der Situation der Population, deren Genpool sie verändert. Ob die Zusammensetzung dieses Genpools, also die Summe aller Erbanlagen der Individuen, aus denen die Population besteht, an die herrschenden Umweltbedingungen optimal angepaßt ist oder nicht, spielt keine Rolle. Die Häufigkeit des Auftretens von Mutationen nimmt keineswegs ab, wenn das der Fall ist. Sie steigt ebensowenig an, wenn die Art neue Mutationen sozusagen dringend gebrauchen könnte, weil einschneidende Umweltänderungen eine beschleunigte genetische Anpassung wünschenswert machen.

Es ist leicht einzusehen, warum das – so zweckmäßig es zweifellos wäre – ganz unmöglich ist. Ein solcher Zusammenhang zwischen Bedarf und Mutationsrate (oder auch Mutationsrichtung) ist deshalb von vornherein ausgeschlossen, weil beide gänzlich verschiedene, in weit voneinander getrennten Bereichen der Natur wirkende Ursachen haben.

Biologisch bedeutsame Umweltänderungen bestehen zum Beispiel in einer langfristigen Klimaänderung. Diese kann astronomische Ursachen haben (etwa Schwankungen der Sonnenaktivität) oder auch geologische (Änderung der Strahlendurchlässigkeit der Atmosphäre durch Vulkanausbrüche) oder zivilisatorische Gründe (Urwaldrodung, CO_2-Anreicherung in der Atmosphäre). Sie kann eine Änderung der Vegetation und dadurch des Futterangebots bedeuten oder das Auftauchen eines neuen Konkurrenten, etwa infolge von Tierwanderungen, die ihrerseits wieder vielleicht klimatische oder geologische (Verschiebungen des Territoriums durch Gebirgsentstehung oder Überflutungen) Gründe haben.

Ganz anderer Art sind die Faktoren, die die Höhe der Mutationsrate (oder auch die Art der Mutation) bestimmen. Sie alle stammen aus dem atomaren, mikrokosmischen Bereich. In erster Linie handelt es sich bei ihnen um die physikochemischen Kräfte, von denen die Stabilität des Erbmoleküls an den verschiedenen Stellen seiner Struktur abhängt: um Bindungskräfte an der Oberfläche der verschiedenen Atome, aus denen es aufgebaut ist, oder um die physikochemische »Verträglichkeit« der Elektronenschalen benachbarter Kettenglieder. Von derartigen Faktoren hängt entscheidend ab, unter welchen Bedingungen das Erbmolekül an bestimmten Stellen eines seiner Glieder unter Umständen verlieren oder durch ein neues Glied ersetzen könnte.

Es bedarf keiner Begründung, warum diese Faktoren sämtlich unabhängig sind von den Umweltfaktoren, an die ein Organismus innerhalb bestimmter Grenzen angepaßt sein muß, wenn er überleben will. Die biologischen Erfordernisse einer bestimmten klimatischen Situation, eines bestimmten Jäger-Beute-Verhältnisses oder eines bestimmten Futterangebots liegen auf einer Ebene, von der aus keinerlei Verbindung besteht zu den physikalisch-chemischen Kräften, die über die Mutation eines RNS-Strangs entscheiden. Das eine hat mit dem anderen ursächlich nichts zu tun. Ein Zusammenhang ist nicht einmal theoretisch denkbar.

Daher ist eine Mutation nicht nur in dem Sinne »zufällig«, daß sie sich auf keine Weise vorhersagen läßt. Sie ist es auch insofern, als sie ohne jeden Zusammenhang mit den biologischen Bedürfnissen des Organismus erfolgt, dessen Erbgut sie verändert. Sie ist »blind« für die biologische Situation, über die sie mitentscheidet. Ist dieser Sachverhalt nun etwa nicht der Inbegriff von »Sinnlosigkeit«?

Aber auch hier hat die Natur wieder einen Ausweg gefunden, auf dem sich der Angelegenheit nachträglich doch noch ein Sinn abgewinnen läßt.[41] Das Genom (die Summe der Erbanlagen eines Organismus) ist zwar unbelehrbar, unfähig, aus der Umwelt Informationen zu beziehen und aus Fehlern mutativer Anpassung zu lernen. Daran läßt sich nichts ändern. Aus der Welt der Organismen gelangt keine Information in die Welt der Elementarteilchen. Aber die daraus resultierende Blindheit jeder einzelnen Mutation gegenüber der Situation des Organismus, an dessen Bauplan sie planlos herumspielt, hat immerhin auch einen Vorteil: Diese unvermeidliche Blindheit läßt die Art »offen« bleiben für noch gänzlich unvorhersehbare zukünftige Möglichkeiten.

Auf Seite 40 wurde schon gesagt, daß die Lernunfähigkeit des Genoms sich zum Beispiel darin äußert, daß bei den verschiedensten Arten immer wieder Albinos auftauchen: eine Mutation, die einem Hirsch, einer Amsel oder einer Maus unter normalen Umständen nichts als Nachteile einträgt. Unter den Bedingungen der freien Natur werden diese Varianten denn auch von der Umwelt sehr schnell wieder »ausgelesen«. Wenn sie ihrer Auffälligkeit wegen nicht ihren Feinden leichter zum Opfer fallen, dann sind sie womöglich in solchem Maße damit beschäftigt, sich in Sicherheit zu bringen, daß ihnen zur Aufzucht eigener Jungen nicht genügend Zeit bleibt. Nur dadurch aber könnte das neue, durch Mutation entstandene Gen »Albinismus« zum Dauerbesitz des Genpools der betreffenden Art werden.

Insofern ist es »sinnlos«, wenn der blinde Mechanismus der Mutation die gleiche albinotische Variante dennoch über Jahrmillionen hinweg immer wieder aufs neue produziert. Jedoch zeigt sich, daß die ohne alle Rücksicht auf die gegebenen Realitäten frei schweifende Phantasie des Mutationsprinzips, von der man hier sprechen könnte, unter ganz bestimmten Umständen für die Art plötzlich lebensrettend werden kann: dann nämlich, wenn sich die Umweltbedingungen so unvorhersehbar ändern, daß ein »sehender«, jeweils von den konkreten Erfordernissen der aktuellen Situation faszinierter Mutationsmechanismus von ihnen überrollt werden würde. In einer solchen Situation (und sie hat es allem Anschein nach in der Erdgeschichte fortwährend gegeben) kann ein Schuß ins Blaue plötzlich auch einmal zu einem Volltreffer werden, der einem sehenden Schützen niemals gelungen wäre, weil es gar keinen Anlaß zu geben schien, in eine Richtung zu zielen, die sich erst im nachhinein als die richtige erweisen sollte.

Eisbären, Schneehühner und Schneehasen verdanken ihre Existenz dieser Tatsachc (vgl. Anm. 15). Sie alle haben wir als die Nachkommen albinotischer Varianten anzusehen, die, blind und zufällig, in Epochen entstanden, in denen es ihre Population, aus welchen Gründen auch immer, in eine permanent schneebedeckte Umwelt verschlagen hatte: infolge der Verdrängung durch übermächtige Konkurrenten, durch großräumige Klimaänderung (Eiszeit) oder geologische Katastrophen.

Da erwies sich dann die sowohl sinnlos entstandene als auch nach ihrer Entstehung bis dahin stets sinnlos gebliebene Variante »Weiß« mit einem Male als überaus nützlich, als »sinnvoll im nachhinein«.

Dies Ergebnis – es ist für das Verständnis so wichtig, daß ich es noch einmal hervorheben möchte – war weder angezielt worden (das Genom kann nicht zielen: Mutationen erfolgen zufällig und ungerichtet!) noch vorhersehbar gewesen (Eiszeiten, geologische Katastrophen oder die Invasion überlegener Konkurrenten kündigen sich nicht vorher an). Vielleicht war der Treffer, das ist alles, was dazu gesagt werden soll, unter diesen Umständen allein als Folge gerade eines völlig ziellosen »Herumballerns« durch den Mutationsprozeß möglich geworden. Denn ein zum Zielen befähigter Schütze hätte, wie gesagt, die »richtige« Richtung womöglich planmäßig ausgespart, weil es dort noch gar nichts gab, worauf er in dem Augenblick, in dem er abdrückte, hätte zielen können.

Mit einer Eiszeit würde der Schütze unseres Beispiels vielleicht gerade noch zurechtkommen. Jedenfalls dann, wenn es stimmt, daß eine solche Kälteperiode sich wirklich allmählich im Verlaufe vieler Jahrtausende einstellt. (Es gibt bekanntlich Erklärungstheorien, die an sehr viel kürzere Zeitspannen denken lassen.) In den bei weitem meisten Fällen aber wäre es für den nach unserem Zeitmaßstab sehr langsam arbeitenden evolutiven Anpassungsprozeß aussichtslos, die sich in der biologischen Umwelt abspielenden Veränderungen einzuholen, wenn er wirklich auf sie reagierte, anstatt sie »auf gut Glück« vorwegzunehmen.

Darin steckt natürlich sofort das nächste Problem: die Frage, in welchem Umfang eine solche Vorwegnahme unvorhersehbarer Umweltänderungen durch Zufallsmutationen eigentlich möglich ist. Oder, anders formuliert, wie groß denn die Wahrscheinlichkeit ist, bei einem so grundsätzlich ziellosen Vorgehen noch in der Zukunft liegenden, unvorhersehbaren Anforderungen gerecht zu werden. Für viele Nichtbiologen, die der Evolutionstheorie kritisch gegenüberstehen, ist das eine rein rhetorische Frage. Sie sind davon überzeugt, daß sich die Darwinsche Erklärung spätestens an diesem Punkt endgültig festgefahren hat. Die Biologie hat aber auch auf diesen naheliegenden Einwand eine stichhaltige Antwort parat. Stellen wir sie einen Augenblick zurück. Zunächst noch einmal zu dem Verhältnis von Mutation und Selektion.

Es dürfte klargeworden sein, daß über den Wert einer Mutation immer erst nachträglich entschieden werden kann. Es ist ferner deutlich geworden, daß die Instanz, die darüber richtet, die Umwelt ist, in der sich der betreffende Organismus bewähren muß. Wir erinnern uns an die »geringfügigen individuellen Verschiedenheiten« zwischen verschiedenen Individuen, die Darwin als Ausgangspunkt seiner Erklärung postuliert hatte. Seinerzeit war noch nichts vom genetischen Code und von Mutationen bekannt. Heute wissen wir, daß es diese individuellen Verschiedenheiten tatsächlich gibt und daß sie auf Mutationen in den Keimzellen – und deren nachfolgende Durchmischung mit Hilfe der zweigeschlechtlichen Fortpflanzung – zurückzuführen sind.

Wie eine Mutation zu beurteilen ist, positiv oder negativ, das hängt, ganz im Sinne Darwins, davon ab, ob sie die Chancen des Individuums, zu den wenigen Mitgliedern der nächsten Elterngeneration zu gehören, vermehrt oder herabsetzt. Ob das der Fall sein wird oder nicht, läßt sich der Mutation selbst niemals ansehen. Darüber entscheiden erst die Konsequenzen, die sie für die »Umweltbewährung« des betroffenen

Organismus haben wird. (Ob ein albinotisches, weißes Fell eine positive oder negative Eigenschaft ist, ergibt sich erst, wenn der Besitzer eines solchen Fells oder Federkleids in eine Umwelt versetzt wird, in der sich die neu entstandene Eigenschaft, je nach den dort herrschenden Umständen, positiv oder negativ auswirkt.)

Der Wichtigkeit halber dazu noch ein weiteres Beispiel. Es erscheint, für sich betrachtet, zunächst als schlechthin sinnlos, wenn ein Lebewesen aufgrund einer bestimmten Mutation seinen Stoffwechsel so umstellt, daß es einen nennenswerten Teil der aufgenommenen Nahrung verpulvert zur Aufheizung seines Körpers über die Umgebungstemperatur hinaus. Tatsächlich hat sich eine in dieser Richtung wirkende Mutation auf der Erde denn auch in Hunderten und Aberhunderten von Jahrmillionen nicht durchsetzen können.

Während der ganzen langen Zeit, in der das irdische Leben ausschließlich im Wasser existierte, wurde jede solche Mutation, wurde jeder Ansatz zu einer Erbänderung in dieser Richtung, schon im Keim erstickt. In der Umwelt cines Ozeans ergibt die Aufheizung des eigenen Körpers keinerlei Nutzen. Hier herrschen schon wenige Meter unter der Meeresoberfläche jahraus, jahrein die gleichen konstanten Temperaturen. In dieser Welt überwiegen daher bei weitem die Nachteile, die sich daraus ergeben, daß ein Großteil der Nahrung für eine Funktion geopfert wird, die nichts einbringt.

Sobald diese Mutation also auftrat (und angesichts des weiteren Ablaufs haben wir allen Grund zu der Annahme, daß das infolge der Unbelehrbarkeit des mutationserzeugenden Mechanismus wiederholt vorkam), wurde sie daher durch »negative Selektion« alsbald wieder ausgeschieden. Das geschah vermutlich einfach in der Weise, daß die entsprechend mutierten Individuen wegen ihres erhöhten Nahrungsbedarfs all ihren kaltblütig gebliebenen Artgenossen gegenüber so sehr ins Hintertreffen gerieten, daß ihre Chance, die neue Erbvariante an Nachkommen weiterzugeben, drastisch reduziert war. Dieses Bewertungs- und Ausleseprinzip ist gemeint, wenn ein Biologe von der Auslese »durch die Umwelt« spricht.

Trotzdem wäre es nun falsch und ein Zeugnis mangelnden Verständnisses, wenn man eine zur Erhöhung der Körpertemperatur führende Mutation deshalb grundsätzlich für negativ hielte. Die Bewertung kann allein unter Einbeziehung der Umwelt getroffen werden. Tatsächlich hat sich die zunächst so unsinnig erscheinende »Verpulverung von Nahrung« zu einem sehr viel späteren Zeitpunkt der Erdgeschichte dann ja auch mit einem Male als sehr vorteilhaft erwiesen. Der Bewertungsmaßstab änderte sich in dem Augenblick, in dem sich die Umwelt, gänzlich unvorhersehbar, ebenfalls gewandelt hatte: als Konsequenz des allmählichen Übergriffs des Lebens auf das trockene Festland.

Die Mutation »Warmblütigkeit« scheint (aus Gründen, die wieder in der physikochemischen Struktur des Erbmoleküls zu suchen sind) relativ selten aufgetreten zu sein. Dies dürfen wir aus der Tatsache folgern, daß nach dem Auszug aus dem Wasser noch sehr viel Zeit verstrich, bevor sie sich in bestimmten Populationen auszubreiten begann. Schon vor etwa 400 Millionen Jahren wagten sich die ersten Tiere auf das Festland. Aber erst vor etwa 150 Millionen Jahren traten bei einigen Saurierarten die ersten Ansätze einer Erhöhung der Körpertemperatur auf.

Heute beherrschen die Erben der ursprünglich »unsinnigen« und daher auch fast eine Jahrmilliarde lang erfolglosen Mutation die Erde. Könnte man da nicht versucht sein, die unbelehrbare Blindheit des Mechanismus, der sie hervorbrachte, geradezu für einen glücklichen Umstand zu halten? Hätte ein zum Sammeln von Erfahrungen befähigter Entstehungsmechanismus nach einer so riesigen Zeitspanne mit ausschließlich negativen Ergebnissen auf die Wiederholung gerade dieser Mutation nicht etwa längst verzichtet, bevor das Leben sich den Bedingungen in der freien Luft anzupassen begann?

Denn hier, aber auch erst hier, brachte die gleiche Variante ihrem Besitzer nun mit einem Male Vorteile. Der Mehrverbrauch von Nahrung wurde jetzt mehr als wettgemacht durch den Gewinn, der sich daraus ergab, daß es dem so mutierten Organismus gelang, seine Aktivität unabhängig zu machen von den für das neue Milieu typischen Schwankungen der Außentemperatur. Die Kaltblüter, die die Erde bis dahin konkurrenzlos beherrscht hatten – wer dächte hier nicht an die 150 oder mehr Millionen Jahre uneingeschränkter Herrschaft der Saurier! –, sahen sich unversehens einem Konkurrenten gegenüber, dessen Agilität nicht mehr, wie die ihre, dem Rhythmus der Außentemperatur unterworfen war. Die Folgen sind bekannt. Die am meisten begünstigten Erben dieser »thermischen Emanzipation« sind wir selbst.

Man kann das Verhältnis von Mutation und Selektion folglich legitim mit dem zwischen einer knetbaren Materie und einer prägenden Form vergleichen. Die Mutationen sind es, die einer Art erst die Fähigkeit zu genetischer Anpassung (»Knetbarkeit«) verleihen. Gerade ihre Ziellosigkeit und Zufälligkeit bewirken dabei, daß die Anpassung in (fast) jeder beliebigen Richtung grundsätzlich möglich ist. (Das gilt natürlich nur *cum grano salis,* weil unter anderem auch der schon realisierte Bauplan der weiteren Entwicklung Grenzen setzt: Ein Pferd wird niemals zum flugfähigen Pegasus werden und der Mensch ganz sicher niemals mehr durch Kiemen atmen können.)

Der Vergleich trägt noch weiter. Zu viele Mutationen würden die Gestalten einer Art zu »weich« machen. Sie zerflössen, würden sich auflösen. Eine zu niedrige Mutationsrate dagegen ließe dieselben Gestalten so hart werden, daß ihre Formbarkeit aufgehoben wäre.

Und selbstverständlich gilt auch, daß Prägbarkeit allein noch keine hinreichende Ursache für die Entstehung von Gestalt ist. Zwar bildet sie eine unentbehrliche Voraussetzung. Zusätzlich jedoch bedarf es der prägenden Form. In dem gleichen Sinne sind Zufallsmutationen allein selbstverständlich außerstande, einen Organismus hervorzubringen. Sie sind die unabläßliche Voraussetzung dieser Möglichkeit. Diese jedoch kann erst durch den nach bestimmten Maßstäben selektierenden Eingriff der Umwelt realisiert werden. Niemand hat etwas anderes behauptet. Ob das einer der »Affenhorden-Argumentatoren« wohl jemals zur Kenntnis nehmen wird?

Ordnung kommt unter diesen Umständen in das Evolutionsspiel dadurch hinein, daß die Umwelt stets geordnete Strukturen enthält. Das gilt grundsätzlich, von allem Anfang an. Es gilt schon für die Entstehung von Galaxien, Planetensystemen und Sonnen aus dem Chaos der aus dem Urknall hervorgehenden Strahlungswolke. Auch diese kosmischen Gestalten konnten nur entstehen, weil konstante Naturgesetze und festliegende Strukturen des inneren Aufbaus der beteiligten Atome als ordnende Kräfte wirksam waren. Selbst hier also, dies sei am Rande hinzugefügt, greift der so häufig gehörte Einwand nicht, die Gesetze der Thermodynamik (das Prinzip der Entropie) ließen ausschließlich die Zerstörung von Ordnung zu, niemals dagegen ihre Entstehung.[42]

Die von den vielfältigen Strukturen der Umwelt stets repräsentierte Ordnung wirkt also als prägende Form, die auch der knetbaren Substanz des Mutationsangebots Gestalt verleiht. Die ungeheure Fülle und Vielfalt der Arten des irdischen Lebens spiegelt folglich die unvorstellbar große Zahl der Möglichkeiten wider, auf der Erdoberfläche immer neue »Umwelten« zu entdecken und für sich nutzbar zu machen:

immer neue, von allen bisherigen Konstellationen geringfügig abweichende Kombinationen äußerer Bedingungen, die noch von keinem anderen Konkurrenten »benutzt« werden.
Diesem Prinzip ist es zu verdanken, daß selbst die scheinbar so monotone, eigenschaftsarme Luft nicht nur Mücken, Schmetterlinge und Libellen, sondern Vögel und auch noch Fledermäuse neben unzähligen anderen Typen von »Fliegern« entstehen lassen konnte. Und bedenkt man noch, daß der Begriff der Umwelt selbstverständlich nicht auf die unbelebten Außenfaktoren beschränkt ist, sondern alle in der Umwelt eines Organismus existierenden anderen Lebewesen (einschließlich der Besonderheiten ihres Verhaltens!) einschließt, dann geht einem auf, daß die Evolution einen selbstverstärkenden Prozeß darstellt.
In dem gleichen Maße, in dem sie immer neue Formen und Gestalten hervorbrachte, vermehrte sie eben dadurch auch exponentiell die Komplexität der Umwelt und damit die Zahl zukünftiger Anpassungsmöglichkeiten. Die im Verlaufe der bisherigen Geschichte zu konstatierende Beschleunigung des Evolutionsablaufs dürfte in diesem Zusammenhang eine ihrer wesentlichen Erklärungen finden.
Wie eng das Zusammenspiel zwischen mutativer Plastizität und formender Umwelteinwirkung ist, zeigen schlaglichtartig bestimmte Sonderfälle, die daher noch kurz erwähnt seien. Es sind spezielle Anpassungsformen, die ihre Besonderheit ausnahmsweise dem *Verschwinden* einer ihrer Umwelt ursprünglich eignenden Qualität verdanken. Das bekannteste Beispiel bilden bestimmte Höhlenbewohner, die nicht nur erblindet sind, sondern deren Augen sich in manchen Fällen sogar mehr oder weniger vollständig wieder zurückgebildet haben (Grottenolm, manche Höhlenfische, Höhlenspinnen und -insekten). Da es sich bei ihnen ausnahmslos um Verwandte von Arten handelt, die normalerweise im Hellen leben und ausgezeichnet sehen, ist zu vermuten, daß diese Populationen vor etlichen Jahrzehntausenden durch geologische Ereignisse (Anstieg des Wasserspiegels, Erdrutsch) in dem lichtlosen Höhlenmilieu eingeschlossen wurden, in dem wir sie heute entdecken.
Bemerkenswert ist nun der Umstand, daß dieses Schicksal offenbar zum Verlust der Sehfähigkeit und sogar zur Rückbildung der Augen geführt hat. Wir müssen daraus wohl den Schluß ziehen, daß es nicht nur zur *Entstehung* neuer Erbeigenschaften der Umwelt bedarf, sondern daß ihre permanente Mitwirkung sogar noch zu deren *Erhaltung*

benötigt wird. Die genetische Bildbarkeit der Art fügt sich dem Einfluß der Umwelt auch dann noch, wenn diese eine der von ihr ursprünglich erhobenen Existenzbedingungen wieder streicht.
Wie hat man sich die Wirkungsweise der Auslese in einem solchen Fall eigentlich vorzustellen? Wenn das Selektionskonzept stimmt, müssen wir angesichts des genetischen Schicksals der Höhlentiere davon ausgehen, daß Augenlosigkeit oder Blindheit als neue Mutationen in einem lichtlosen Milieu offenbar irgendeinen *Vorteil* gegenüber normal sehenden Artgenossen verschaffen. Das klingt zunächst wenig einleuchtend. Worin könnte der Vorteil denn bestehen?
Die Biologen hatten von Anfang an vermutet, daß die Antwort wahrscheinlich vom Prinzip der Ökonomie in der Natur auszugehen habe. Der energetische Aufwand zum Betrieb eines Auges wird zur bloßen Belastung, wenn es für dieses Organ keine Aufgabe mehr gibt. Wer es fertigbringt, sich den nutzlos gewordenen Aufwand durch eine entsprechende Mutation vom Halse zu schaffen, lebt daher ökonomischer und effektiver als seine Konkurrenten. Auf Anhieb dürfte manchem auch diese konkretere Erläuterung noch immer etwas weit hergeholt scheinen. Daß sie nicht nur der Theorie der Selektionswirkung entspricht, sondern ganz offensichtlich auch richtig ist, wurde inzwischen durch ein hochinteressantes Experiment nachgewiesen, das die Evolutionsforscher mit einem primitiven Pilzorganismus durchführten.[43]
Im Unterschied zu den echten Pflanzen können Pilze keine der von ihnen benötigten Molekülbausteine mit Hilfe der Sonnenenergie, durch Photosynthese, aus einfachen Verbindungen selbst herstellen. Ihnen fehlt das dazu notwendige Blattgrün (Chlorophyll). Einen Großteil der benötigten Substanzen müssen sie vielmehr fertig aufnehmen. Als Quelle dienen meist abgestorbene Pflanzen oder Tiere, was Pilze zu typischen Fäulnisorganismen macht.
Diese Eigentümlichkeit bildete die Grundlage des Experiments. Die Wissenschaftler arbeiteten mit zwei Mutanten des gleichen Pilzstamms, die genetisch identisch waren, mit einer einzigen Ausnahme: Der eine Stamm war in der Lage, eine bestimmte Aminosäure selbst herzustellen, der andere mußte auch diese aus der Umwelt fertig beziehen, um überleben und sich vermehren zu können. Die angeborenen Fähigkeiten des ersten Stammes, nennen wir ihn Stamm A, waren also größer als die von Stamm B. Hinsichtlich einer für beide Rassen lebensnotwendigen Substanz war er im Unterschied zu seinem Konkurrenten autark.

Man sollte daher auch annehmen, daß er in der evolutiven Konkurrenz, im »Kampf ums Dasein«, seinem weniger begabten Mitbewerber B überlegen sein müßte. Unter natürlichen Umständen dürfte das auch mit hoher Wahrscheinlichkeit richtig sein. Typ A hat einfach größere Chancen, auf einen für sein Gedeihen geeigneten Boden zu geraten, als der Konkurrent B, der nur in einer Umwelt überleben kann, die noch eine zusätzliche Bedingung erfüllt, indem sie auch die Aminosäure anbietet, die B im Unterschied zu A nicht selbst zu produzieren in der Lage ist.

Die Experimentatoren ließen die beiden Rassen nun aber nicht »unter natürlichen Verhältnissen« gegeneinander antreten. Sie setzten sie vielmehr auf einen künstlichen Nährboden, der *alle* von ihnen benötigten Substanzen enthielt – einschließlich der Aminosäure, die A aufgrund seiner größeren synthetischen Fähigkeiten überhaupt nicht brauchte. Das Ergebnis des nur wenige Tage dauernden Experiments war eindeutig. In dieser kurzen Zeit hatte B seinen scheinbar überlegenen Konkurrenten A völlig aus dem Felde geschlagen. Die Oberfläche des Nährbodens war komplett von ihm zugewuchert worden, der Konkurrent A vollständig verdrängt.

Sooft man das Experiment auch wiederholte, es lief – unter den geschilderten Bedingungen – immer wieder auf das gleiche Ergebnis hinaus. Auf diesem Nährboden war B dem Konkurrenten A haushoch überlegen. Warum? Es gibt darauf nur eine Antwort: A zog den kürzeren, weil sein genetisches Programm ihn dazu zwang, Energie in eine Fähigkeit zu investieren, die in dieser speziellen Umwelt überflüssig war. Das genügte. Der uns so minimal vorkommende Unterschied zwischen den beiden Konkurrenten, der lediglich darin bestand, daß der eine einen winzigen Bruchteil der von ihm mit der Nahrung aufgenommenen Energie ohne Nutzeffekt zu verbrauchen gezwungen war, genügte der Selektion, ihren alles entscheidenden Hobel anzusetzen. (Diese, die nächstliegende, Hypothese schließt selbstverständlich die Möglichkeit nicht aus, daß an dem Resultat auch noch andere, vielleicht sogar wirksamere Effekte beteiligt sind.)

Die Parallele zu den Fischen, die ein geologischer Zufall in die ewige Dunkelheit eines Höhlendaseins verschlug, liegt auf der Hand. Ebenso die absolute Verflochtenheit, die vollkommene Korrespondenz von mutativer Anpassungsbereitschaft auf der einen und prägender Gestaltungskraft der Umwelt auf der anderen Seite, die dieses Beispiel mit besonderer Eindringlichkeit unterstreicht.

Diese Vollkommenheit der Entsprechung von Mutationsangebot als prägbarer Materie und Umweltselektion als prägender Form bildet den Hintergrund für den erstmals von Konrad Lorenz betonten Abbildungscharakter aller biologischen Anpassungen: Die Flosse des Fisches ist Abbild des Wassers in dem gleichen Sinne, in dem der Huf des Pferdes ein Abbild des Steppenbodens ist und die Greifhand des Affen ein Abbild des Geästs.[44] Der Fisch könnte nicht schwimmen, das Pferd nicht galoppieren und der Affe nicht klettern, wenn es nicht so wäre.

So wenig, wie wir etwas zu sehen imstande wären, wenn unser Auge nicht schon vor Jahrmillionen die von uns erst vor so kurzer Zeit mit großer Mühe analysierten optischen Eigenschaften der Erdatmosphäre und lichtbrechender Medien und schließlich auch noch die spektrale Zusammensetzung des Sonnenlichts »entdeckt« und in den Prinzipien seines Baus und seiner Funktionsweise »abgebildet« hätte – wenn es nicht, wie Goethe, den gleichen Gedanken ahnungsvoll vorwegnehmend, formulierte: »sonnenhaft« wäre.

Das alles ist über alle Maßen wunderbar und staunenswert. Aber es ist doch auch verständlich. Wir sollten auch die Tatsache getrost wunderbar und erstaunlich finden, daß wir, ohne irgendeinen Anspruch darauf, unbestreitbar in der Lage sind, diese Zusammenhänge zu entdecken und, wenigstens ein Stück weit, auch einzusehen. Wir sind während des hier Geschilderten sogar ausgekommen, ohne uns auf einen Plan oder ein Ziel des Evolutionsablaufs berufen zu müssen. Das dialektische Zusammenspiel von Mutation und Selektion hat alle unsere Fragen bisher ohne diesen Rückgriff auf von der Zukunft her wirkende (oder ein zukünftiges Ziel vorab wissende) Instanzen befriedigend beantwortet. Damit aber ist über die Frage, in welcher Beziehung die Evolution zu dem Prinzip steht, das wir »Geist« nennen, keineswegs entschieden. Wir dürfen sie nicht aussparen. Bevor sie sinnvoll zur Sprache kommen kann, muß aber noch einige Vorarbeit geleistet werden.

Zum Abschluß dieses Kapitels noch die bereits angekündigte Antwort auf die Frage, wie plausibel eigentlich die Voraussetzung der heutigen Evolutionstheorie ist, daß sich auch gänzlich unvorhersehbare, in einer noch offenen Zukunft gelegene Bedingungen der Anpassung durch Zufallsmutationen vorwegnehmen lassen. Die begründete Antwort lautet: Diese Voraussetzung ist ganz sicher nicht absolut erfüllt, aber offensichtlich doch in einem weit höheren Maße, als viele es für

möglich halten und als es unserem begrenzten Vorstellungsvermögen plausibel erscheinen mag.
Daß mutative Streuung »auf gut Glück« ganz sicher nicht in der Lage ist, alle im Schoße der Zukunft ruhenden Möglichkeiten vorwegzunehmen, entspricht unserer Erwartung. Sie findet ihre Bestätigung durch das Phänomen des Artentodes. Ammoniten und Säbelzahntiger, Wollnashorn, Mammut und unzählige andere Arten würden heute noch den Globus bevölkern, wenn es anders wäre.
Sie tun das nicht mehr, weil sie sich eines Tages neuen, auf welche Weise auch immer zustande gekommenen Umweltbedingungen gegenübersahen, auf die ihre Art keine Antwort mehr parat hatte, Konstellationen, denen gegenüber sich ihr Bauplan und das Repertoire ihrer Verhaltensprogramme als nicht mehr hinreichend angepaßt erwiesen, weil es dem mutationserzeugenden Mechanismus ihrer Art nicht gelungen war, auch die Erbvarianten durch Zufall zu produzieren, die in diesem Augenblick gebraucht wurden.
Da wir es intuitiv ohnehin als extrem unwahrscheinlich betrachten, daß sich Zukünftiges durch bloßen Zufall vorwegnehmen ließe, wundert es uns nicht, wenn wir erfahren, daß das Aussterben in der Evolutionsgeschichte ein außerordentlich häufiges Vorkommnis ist. Unter den Evolutionsforschern gilt es als Regel, daß keine Spezies beliebig lange zu überdauern vermag. Die Zahl der im Laufe der Erdgeschichte ausgestorbenen Arten ist ohne jeden Zweifel vielhundertfach größer als die der heute lebenden.
Das alles zu glauben haben wir keine Schwierigkeiten. Wir müssen aber auch die andere Seite der Medaille zur Kenntnis nehmen. Gänzlich ausgeschlossen ist die rein zufällig erfolgende Vorwegnahme zukünftiger Anforderungen keineswegs. Daß sie weitaus häufiger zu gelingen scheint, als es unserer Vorstellung von ihrer Wahrscheinlichkeit entspricht, ergibt sich aus der ebenfalls unbestreitbaren Langlebigkeit der meisten Arten. Ihre geologische Lebenserwartung liegt in der Größenordnung von Jahrmillionen. Über so lange Zeiträume hinweg ist die Annahme einer Konstanz der Umweltbedingungen nur noch in Ausnahmefällen eine ausreichende Erklärung.
Wir müssen hier auch noch etwas anderes in Rechnung stellen. Zwar sind zum Beispiel die Saurier von der Erdoberfläche verschwunden. »Ausgestorben« sind sie aber als Stammeslinie insofern eigentlich nicht, als sie sehr wohl heute noch lebende Nachkommen haben, unter anderem die Vögel. Hier ist eine Klasse also nicht durch Aussterben

verschwunden, sondern gerade durch einen zukunftsträchtigen Wandel, der jedenfalls einigen ihrer Arten das Weiterleben in einer neuen Gestalt ermöglichte. Derartige Fälle müßten wir also ebenfalls noch zu den gelungenen Zufallstreffern rechnen.

Wie sehr die Erfolgsquote des Mutationsprozesses unsere intuitiven Erwartungen tatsächlich übertrifft, wird schlagend durch ein ebenso geistreiches wie einfaches Experiment bewiesen, das der amerikanische Nobelpreisträger Joshua Lederberg erdachte. Er ging von der klinischen Erfahrung aus, daß krankheitserregende Bakterien gegen Antibiotika eine spezifische Resistenz entwickeln können. Der Vorgang läßt sich auch im bakteriologischen Laboratorium leicht beobachten. Wenn man einer Bakterienkultur ein für sie tödliches Gift zusetzt, etwa Streptomycin, sterben gewöhnlich alle Erreger ab.

Gelegentlich kommt es aber vor, daß anschließend an einer punktförmigen Stelle des vom Streptomycin leergefegten Nährbodens mit einem Male eine kleine Bakterienkolonie von neuem zu wachsen beginnt, bis sie schließlich, wenn man ihr Zeit dazu läßt, innerhalb weniger Tage den Boden der ganzen Kulturschale bedeckt. Es handelt sich um Nachkommen desselben Erregerstamms, die sich aber nun mit einem Male als resistent, sozusagen als immun gegen Streptomycin erweisen.

Das Ganze ist ein Schulbeispiel von Evolution im Laboratorium. Die Erklärung des Verlaufs besteht darin, daß sich unter den Hunderten von Millionen Bakterien, die auf dem Nährboden wuchsen, als das Antibiotikum hinzugefügt wurde, an einer einzigen Stelle ein einzelnes Bakterium befunden haben muß, das zufällig eine Mutation aufwies, die es gegen das Gift schützte. Das aber war natürlich eine Mutation, die in der durch eben dieses Gift veränderten Umwelt einen wahrhaft durchschlagenden Überlebensvorteil darstellte. Während alle seine Artgenossen abstarben, wurde dieses eine zufallsbegünstigte Bakterium zur Elternzelle sämtlicher von nun an durch Teilung entstehenden und den Nährboden neu besiedelnden Folgegenerationen. Sie alle werden von dem Gift in keiner Weise mehr behelligt, denn sie alle haben die Mutation von der einen gemeinsamen Ausgangszelle mitbekommen.

In diesem Falle hat also ein einziges Individuum den genetischen Wandel seines Stamms herbeigeführt. Die Frage ist nur, ob die Mutation, die es dazu befähigte und die seine Chancen über die aller seiner Artgenossen erhöhte, wirklich zufällig erfolgt war, wie die Theorie es verlangt. Ist es wirklich denkbar, daß die sehr spezifischen genetischen Veränderungen, die einem Bakterium Resistenz gegen ein ganz bestimmtes Antibiotikum verleihen, *zufällig* zustande kommen können? Muß man hier nicht auch an die Möglichkeit denken, daß die Zellen die Resistenz vielleicht erst durch den Kontakt mit dem Streptomycin »erlernt« haben könnten (so, wie wir eine spezifische Immunität als Folge und Reaktion auf den Kontakt mit einer bestimmten Virusart erwerben)?

Nun, ob denkbar oder nicht, Lederberg konnte beweisen, daß es sich bei seinem Experiment um eine Zufallsmutation handeln mußte. Er verdoppelte dazu seine Originalkolonie durch »Überstempelung«, also durch die Herstellung einer identischen Kopie vermittels eines Abdrucks auf einer zweiten Kulturschale. Dann erst gab er das Antibiotikum zur ersten Schale dazu und wartete, ob an irgendeiner Stelle eine Kolonie mit resistenten Mutanten auftauchte.

War das der Fall, dann kam die zweite Schale an die Reihe. Sie sollte ihm den Beweis liefern, nach dem er suchte. Und tatsächlich, wenn er ihr Bakterien an der Stelle entnahm, die genau den Abdruck des Orts darstellte, an dem sich in der ersten Schale die resistente Kolonie entwickelt hatte, erwiesen sich auch die hier entnommenen Zellen sämtlich als resistent. Die von beliebigen anderen Punkten der zweiten Schale stammenden Bakterien dagegen fielen jedesmal dem Streptomycin zum Opfer. Keine von ihnen »lernte« es je, mit dem Gift auf irgendeine Weise fertig zu werden.

Damit war bewiesen, daß an dieser einen Stelle von Anfang an ein Bakterium gesessen haben mußte, das durch eine Mutation schon vor dem ersten Kontakt mit dem Antibiotikum gegen dieses resistent geworden war. Das Experiment – das sich beliebig oft, mit den verschiedensten Bakterienarten und den unterschiedlichsten Antibiotika mit gleichem Ergebnis wiederholen läßt – belegt folglich die Tatsache, daß eine Mutation die noch in der Zukunft liegenden Bedingungen vorwegnehmen kann, die beim Kontakt mit dem im Augenblick der Mutation noch unbekannten Gift von der Zelle erfüllt werden müssen, wenn sie überleben will.

Es gelingt bei weitem nicht immer, auch das zeigt das Experiment. Aber es ist eben doch nicht so unmöglich, wie es uns immer scheinen will. Es gelingt in der Realität nicht einmal selten, wie durch die Tatsache bewiesen wird, daß die Ausbreitung resistenter Bakterienstämme für unsere Kliniken und Ärzte seit vielen Jahren zu einem

ernsten therapeutischen Problem geworden ist.
Man möchte wirklich ungläubig den Kopf schütteln, wenn man sich klarmacht, was das unter anderem bedeutet: daß auch vor Jahrtausenden schon bei den verschiedensten Bakterienarten immer wieder Mutationen aufgetaucht sein müssen, die eine Resistenz gegen Penicillin, Streptomycin oder eines der vielen anderen modernen Antibiotika verliehen hätten – wären sie damals schon vorhanden gewesen. Diese Mutationen gingen damals jedoch zweifellos rasch durch Selektion wieder verloren, da sie (noch!) »sinnlos« waren.
Ebenso sicher ist es, daß sich unter den astronomischen Zahlen von Mutationen, welche die gegenwärtigen Bakterienpopulationen in jedem Augenblick produzieren, heute schon einige befinden müssen, die eine Resistenz gegenüber Medikamenten vorwegnehmen, die es noch gar nicht gibt, die erst in ferner Zukunft, vielleicht in Jahrhunderten, von einer kommenden Medizin eventuell entwickelt werden.
Das alles ist schwer, für manchen wohl gar nicht mehr vorstellbar. Ich teile diese Ansicht. Wir dürfen nur nicht vergessen, daß die Frage, ob wir uns etwas vorstellen können oder nicht, gegenüber der Natur kein Argument darstellt. Es ist uns ja auch unmöglich, uns vorzustellen, daß das Weltall grenzenlos und dennoch nicht unendlich groß ist. Und trotzdem haben wir dieses Paradoxon leibhaftig vor Augen. Wir brauchen dazu nur den Kopf zu heben und in den Sternhimmel zu blicken.
Welche Anmaßung liegt doch in der stillschweigenden Annahme, daß alle Rätsel der Natur in den Horizont unseres Vorstellungsvermögens hineinpassen müssen.

9. Anmerkungen zu einem Horrorbegriff: Der »Kampf ums Dasein«

Darwin war, wie wir uns erinnern, bei seiner Erklärung vom Prinzip der Auslese unter Individuen mit ungleichen Überlebenschancen ausgegangen: Das Phänomen des Artenwandels ist die Folge davon, daß in jeder Generation die Individuen ausgewählt oder ausgelesen werden, deren körperliche Ausstattung und Verhaltensmöglichkeiten den Risiken, aber auch den Möglichkeiten ihrer Umwelt am besten entsprechen. Es überlebt somit das am besten angepaßte Individuum. Darwin nannte das *»the survival of the fittest«*. Die übliche deutsche Übersetzung lautet bekanntlich »das Überleben des Tüchtigsten«. Für die Konkurrenz selbst, im Rahmen derer die Auslese stattfindet, prägte Darwin das berühmt gewordene Schlagwort vom *»struggle for life«*. Im Deutschen wurde daraus der »Kampf ums Dasein«. Beide Formulierungen erwiesen sich in der Folge als mißverständliche Begriffe mit verheerenden Folgen.

Es ist ganz unvermeidbar, daß sich bei der sprachlichen Erfassung eines objektiven Sachverhalts sachfremde Bedeutungen einschleichen. Diese legen nur allzu leicht bestimmte Schlußfolgerungen nahe, die mit dem Sachverhalt selbst nichts zu tun haben, oder präjudizieren sie sogar. Die Tatsache ist so unabänderlich, daß wir sie eben ihres alltäglichen Charakters wegen in der Regel überhaupt nicht registrieren.

Einer der Gründe besteht in der anthropozentrischen Struktur unserer Sprache. Diese ist ja nicht auf den Zweck hin entworfen worden, uns die Möglichkeit zu einer sachlich-objektiven Beschreibung der Welt in die Hand zu geben. Sie ist vielmehr historisch gewachsen und dies im Dienste der Ausdrucksfähigkeit und des Mitteilungsbedürfnisses erlebender Subjekte. Infolge dieser Entstehungsgeschichte setzt der Sprachbau eine Perspektive voraus, die identisch ist mit der des erlebenden und sich sprachlich mitteilenden Subjekts.

So beschreiben wir die allabendlich zu beobachtende Verringerung des Abstands zwischen der Sonnenscheibe und dem westlichen Horizont deshalb mit den Worten »die Sonne geht unter«, weil die sprachliche Identifikation mit der Perspektive des Beobachters die Berücksichtigung der Möglichkeit einer Bewegung auch des Subjekts von vornherein ausschließt. In welchem Maße diese Besonderheit der sprachlichen Struktur unser Urteil präjudiziert, geht unter anderem daraus hervor, daß es einer geistigen Revolution bedurfte, um die Anerkennung des objektiven Sachverhalts gegen sie durchzusetzen. Und wie extrem konservativ derartige Sprachstrukturen sind, zeigt sich darin, daß wir uns derselben Redewendung noch heute mit der größten Unbefangenheit bedienen – 400 Jahre nach Kopernikus, sozusagen wider besseres Wissen.

Es gibt zahlreiche weitere Arten derartiger sprachlicher »Vorurteile«. Unsere Sprache ist unter anderem syntaktisch so gebaut, daß dem Subjekt eines Satzes in jedem Falle unterstellt wird, daß es etwas tue oder erleide (sofern der Satz sich nicht auf eine bloße Aussage über die Existenz des Subjekts beschränkt). Wir sagen etwa, daß ein Baum »rausche«, obwohl in Wirklichkeit der Wind seine Blätter bewegt. (Aber selbstverständlich ist auch diese Redewendung, die nunmehr »dem« Wind eine handelnde Rolle zuerkennt, ebenfalls schon wieder irreführend.)

Diese Anmerkungen sollen hier lediglich dazu dienen, ein gewisses, höchst angebrachtes Mißtrauen gegenüber der Annahme zu säen, konventionell sprachliche Beschreibungen ließen sich auch dann noch ohne Einschränkung wortwörtlich verstehen, wenn sie sich auf Sachverhalte außerhalb unseres alltäglichen Erfahrungsbereichs beziehen. Die Kluft zwischen den durch unsere Alltagssprache faßbaren Bedeutungen und dem Wesen des zu erfassenden Sachverhalts wird um so größer, je weiter der zu beschreibende Tatbestand von unserem unmittelbaren Erfahrungsbereich entfernt ist. Die Physiker waren deshalb bekanntlich schon vor langer Zeit gezwungen, eigens eine mathematische Kunstsprache zu entwickeln, um über die erst hinter dem Augenschein faßbare mikrokosmische Wirklichkeit überhaupt noch Aussagen machen zu können, die deren Natur entsprechen.

Sowohl die Redewendung vom »Überleben des Tüchtigsten« als auch der Begriff »Kampf ums Dasein« sind nun aber von einer wissenschaftsgläubigen Gesellschaft gerade in Deutschland mit konsequenter Gründlichkeit wortwörtlich aufgefaßt und auf gefährliche Weise mißverstanden worden. Das durch diese handlichen Sprachformeln scheinbar eindeutig definierte »natürliche« Gesetz allen Lebenserfolgs bot

sich im Verständnis vieler verführerisch auch als Rezept des Erfolges gesellschaftlichen und politischen Lebens an.
Wer aber das Wort vom »Überleben des Tüchtigsten« in diesem Sinne wortwörtlich nimmt und als eine für alles Leben, auch gesellschaftliches »Leben«, gültige Offenbarung der Natur mißversteht, ist im Handumdrehen beim »Recht« des Stärkeren.
Von da ist es dann nicht mehr weit bis zum Begriff des »lebensunwerten« Lebens, das eben darum kein Recht auf Leben mehr habe. Oder zu der Annahme grundsätzlicher Wertunterschiede zwischen menschlichen Rassen, Kulturen oder Nationen. Alle diese Interpretationen und Schlußfolgerungen liefern letztlich einen von der Natur scheinbar legitimierten Maßstab von »Werten«, in deren Umfeld sittliche Normen und moralische Schranken sich leicht als Ausdruck sentimentaler Realitätsfremdheit, wenn nicht gar als Ausdruck von Feigheit verleumden lassen.
Diese kurzen Andeutungen genügen, um daran zu erinnern, welche entsetzliche Rolle das sozialdarwinistische Mißverständnis vorübergehend in der politischen Geschichte unserer Gesellschaft gespielt hat. Es kann kein Zweifel daran bestehen, daß die unüberbietbaren Greuel und Unmenschlichkeiten der nazistischen Epoche auch in einer sozialdarwinistischen Interpretation des menschlichen Zusammenlebens eine ihrer geistigen Wurzeln hatten.
Genügt das nun etwa nicht, den »Darwinismus« als unmenschliche Irrlehre zu entlarven? Die Überzeugung, daß das so sei, sitzt bei vielen Menschen dermaßen tief, daß es erfahrungsgemäß schwer ist, sie mit Argumenten überhaupt noch zu erreichen, die ihnen klarmachen könnten, daß sie mit einer solchen verdammenden Schlußfolgerung abermals einem Vorurteil aufsitzen. Ich möchte daher, bevor ich auf die Argumente im einzelnen eingehe, versuchen, die Unzulässigkeit einer *moralisch* begründeten Ablehnung der Darwinschen Theorie mit einer historischen Parallele deutlich zu machen.
Eine solche Parallele stellt das Grauen der mittelalterlichen Hexenverfolgung dar. In ihrem Verlauf wurden in Westeuropa Hunderttausende Frauen und Mädchen auf bestialische Weise gefoltert und umgebracht, weil sie auf irgendeine Weise, meist durch anonyme Denunziation, in den Verdacht geraten waren, mit dem Teufel im Bunde zu stehen. Das Motiv der Verfolgung war also religiöser Natur.
Zwar unterstand die Durchführung von Prozeß und Hinrichtung der weltlichen Macht. Der »Hexenhammer« aber, der die Verfahrensre-

geln festlegte (und in dem unter anderem die Anwendung der »endlosen Folter« bis zum Geständnis empfohlen wurde), stammte von zwei Dominikanermönchen, legitimiert durch eine päpstliche Bulle aus dem Jahre 1484. In dieser hatte Papst Innozenz VIII. das Hexenunwesen mit feierlichem Nachdruck als eine real existierende und zu bekämpfende Gefahr verkündet.

Ähnliches gilt für die Ketzerverfolgung, der allein in den Niederlanden während der Regierungszeit Karls V. mehr als 50000 Menschen zum Opfer gefallen sein sollen. Auch hier – und in allen übrigen Ländern, in denen die Inquisition jahrhundertelang wütete – oblagen Prozeß, Folter und Hinrichtung weltlichen Rechtspflegern. Die aktive Aufspürung der Verdächtigen jedoch war Sache der Kirche. Schon 1215 hatte ein Konzil sie zu einer der wichtigsten bischöflichen Aufgaben erklärt, eine Anordnung, die erst im vergangenen Jahrhundert wieder aufgehoben wurde.

Ganz abgesehen davon, daß die von unserer eigenen Epoche zu verantwortenden Greuel uns das Recht nehmen, uns über diese historischen Fakten moralisch zu entrüsten, würde doch nur ein Übelwollender auf den Gedanken kommen, von diesen entsetzlichen Verirrungen auf das Wesen des Christentums selbst zu schließen. Das wäre nicht einmal dann zulässig, wenn feststünde, daß alle Beteiligten an einem Inquisitionsprozeß stets ausschließlich aus religiösen Motiven gehandelt hätten. Es ist sicher vorgekommen, daß Richter und vielleicht auch Henker nicht nur ehrlich davon überzeugt waren, einer kirchlich auferlegten Pflicht zu genügen, sondern sogar in dem Glauben handelten, das Beste auch für den Delinquenten zu tun, indem sie von dem vermeintlich einzigen Mittel Gebrauch machten, mit dem seine Seele vor ewiger Verdammnis bewahrt werden konnte.

Auch dann, wenn sie alle sich unter Berufung auf ihre christliche Überzeugung legitimiert oder sogar verpflichtet gefühlt haben sollten, würden wir ihre Haltung nicht als legitimen Ausdruck christlicher Religiosität ansehen. Auch dann bliebe sie für uns die Folge einer entsetzlichen Fehlinterpretation, einer Perversion dessen, was christliche Religiosität wirklich meint. Daran ändert selbst die Tatsache nichts, daß diese pervertierte Interpretation lange Zeit hindurch auch von kirchlichen Würdenträgern, einschließlich mehrerer Päpste, aus voller Überzeugung für die richtige gehalten worden ist.

Nicht anders vermag ich das Verhältnis zwischen den Verfechtern einer sozialdarwinistischen Interpretation menschlichen Zusammenlebens und dem zu sehen, was die auf Darwin zurückgehende Evolutionstheorie wirklich meint. Das Mißverständnis beginnt genaugenommen schon mit dem schiefen Wort »Darwinismus«. Termini mit dieser Endung pflegen wir gewöhnlich zur Kennzeichnung von Überzeugungen und Werthaltungen zu verwenden. Bei der Theorie Darwins handelt es sich aber um die Beschreibung eines objektiven Sachverhalts.

Mit der Unterscheidung ist kein Werturteil verbunden. Es geht um nichts anderes als um die klare Trennung gänzlich unterschiedlicher Kategorien. Wir reden ja auch nicht von »Kopernikanismus«, wenn es um die moderne Astronomie geht, oder von »Einsteinismus« im Falle der Relativitätstheorie.* Aber wie auch immer: Die Perversion des Sozialdarwinismus kann man der Evolutionslehre nicht anlasten, auch dann nicht, wenn es namhafte Naturwissenschaftler gegeben hat, die sie ebenfalls vertraten. Wenn jemand den Fehler begeht, aus einer naturwissenschaftlichen Theorie Maximen für zwischenmenschliche Beziehungen abzuleiten, dann trägt daran nicht die Theorie die Schuld.

Vor allem aber darf man das Wort vom »Kampf ums Dasein« eben nicht so wörtlich verstehen, wie die Sozialdarwinisten das tun. Die Redewendung bezieht sich auf den relativ komplizierten, von der Forschung noch immer keineswegs vollständig aufgeklärten Mechanismus der natürlichen Auslese. So weit, wie dieser von unserer alltäglichen Erfahrung entfernt ist, so weit entfernt ist auch die wörtliche Bedeutung der unserer Alltagssprache entnommenen Bezeichnung von dem, was gemeint ist.

Einen ersten Beleg für diese Behauptung liefert ein Hinweis von Konrad Lorenz auf das Schicksal des australischen Beutelwolfs.[45] Es zeigt, »daß die Konkurrenz eines Berufsgenossen tödlicher wirkt als die Anschläge des gefährlichsten Feindes«.

Das Ende des Beutelwolfs zeichnete sich ab, als die ersten Einwanderer den Haushund in Australien einführten, der alsbald in großer Zahl zum Dingo verwilderte. Die Nahrung dieses neu auf den Plan getretenen, in der Wildnis als räuberischer Fleischfresser existierenden Konkurrenten bestand aus kleineren Beuteltieren. Von diesen hat der Dingo bis heute nicht ein einziges ausgerottet! Zum Opfer fiel ihm dagegen der Beutelwolf.

Dies geschah aber nun nicht in der blutigen Weise, die der für

* Manfred Eigen benutzte dieses Argument vor einigen Jahren in einem Vortrag.

ausgemacht hält, der den »Kampf ums Dasein« wörtlich nimmt. In der Auseinandersetzung zwischen Dingo und Beutelwolf ist kein Tropfen Blut geflossen. Und trotzdem hat sie zur Ausrottung des Beutelwolfs geführt. Blut floß deshalb nicht, weil der Beutelwolf dem neuen Konkurrenten kämpferisch so haushoch überlegen war, daß der Dingo sich gehütet haben dürfte, ihn anzugreifen. Verloren war der Beutelwolf gleichwohl, weil das Geschick des Dingos als Jäger seine eigenen Fertigkeiten in solchem Maße übertraf, daß seine Chancen rasch schwanden.

Es ist nicht einmal anzunehmen, daß deshalb auch nur ein Beutelwolf verhungert wäre. Die Zusammenhänge dürften wesentlich verzwickter gewesen sein. Zu vermuten ist unter anderem, daß die Nahrungsbeschaffung sich für den Beutelwolf unter den neuen Umständen als so zeitraubend und mühsam erwies, daß sein Sexual- und Familienleben darüber zu kurz kam, mit der Folge, daß die Zahl seiner Nachkommen von Generation zu Generation abnahm. Das genügte vollauf.

Wie differenziert der Begriff des »Kampfs ums Dasein« in Wirklichkeit ist, geht besonders deutlich aus Beispielen hervor, bei denen individuelle Lebenserwartung und Selektionserfolg sogar negativ korreliert sind – ein Zusammenhang, der sich für das allzu grobe Verständnis eines Sozialdarwinisten geradezu paradox ausnehmen muß. Lorenz nennt in diesem Zusammenhang Fälle aus dem Bereich der sexuellen Zuchtwahl.

Bei zahlreichen Arten geht der eigentlichen Paarung eine längere Balz voraus, während derer der männliche Partner die Aufmerksamkeit eines weiblichen Mitglieds seiner Art auf sich zu ziehen sucht. Sehr häufig stehen dabei besondere optische Merkmale im Dienste des Balzerfolgs. Die Wissenschaftler sprechen von regelrechten »Balzorganen« in den Fällen, in denen aufwendige Merkmale entwickelt worden sind, die zu nichts anderem taugen als zum Balzen und die von dieser einen Funktion abgesehen dem Individuum nur Nachteile eintragen.

Dies gilt für das Geweih des Hirschs ebenso wie für die üppige Federkleidung eines Paradiesvogels oder den Schwanz eines Pfaus. Ein Hirsch wäre ohne Geweih als Individuum ganz sicher besser dran und ebenso ein Fasan ohne seinen aufwendigen Federschmuck. Beide würden ohne diese Zierde sicher leichter überleben. Aber, so wendet Lorenz mit Recht ein, sie hinterließen dann ganz sicher auch weniger oder gar keine Nachkommen, weil sie bei der Balzkonkurrenz durchfielen.

Allein auf die Zahl der Nachkommen aber kommt es an. Das kann man gar nicht oft genug wiederholen. (Nur dann kann ein erbliches Merkmal ja erhalten bleiben und sich in der Population womöglich sogar ausbreiten.) Letztlich entscheidet also der »Fortpflanzungserfolg« und nicht die unmittelbare Konfrontation mit einem Konkurrenten, jedenfalls nicht in dem Sinne eines tödlichen, einen der beiden Wettbewerber ausrottenden Kampfes. Die unmittelbare Konfrontation dient vielmehr, wo sie vorkommt, auch wieder nur der Entscheidung über die Fortpflanzungschancen.

Der Kampf der Konkurrenten, der über den Besitz eines bestimmten Weibchens entscheidet, ist bekanntlich aber, wie inzwischen jeder schon einmal gehört hat, ein ritualisierter »Komment-Kampf«. Die Natur hat sogar spezielle Verhaltensweisen (angeborene »Demutsgesten«) allein zu dem Zweck hervorgebracht, die Entscheidung bei solchen Auseinandersetzungen ohne tödliches Risiko zu ermöglichen. Dies möge doch bitte bedenken, wer den »Kampf ums Dasein« irrtümlich noch immer für einen Ausrottungskampf aller gegen alle hält.[46]

Wäre wirklich das die Methode, nach der die Natur ausliest, dann wäre die Erdoberfläche heute ein Horror-Zoo, angefüllt mit Monstren, die von Angriffswaffen strotzen, und fast bis zur Unbeweglichkeit gepanzerten Riesenechsen. Sie ist es nicht. Und die über Erfolg oder Nichterfolg entscheidenden Neuerungen bestehen eben auch nicht in der Entwicklung immer schärferer Zähne und Klauen oder immer dickerer Panzerschuppen, sondern in Fortschritten ganz anderer, sehr viel subtilerer Art.

Unbestreitbar hat die Evolution auch Krallen und Zähne hervorgebracht. Diese dienen aber, wie allzu häufig übersehen wird, eben nicht der Tötung des Artgenossen, sondern – neben der Verteidigung – dem Fangen und Töten der Beute. Ganz sicher geht es in der freien Natur weit weniger idyllisch zu, als wir es uns gern ausmalen. Aber haben gerade wir wirklich das Recht, der Natur Grausamkeit vorzuwerfen? Die tödliche Auseinandersetzung mit anderen Mitgliedern *der eigenen Art,* geführt in bewußter Vernichtungsabsicht, diese äußerste Brutalität leistet sich von allen Lebewesen auf diesem Planeten einzig und allein der Mensch.

So wenig es den vereinigten Bemühungen von Katzen und Raubvögeln bisher gelungen ist, das Aussterben der Mäuse herbeizuführen, so wenig hat die Fähigkeit, andere umzubringen (das angebliche Naturgesetz vom »Recht« des Stärkeren), etwas zu tun mit den Eigenschaften, die ein Lebewesen überlebenstüchtig im Sinne der Darwinschen Erklärung machen. Und bei der den Artenwandel bewirkenden Konkurrenz zwischen Mitgliedern der gleichen Art sind es meist gerade nicht die konkreten, direkten Auseinandersetzungen, die über den Ausgang des »Kampfs ums Dasein« entscheiden.

Im Regelfall sehen sich die Individuen nicht einmal, zwischen denen sich die evolutionäre Auseinandersetzung abspielt, also *der* »Kampf«, den Darwin meinte. Günther Osche gibt ein anschauliches Beispiel.[20] Er beschreibt eine Auseinandersetzung, in deren Verlauf zwischen zwei Wieseln darüber entschieden wird, welches der beiden Individuen das »tüchtigere« ist. Beide sind an einem Waldrand auf Beutesuche, in größerem Abstand, ohne einander zu bemerken, als hoch über ihnen am Himmel die Silhouette eines Habichts auftaucht.

Das eine Wiesel ist so vom Jagdeifer beherrscht, daß es die Gefahr nicht registriert. Das andere dagegen sichert trotz allen Jagdfiebers regelmäßig, bemerkt den Schatten am Himmel und versteckt sich. Wenn der Vogel daraufhin das erste, unvorsichtige Wiesel schlägt, so hat in dieser Episode der Kampf im wörtlichen Sinn zwischen dem Habicht und dem ersten Wiesel stattgefunden. Der »Kampf ums Dasein« aber wurde in dieser Szene zwischen den beiden Wieseln ausgetragen und entschieden, obwohl sie sich nicht einmal gesehen haben.

Über den Erfolg im Evolutionsablauf entscheiden nicht Waffen, sondern sehr viel feinere, zukunftsträchtigere Neuerungen. Etwa eine geschicktere Sicherungsstrategie wie im Wiesel-Beispiel. Oder ein neues Enzym, das es gestattet, auf eine neue, bisher von keinem Konkurrenten benutzte Nahrungsquelle auszuweichen. Oder eine andere, zunächst womöglich sinnlos erscheinende Mutation, die eines Tages durch einen Wechsel der Umweltkonstellationen nachträglich zur erfolgversprechenden Neuerung wird. Fälle dieser Art hatten wir am Beispiel des Albinismus und der Warmblütigkeit schon erörtert.

Überhaupt muß man sich einmal klarmachen, daß die aus der Evolution hervorgegangene riesige Zahl verschiedener Arten, von der Mücke bis zum Elefanten, vom Skorpion bis zum Adler, gerade das Resultat einer ausgesprochenen Konfliktvermeidungsstrategie ist. Wo immer sich die Möglichkeit bietet, eine neue »Nische« in der Umwelt zu besetzen, in der man von Konkurrenten einigermaßen unbehelligt existieren kann, beginnt der Selektionsdruck in Richtung auf eine Anpassung an eben diese Nische, diese neuartige Konstellation von Umweltbedingungen zu wirken.

Die Kreativität der Evolution ist also nicht die Folge durch permanenten, konkreten Kampf herbeigeführter Entscheidungen, sondern ganz im Gegenteil das Ergebnis der vorherrschenden Tendenz, dem Konkurrenzdruck und damit potentiellen Konflikten durch das Ausweichen in immer neue Anpassungsformen aus dem Wege zu gehen. Die unübersehbare Zahl der verschiedenen Tierarten, die heute die Erde erfüllen, läßt Rückschlüsse zu auf die Zahl der Fälle, in denen dieser Versuch erfolgreich verlief.

Es gibt, wie abschließend noch festgestellt sei, tatsächlich auch legitime Parallelen zwischen den sich in der Evolution abspielenden Prozessen einerseits und Abläufen im zivilisatorisch-kulturellen Bereich auf der anderen Seite. Das trifft vor allem auf bestimmte technische Entwicklungen zu. Die Analogien sind hier so konkret, daß sogar erfolgreiche Versuche unternommen werden konnten, technische Entwicklungsprobleme mit Hilfe von Strategien zu lösen, die der Evolution abgeguckt sind.[47]

Auch in diesen Fällen aber haben nun die Prozesse, welche die Einführung einer neuen Variante herbeiführen und einen Vorgängertyp »aussterben« lassen, nicht die geringste Ähnlichkeit mit jener Form der Auseinandersetzung, die der insofern höchst unglückliche Begriff vom »Kampf ums Dasein« zugegebenermaßen suggeriert.

Die Dampfschiffe haben im »Kampf ums Dasein« auf den Weltmeeren ohne Frage gesiegt. Sie haben den Großsegler »aussterben« lassen. Aber doch nicht in der Weise, daß sie ihn durch Rammstöße beseitigt hätten. Eine technische Innovation (»Mutation«), nämlich die Erfindung der Dampfmaschine, und die Nutzbarmachung der Kohle als Energiequelle ließen vielmehr einen neuen Schiffstyp entstehen, der von da ab bevorzugt »ausgelesen« (in Auftrag gegeben) wurde, weil er den Anforderungen des weltweiten Seehandels besser angepaßt war.

Wer weiß, ob damit schon das letzte Wort gesprochen ist. Vielleicht könnte eine weitere Änderung der Umweltbedingungen, etwa die völlige Erschöpfung fossiler Energiequellen, den Bewertungsmaßstab der »Auslese« abermals völlig umkrempeln. Vielleicht erleben wir dann doch noch eine Renaissance des vom Wind kostenlos angetriebenen Schiffstyps, der sich heute nur noch in speziellen Anpassungsformen, vor allem als Sportboot, hat behaupten können. Nicht einmal in der Technik also gibt es ausschließlich von vornherein festliegende, planmäßig anzusteuernde Ziele. Auch da entscheidet das Angebot der Umwelt.

10. Falsche Propheten

Es ist vollkommen unmöglich, sämtliche Einwände aufzuzählen, die heute von Außenstehenden noch immer gegen die Erklärungskraft der Evolutionstheorie angeführt werden. Die wichtigsten dürften zur Sprache gekommen sein. Mir ist nicht ein einziger von der Wissenschaft ernstgenommener Autor bekannt, der heute noch daran zweifelt, daß die Darwinsche Erklärung im Grundsatz richtig ist. Alle Entdeckungen seit den Tagen Darwins – und man bedenke nur das Ausmaß dieser Entdeckungen allein in den zu Darwins Zeiten noch völlig unbekannten Disziplinen Genetik und Molekularbiologie – haben sie immer aufs neue bestätigt und ihr nicht in einem einzigen Falle widersprochen.
Das heißt nicht, daß alle aus dem Phänomen der Evolution sich ergebenden Fragen heute schon beantwortet wären. Wie überall und grundsätzlich in der Wissenschaft gilt auch auf diesem Gebiet, daß die Forschung nicht abgeschlossen ist und wahrscheinlich auch in aller Zukunft nicht abzuschließen sein wird. Die Zahl der noch offenen Teilprobleme und Einzelfragen ist nach wie vor schier unübersehbar.
Selbst ohne aktuellen Hinweis auf eine solche Möglichkeit ist es ferner nicht prinzipiell auszuschließen, daß das Konzept der heute vorliegenden Evolutionstheorie eines Tages durch die Entdeckung eines neuen Evolutionsfaktors erweitert oder modifiziert wird. Auch bei diesem neuen Faktor aber könnte es sich wieder nur um ein objektives, naturwissenschaftlich faßbares Prinzip handeln. Und auch eine solche, im Augenblick völlig hypothetische Entdeckung würde die Evolutionstheorie in ihrer heutigen Fassung zwar weiter verbessern, aber nicht mehr widerlegen. So, wie auch Einsteins allgemeine Relativitätstheorie Newtons geniale Gravitationstheorie weiterentwickelt hat, ohne sie etwa ungültig werden zu lassen.
Es ist auch kein Widerspruch zu dem bisher Gesagten, wenn in der ganzen Welt zahlreiche Forscher all ihren Ehrgeiz daran setzen, bestimmte Einzelaspekte der Evolutionstheorie in Frage zu stellen, nach Widersprüchen zwischen einzelnen Aussagen zu suchen und nach Sachverhalten, die sich mit der Theorie in ihrer heutigen Form womög-

lich doch nicht vereinbaren lassen. Genau auf diese Weise vollzieht sich der Fortschritt der Wissenschaft.

Der berühmte Wissenschaftstheoretiker und Philosoph Karl R. Popper hat die Tendenz, die eigenen Resultate und Erkenntnisse ständig in Frage zu stellen und den Versuch zu machen, sie zu widerlegen, sogar als den eigentlichen Kern aller wissenschaftlichen Arbeit bezeichnet. Das mag einseitig und zugespitzt formuliert sein. Ein Wissenschaftler aber, der die ständige Bereitschaft zu selbstkritischem In-Frage-Stellen des bisher Gewußten aufgäbe, verlöre seine Kreativität und geriete in Gefahr, ideologischem Denken anheimzufallen.

Konrad Lorenz hat das gleiche Prinzip gelegentlich durch die Feststellung umschrieben, der gesundeste Frühsport für einen Wissenschaftler bestehe immer noch darin, jeden Morgen nach dem Frühstück eine Lieblingshypothese (versuchsweise) über Bord zu werfen. Die Empfehlung ist im Prinzip sicher richtig, als Rezept jedoch kaum allgemein praktizierbar. Denn um diese Art von Frühsport einigermaßen regelmäßig durchhalten zu können, bedarf es eben auch eines Ideenvorrats Lorenzschen Ausmaßes. Aber es ist klar, worauf die Pointe abzielt.

Die damit kurz skizzierte Situation in der Evolutionsforschung ist also keineswegs Ausdruck etwa noch bestehender Zweifel an der grundsätzlichen Richtigkeit des bisher Erreichten. Sie ist vielmehr charakteristisch für alle Wissenschaft. Absolute Wahrheit gibt es da in keinem Falle. Auch die am besten gesicherte Kenntnis behält immer den Charakter einer Theorie. Im günstigsten Falle eben den einer bewährten Theorie, der man weitgehend vertrauen kann.

Absolutes Vertrauen verdient in den Augen eines Wissenschaftlers keine einzige. Keine von ihnen darf jemals den Charakter eines jeglicher kritischen Überprüfung enthobenen Dogmas annehmen. Jede Theorie muß sich jederzeit durch neue Entdeckungen oder Einfälle überprüfen und gegebenenfalls korrigieren lassen. Das ist im Grunde leicht einzusehen. Denn nur durch die Erweiterung und »Überholung« der bis heute erarbeiteten Theorien und Erkenntnisse kann die Wissenschaft weiter fortschreiten und sich der – letztlich niemals vollständig erreichbaren – Wahrheit dieser Welt Schritt für Schritt weiter nähern.

Die Zahl der offenen Fragen, der zu weiterer geduldiger Suche einladenden Probleme ist also nach wie vor groß. Beherrscht von der Furcht, daß ein vollständiger »Sieg« der wissenschaftlichen Forschung jegliche Möglichkeit einer sich außerhalb der materiellen Ebene begründenden Sinngebung ausschließen könnte, klammern sich viele Menschen an diese ihnen tröstlich erscheinende Tatsache. Wer ernstlich damit rechnet, daß die Welt sich eines Tages rational restlos entschlüsseln lassen wird, der hat in der Tat allen Grund zur Furcht. Wer im stillen den Verdacht hegt, daß die Welt sich unter dem Zugriff der Wissenschaft einst als kausal lückenlos determiniert erweisen werde, muß dazu neigen, die Ergebnisse dieser Wissenschaft bereits abzulehnen, bevor er sie überhaupt kennt. Schon die bloße Möglichkeit eines solchen Endergebnisses wissenschaftlicher Forschung würde zu der Anerkennung auch der Möglichkeit zwingen, daß sich Begriffe wie Willensfreiheit, moralische Verantwortung oder auch der eines Sinns der Welt oder des eigenen Lebens als bloße Illusionen erweisen könnten.

Nun haben wir allerdings schon erste Gründe kennengelernt (weitere werden noch zur Sprache kommen), die dieser Aussicht widersprechen. Illusionär sind nicht die Möglichkeiten der Sinnfindung oder der Willensfreiheit (wenn umgekehrt auch wissenschaftlich nicht beweisbar). Illusionär ist in Wirklichkeit heute längst die Furcht vor der Möglichkeit ihrer wissenschaftlichen »Widerlegung«. Denn die Welt ist nicht kausal determiniert. Der Laplacesche Dämon ist endgültig abgesetzt. Der Alptraum ist in Wahrheit längst vorüber. Es hat sich, wie es scheint, bloß noch nicht genug herumgesprochen.

Von außen betrachtet ergibt sich damit eine eigentümlich paradox wirkende Situation. Die Philosophie ist es doch gewesen, die über die Jahrhunderte hinweg – neben anderen – die Möglichkeit einer mechanistisch, kausal-determiniert zu interpretierenden Welt diskutiert hat. Es blieb ihr, sozusagen, nichts anderes übrig, als auch dieses Weltmodell in ihrer Tradition zu bewahren. Philosophisch ließ sich der Fall nun einmal nicht entscheiden.

Nun ist zwar zuzugeben, daß sich das Selbstverständnis der Naturwissenschaft in einer jetzt mehrere Generationen zurückliegenden Epoche vorübergehend vor allem mit dieser einen Möglichkeit identifizierte. Im Verlaufe ihrer selbstkritischen Weiterarbeit hat aber diese selbe Wissenschaft inzwischen, und, wie es seit einigen Jahren scheint, ein für alle Male, nachweisen können, daß der Laplacesche Dämon bloß ein Gespenst war (s. S. 95). Trotzdem fürchten sich noch immer viele Menschen vor ihm. Und zwar, das ist das Paradoxe an der Sache, weil sie eine Beschäftigung mit den Argumenten der Naturwissenschaft aus Angst vor einer Möglichkeit ablehnen, die aufgrund eben dieser Argumente längst gegenstandslos geworden ist. Offenbar haben auch Naturwissenschaftler für die Sünden ihrer Väter bis ins dritte oder vierte Glied zu büßen.

In dieser ein wenig verworrenen Situation finden nun »religiöse« Propheten Gehör, die den Leuten einreden, daß es eine deutlich sichtbare, eine sozusagen mit Händen zu greifende Grenze gebe, an welcher der allen Sinn unter sich begrabende Fortschritt der Wissenschaft endgültig zum Halt kommen müsse. Im Verständnis dieser Propheten und ihrer Anhänger scheint es sich dabei um eine Grenze zu handeln, die die Welt säuberlich in zwei Hälften teilt: in eine Hälfte, die von der Naturwissenschaft mit Erfolg naturgesetzlich erklärt worden ist, und eine andere Hälfte, in die einzudringen der Naturwissenschaft für alle Zeiten unmöglich sein soll, weil es in ihr angeblich nicht mehr naturgesetzlich zugeht.

In der ersten Hälfte hat, vom Standpunkt der Sinnerfüllung aus gesehen, die Wissenschaft sozusagen nichts als verbrannte Erde hinterlassen. Sie ist der mechanistische (oder, wie es meist heißt: der »materialistische«) Teil der Welt, der Teil, den man im Verlaufe der Zeit trotz heftigen Widerstands aufgeben, den man der Wissenschaft anheimfallen lassen mußte. Auf der anderen Seite der Grenze aber kann man sich sicher fühlen. Dort regieren Gesetze, die sich der Wissenschaft für immer verschließen werden, weil sie nicht mehr natürlicher, sondern übernatürlicher Art sind. Das bloße Vorhandensein dieser zweiten Hälfte aber beweise, das ist die hinter der ganzen Argumentation steckende Verheißung, die Existenz nicht nur von Willensfreiheit, von Sinn und Ziel der Schöpfung, sondern letztlich sogar auch die Existenz Gottes.

So etwa ließe sich die bereits ausführlich beschriebene Position des Vitalismus und der ihm verwandten Anschauungen (vor allem die des »Kreationismus«[14]) zusammenfassen. Worin ihre theoretischen und logischen Mängel bestehen, wurde schon erörtert. Daß sie dem Selbstverständnis der modernen Wissenschaft um etwa 100 Jahre hinterherhinkt, ebenfalls. Trotzdem kann man diese geistige Richtung auch heute noch nicht mit einem Achselzucken übergehen. Denn sie findet in Laienkreisen noch immer ungebrochen Anklang und ihre Behauptung, Gott selbst beweisen zu können, stellt eine Versuchung dar, vor der nicht einmal kirchliche Kreise gefeit sind.[48]

Deshalb sollen hier die wichtigsten Gründe zusammengestellt werden, die belegen, daß die genannte Geistesrichtung, welche die Theologie

zu verteidigen glaubt, die Theologie in Wirklichkeit ruiniert. Mit den Gründen sind nicht die Ursachen gemeint, die zu derart ruinösen Konsequenzen führen. Sie liegen auf der Hand. Wenn die Voraussetzungen so mangelhaft sind, wie im Fall der vitalistischen Ideologie, dann können alle aus ihnen abgeleiteten Folgerungen ungeachtet aller womöglich angewandten Sorgfalt ebenfalls nur miserabel sein. Das braucht nicht extra bewiesen zu werden.
Ich will vielmehr versuchen zu zeigen, daß die vitalistischen Schlußfolgerungen, die vielen Menschen eben deshalb so anziehend erscheinen, weil sie durch sie ihren religiösen Glauben vermeintlich gestützt und bestätigt finden, in Wahrheit gerade aus religiösen Gründen abzulehnen sind. Im folgenden geht es also nicht mehr um eine wissenschaftliche Beweisführung, sondern um den Versuch, die Thesen der Vitalisten von einem religiösen Standpunkt aus kritisch zu überprüfen.
Wir müssen dabei mit der Grenze beginnen, von der soeben die Rede war. Der Glaube an ihre Existenz ist als das Axiom, die Grundlegung des Vitalismus anzusehen. Darin immerhin ist er dem Fundamentalismus einen Schritt voraus, daß er bereit ist, den unbelebten Teil der Welt der Wissenschaft zu überlassen. Die Gewißheit von hinreichend offenem Gelände (sprich: offenen Fragen) im Rücken, läßt er ungeachtet der Notwendigkeit ständigen Rückzugs nicht ab von seiner Überzeugung, in jener Hälfte der Welt zu stehen, die von übernatürlichen Gesetzen regiert wird und eben dadurch ihren Schöpfungscharakter unübersehbar offenbart.
Das ist der Angelpunkt. Der Entwurf übt nicht zuletzt deshalb auf viele Menschen eine starke Anziehungskraft aus, weil er einen kaschierten Gottesbeweis zu enthalten scheint. Eben der unübersehbare Schöpfungscharakter der von ihnen gleichsam besetzten Welthälfte ist in den Augen wohl der meisten Vitalisten zugleich auch ein handgreiflicher Beleg für die Existenz des Schöpfers.
Was ist dagegen nun vom religiösen Standpunkt aus einzuwenden? Zum ersten dies: Der Vitalist übersieht völlig, daß er den Gott, dessen er mit seiner Beweisführung in der belebten Hälfte der Natur habhaft zu werden hofft, mit derselben Methode aus der unbelebten Hälfte der Welt vertreibt. Er selbst also vollzieht in Wirklichkeit das, was er ursprünglich der Wissenschaft unterstellte, nämlich die Anerkennung einer »Hinauserklärbarkeit« Gottes aus dem Universum.
Da hilft kein Deuteln und kein Drumherumreden. Aus Gründen der Logik ist das eine ohne das andere nicht zu haben. Wenn ich die

Unerklärbarkeit in dem einen Falle unterstelle und zum Beweis göttlicher Anwesenheit erkläre, muß ich die Erklärbarkeit im anderen Falle als Kriterium der Abwesenheit Gottes gelten lassen. Je überzeugender mir die Existenz des Schöpfers angesichts der Unerklärbarkeit bestimmter Naturphänomene offenbar zu werden scheint, um so fester muß gleichzeitig meine Überzeugung werden, daß erklärbare Naturphänomene auch ohne Gott funktionieren – oder doch wenigstens in einer größeren Ferne von ihm.

Auf diese Weise vertreibt der Vitalist den Schöpfer des Universums aus unserer Alltagswelt in entlegene Schlupfwinkel. In den subatomaren Bereich der Kernpartikel, da deren Welle-Korpuskel-Zwitternatur (siehe S. 94) für uns unerklärlich ist. In submikroskopische Bereiche des Zellkerns, dorthin, wo der molekulare Codierungsmechanismus wirksam ist, den Wilder Smith für nicht mehr auf natürliche Weise erklärbar hält. Oder in die Nierenkanälchen, in denen sich jene Konzentrationsprozesse abspielen, die nach Ansicht von Wolfgang Kuhn den Naturgesetzen zuwiderlaufen.[31]

Das mag, der Deutlichkeit halber, zugespitzt formuliert sein. Falsch ist es nicht. Wenn ich behaupte, daß ich Gott in der (angeblichen) Unerklärbarkeit bestimmter Phänomene besonders nahe bin, kann ich den Umkehrschluß nicht zurückweisen, daß ich ihm dann besonders fern sein muß, wenn ich es mit mir verständlichen Phänomenen zu tun habe. Die Lebensentstehung erscheint im Lichte dieser Auffassung daher als Folge und Beweis göttlicher Schöpfung, die Entstehung des Sonnensystems dagegen nicht.

Der Vitalist übersieht, daß er mit der von ihm so hartnäckig propagierten Grenze eine zweifache Trennung vornimmt. Er zerlegt die Welt nicht nur in einen rational auflösbaren und einen überrationalen Bereich, sondern zugleich damit auch in eine Hälfte, die sich uns unübersehbar als göttliche Schöpfung darbietet, und eine andere, bei der das in dem gleichen Sinne offenbar nicht der Fall ist. Noch einmal: Wer die zuletzt genannte Konsequenz nicht akzeptieren will, muß die Beweiskraft der ersten Behauptung entsprechend zurücknehmen. Größere Nähe Gottes in dem einen Bereich ist unweigerlich gleichbedeutend mit seiner geringeren Nähe in dem anderen.

Die Welt des Vitalismus entpuppt sich bei näherer Betrachtung also als ein Kosmos, der nicht in allen seinen Teilen in gleichem Maße als göttliche Schöpfung wunderbar ist. Oder, anders herum: als eine Welt, in der es Phänomene gibt, die ihren Charakter als göttliche Schöpfung dadurch verraten, daß sie zu ihrer Existenz oder ihrer Funktion einer transzendentalen Hilfe bedürfen, und andere, die sozusagen auf Gott nicht (in dem gleichen Maße) angewiesen sind, weil sie aus sich selbst heraus funktionieren können. Es bedarf keiner näheren Begründung, warum eine solche Unterscheidung religiös inakzeptabel ist. Wenn Gott die Welt geschaffen hat, dann hat er die ganze Welt geschaffen, in allen ihren Teilen, in der gleichen göttlichen Weise, ohne Einschränkungen oder qualitative Unterschiede.

Aber es kommt noch schlimmer. Die Grenze, an welcher der Vitalist seine Weltanschauung aufhängt, ändert permanent ihren Verlauf. Sie unterliegt einem historischen Wanderungsprozeß. Der Erkenntniszuwachs der Naturwissenschaft bringt es mit sich, daß sie sich immer weiter in den Bereich des noch Unerklärten hinein verschiebt. Daraus ergäbe sich dann die Folgerung, daß der Einflußbereich des Schöpfers und Erhalters der Welt offenbar fortlaufend abnimmt. Eine wahrhaft groteske Folgerung.

Sie ist aber unabweislich. Der wissenschaftliche Fortschritt vergrößert die Zahl der Naturerscheinungen, die erklärbar sind, die also »ohne Gott funktionieren«. Aufs Ganze gesehen mag ihre Zunahme noch so winzig sein. Sie bleibt eine Tatsache. Daraus aber folgerte dann, daß der Einflußbereich des Schöpfers abhängig wäre vom jeweiligen Stand der Forschung etwa in der Biochemie oder in der Molekularbiologie oder in irgendeinem anderen naturwissenschaftlichen Fach.

Wenn das stimmte, dann wäre Gott also zu Lebzeiten Kants noch im Sonnensystem erkennbar gewesen, bis zur Entdeckung Wöhlers immerhin noch in der organischen Chemie, während unsere heutige Wissenschaft ihn bereits bis in den molekularen Mikrokosmos hinein vertrieben hätte. In dieser Weltanschauung, welche die Religion zu verteidigen vorgibt, wird Gott in Wirklichkeit also »zentimeterweise gemordet«, wie es ein englischer Philosoph treffend ausdrückte.[49]

Wenn die Voraussetzungen der vitalistischen These stimmten, wäre das der Fall. Glücklicherweise stimmen sie nicht. Warum sie wissenschaftlich und logisch unhaltbar sind, braucht nicht wiederholt zu werden. Hier geht es allein um den Nachweis, daß die Propheten, die sich der Kirche aus diesem Lager andienen, falsche Propheten sind, mit denen die Kirche sich in ihrem eigenen Interesse nicht einlassen sollte.

Mobil ist die Grenze zwischen dem vom Menschen Verstandenen und dem noch Unbegriffenen übrigens nicht nur im Rahmen der

Geschichte menschlicher Erkenntnis. Sie bewegt sich nicht erst seit den wenigen Jahrtausenden, seit denen es diese Geschichte gibt. Auf einer anderen Ebene ist sie schon seit unvergleichlich viel längerer Zeit in Bewegung.

Das Unerklärliche gab es von jeher in zweierlei Gestalt. Einmal als das noch nicht Durchschaute, als das, was, obwohl grundsätzlich begreifbar, noch nicht entdeckt war. Als Beispiel könnte das Verhältnis aller uns vorausgegangenen Generationen zur Rückseite des Mondes dienen oder auch die Verborgenheit des genetischen Codes bis zu seiner Entdeckung durch Crick und Watson im Jahre 1953.

Zum anderen existiert außerdem noch das grundsätzlich Unbegreifbare. Als beispielhaftes Symbol für diese Kategorie könnte der von Sternen erfüllte Weltraum dienen, dessen grenzenlose Endlichkeit oder endliche Grenzenlosigkeit uns aus ganz anderer Ursache paradox erscheint als aus einem Mangel an grundsätzlich beschaffbaren, lediglich noch nicht herbeigeschafften Informationen. Hier wird eine Grenze sichtbar, über die hinaus wir nichts zu begreifen in der Lage sind, weil hinter ihr Bereiche der Welt liegen, auf welche die Strukturen unserer Anschauung und unseres Verstandes nicht mehr passen.

Auch an *dieser* Grenze aber läßt sich das vitalistische Argument nicht zuverlässig befestigen. Denn sie bewegt sich ebenfalls. Nicht merklich in historischer Zeit. Aber können wir daran zweifeln, daß sie für den Neandertaler oder noch frühere Ahnen unseres Geschlechts an anderer Stelle verlief als für uns heutige? Läßt sich bezweifeln, daß der Bereich des grundsätzlich Unbegreiflichen in der Welt des Neandertalers größer gewesen sein muß als in der unseren? Und sollen wir deshalb nun etwa annehmen, Gott sei in dieser vergangenen Welt unserer Stammesahnen gegenwärtiger gewesen als heute?

Der Einwand gilt ebenso in umgekehrter Richtung, hinsichtlich der Zukunft. Da sich kein Grund für die Annahme finden läßt, daß die Evolution nach vier Milliarden Jahren gerade heute, nach der Hervorbringung des Menschen in seiner jetzigen Gestalt, zum Stillstand gekommen wäre, haben wir uns als die Neandertaler der Zukunft anzusehen. Sollen wir deshalb etwa für glaubhaft halten, daß unsere Nachfahren, die uns eines fernen Tages rückblickend so sehen werden, der Macht Gottes im Vergleich zu uns in dem Maße entwachsen sein werden, in dem ihre Gehirne die unseren an Leistungsfähigkeit übertreffen?

In Voraussetzungen, die zu solch absurden Folgerungen führen, muß ein Denkfehler stecken. Im vorliegenden Falle scheint er mir in einer verhüllten Variante des tief in uns allen sitzenden anthropozentrischen Vorurteils zu bestehen. Es ist uns angeboren. Daran können wir nichts ändern. Aber wir sollten von der uns ebenfalls angeborenen Möglichkeit Gebrauch machen, es selbstkritisch von Fall zu Fall zu überwinden, auch wenn das schwerfällt.

Es ist buchstäblich Blut geflossen, bevor es einigen kritischen Köpfen schließlich gelang, die Menschen von der Überzeugung zu befreien, der ganze Fixsternhimmel drehe sich um sie als die Mitte des Universums. Unsere Sprache gestattet uns die Beschreibung von Vorgängen allein in der Form von Aussagen über das Tun oder Erleiden von Subjekten, weil allein dies unserem eigenen Erleben entspricht, in dem sich die ganze Welt als perspektivisch auf den Erlebenden hin geordnet spiegelt.[50] Wir sprechen daher selbst einem Stein die Fähigkeit zu, »zerspringen zu können«, ohne die animistische Komponente dieser den Sachverhalt insofern verfälschenden Formulierung in der Regel überhaupt zu bemerken. Und auch der Widerstand gegen Darwins Entdeckung speist sich zu einem nicht geringen Teil aus dem verbreiteten Widerstreben, die Überzeugung von der grundsätzlichen Andersartigkeit des Menschen gegenüber allen anderen Formen irdischen Lebens fahrenzulassen.

In verschleierter Form hat dieses uns angeborene anthropozentrische Vorurteil nun auch in der vitalistischen These seinen Niederschlag gefunden. Denn die Grenze, auf die sie sich beruft, existiert in der objektiven Welt eben gar nicht. Sie ist definiert allein durch den Horizont, bis zu dem unser Verstand die Welt begreifen kann, und sie erweitert sich mit ihm im Ablauf der historischen und der stammesgeschichtlichen Zeit. Wer sich auf den trügerischen Boden der vitalistischen Position locken läßt, der fällt folglich auch nur wieder auf eine Projektion seines eigenen Geistes herein. Er hält für objektive Realität, was in Wahrheit sein eigenes Produkt ist.

Das heißt: Gegen die hier kritisierte Ideologie ist vor allem einzuwenden, daß sie, unreflektiert, ohne sich darüber Rechenschaft zu geben, den Menschen wieder einmal zum Maß aller Dinge macht. Daß sie, konkret, den Wirkungsbereich einer von ihr gleichwohl als »allmächtig« angesehenen Instanz an die Reichweite des eigenen Intelligenzquotienten koppelt. Daß sie, mit anderen Worten, also den Versuch darstellt, Gott nach dem Ebenbilde des Menschen zurechtzuschneidern. In der Tat: falsche Propheten, falsche Freunde der Kirche.

11. Evolution als Schöpfung

Es wird Zeit für den Versuch einer Zwischenbilanz. Wohin hat uns der bisherige Weg geführt? Wie sieht die Plattform aus, die wir erreicht und die wir als Ausgangsbasis für unser weiteres Vorgehen anzusehen haben?

In den bisherigen Kapiteln wurde das Bild der Welt skizziert, wie es die Naturwissenschaft bis heute aus der Fülle ihrer Beobachtungen und Feststellungen zusammengesetzt hat. Das konnte ungeachtet aller Ausführlichkeit selbstverständlich nur in den allergröbsten Umrissen geschehen, unter Beschränkung auf die für unsere Überlegungen wichtigsten Gesichtspunkte.

»In den allergröbsten Umrissen« – das heißt unter anderem auch, daß jemand, der noch einen Einwand gegen das hier skizzierte Weltbild in der Hand zu haben glaubt, der nicht zur Sprache kam, deshalb nicht schon annehmen darf, auf sein Bedenken gebe es keine Antwort. Wenn er mit Geduld und gutem Willen sucht, wird er die Antwort in einem der in den Anmerkungen zu diesem Zweck genannten Bücher schon finden. Hier ist einfach nicht der Platz für lückenlose Vollständigkeit.

Ich behaupte gleichzeitig, daß das hier skizzierte naturwissenschaftliche Weltbild richtig ist, daß es »stimmt«. Was heißt das? Daß es mit »der Wahrheit« über die Welt nicht identisch sein kann, wurde schon festgestellt. (Die Begründung wird in etwas anderem Zusammenhang noch nachgeliefert.) Daß es aber, andererseits, dieser Wahrheit näherkommt als alle anderen, vorangegangenen Entwürfe aus früheren Epochen der menschlichen Ideengeschichte, ist ebensowenig zweifelhaft.

Damit aber ist für unsere Überlegungen etwas Entscheidendes gesagt: Von diesem Weltbild, das die heutige Naturwissenschaft entworfen hat, führt kein Weg mehr zurück. Es ist unvollständig und vorläufig. Es bedarf der Weiterentwicklung durch unaufhörliche, kritische Überprüfung, die jedes seiner Details immer aufs neue in Frage stellt. Zukünftiger wissenschaftlicher Fortschritt wird es weiter und weiter hinter sich zurücklassen. Aber für alle Zukunft gilt auch, daß es nicht mehr insgesamt aufhebbar ist. Daß es niemals mehr einfach als »falsch« *in toto* verworfen werden kann.

Betrachten wir ein typisches Beispiel. Die Einsteinsche Entdeckung eines Zusammenhangs zwischen Raumgeometrie und Massenkonzentrationen hat uns eine völlig neue Theorie zum Verständnis des Wesens der Schwerkraft beschert: Vergleichsweise winzige Planeten laufen deshalb auf Kreisbahnen um vergleichsweise riesige Sonnen, weil diese mit ihrer Masse die Geometrie des sie umgebenden Raums so deformieren, daß die beobachteten planetaren Umlaufbahnen zu den kürzesten Wegen werden, denen ein Körper mit entsprechend geringerer Masse in einem auf diese Weise »gekrümmten« Raum folgen kann. Anders gesagt: Ein Planet folgt deshalb einer Kreisbahn um sein Zentralgestirn, weil diese unter den geschilderten Umständen einer »geodätischen« Linie entspricht, also der Linie, der ein bewegter Körper folgt, wenn er nicht durch äußeren Einfluß von seinem Trägheitskurs abgelenkt wird.

Das alles wäre nichts als bloße Spekulation, leistete diese Theorie nicht mehr als die klassische Gravitationstheorie Newtons. Sie erklärt alles, was Newton mit seiner Theorie auch erklären konnte. Aber sie erklärt darüber hinaus auch noch Phänomene, die im Licht der Newtonschen Lehre unverständlich geblieben waren: bestimmte Eigentümlichkeiten der Bahnbewegung des Merkur (dessen sogenannte Perihelbewegung), die Ablenkung des Lichts im Schwerefeld der Sonne (die aufgrund einer entsprechenden Vorhersage Einsteins überhaupt erst entdeckt wurde) und einige andere Erscheinungen.

Einstein hat Newton also zwar überholt und dessen Theorie hinter sich gelassen. Widerlegt aber hat er Newton nicht. Denn die Formeln, mit denen Newton die Bewegung der Planeten am Himmel erfaßte, gelten nach wie vor. Die Steuerungscomputer unserer Raumsonden werden mit ihrer Hilfe programmiert.

Das Verhältnis zwischen der Newtonschen und der Einsteinschen Theorie ist daher nicht das von »falsch« und »richtig«. Einsteins Erkenntnis hat die Situation eines Körpers in einem Schwerefeld lediglich präziser, unter Einschluß eines größeren Spielraums von Möglichkeiten (z.B. sehr großer Massenunterschiede, sehr hoher Geschwindigkeiten) erfaßt, als das Newton zu seiner Zeit möglich war. Einstein ist der »Wahrheit« des Kosmos damit ein Stückchen näher gekommen als irgendein Mensch vor ihm. Newtons Erklärung aber ist dadurch nicht falsch geworden. Sie wirkt im Licht der neuen Erkenntnis, rückblickend betrachtet, lediglich weniger umfassend, nicht in so weitem Rahmen gültig wie die neuere Erkenntnis. Sie ist durch wissenschaftlichen Fortschritt in die Rolle einer Theorie versetzt worden, die eine kleinere, speziellere Zahl von Phänomenen zu erklären vermag als das neuere Konzept.

Ähnlich verhält es sich nun in allen anderen Fällen naturwissenschaftlichen Fortschritts. Auf der Strecke bleiben lediglich die bloßen Spekulationen, die ad hoc erfundenen Hypothesen (von denen es natürlich auch in der Naturwissenschaft zu allen Zeiten gewimmelt hat). Jede Theorie aber, mit der es jemals gelungen ist, auch nur ein einziges, noch so winziges Beobachtungsdetail wirklich zu erklären, hat eben dadurch den Beweis erbracht, daß sie ein kleines Stückchen der Wirklichkeit richtig erfaßt hat. Das aber wird nachträglich durch keinen Fortschritt jemals wieder aufgehoben.

Die mythisch-animistischen Spekulationen, mit denen die Menschen der Steinzeit Vorgänge am nächtlichen Sternhimmel zu erklären versuchten, interessieren heute allenfalls noch einen Prähistoriker oder Psychologen. Mit dem Steinzeitobservatorium aber, das sie vor mehr als drei Jahrtausenden bei Stonehenge in England bauten, läßt sich die Wahrscheinlichkeit des Auftretens einer Mondfinsternis heute noch ermitteln: Die Periodizität des Umlaufs des sogenannten Mondknotens (des Schnittpunkts zwischen Sonnen- und Mondbahn am Himmel) und ihren Zusammenhang mit dem Erscheinen von Finsternissen hatten sie offensichtlich weitgehend richtig erkannt (wenn sie natürlich auch nicht die geringste Ahnung von den realen Vorgängen hatten, die dieser Periodizität zugrunde liegen).[51]

Wir sind nun, wie bereits erwähnt, nichts anderes als die Steinzeitmenschen einer Zukunft, die unser heutiges Wissen unvorstellbar weit hinter sich lassen wird. Wir haben daher allen Grund, unser heutiges naturwissenschaftliches Weltbild mit der dieser objektiven Situation angemessenen Bescheidenheit zu beurteilen. Trotzdem dürfen auch wir davon ausgehen, daß es keinem noch so unvorstellbaren wissenschaftlichen Fortschritt gelingen wird, die unserer Erkenntnisse wieder aufzuheben oder gegenstandslos werden zu lassen, die sich in Beobachtung und Experiment bewährt haben.

Deshalb eben gibt es von unserem heutigen naturwissenschaftlichen Weltbild kein Zurück. So lückenhaft es ohne allen Zweifel ist, so formuliert es doch gewissermaßen Minimalbedingungen, die unser

Denken und Spekulieren zu respektieren hat, wenn wir Wert darauf legen, daß es einen Sinn haben soll. So überwältigend unsere Ignoranz angesichts der Größe des Kosmos auch immer sein mag, dem wenigen, das wir wissen, dürfen wir geistig nicht zuwiderhandeln, wenn unser Denken nicht zu bloßem Aberglauben verkommen soll.

Das gilt auch für religiöse Aussagen. Es gilt ebenso für die sprachlichen Formulierungen und Bilder, mit denen Theologen den Gehalt der von ihnen vertretenen Religion Anhängern oder Außenstehenden verkünden, also verständlich machen wollen. Nichts gegen metaphorische oder mythologische Umschreibungen anders nicht aussagbarer Inhalte![52] Sobald derartige Umschreibungen aber wörtlich gemeint sind oder mißverstanden werden, transportieren sie nichts mehr als reinen Aberglauben.

Weil das so ist, sind auch theologische Aussagen dem Prüfstein ausgesetzt, den die vom heutigen naturwissenschaftlichen Weltbild formulierten Rahmenbedingungen für die Möglichkeit sinnvoller Aussagen darstellen. Ich habe nicht den geringsten Zweifel daran, daß die Krise, in der sich insbesondere die christlichen Kirchen heute nach Ansicht vieler ihrer Vertreter befinden, nicht zuletzt darauf beruht, daß sich eben diese Vertreter gegen diese Einsicht sträuben.

Da dieser Prüfstein gilt, halte ich auch die im ersten Kapitel bereits formulierten religionskritischen Einwände für stichhaltig. Sie ergeben sich zwingend aus dem von unserem naturwissenschaftlichen Weltbild gebildeten Rahmen. Daher sind die Einwände in dem gleichen Maße begründet, in dem es in den anschließenden Kapiteln möglich gewesen ist, die (relative) Gültigkeit dieses Weltbildes zu begründen. Deshalb ist zum Beispiel eine kritische Überprüfung des Begriffs »Krone der Schöpfung« zur Bestimmung der Rolle des Menschen im Kosmos durch die Kirche überfällig. Registriert eigentlich niemand in kirchlichen Kreisen, in welchem Maße diese und ähnliche Formulierungen Menschen heute ratlos machen?

Ein Kosmos, der endlich als historischer Prozeß erkannt ist, eine biologische Entwicklungsgeschichte, die (auf der Erde) seit mehreren Jahrmilliarden abläuft (und die gewiß nicht ausgerechnet in unserer Gegenwart abrupt zum Stillstand kommt) – wer den heutigen Menschen vor diesem Hintergrund noch als definitives Endergebnis oder Ziel aller bisherigen kosmischen Geschichte definieren will, der verstößt gegen die Realität in einem Maße, das zunehmend nur noch Verständnislosigkeit erwecken kann.

Man sage nicht, diese Behauptung gebe es nicht. Sie wird gegenwärtig, möglicherweise in einer Art intuitiver Vorsicht, vielleicht nicht mehr so unbefangen und ausdrücklich formuliert wie noch vor wenigen Jahrzehnten. Dennoch ist das christliche Verständnis von Mensch und Natur bis auf den heutigen Tag von der Überzeugung geprägt, daß sich der ganze Kosmos um den Menschen drehe und daß es darum erst recht in der Heilsgeschichte unter Ausschluß aller übrigen Kreatur einzig und allein um den Menschen gehe.
Wie tief diese Prägung sitzt, läßt sich beispielhaft den Veröffentlichungen von Teilhard de Chardin entnehmen. Ihm gebührt das gar nicht hoch genug anzuerkennende Verdienst, den zu seiner Zeit wahrhaft revolutionären Versuch unternommen zu haben, das Faktum der Evolution in das Gebäude des christlichen Glaubens einzubeziehen. Er ist dabei sehr weit gegangen. So weit, daß seine Kirche, die Revolutionäre nicht liebt, ihn lebenslang hart reglementiert hat.
Aber auch dieser in vielen anderen Dingen so unkonventionell denkende Mann hat in einem bezeichnenden Punkt an der überlieferten Tradition festgehalten: Auch für ihn steht der Mensch noch unverrückbar im Mittelpunkt des kosmischen Geschehens. Nie könne der Mensch, so heißt es bei Teilhard (und er meint damit die ganze Menschheit!), ein vorzeitiges Ende finden... wenn nicht zugleich auch das Universum an seiner Bestimmung scheitern solle. Alle Zukunftshoffnungen der Entwicklung, auch die der Kosmogenese, seien an das Schicksal der Menschheit geknüpft! (Vgl. Anm. 10)
100 Milliarden Galaxien von der Größe unseres Milchstraßensystems allein in dem von uns beobachtbaren Teil des Kosmos – und gleichwohl die Überzeugung, daß das Schicksal dieses Kosmos abhängt vom Lauf der Dinge auf diesem einen Planeten, unserer Erde! In diesem einen Punkt erweist sich auch dieser Revolutionär von seiner theologischen Erziehung irreversibel geprägt. In diesem Punkt ist sein Denken »noch zu sehr von den Falten des Priestergewandes behindert«, wie Giordano Bruno es im Hinblick auf sein großes geistiges Vorbild Nikolaus von Kues bedauernd feststellte. So tief sitzt das!
Man sage auch nicht, das sei ohne Bedeutung, ein Überbleibsel mittelalterlichen Weltverständnisses, das sich ohne nennenswerte Folgen eliminieren oder uminterpretieren lasse. Wie konkret bestimmte Konsequenzen dieses wahrhaft kosmische Dimensionen einnehmenden anthropozentrischen Mißverständnisses in Wahrheit sein dürften, ergibt sich ebenfalls aus dem schon angeführten Text Teilhards.

Der Autor behandelt in dem Kapitel, aus dem das Zitat stammt, den »Endzustand der Erde« und diskutiert verschiedene Möglichkeiten der zukünftigen weiteren Entwicklung. In diesem Zusammenhang zählt er auch die dieser Entwicklung drohenden Gefahren auf, neben der Möglichkeit einer kosmischen Katastrophe vor allem Kriege, Revolutionen und andere Formen menschlichen Versagens. »Auf viele Arten kann es zum Ende kommen«, stellt er fest, um dann aber beruhigend fortzufahren, daß alle diese Gefahren zwar theoretisch möglich, in Wahrheit jedoch ausgeschlossen seien, da wir »eines höheren Grundes wegen sicher sein (können), daß *sie sich nicht ereignen werden*« (Hervorhebung im Original!).

Und dann folgt die Erläuterung dieses »höheren Grundes« in Gestalt der bereits zitierten Argumente. Hier wird von Teilhard also so etwas wie eine Überlebensgarantie für die Menschheit ausgesprochen mit dem ausschließlichen, für durchschlagend gehaltenen Argument ihrer zentralen kosmischen Stellung!

Wer die Lage der Menschheit in der augenblicklichen Welt bedenkt, die sich wie unbeeinflußbare Naturgewalten aufschaukelnden emotionalen Spannungen zwischen den verschiedenen auf unserem Globus existierenden Ideologien und Kulturen einerseits und die sich unaufhaltsam auf immer zahlreichere Kontrahenten ausbreitende Fähigkeit zum atomaren und chemischen und biologischen »Overkill« andererseits, dem kann die Frage nicht gleichgültig sein, ob diese Menschheit noch die Fähigkeit aufbringen wird, ihre Verantwortung für das eigene Überleben zu erkennen oder nicht. Der wird dazu neigen, den Glauben an eine sich transzendental begründende Überlebensgarantie in dieser Situation für gefährlich zu halten, weil er dazu beitragen könnte, die eigene Verantwortung weiterhin zu verdrängen.

Damit soll keinem Theologen und schon gar nicht dem von mir verehrten Teilhard unterstellt werden, er wolle von dieser Verantwortung ablenken. Die Hinweise sollen lediglich meine Behauptung untermauern, daß sich der Wunsch nach einer Überprüfung der Bestimmung des Menschen als »Krone der Schöpfung« auf ein Problem bezieht, das mehr ist als lediglich eine akademisch-theologische Streitfrage. Und ganz gewiß sollte die Bereitschaft zu dieser Überprüfung nicht erst der Besorgnis vor konkreten Nachteilen entspringen, sondern vor allem dem Bedürfnis nach intellektueller Ehrlichkeit.

Die Hartnäckigkeit, mit der diese längst überfällige Korrektur eines noch auf ein mittelalterliches Weltbild zurückgehenden Mißverständnisses hinausgeschoben wird, ist nicht ganz leicht zu verstehen. Vielleicht ist sie einfach die Folge jahrhundertelanger Gewöhnung. Sie darf man nicht unterschätzen. Ich sehe jedenfalls nicht, an welcher Stelle der Abschied von einer objektiv als überholt erkannten Interpretation in diesem Falle religiöse Substanz gefährden könnte. Auch unsere Würde geriete dabei nicht in Gefahr. Sie läßt sich auch anders auf unbezweifelbare Weise begründen. Voraussichtlich würde die Neubesinnung uns allerdings zwingen, zumindest in den Vorhof dieser Würde alle andere belebte Kreatur ebenfalls einzubeziehen. Darin aber kann ich keinen Nachteil sehen.

Außerdem erscheint ein längeres Hinauszögern im Interesse der Kirche selbst nicht ratsam. Die Folgen sind schon heute nachweisbar, und sie sind um so beklagenswerter, als sie vermeidbar wären. 1972 ließ die evangelische Kirche vom Allensbacher Institut unter ihren Mitgliedern eine Meinungsumfrage durchführen, in der unter anderem nach den Gründen gefragt wurde, die heute das Glauben erschwerten. Unter den angebotenen Antworten entschieden sich die meisten der Gefragten für das Argument: »Die Naturwissenschaften erklären die Welt ganz anders als das Christentum.«

Zweifelt jemand daran, daß das Unbehagen, das hier zum Ausdruck kommt, seine Ursachen nicht zuletzt auch in der mangelhaften Bereitschaft der Kirche hat, sich von einem objektiv längst überholten mittelalterlichen Weltbild zu lösen? Wer, und sei es aus noch so großer Pietät, darauf beharrt, seine Botschaft in eine Sprache zu kleiden, die einer längst untergegangenen Welt angehört, darf sich nicht wundern, wenn der Verdacht aufkommt, auch der Inhalt der Botschaft selbst könnte von gestern sein.

Es ist niemand unter uns, den die Sprache eines Psalms oder eines alten Kirchenliedes nicht ergriffe. Aber soll es mit dieser Ergriffenheit heute wirklich schon sein Bewenden haben? Sie ist doch nicht mehr als ein schwacher Abglanz der Empfindungen, die jene Menschen erfüllt haben müssen, für die dieselben Texte nicht vor allem Bestandteil einer liebgewonnenen, verehrungswürdigen Überlieferung waren, sondern eine konkrete, aktuelle Aussage.

Warum wagen es die Theologen nicht, in die Glut zu blasen, die da unter der Asche einer archaischen Sprache schwelt, um neu zum Leben zu erwecken, was sich unter einer dicken Schicht historischer Ablagerungen auch heute noch durch seine Ausstrahlung bemerkbar macht? Warum nur immer diese ängstliche Abwehr allen derartigen Ansätzen und Versuchen gegenüber? Warum so viel Kleinmütigkeit bei denen, die doch davon überzeugt sind, im Besitz einer unantastbaren, endgültigen Wahrheit zu sein?[53]

Ganz am Rande hier noch ein weiterer Punkt: Wer der Versuchung nicht widerstehen kann, seine transzendentale Botschaft schlichten Gemütern ganz bewußt mit handgreiflich-faßlichen Formulierungen möglichst attraktiv herzurichten, erweckt bei weniger schlichten Gemütern unweigerlich den Verdacht, die eigentliche Substanz seiner Botschaft könnte womöglich von der gleichen, angreifbaren Qualität sein. Ich spiele damit auf die in vielen, vor allem katholischen Schriften bis heute nachzulesenden Schilderungen an, in denen dem gläubigen Christen nach seinem Tode zum Beispiel ein »Auferstehungsleib« konkret in Aussicht gestellt wird, der zum »Schweben« oder zur Telekinese und anderen übernatürlichen Leistungen fähig sein soll, die sämtlich in peinlicher Weise an die Verheißungskataloge erinnern, wie sie heute von gewissen okkulten Sekten als Köder unters Volk gestreut werden.

Über die Qualität derartiger Traktate braucht man nicht zu diskutieren. Sie werden wohl auch nicht von der Kirche selbst produziert, aber, schlimm genug, von ihr geduldet und gelegentlich sogar durch das Imprimatur kirchlicher Behörden gleichsam legitimiert.[54] Man könnte darüber verzweifeln und sähe es wahrhaftig lieber, wenn die Kirche derartige Machwerke auf den Index setzte, anstatt sie durch ihren Stempel noch zu autorisieren. Denn solange auch nur der Anschein aufrechterhalten bleibt, daß der von der Kirche verlangte Glaube das Für-wahr-Halten auch derartiger Behauptungen einschließt, werden alle die Menschen abgestoßen, die auf mehr hoffen als auf derart handgreifliche, abergläubische Angebote.

Bis zu diesem Punkt scheint der Schaden, der durch das hartnäckige Festhalten der Kirchen an einem objektiv längst überholten statischen Weltbild laufend verursacht wird, verhältnismäßig leicht behebbar. Er ist groß, bedauerlicherweise. Die Korrektur seiner Ursachen dürfte in den bisher genannten Fällen – die durch eine Reihe weiterer Beispiele leicht ergänzt werden könnten – aber ohne allzugroße Schwierigkeiten möglich sein.

Anders ist das, zugegebenermaßen, in dem letzten Fall, an den in diesem Zusammenhang noch einmal erinnert werden muß. Auch ihn habe ich im ersten Kapitel bereits diskutiert. Es handelt sich um das Problem der Christologie. Auf einer Erde, die in eine sich in kosmischem Rahmen abspielende Geschichte einbezogen ist, auf der das Leben in einer seit Jahrmilliarden ablaufenden Entwicklung seine Formen unaufhörlich abwandelt, kann das zu einem bestimmten, konkreten Zeitpunkt dieser Geschichte erfolgte Auftreten eines bestimmten Individuums nicht ohne Widerspruch als ein die Entwicklung insgesamt umfassendes Ereignis begriffen werden.

Konkreter und zugleich grundsätzlicher: Die Identifikation eines Gottessohnes mit dem Menschen in der Gestalt *einer* bestimmten von unzähligen vergangenen und zukünftigen Entwicklungsstufen läßt sich nicht als für alle diese verschiedenen Entwicklungsstufen in dem gleichen Sinne gültige Identifikation verstehen.

Sie ist ebenfalls aufzufassen als der Interpretationsversuch einer historischen Epoche, die von der Endgültigkeit und Unwandelbarkeit der menschlichen Konstitution in der Gestalt des *Homo sapiens* überzeugt war. Wir haben inzwischen gelernt, daß diese Voraussetzung nicht gegeben ist. Angesichts der stammesgeschichtlichen Entwicklung, die wir vor einem Jahrhundert entdeckt haben, bleibt uns daher die Frage nicht erspart, wie weit der Begriff der »Menschwerdung« angesichts der historischen Persönlichkeit Jesus unter diesen Umständen in der Zeit trägt. Schließt er den Neandertaler auch noch ein? Und den *Homo habilis?* Die gleiche Frage müssen wir angesichts der evolutiven Zukunft unseres Geschlechts stellen, welche die Möglichkeit von Nachfahren einer Konstitution einschließt, angesichts derer unser heutiger Begriff vom »Menschen« in ähnlichem Maße seinen Sinn verlieren dürfte.

Ich bin kein Theologe und werde mich daher vor der Anmaßung hüten, hier nun Überlegungen darüber anzustellen, welche konkreten Folgerungen sich aus dieser Situation für das kirchliche Christusbild ergeben könnten. Nur zwei Feststellungen noch zu diesem Punkt.

Die Kirche muß sich dem Problem stellen, wenn sie nicht hinnehmen will, daß die von so vielen, Anhängern wie Gegnern, unabhängig voneinander konstatierte Abnahme ihres Einflusses auf das Bewußtsein der Menschen – über die äußerlichen Anzeichen bloßer gesellschaftlicher Gewohnheit hinaus – weiter fortschreitet. Und: Die Wahrheit dessen, was mit der Formel von einer »Menschwerdung Gottes in der historischen Gestalt Jesus« gemeint ist, wird nicht angetastet durch den Versuch, sie aus einer sprachlichen Umhüllung zu lösen, die diese Wahrheit heute für uns mehr zu entstellen beginnt, anstatt sie zu bewahren, weil sie sich der Ausdrucksmittel einer Epoche bedient, die nicht mehr die unsere ist. Anders gesagt: Es geht gar nicht darum, die christliche Aussage in Zweifel zu ziehen, daß Jesus ein neues Verhältnis zwischen Gott und den Menschen gestiftet habe. Es geht lediglich um die Frage, ob es nicht sinnvoll sein könnte, darüber nachzudenken, wie sich diese Aussage in eine unserem heutigen Verständnis besser entsprechende Formulierung übersetzen ließe.

Eine letzte zusätzliche Bemerkung: Es ist angebracht, vor der Versuchung zu warnen, dem Problem durch semantische Scheinlösungen aus dem Wege zu gehen, sich ihm durch begriffliche Artistik zu entziehen. Die Tendenz dazu besteht vor allem in der evangelischen Kirche. Wenn Gott als »Chiffre des Seins« definiert wird oder die religiöse Wahrheit als »ein sich in der personalen Begegnung (mit Gott) existentiell realisierendes Phänomen«, das man von »andern Formen der Wahrheit« (etwa der der Naturwissenschaft) grundsätzlich zu unterscheiden habe, dann erspart man sich als Theologe zwar jede weitere Auseinandersetzung mit den Naturwissenschaftlern.[3, 4] Den glaubensbedürftigen Menschen aber, der vom Theologen ja eigentlich erfahren wollte, wie er sich das Wirken Gottes in einer Welt vorzustellen hat, deren Funktionieren ihm die Wissenschaftler mit rationalen Modellen zu erklären begonnen haben, läßt eine so konsequente Strategie der Konfliktvermeidung mit leeren Händen vor der Kirchentür stehen.

Angesichts derartiger Formen verbaler Ausweichversuche muß man modernen Religionskritikern wie zum Beispiel Hans Albert beipflichten, der hier von einer »Immunisierungsstrategie« spricht, die es vor allem darauf anlege, den Gottesbegriff so vollständig zu entleeren, daß er mit keiner möglichen Tatsache mehr kollidieren könne. Dabei wird in Kauf genommen, daß die Grenze zwischen dem Glauben an einen »lebendigen Gott« und einem gebildeten Atheismus immer mehr verschwimmt.[55]

Nun aber genug der naturwissenschaftlichen Theologenkritik. Ihr haftet immer ein etwas billiger Geruch an. Wer sie vorbringt, muß ferner ständig mit Beifall von der falschen Seite rechnen, die solche Kritik regelmäßig als Bestätigung ihres eigenen, atheistischen oder auch nur kirchenfeindlichen Standpunkts mißversteht. Trotz dieser Bedenken mußten die Einwände hier in aller Deutlichkeit vorgetragen werden. Denn ihr Verschweigen hätte nicht nur Zweifel an der Glaubwürdigkeit dessen begründet, was jetzt zur Sprache kommen soll. Eben diese Kritik schafft überhaupt erst den Raum für die anschließenden Überlegungen.

Angeschlossen werden sollen hier aber, unmittelbar und ganz bewußt noch innerhalb desselben Kapitels, Überlegungen, die zeigen, daß Naturwissenschaft der religiösen Aussage nicht nur einschränkende Grenzen setzt. Auch das Gegenteil ist möglich. Diese Tatsache erfährt natürlich niemals, wer um die naturwissenschaftliche Argumentation einen großen Bogen macht aus Sorge davor, daß eine nähere Bekanntschaft mit ihr die Festigkeit seines Glaubens gefährden könnte.
Die Angst vor dieser Möglichkeit ist nicht nur in sich widersprüchlich. (Welchen Wert könnte ein Glaube schon haben, dessen Festigkeit nach eigenem Eingeständnis letztlich auf der systematischen Weigerung beruht, eine bestimmte Kategorie von Argumenten zur Kenntnis zu nehmen?) Sie hindert vor allem daran, die Aspekte der heutigen Naturwissenschaft zu entdecken, die der religiösen Aussage nicht Grenzen setzen, sondern ihr völlig neue Horizonte der Interpretation erschließen.
Davon soll jetzt die Rede sein. Von Beispielen also für eine positive Auswirkung naturwissenschaftlicher Einsichten auf die religiöse Interpretation der Welt und des Menschen. Davon, daß zwischen beiden Disziplinen menschlichen Denkens, die so lange ausschließlich im Widerspruch zueinander gesehen worden sind, auch ein Verhältnis denkbar ist, das über bloße Verträglichkeit noch weit hinausgeht, indem es sich als Verhältnis gegenseitiger Bestätigung, ja sogar wechselseitiger Verstärkung erweist.
Das kann hier zunächst nur in der Form eines rein spekulativen Entwurfs geschehen. Die sich aus dem naturwissenschaftlichen Weltbild ergebenden Argumente, die ihn plausibel erscheinen lassen, sollen dann – im zweiten Teil des Buches – nachgeliefert werden. Bei der Erörterung der religionskritischen Einwände, der naturwissenschaftlichen Argumente, die religiösen Aussagen bestimmte Rahmenbedingungen auferlegen, sind wir nicht anders vorgegangen. Sie wurden ebenfalls, im ersten Kapitel dieses Teils, zunächst beispielhaft zusammengestellt und dann erst im einzelnen naturwissenschaftlich begründet. Diese Reihenfolge soll jetzt auch für die Beispiele gelten, die sich auf ganz andere, nämlich das religiöse Verständnis von Mensch und Welt erweiternde Konsequenzen naturwissenschaftlicher Einsichten beziehen.
Im Mittelpunkt aller Überlegungen, die sich aus dieser anderen Perspektive anbieten, scheint mir heute die Möglichkeit zu stehen, die Evolution als den Augenblick der Schöpfung zu begreifen. Das ist ganz

wortwörtlich gemeint. Ich halte es für sinnvoll, ernstlich darüber nachzudenken, ob es sich bei dem Prozeß, der sich unseren unvollkommenen Gehirnen als der so quälend langwierig sich hinziehende Prozeß der kosmischen und biologischen Entwicklung präsentiert, in Wahrheit nicht um den Augenblick der Schöpfung handeln könnte.

Ein Naturwissenschaftler sähe keinen Anlaß, gegen diese Möglichkeit Einwände zu erheben. Denn »Zeit« ist, untrennbar mit dem Raum dieses Universums verknüpft, für ihn zusammen mit Energie, Materie und Naturgesetzen zugleich bei jenem etwa 13 Milliarden Jahre zurückliegenden Ereignis entstanden, das man als »Urknall« zu bezeichnen sich angewöhnt hat. »Zeit« ist für einen Naturwissenschaftler daher neben Energie, materieerfüllter Räumlichkeit und bestimmten Naturkonstanten (den Massen der Elementarteilchen, der Gravitationskonstante, der Lichtgeschwindigkeit u. a.) eine Eigenschaft dieser Welt.

Sie ist in dem unsere naive Vorstellung auf so seltsame Weise überschreitenden modernen naturwissenschaftlichen Weltbild also an die Existenz dieser Welt gebunden und ohne sie nicht vorhanden. Sie ist keine die Welt insgesamt umgreifende, sie gleichsam »von außen« bestimmende oder enthaltende Kategorie.

Wenn es ein solches »Außen« gibt, wäre es daher erlaubt, sich dieses als in Zeitlosigkeit existierend zu denken. Ich setze dieses »Außen« hier ohne jede weitere Begründung einmal voraus, weil ohne die Annahme eines »Jenseits« gegenüber der Welt, ohne Transzendenz, alles Reden über religiöse Fragen gegenstandslos wird. Von diesem in Zeitlosigkeit existierenden Jenseits aus aber wären die in unserer Welt zeitlich aufeinanderfolgenden Ereignisse nicht notwendig auf irgendeine Weise voneinander getrennt.

Das alles sind selbstverständlich keine naturwissenschaftlichen Aussagen mehr. Es sind vielmehr Aussagen, die von einem strikt positivistischen Standpunkt aus weder richtig noch falsch, sondern einfach »sinnlos« sind. Unter welchen Gesichtspunkten es dennoch sinnvoll erscheinen kann, sie zu machen, wird, wie wiederholt angekündigt, noch zur Sprache kommen.

Hier sei nur vermerkt, daß es sich jedenfalls um Aussagen handelt, die *nicht* in Widerspruch stehen zu irgendeinem Teil des modernen naturwissenschaftlichen Weltbildes. Das wäre schon nicht wenig. Aber darüber hinaus sind sie noch allein als Resultat naturwissenschaftlicher Arbeit denkbar. Hier haben wir also das erste Beispiel eines Falles, in

dem eine naturwissenschaftliche Einsicht dem religiösen Verständnis einen völlig neuen Weg der Deutung öffnet.
Frühere Epochen haben die Geheimnisse von Schöpfung, Jenseits und der eigenen, vergänglichen Existenz wie selbstverständlich mit der Sprache und in den Bildern zu erfassen versucht, die ihnen vertraut waren als die Ausdrucksformen ihrer Zeit und ihres Weltverständnisses. Steht uns das gleiche Recht etwa nicht zu? Müssen wir nicht von ihm Gebrauch machen, wenn wir nicht in eine Rolle geraten wollen, in der wir uns mehr und mehr nur noch darauf beschränkt sähen, Interpretationen und Sinndeutungen früherer Generationen, die uns immer ferner rücken, in der Art ehrfürchtiger Museumswächter zu bewahren und auch dann noch weiterzugeben, wenn wir sie schließlich gar nicht mehr verstehen?
Darum glaube ich, daß die Evolution identisch ist mit dem Augenblick der Schöpfung. Daß kosmische und biologische Evolution die Projektionen des Schöpfungsereignisses in unseren Gehirnen sind. Daß die Entwicklungsgeschichte der unbelebten und der belebten Natur die Form ist, in der wir »von innen« die Schöpfung miterleben, die »von außen«, aus transzendentaler Perspektive, in Wahrheit also, der Akt eines Augenblicks ist.
Naturwissenschaftler werden dieser Deutung nicht widersprechen. Mehr noch: Sie allein waren in der Lage, die Voraussetzungen zu schaffen, die eine solche Deutung überhaupt erst ermöglichen. Die Theologen sollten sich dafür interessieren. Denn wie von selbst bieten sich vor dem Hintergrund dieses Entwurfs Antworten auf einige Fragen an, die im Rahmen des bisherigen Verständnisses offengeblieben waren.
Dazu gehört, um damit zu beginnen, das alte Problem der Theodizee, der »Rechtfertigung Gottes«. Wie läßt es sich erklären, wie kann, schärfer und von der Position des Gegners aus formuliert, Gott dafür entschuldigt werden, daß er eine Welt geschaffen hat, die von allem Anfang an erfüllt ist mit Leiden jeder nur denkbaren Art – Schmerzen und Angst und Krankheit? Wie kommt das Böse in die Welt, wenn diese Welt die Schöpfung Gottes ist? Seit den Tagen des Hiob muß jeder gläubige Mensch mit der Frage fertig werden, wie die Unvollkommenheit der Welt mit der Allmacht Gottes in Einklang zu bringen ist.
Der Widerspruch verliert an Schärfe, sobald wir die Möglichkeit bedenken, daß die Welt, die wir erleben, eine »Schöpfung *in nascendo*«

sein könnte. Nicht das fertige, von seiten Gottes abgeschlossene und von ihm gleichsam entlassene Schöpfungsprodukt. Daß die unleugbare Unvollkommenheit und Mangelhaftigkeit der Welt also vielleicht damit zusammenhängt, daß sie einer noch nicht vollendeten Schöpfung entspringt. Woraus der gläubige Mensch, für den die Transzendenz, das »Jenseits«, eine Realität ist, immerhin auch hier schon den Trost ziehen könnte, daß diese Unvollkommenheit sich insofern als eine Illusion herausstellen wird, als sie ein zeitlich begrenztes Phänomen und damit im Licht der transzendentalen Wahrheit nicht real ist.

Wenn wir davon ausgehen, daß Evolution mit dem Schöpfungsakt identisch ist, ergeben sich ferner neue Ansätze zu einer Erweiterung des Verständnisses menschlicher Existenz. Wenn Evolution nichts anderes ist als der uns faßbare Anblick einer sich vollziehenden Schöpfung, dann können wir zu der Einsicht kommen, daß uns offenbar die Ehre einer aktiven Beteiligung am Vollzug dieser Schöpfung zuteil wird. Denn seit unser Geschlecht zum Bewußtsein erwachte, sind wir in zunehmendem Maße für den Ablauf der Dinge in dem uns zugänglichen Teil der Welt ursächlich mitverantwortlich.

Daraus aber lassen sich nun bestimmte ethische Grundsätze für menschliches Verhalten ableiten, die alle bisherigen sittlichen Gebote einschließen, sie in einigen wichtigen Punkten aber sogar noch ergänzen (Merkmale einer Hypothese, die jeden Naturwissenschaftler, die aber auch einen Theologen erfreuen könnten). Wenn menschliches Handeln weltliche Abläufe zu beeinflussen vermag, die als Abläufe im Rahmen einer sich vollendenden Schöpfung anzusehen sind, dann ist dieses Handeln von vornherein einem unbefragbaren Wertmaßstab unterworfen: Es muß sich in jedem Augenblick an der Frage messen lassen, ob es dem der Vollendung der Welt zustrebenden Ablauf der Dinge im Wege steht oder zu ihm beiträgt.

Ob es also, um den einfachsten Fall zu nehmen, zur Verminderung von Schmerz, Angst und Krankheit beiträgt oder nicht. Aber auch: ob es – eben wegen der grundlegenden moralischen Bedeutung des Zusammenhangs zwischen eigenem Handeln und dem Schicksal der sich vollendenden Schöpfung – dazu beiträgt, die Chancen anderer Menschen zu vergrößern, von diesem Zusammenhang zu erfahren und ihn erkennen zu können. Aus dieser zweiten Forderung folgt eine ganze Palette konkreter Handlungsgebote, bis hin zur Bekämpfung des Analphabetentums und des Hungers, die beide auf ihre Weise die hier gemeinte Erkenntnis behindern.

Bis hierher wurden nur ethische Forderungen genannt, die schon immer, wenn auch auf andere Weise, begründet waren (wenn man auch den Eindruck haben kann, daß ihre Begründung mit dem hier vorgeschlagenen Konzept konkreter, für das heutige Bewußtsein vielleicht überzeugender möglich ist). Wichtiger noch scheinen mir nun zwei weitere moralische Konsequenzen zu sein, die sich auf Gebote beziehen, für die das, wie die historische Erfahrung lehrt, bisher nicht mit der gleichen Selbstverständlichkeit gegolten hat.
So waren Christen immer ein wenig in Gefahr, die Sorge um das eigene Seelenheil im legitimen Mittelpunkt ihrer moralischen Verpflichtungen zu sehen. Dem Pharisäer war zwar untersagt, sich über den Zöllner erhaben zu dünken, er hatte diesem darüber hinaus auch »Gutes« zu erweisen, war sogar verpflichtet, ihn »zu lieben wie sich selbst«. All diese Gebote schlossen aber den Gedanken daran keineswegs aus, daß die endzeitliche Verdammung des anderen die eigenen Erlösungschancen letztlich unberührt lassen würde.
Das ändert sich radikal, sobald man die Welt, in der wir leben, als sich vollendende Schöpfung auffaßt. Die Hoffnungen können sich dann nicht länger auf die Möglichkeit einer individuellen, von allem übrigen isolierten »Erlösung« konzentrieren, also etwa darauf, nach dem (oder durch den) eigenen Tod aus einer Welt der Unvollkommenheit in die Vollkommenheit einer jenseitigen Transzendenz versetzt zu werden. Erlösung in diesem Sinne ist dann nur noch denkbar als Teilnahme an einer Erlösung der Welt als Ganzem, an einer Erlösung des ganzen Kosmos dann, wenn seine Geschichte an ihrem Endpunkt angekommen und der Augenblick der Schöpfung abgeschlossen ist.
Über den Ablauf bis dahin aber entscheidet (soweit menschliches Handeln darüber mitentscheidet) ganz offensichtlich nicht das Handeln des einzelnen. Über die Umwege, die wir uns auf diesem Wege etwa selbst auferlegen, entscheidet das Verhalten aller. Diese Einsicht könnte es erleichtern, das Mißverständnis zu vermeiden, daß das »Gute«, das dem anderen getan werden soll, in erster Linie zum Erweis der eigenen Erlösungswürdigkeit beizutragen hat. Daß es »gut« vielmehr erst dann und in dem Maße ist, in dem es zu der Herstellung einer moralischen Solidarität beiträgt, die alle einbezieht, ohne eine einzige Ausnahme, da niemand ohne Einfluß auf den Ablauf der Geschichte ist, von der für uns alle alles abhängt.
Noch wichtiger aber scheint mir eine weitere moralische Konsequenz der hier vorgetragenen Auffassung zu sein. Sie bezieht sich auf das

Verhältnis des gläubigen Christen zu dieser uns umgebenden unvollkommenen Welt. Auf eine bestimmte, dem christlichen Verständnis offenbar naheliegenden Form der Versagung dieser Welt und ihrer Unvollkommenheit gegenüber.

Gemeint ist die Tendenz, die Ernst Bloch als »christliche Jenseiterei« verspottete und die seit Karl Marx von Marxisten immer wieder mit Entrüstung (und nicht ohne Berechtigung) angeprangert worden ist. (Selbstkritische moderne Theologen vertreten sogar die Ansicht, daß diese Tendenz zur Entstehung des Marxismus entscheidend beigetragen habe.)

Es handelt sich um die »Theorie von der grundsätzlichen Jenseitigkeit des Menschen, seiner Bestimmung und seiner Handlungsintentionen«, die Christen immer wieder dazu verführte, ihr Handeln »nicht auf die Veränderung dieser Welt zum Besseren zu richten, sondern auf die Ablösung von dieser Welt«. Rupert Lay, von dem diese Zitate stammen, spricht von einer Theorie, hinter der sich so etwas wie ein räumlich mißverstandenes Verhältnis von Diesseits und Jenseits verberge. Dieses Mißverständnis verleite zu einer Strategie der Überwindung dieser Welt, zur Abkehr von ihr, und habe damit die Gefahr eines sozialen und humanitären Versagens der christlichen Kirchen herbeigeführt und »Weltflucht« zur christlichen Parole werden lassen.[56]

Das von dem namhaften katholischen Theologen kritisierte Konzept behandelt Diesseits und Jenseits wie zwei räumlich nebeneinanderstehende Welten. In der einen herrschen unaufhebbar Gottlosigkeit, Unvollkommenheit und Leid. Die andere wird als Paradies der Vollkommenheit und Leidensfreiheit vorgestellt. Da liegt dann in der Tat der Gedanke nicht weit, daß es ohnehin vergebliche Mühe sei, dieser unvollkommenen Welt hier allzugroße Anstrengungen zu widmen, daß es vielmehr darauf ankomme, sich möglichst früh auf die andere, die jenseitige Welt des Paradieses zu konzentrieren.

Wenn Welt und Jenseits in dieser Weise gleichsam als Alternativen voneinander getrennt und einander gegenübergestellt werden, so hat das unweigerlich die Versuchung zur Folge, sich aus der Welt der Unvollkommenheit und des Leidens wie ein moralischer Deserteur davonzustehlen. Hier liegt eine der tieferen Ursachen dafür, daß sich die christlichen Kirchen allzulange der »sozialen Frage« verschlossen und sich darauf beschränkten, »die Ketten der Unterdrückten mit Blumen zu schmücken, anstatt sie zu zerbrechen«.[57] Besteht diese Tendenz heute etwa nicht mehr?

Auch dieses Mißverständnis aber wird nun durch eine Gleichsetzung von Evolution und Schöpfungsgeschichte ausgeschlossen. Da läßt sich die Welt dann nicht mehr als ein in seiner Unvollkommenheit unwandelbarer Ort auffassen, dessen Mängeln man nur dadurch entgehen kann, daß man ihn verläßt. Jetzt stellt sich heraus, daß wir alle, ob wir wollen oder nicht, fortwährend an einer Veränderung der Welt im Ablauf ihrer evolutiven Geschichte teilhaben, die zu ihrer Vollendung führen wird. Niemand kann daher aus der Verantwortung entlassen werden, die sich für ihn daraus ergibt, daß auch sein Tun und nicht zuletzt sein Lassen im Rahmen seiner Möglichkeiten mit darüber bestimmt, welchen Verlauf die Entwicklung nimmt, die über das Schicksal des Kosmos entscheidet.

Mit diesen Andeutungen möchte ich mich begnügen. Ein Außenstehender kann den Theologen nicht vorschreiben, wie sie die Welt und die Stellung des Menschen in ihr interpretieren, wie sie den besonderen, religiösen Gehalt dieser Beziehung beschreiben sollen. Die Beispiele sollten lediglich zeigen, daß naturwissenschaftliche Einsichten über die Welt religiösen Aussagen über dieselbe Welt keineswegs immer und grundsätzlich widersprechen müssen, wie viele glauben.

Sie setzen der Möglichkeit religiöser Aussagen zwar einen bestimmten Rahmen logischer und sachlicher Minimalbedingungen. Diesen Teil des Verhältnisses könnte man folglich als eine Art naturwissenschaftlicher »Prolegomena« ansehen, als einen Satz von Vorbedingungen, die theologische Aussagen zu berücksichtigen haben, wenn sie im Kontext der heute existierenden geistigen Kultur als ernst zu nehmende Aussagen auftreten wollen.

Die Beispiele sollten belegen, daß die modernen naturwissenschaftlichen Aussagen über die Welt der Theologie aber auch Begriffe und Bilder zur Verfügung stellen, die der religiösen Aussage gänzlich neue Wege erschließen. Der Versuch, sie zu begehen, erscheint mir legitim. Denn die Begriffe und Bilder, mit denen wir die Welt heute naturwissenschaftlich beschreiben, sind auf die gleiche Weise als die Sprache unserer kulturellen Epoche legitimiert, wie die Begriffe und Bilder es waren, mit denen vergangene Zeiten, ihrem Verständnis und ihrem Wissensstand entsprechend, die gleichen religiösen Einsichten zu fassen und zu beschreiben versucht haben.

Alle diese Beispiele stellen nun vorerst aber nicht mehr dar als bloße Behauptungen. Deren Konsequenzen mögen einleuchtend und in sich stimmig sein. Das enthebt nicht der Verpflichtung, die Gründe anzuführen, die dazu berechtigen, sie aufzustellen. Widerspricht die grundsätzlich positivistisch argumentierende, auf objektive Erkenntnis abzielende Naturwissenschaft der ganzen Diskussion nicht von vornherein schon in dem entscheidenden Punkt: dadurch, daß sie den Gedanken an die Realität einer Wirklichkeit außerhalb unserer Welt, an eine Transzendenz, ein »Jenseits«, als unbeweisbar ablehnt, daß sie sogar schon die Frage nach einer solchen Möglichkeit für sinnlos erklärt?

»Wenn es eine objektive Wahrheit gibt (wie die Materialisten meinen), wenn nur die Naturwissenschaft allein, indem sie die Außenwelt in der menschlichen Erfahrung abbildet, fähig ist, uns die objektive Wahrheit zu vermitteln, so ist damit jeglicher Fideismus unbedingt verworfen.«[58]

Ist das etwa nicht schlüssig? Ist die Möglichkeit zum »Fideismus«, zum Glauben an eine Wirklichkeit »jenseits« unserer Welt, nicht tatsächlich widerlegbar? Wo bleibt denn Raum für sie angesichts unserer alltäglichen Erfahrung im Umgang mit der unbezweifelbaren objektiven Realität der uns umgebenden Welt? Angesichts einer Naturwissenschaft, die ihre Erfolge gerade dem systematischen Verzicht auf alle Annahmen verdankt, die sich nicht objektivieren, beweisen oder widerlegen lassen?

Wir müssen uns diesem Einwand stellen. Wir müssen daher der Frage nachgehen, wie wirklich unsere Wirklichkeit denn eigentlich ist, und dazu erneut zu einem naturwissenschaftlichen Exkurs ausholen.

Zweiter Teil
Objektive Realität und Jenseitserwartung

1. Wie wirklich ist die Wirklichkeit?

Für den naiven Realisten ist der Gedanke an die Möglichkeit einer »jenseits« unserer Welt existierenden Wirklichkeit bereits durch den Hinweis auf seine unmittelbare Erfahrung widerlegt. Wer nur an das glauben will, was er »anfassen« kann, nur das, von dessen Realität er sich dadurch vergewissern zu können meint, daß er es sehen, hören oder auf andere Weise wahrnehmen kann, für den bezieht sich alles Reden über eine solche Möglichkeit auf ein bloßes Hirngespinst.

Das objektive Fundament jedoch, auf das ein Realist solchen Kalibers sich beruft, ist weitaus weniger solide, als ein so ungebrochenes Vertrauen auf wahrnehmbare Objektivität es für möglich hält. Der »naive Realismus« ist seit mehr als 2000 Jahren, seit Plato, als Illusion durchschaut. Welches sind die Argumente?

Vor einigen Jahren stellte mir jemand die Frage, ob es eigentlich dunkel im Kosmos würde, wenn alle Augen verschwänden. Fragen dieser Art stehen am Anfang aller erkenntnistheoretischen Überlegungen. »Hell« und »dunkel« sind, wie jeder feststellen kann, der sich die Mühe macht, darüber nachzudenken, nicht Eigenschaften der Welt, sondern »Seherlebnisse«: Wahrnehmungen, die entstehen, wenn elektromagnetische Wellen bestimmter Länge – zwischen 400 und 700 millionstel Millimetern – auf die Netzhaut von Augen fallen. Wir haben allen Grund zu der Annahme, daß das auch für tierische Augen gilt, und wir wissen sogar, daß die Länge der den Eindruck »hell« hervorrufenden Wellen bei manchen Tieren von den Frequenzen abweicht, die für menschliche Augen gelten.

Selbstverständlich genügt es zur Entstehung des Seheindrucks nicht, daß Wellen den Augenhintergrund erreichen, die jene Länge haben, auf die Netzhautzellen ansprechen. Eine weitere Voraussetzung besteht darin, daß sie von dort aus weitergeleitet werden an das Gehirn, und zwar an einen ganz bestimmten, im Bereich des Hinterkopfs gelegenen Bezirk der Großhirnrinde, die sogenannte »Sehrinde«. Nach allem, was wir wissen, sind die sich in der hier gelegenen, nur wenige Millimeter dicken Nervenzellschicht abspielenden elektrischen und chemischen Prozesse die »Endstation« der körperlichen Vorgänge, die unseren optischen Erlebnissen zugrunde liegen.

Was dort geschieht, wenn die Augenlinse ein Abbild der Außenwelt auf die Netzhaut wirft, das diese in eine Unzahl komplizierter Nervenimpulse zerlegt und an den Sehnerv weiterreicht, wird zwar seit einigen Jahrzehnten mit ausgeklügelten Methoden untersucht. Die Ergebnisse sind aufregend genug. Die entscheidenden Vorgänge liegen aber nach wie vor im dunkeln. Dunkel im wörtlichen Sinne bleibt es übrigens auch in der Sehrinde, wenn wir etwas sehen. Dort entsteht auch nicht etwa ein Bild. (Wer sollte es dort schon betrachten?) Die Art und Weise, in der die Sehrinde die ihr vom Sehnerv übermittelten elektrischen Impulse verarbeitet, hat mit einem Abbild nicht mehr die geringste Ähnlichkeit.[59] Die Verbindung gar, die zwischen diesen chemischen und elektrischen Vorgängen und dem optischen Erlebnis besteht – bestehen muß, denn das eine hängt nachweislich vom anderen ab –, bleibt absolut geheimnisvoll.

Auf dem ganzen Wege also, der zwischen Netzhaut und Sehrinde liegt, wird es nicht hell, auch nicht in der »Endstation«. »Hell« ist erst das optische Erlebnis hinter jener rätselhaft bleibenden Grenze, die körperliche Vorgänge und psychische Erlebnisse für unser Begriffsvermögen voneinander trennt. Hell ist es daher auch nicht in der Außenwelt, nicht im Kosmos, und zwar ganz unabhängig davon, ob es Augen gibt oder nicht.

Ist der Kosmos in Wahrheit also dunkel? Diese Möglichkeit hatte die Frage ja vorausgesetzt. Auch das aber scheidet aus. Das Eigenschaftswort »dunkel« nämlich bezieht sich aus den gleichen Gründen nicht auf eine Eigenschaft der Außenwelt, sondern beschreibt ebenfalls ausschließlich ein Seherlebnis. Man könnte auch sagen: Da der Kosmos nicht hell sein kann, kann er auch nicht dunkel sein, denn das eine ist nur als das Gegenteil des anderen denkbar.

Der wirklichen Situation wird man, wie sich aus diesen Überlegungen ergibt, nur dann gerecht, wenn man annimmt, daß in der Außenwelt elektromagnetische Wellen der verschiedensten Längen (oder, was auf dasselbe herausläuft, »Frequenzen«) existieren, daß unsere Augen auf einen (vergleichsweise außerordentlich kleinen) Ausschnitt dieses »Frequenzbandes« ansprechen und daß unser Gehirn, genauer: der »Sehrinde« genannte Teil unseres Großhirns, die durch das Ansprechen der Netzhaut ausgelösten Signale dann auf irgendeine, absolut rätselhaft bleibende Weise in optische Erlebnisse übersetzt, die wir mit

den Worten »hell« oder »dunkel«, mit verschiedenen Farbbezeichnungen usw. beschreiben.
Man sieht, die scheinbar so simple Frage, ob es in der Welt ohne Augen dunkel wäre, hat es in sich. Wie beiläufig sind wir bei ihrer Erörterung auf alle wesentlichen Voraussetzungen der Problematik der sogenannten Erkenntnistheorie gestoßen. Wir haben, erstens, angenommen, daß es außerhalb des Erlebens eine reale Außenwelt tatsächlich gibt. Wir stellten, zweitens, fest, daß das, was wir erleben, nicht ohne weiteres als reale Eigenschaft dieser Außenwelt anzusehen ist. Und schließlich hat sich auch bereits gezeigt, daß es allem Anschein nach reale Eigenschaften dieser von uns vorausgesetzten Außenwelt gibt, die wir, wie zum Beispiel die außerhalb des engen Empfindlichkeitsbereichs unserer Netzhaut liegenden Frequenzen elektromagnetischer Wellen, gar nicht wahrnehmen können.
Naturwissenschaftlicher und technischer Fortschritt haben uns inzwischen, seit etwa 100 Jahren, die Möglichkeit in die Hand gegeben, andere Teile dieses Frequenzbandes wenigstens indirekt, durch technische Rezeptoren festzustellen (und uns ihrer sogar, man denke etwa an Röntgenstrahlen oder Radiowellen, für praktische Zwecke zu bedienen). Mit den von der Technik angebotenen »künstlichen Sinnesorganen« läßt sich so der Beweis führen, daß die Eigenschaften der Außenwelt unsere Wahrnehmungsmöglichkeiten übersteigen. Diese Tatsache weist zugleich auf die Wahrscheinlichkeit hin, daß es darüber hinaus eine unvorstellbare Zahl weiterer objektiver Eigenschaften der Welt geben dürfte, von denen wir selbst auf einem solchen indirekten Wege niemals etwas erfahren werden. Da es sehr seltsam wäre, wenn die Außenwelt dort keine Eigenschaften mehr besäße, wo unsere technischen und wissenschaftlichen Registriermethoden ihre Grenzen finden, ist das so gut wie sicher.
Und als ob das alles noch nicht genug wäre: Selbst der – aller Wahrscheinlichkeit nach also nur winzige – Ausschnitt der Außenwelt, den wir überhaupt erfassen können, wird uns von unseren Sinnesorganen und unserem Gehirn nun keineswegs etwa so vermittelt, »wie er ist«. In keinem Falle ist das, was in unserem Erleben schließlich auftaucht, etwa ein getreues »Abbild«. Auch das wenige, was wir überhaupt wahrnehmen, gelangt vielmehr nicht ohne komplizierte und im einzelnen völlig undurchschaubar bleibende Verarbeitung in unser Bewußtsein. Unsere Sinnesorgane bilden die Welt nicht etwa für uns ab. Sie legen sie für uns aus. Der Unterschied ist fundamental.

Wenige Hinweise genügen, um sich davon zu überzeugen. Ein Fall wurde schon genannt: die Tatsache, daß Auge und Gehirn elektromagnetische Wellen in das Erlebnis »Licht« verwandeln und in verschiedene Farbeindrücke, je nach der Länge der am Augenhintergrund eintreffenden Wellen. Die Natur einer elektromagnetischen Welle hat nun aber mit dem, was wir »Licht« oder »hell« nennen, nicht das geringste zu tun. (Mit der einen entscheidenden Ausnahme, daß das eine die Ursache des anderen darstellt, sobald Augen und Gehirne mit im Spiele sind.) Helligkeit und elektromagnetische Wellen haben überhaupt keine Ähnlichkeit miteinander.
Das gleiche gilt für die verschiedenen Farben. Eine Wellenlänge von 700 millionstel Millimetern hat mit dem Farberlebnis »Rot« genausowenig zu tun wie die Wellenlänge 400 millionstel Millimeter mit dem Farberlebnis »Blau«. Keinerlei Ähnlichkeit besteht hier auch zwischen dem Unterschied von nur 300 millionstel Millimetern, wie er auf der einen, der körperlichen Seite zwischen beiden Längenbereichen liegt (und der sich im Gesamtspektrum verschwindend winzig ausnimmt), und dem sich auf der anderen, psychischen Seite aus diesem Unterschied ergebenden Kontrast zwischen den Farben Rot und Blau.
Ein letztes Beispiel. Es hatte eben geheißen, daß wir nicht fähig sind, elektromagnetische Wellen außerhalb des schmalen Bandes des optisch sichtbaren »Lichts« unmittelbar wahrzunehmen. Das stimmt nicht ganz, wenn man es genau nimmt. Die Ausnahme macht die ganze Angelegenheit aber nur noch verwirrender. Denn an einer etwas anderen, etwas langwelligeren Stelle des gleichen Spektrums, und zwar etwa zwischen einem tausendstel und einem ganzen Millimeter Wellenlänge, können wir dieselben Wellen wieder registrieren. Allerdings sprechen auf sie nicht unsere Augen, sondern Sinnesrezeptoren in unserer Haut an. Wir sehen diese Wellen nicht, fühlen sie aber. Wir nehmen sie als Wärmestrahlung wahr.
Man muß sich klarmachen, was das bedeutet: Alle elektromagnetischen Wellen sind wesensgleich. Immer die vollkommen gleiche Art der Strahlung. Der einzige Unterschied besteht in der Wellenlänge. Je nach der spezifischen Anpassungsform unserer Sinneszellen erleben wir bestimmte Frequenzen dieser Wellen dann als Licht oder verschiedene Farben – oder aber als strahlende Wärme. Von der »Abbildung« einer realen Welt, »so wie sie ist«, kann da ganz offensichtlich nicht mehr die Rede sein.
Man sieht, der »naive Realist« ist in der Tat naiv. Das von ihm für so

grundsolide gehaltene Konzept einer durch sinnliche Wahrnehmung überprüfbaren (objektivierbaren) Realität erweist sich im Handumdrehen als reine Illusion. So einfach liegen die Dinge nicht. Um das herauszufinden, brauchten die Philosophen auch nicht auf die Entdekkung der wahrnehmungsphysiologischen Fakten zu warten, mit denen der Beweis hier geführt wurde (weil sie besonders anschaulich sind und einem Naturwissenschaftler naheliegen).

Die Unhaltbarkeit des »naiv realistischen« Standpunkts läßt sich auch, und das noch strenger, logisch noch unabweisbarer, mit abstrakten, rein philosophischen Argumenten nachweisen, wenn auch, verständlicherweise, nie ohne jeden Bezug auf die Art unserer Wahrnehmungen. Deshalb steht schon seit mehr als 2000 Jahren fest, daß uns nur ein kleiner Ausschnitt aus der uns umgebenden Welt überhaupt zugänglich ist und daß dieser Ausschnitt uns von unseren Wahrnehmungsorganen noch dazu höchst unvollkommen, ja verfälscht vermittelt wird.

Plato hat die Situation, in der wir uns der Außenwelt gegenüber befinden, schon im 4. Jahrhundert v. Chr. durchschaut und in einem berühmten Gleichnis beschrieben. Die Situation der Menschen, so stellte er fest, gleiche der von Gefangenen, die in einer Höhle mit dem Rücken zum Eingang angekettet seien. Von allem, was sich vor der Höhle abspiele, bekämen sie nur die Schatten zu Gesicht, die von dem Höhleneingang auf die ihnen gegenüberliegende Wand geworfen würden.

Diese Schatten aber, so fährt Plato fort, hielten die Menschen für die Wirklichkeit selbst. So seien sie eigentlich doppelt Betrogene. Deshalb bestehe die vornehmste Aufgabe der Philosophen darin, die Menschen über ihre wahre Situation aufzuklären. Sie müßten wenigstens wissen, daß sie die wahre Welt erst vor sich haben würden, wenn sie in der Lage wären, sich umzudrehen und aus dem Höhlengang hinauszublikken, oder wenn es ihnen gar möglich wäre, die Höhle zu verlassen und die Dinge selbst zu betrachten, anstatt nur deren vage vorüberhuschende Schatten an der Wand.

Großartiger und treffender ist das bis auf den heutigen Tag von niemandem gesagt worden. Das gilt auch für den mahnenden Hinweis, daß ein Mensch so lange im Zustand, wie wir heute sagen würden: geistiger Unmündigkeit verharre, wie er für bare Münze hält, was seine Wahrnehmungsorgane ihm über die Außenwelt sagen. Solange er die Schatten der Welt für die Welt selbst hält. Seit Plato gibt es daher jene spezielle philosophische Disziplin, die Erkenntnislehre (oder Erkenntnistheorie), die sich einzig und allein damit beschäftigt, herauszufinden, wie es sich mit unserer Erkenntnis, mit unserer Erfahrung über die Welt, unter diesen Umständen nun eigentlich im einzelnen verhält.

Diese Frage hat bis heute, fast zweieinhalb Jahrtausende nach Plato, noch immer keine endgültige Antwort gefunden. Allerdings scheint sie seit neuestem als Ergebnis eines revolutionierenden Zusammenschlusses philosophisch-erkenntnistheoretischer und naturwissenschaftlicher Überlegungen (als Folge also wieder einmal der Überwindung einer bis dahin für prinzipiell gehaltenen Grenze!) in eine entscheidende, möglicherweise endgültige Phase der Untersuchung gekommen zu sein. Wir müssen uns hier naturgemäß auf die für unseren Zusammenhang wichtigsten Etappen beschränken. Auf eine, die mit dem Namen von Immanuel Kant verbunden ist. Und auf die allerneueste: die von Konrad Lorenz, Karl Popper und einigen anderen seit einigen Jahrzehnten entwickelte »evolutionäre« Erkenntnistheorie.

2. Die Realität ist nicht greifbar

»Kant nebenberuflich zu lesen ist vollkommen unmöglich«, stellte Konrad Lorenz kürzlich in einem Interview fest. Nach eigener Angabe hat der Nobelpreisträger und Verhaltensforscher in seinem Leben nur eine einzige Schrift des Königsberger Philosophen gelesen: die »Prolegomena zu einer jeden zukünftigen Metaphysik« (eine Art Kurzfassung der Kantschen Erkenntnislehre).

Die Zahl derer, die auf ihre Weise längst zu derselben Ansicht gekommen sind (nämlich daß Kants Texte nur für professionelle Philosophen verständlich sind, die sich hauptberuflich mit diesem Autor beschäftigen), ist größer, als mancher glaubt. Die meisten trauen sich bloß nicht, sie so ungeniert einzugestehen wie der große alte Mann der Verhaltensforschung. Deshalb hat das öffentliche Bekenntnis von Konrad Lorenz auf doppelte Weise eine befreiende Wirkung – selbst dann, wenn es sich (was gerade diesem Autor durchaus zuzutrauen ist) um eine provozierend gemeinte Übertreibung gehandelt haben sollte.[60]

Provozierend könnte die Behauptung auf so manchen Wissenschaftskollegen schon wirken (und Lorenz pflegt sich über einen solchen Effekt köstlich zu amüsieren). Denn der Mann, der hier öffentlich bekundete, Kants Texte seien ihm zu dunkel, hat der Erkenntnislehre jene letzte, möglicherweise entscheidende Wende gegeben, die Kants Philosophie neu begründete und zugleich damit über sie hinausführtc.

Daraus ergibt sich zweierlei Trost: Wer Anlaß hat, sich dem anonymen Kreis jener zuzurechnen, die vor den Texten des Königsbergers irgendwann einmal kapituliert haben, kann sich fortan zu seiner Entlastung auf beste Gesellschaft berufen. Vor allem aber zeigt das Beispiel von Konrad Lorenz, daß es offensichtlich möglich ist, den Kern der Kantschen Einsichten auch dann zu begreifen, wenn einem die komplizierten Texte unzugänglich bleiben, in denen ihr Urheber sie darlegt.

Wenden wir uns zu diesem Zweck der besseren Anschaulichkeit halber noch einmal dem naiven Realisten zu, den wir zuletzt auf dem Trümmerfeld seiner »realistischen« Weltsicht zurückgelassen hatten. Was ist ihm geblieben? Bei aller Skepsis, die ihn inzwischen erfüllt und zum »kritischen Realisten« hat werden lassen, gibt es gottlob noch einige Punkte, an die er sich halten kann. Bevor ich auf sie eingehe, müssen wir uns jedoch Rechenschaft darüber ablegen, daß im letzten Satz bereits wieder ein Rückfall in eine grundsätzlich naive Annahme zum Ausdruck kommt.

Wie selbstverständlich hatten wir den von seiner Naivität Geheilten darin als kritischen »Realisten« bezeichnet. Aber ist das nicht bei näherer Betrachtung immer noch zuviel? Enthält nicht auch diese Bestimmung seines Standorts noch immer eine ungeprüfte Voraussetzung in einer Form, die unterstellt, daß es sich um eine feststehende Tatsache handele? Was heißt denn »Realist«? Ist etwa unbezweifelbar sicher, daß es eine objektive Außenwelt gibt?

Als die Philosophen den »naiven Realismus« nach allen Regeln ihrer Kunst auseinandergenommen hatten, mußten sie feststellen, daß unter den Trümmern weit mehr begraben war als der schlichte Glaube an eine nahtlose Übereinstimmung von eigenem Erleben und objektiver Realität. In der entstandenen Situation regten sich mit einem Male Zweifel daran, ob es eine solche Realität außerhalb des Bewußtseins des Erlebenden überhaupt gibt.

Wenn sich so viele Eigenschaften, die man bisher für Eigenschaften der Welt selbst gehalten hatte, als bloß subjektive, »psychische« Erlebnisse erwiesen, bestand dann nicht sogar die Möglichkeit, daß die Welt insgesamt nichts weiter sein könnte als eine »Erfindung« unserer Gehirne, eine bloße »Idee«, ein »Traum« oder wie immer man eine solche Illusion nennen will? Läßt sich eigentlich beweisen, daß es eine »außersubjektive Wirklichkeit« tatsächlich gibt?

Betroffen stellte man fest, daß das grundsätzlich unmöglich ist. Der extreme »Idealismus« oder »Solipsismus«, die Annahme also, daß allein das eigene Ich existiert und alles andere (einschließlich aller Mitmenschen!) nur traumartige Projektionen sind, ist unwiderlegbar. Denn wer diesen Standpunkt konsequent vertritt, wird selbstverständlich jeden »Realitätsbeweis« – selbst einen vom Dach auf ihn herabfallenden Ziegelstein oder den tätlichen Angriff eines anderen Menschen – ebenfalls sogleich als »Erfindung« seines eigenen Bewußtseins interpretieren.

Die Hypothese des »Solipsismus« ist aber auch nicht zu beweisen. Das wäre aus logischen Gründen nur möglich, wenn sich wenigstens theore-

tisch Argumente ausdenken ließen, die ihr widersprechen, von ihr jedoch überzeugend widerlegt werden könnten.
Hypothesen aber, die sich weder beweisen noch widerlegen lassen, sind nicht nur langweilig, sondern auch völlig steril. Aus ihnen ergibt sich nichts, keine Folgerungen, keine Fragestellungen, keine Erklärungen. Das allein wäre natürlich noch kein ausreichender Grund, sie zu verwerfen. (Sie könnten ja trotzdem »richtig« sein!) Aber neben ihnen gibt es immer andere Hypothesen, die zwar auch nicht mit letzter Sicherheit zu beweisen sind, die sich aber wenigstens als wahrscheinlich darstellen lassen. In solcher Lage ist man nun berechtigt, eine Auswahl zu treffen und sich für eine andere Hypothese zu entscheiden, die wenigstens plausibel zu machen ist. Man muß sich nur kritisch darüber im klaren bleiben, daß man es auch dann immer noch mit einer – letztlich niemals endgültig beweisbaren – Hypothese zu tun hat.
Zu dieser Art von Hypothesen zählt die heutige Erkenntnislehre auch die Annahme, daß außerhalb unseres Bewußtseins eine objektive Welt existiert. Daß es eine »Realität«, eine »außersubjektive Wirklichkeit« gibt, ganz unabhängig von der Frage, ob oder inwieweit wir sie erkennen können, und unabhängig auch von unserer eigenen, individuellen Existenz. Das alles ist, um es nochmals zu betonen, für die moderne Erkenntnisforschung eine »begründete Annahme« – nicht mehr!
Man kann es grundsätzlich nicht beweisen. Man kann daher auch niemanden (logisch) zwingen, sich dieser Auffassung anzuschließen. Die Entscheidung, das zu tun, ist dennoch vernünftig, weil dieser Hypothese unter allen alternativen Annahmen (auch der des Idealismus) die größte Wahrscheinlichkeit zukommt. Mit den Worten Karl Poppers:
»Ich behaupte, daß der Realismus weder beweisbar noch widerlegbar ist. Wie alles außerhalb der Logik und elementaren Arithmetik ist er nicht beweisbar; doch während empirische wissenschaftliche Theorien widerlegbar sind, ist der Realismus nicht einmal widerlegbar... Aber man kann für ihn argumentieren, und die Argumente sprechen überwältigend für ihn.«[61]
Der auf dem Trümmerhaufen seiner naiven Weltanschauung stehende Realist ist also, genaugenommen, zum »hypothetischen Realisten« geworden: zu jemandem, der entdeckt hat, daß sein Erleben die Welt keineswegs »richtig« abbildet, der sogar eingesehen hat, daß sein Erleben nicht einmal die Existenz einer Welt außerhalb seines Bewußt-

seins zu beweisen imstande ist, und der sich dennoch entschlossen hat, an die Existenz einer »außersubjektiven Wirklichkeit« zu glauben.

In dieser Lage sind wir, wie mir scheint, alle. Ausgenommen sind davon nur jene, die auf einen extremen Idealismus eingeschworen sind und uns alle folglich für imaginäre Produkte ihres Bewußtseins halten. Ganz sicher nur eine Minorität. Wir anderen zweifeln keinen Augenblick daran, daß die Welt unabhängig von uns real existiert, auch wenn wir uns zu dem Eingeständnis bequemen mußten, daß wir das niemals werden beweisen können.

So ist es also dazu gekommen, daß sich die Realität unserer Alltagswelt als Gegenstand des Glaubens erwiesen hat. Was wir für den unbezweifelbaren Maßstab gehalten hatten, an dem sich alles messen lassen müsse, was neben dieser Welt noch Realität beansprucht, hat sich selbst als bloße Annahme entpuppt. Die Anerkennung der Wirklichkeit dieser Welt ist nicht ein Akt der Erkenntnis, sondern ein Akt des Vertrauens. Eine freie Entscheidung zugunsten einer bestimmten unter mehreren anderen Möglichkeiten (unter anderem der des Idealismus).

Schon an dieser Stelle ergibt sich folglich, daß sich die theologische Behauptung von der Existenz eines »Jenseits« nicht etwa schon durch den bloßen Hinweis auf die Existenz einer sinnlich erfahrbaren, »konkreten« Welt ad absurdum führen läßt. Logisch zwingend wäre dieser Einwand ohnehin nicht, psychologisch aber spielt er als vermeintliches Argument für viele ganz sicher eine Rolle.

Die Forderung jedoch, für die Existenz des von den Theologen behaupteten Jenseits objektive Kriterien von der Art anzugeben, wie sie die von uns wahrnehmbare (»diesseitige«) Welt aufweise, entbehrt jeglicher Grundlage. Sie geht von der Voraussetzung aus, die diesseitige Realität sei objektiv greifbar. Diese Voraussetzung aber ist nachweislich falsch.

Wie dürfte die nächste Frage lauten, die sich ein kritischer Realist vorzulegen hat, sobald er an diesem Punkt seiner selbstkritischen Überlegungen angekommen ist? Er wird sich jetzt fragen, in welchem Maße ihm denn nun seine Sinnesorgane und sein Denkvermögen zutreffende (»wahre«) Informationen über die Außenwelt liefern. Er wird wissen wollen, bis zu welchem Grad der Bescheidenheit er seine Ansprüche zurückzuschrauben hat. Daß er die Welt nicht so erkennen kann, »wie sie ist«, das hat er eingesehen. In welcher Beziehung steht dann aber das, was ihm seine Sinneswerkzeuge melden und was sein

Verstand ihm über diese Sinnesmeldungen sagt, zu der »wahren Natur« der ihn umgebenden Welt?

Die Geschichte der abendländischen Erkenntnistheorie ist eine einzige Kette von Versuchen, auf diese zentrale Frage eine gültige Antwort zu finden. Es ist hier nicht der Ort (und es gibt in unserem Zusammenhang auch keinen Anlaß), auf diese Geschichte im einzelnen einzugehen. Wichtig ist für den weiteren Ablauf unserer Überlegungen jedoch eine Antwort, die Kant vor 200 Jahren (1781) gegeben hat.

Diese Antwort bestritt jegliche Aussicht auf die Möglichkeit, auch nur im geringsten etwas über die »wahre« (objektive) Natur der Welt außerhalb unseres Bewußtseins erfahren zu können. Sie tat es mit einem in der Geschichte der Erkenntnisforschung neuen, außerordentlich bedeutsamen Argument. Sie warf dabei zugleich aber ein altes Problem neu auf. Erst in unseren Tagen bahnt sich dessen Lösung in Gestalt der »evolutionären Erkenntnistheorie« an und läßt das Verhältnis zwischen unserem Verstand und der »Wahrheit der Welt« in einem völlig neuen Licht sehen.

Aber gehen wir der Reihe nach vor. Kant beantwortete die Frage, ob wir eine Chance haben, über die wahre Natur der Dinge und der uns umgebenden Welt irgend etwas zu erfahren, rundheraus mit Nein. Sein Argument bestand in dem Hinweis auf die von ihm entdeckte Tatsache, daß sich, wann immer wir etwas wahrnehmen oder erkennen, unsere Erkenntnis nicht nach den Gegenständen, sondern sich umgekehrt die Gegenstände ganz offensichtlich nach unserer Erkenntnis richten. Anders ausgedrückt: Kant entdeckte, daß unsere Erkenntnis (unser Denken ebenso wie unsere Vorstellung oder »Anschauung«) angeborene Strukturen aufweist und daß das, was wir im Vorgang der Erkenntnis erfahren, nichts weiter ist als der Abdruck unserer eigenen Denkstrukturen.

Mit einem Gedankenexperiment kann sich jeder leicht veranschaulichen, was gemeint ist. Man muß nur einmal anfangen, sich zu überlegen, was man sich in der Welt alles »wegdenken« kann. So fällt es zum Beispiel nicht schwer, sich vorzustellen, daß es keine Sterne gibt. Auch Sonne, Mond oder Planeten ließen sich »wegdenken«, ebenso die ganze Erde (man schwebt dann in seiner Vorstellung eben im leeren Raum). Aber auch auf den eigenen Körper läßt sich bei einem solchen Gedankenexperiment noch »verzichten«: Dann schwebt das eigene Bewußtsein eben körperlos im Raum. Damit sind wir jedoch schon an der Grenze dessen angelangt, was bei dieser gedanklichen Spielerei möglich ist. Selbst ihr sind Grenzen gesteckt. Sie erweisen sich als höchst bedeutsam.

Wegdenken läßt sich nicht mehr das eigene »Ich«. (Dann hörte alles Vorstellen auf.) Wegdenken läßt sich aber auch nicht der Raum. Unmöglich ist es ferner, sich die Existenz des körperlos in einem leeren Raum schwebenden Ich ohne den weiteren Ablauf der Zeit vorzustellen. Zeitlosigkeit ist auf keine Weise vorstellbar. (Auch körperlose Gedanken folgen ja »aufeinander«.) Raum und Zeit sind allem Anschein nach also, das ist das Resultat, ebenso wie das eigene Ich, Voraussetzungen dafür, sich überhaupt etwas vorstellen zu können.

Raum und Zeit sind demnach gar nicht etwa Erfahrungen, die wir über die Welt machen. Das hatte alle Philosophie vor Kant angenommen. Sie sind vielmehr Strukturen unseres Denkens, unserer Anschauung. Sie sind von vornherein *(a priori)* in unserem Denken enthalten. *Vor* jeder Erfahrung, die wir machen. Sie sind uns angeboren. Noch bevor wir zum erstenmal die Augen aufschlagen und uns umschauen, um zu erfahren, wie die Welt beschaffen ist, steht fest, daß wir sie räumlich erleben werden und als zeitlich strukturiert.

Wir haben, weil uns »Raum« und »Zeit« als Erkenntnisformen angeboren sind, gar nicht die Möglichkeit, irgend etwas zu erfahren oder zu erleben, was nicht räumlich und zeitlich wäre. Raum und Zeit sind daher, wie Kant es ausdrückte, nicht das Ergebnis, sondern die *Voraussetzung* aller Erfahrung. Es sind Urteile, die wir *a priori* über die Welt fällen, angeborene Vorurteile, von denen wir uns nicht freimachen können. Weil das aber so ist, haben wir kein Recht zu der Annahme, daß Raum und Zeit der Welt selbst angehören, so wie sie »an sich« ist, objektiv, ohne die Spiegelung in unserem Bewußtsein, als die wir sie allein erleben können.

Wir erleben die Welt folglich nicht etwa deshalb als Raum, in dem sich zeitliche Abläufe abspielen, weil sie an sich räumlich und zeitlich wäre. Wir erleben sie allein deshalb so, weil unser Verstand alles, was Vorstellung oder Sinneswahrnehmung ihm anbieten, in räumliche und zeitliche Erlebnisse umsetzt. Er kann nicht anders. Über die Welt selbst, die »Welt an sich«, erfahren wir daher durch das Erleben von Räumlichkeit und Zeitlichkeit nichts.

Das aber war erst der Anfang. Kant gelang es, noch weitere apriorische Erkenntnisformen aufzuspüren. Eine der wichtigsten ist die Kausalität. Auch unsere Überzeugung, daß jeder Vorgang eine Ursache haben muß und daß Ereignisfolgen Ketten von Ursachen sind, die bestimmte

Wirkungen auslösen, die ihrerseits wieder als Ursachen wirksam werden, haben wir nicht etwa erst durch Erfahrung gewonnen. Auch in diesem Fall wäre es eine Selbsttäuschung, wenn wir glaubten, daß wir das Prinzip der Kausalität etwa *a posteriori,* also im nachhinein, sozusagen erst durch geduldige Beobachtung der Welt entdeckt hätten. Auch die Kausalität ist nach Kant vielmehr eine Erkenntnisform *a priori.* Ein Vorurteil, das wir an die Erscheinungen der Welt herantragen, das wir diesen Erscheinungen gleichsam aufprägen. Auch Kausalität also ist nicht etwa eine Kategorie der »Welt an sich«.

Diese »Welt an sich«, die Beschaffenheit der Welt also unabhängig von unserem erlebenden Bewußtsein, bleibt uns nach Kants Ansicht definitiv unerreichbar. Das etwa ist der Kern seiner Erkenntnislehre. Die Position des heutigen, modernen »hypothetischen Realismus« wäre damit grundsätzlich vielleicht gerade noch vereinbar.[62] Sie erscheint im Licht der Kantschen Auffassungen allerdings auf das absolute Minimum reduziert: Daß es eine Außenwelt real gibt, hat auch Kant nicht in Abrede gestellt. In seinem Verständnis bleibt diese Außenwelt für uns jedoch ein unerreichbarer Schemen (und die Fachleute bezeichnen Kants Wirklichkeitsverständnis denn auch als »transzendentalen Idealismus«). Das, was ich wahrnehmend in meiner Vorstellung von der Welt zu erfahren glaube, hat mit dem, was sie unabhängig von meinem Bewußtsein (»an sich«) ist, für einen überzeugten Kantianer keinerlei Ähnlichkeit.

Die Welt, die mein Bewußtsein mir vermittelt, stellt sich im Licht der kantischen Einsichten vielmehr als eine Art Kunstprodukt dar. Ein Produkt, das erzeugt wird durch das vermittels meiner Wahrnehmungsorgane zustande kommende Zusammentreffen der realen Welt mit meinem Denkvermögen und das mir viel über die mir angeborenen, apriorischen Erkenntnisformen verrät, praktisch nichts dagegen über die Wirklichkeit.

Die Signale, die meine Sinnesorgane aufnehmen und aus denen mein Gehirn dann ein »Bild der Welt« zusammenstellt, stammen zwar auch nach Ansicht von Kant aus einer realen Außenwelt. Auf ihrem Weg bis zu meinem Bewußtsein werden sie jedoch so stark verändert, daß das Ergebnis über die Quelle, aus der sie stammen, nichts mehr aussagt. Die Ordnung, die das von uns erlebte Weltbild aufweist, ist nicht das Abbild der Ordnung in der Welt selbst. Es ist, so Kant, nur das Abbild der geordneten Strukturen meines eigenen Denkapparats.

So etwa läßt sich das Wesen der Kantschen Erkenntnislehre (in moderner Ausdrucksweise) zusammenfassen. Die Argumentation scheint unabweislich. Die Antwort mag insofern unbefriedigend sein, als sie jede Möglichkeit eines Zugangs zur Wirklichkeit der Welt verneint. Aber damit hat man sich, so scheint es, eben abzufinden.

Auch die Antwort Kants war jedoch immer noch nicht endgültig. Seine Erklärung ließ vielmehr ein altes, sehr eigentümliches Problem in verschärfter Form neu aufleben. Wenn es so ist, wie der Königsberger Philosoph behauptet, daß das subjektive Bild der Welt zu deren objektiver Beschaffenheit in keiner erkennbaren Beziehung steht, wie ist dann eigentlich zu erklären, daß es sich mit diesem so beziehungslosen Bild in der realen Welt ganz offensichtlich recht befriedigend leben läßt?

Kant hat das Problem sehr klar gesehen (und für unbeantwortbar gehalten). Seine Betonung der Beziehungslosigkeit zwischen der erlebten und der realen Welt führt zu einem echten Paradoxon: Wenn »Kausalität« nur in meinem Kopf existiert, wieso kollidiere ich dann nicht fortwährend mit der Realität, wenn ich mich ganz unkantianisch so verhalte, als gäbe es den Zusammenhang von Ursache und Wirkung wirklich?

In den auf Kant folgenden beiden Jahrhunderten wurde dieser Widerspruch angesichts der zunehmenden Erklärungskraft ständig neuer naturwissenschaftlicher Theorien immer aktueller und beunruhigender. Wie war es möglich, das Verhalten von Gasen mathematisch zutreffend, nämlich so zu beschreiben, daß experimentell nachprüfbare Voraussagen möglich wurden? Was soll man dazu sagen, daß wir es fertigbringen, die Atmosphären ferner Sonnen zu beobachten und über die Ergebnisse stimmige Berechnungen anzustellen?

Allgemeiner gefragt: Wie kommt es, daß wir ganz unzweifelhaft in der Lage sind, wenigstens ein Stück weit mit unserem Verstand in die Geheimnisse der Natur einzudringen? Noch allgemeiner: Wie ist die erstaunliche, im Licht der Kantschen Auffassungen absolut rätselhafte Tatsache zu erklären, daß die uns angeborenen Denkstrukturen allem Anschein nach auf die Strukturen der realen Welt »passen«? Wie können sie etwas »Wahres« über die Welt enthalten, wenn sie gar nicht in der Auseinandersetzung des Individuums mit der Welt entstanden sind? Wenn sie uns allen vielmehr bereits bei der Geburt in die Wiege gelegt werden, als fielen sie fix und fertig vom Himmel?

Die Naturwissenschaft war es dann, die schließlich völlig unerwartet auch noch auf einen Befund stieß, der diese »Passung« zwischen

Anschauungsformen und Wirklichkeit wieder relativierte. Mehr als 100 Jahre nach Kant entdeckte Albert Einstein, daß die Ordnung der realen Welt doch nicht so vollkommen übereinstimmt mit der Ordnung unserer Denkstrukturen, wie man bis dahin geglaubt hatte. *Das* ist das Wesen, *darin* liegt die zentrale Bedeutung der von Einstein entwickelten Relativitätstheorie.

Hier sei eine Zwischenbemerkung eingeschoben: Viele Menschen denken bei dem Wort »Naturwissenschaft« noch immer ausschließlich an bestimmte Technologien, an Kernkraftwerke, Raumfahrt oder Laserstrahlen. Das alles aber sind Beispiele *angewandter* Wissenschaft, technische Produkte, nicht Wissenschaft selbst. Wer Wissenschaft nur mit diesen oder anderen technischen Anwendungsformen wissenschaftlicher Erkenntnis identifiziert, dem erschließt sich ihr eigentliches Wesen überhaupt nicht. Wissenschaft selbst ist etwas anderes als das, was die Gesellschaft unter Ausnutzung wissenschaftlich gewonnener Einsichten technisch produziert. Wissenschaft, Grundlagenforschung, ist nur als Fortsetzung der Philosophie mit anderen Mitteln zu verstehen. Die Rückwirkungen der Relativitätstheorie auf die Entwicklung der Erkenntnisforschung liefern dafür ein besonders anschauliches Beispiel.

Eine der von Einstein in der Welt entdeckten Tatsachen, die zu der Form unserer Anschauung nicht passen, ist das Phänomen der »Konstanz der Lichtgeschwindigkeit«. Der Ausdruck besagt, daß die Geschwindigkeit des Lichts – bekanntlich 300000 km pro sec im Vakuum – immer die gleiche ist, unabhängig von den Bedingungen, unter denen gemessen wird, also auch unabhängig vom Bewegungszustand der Lichtquelle oder des Beobachters, der die Geschwindigkeit mißt.

Das ist nun eine in der Tat absolut unglaubhafte, eine mit unserem Vorstellungsvermögen auf keine Weise vereinbare Behauptung. Nehmen wir an, daß einem Raumschiff ein mit 30 oder 40 km pro sec durch den Weltraum rasender heller Meteor begegnete. (Das ist zwar im leeren Weltraum nicht der Fall, aber nehmen wir für unser Gedankenexperiment einmal an, er leuchtete.) Dann scheint doch selbstverständlich zu sein und keiner weiteren Erklärung bedürftig, daß sich die Eigenbewegung des Meteors der Geschwindigkeit des von ihm ausgehenden Lichts hinzuaddieren muß.

Wenn der Meteor dem Raumschiff auf Gegenkurs genau entgegenrast, dann würde, das jedenfalls ist die Erwartung jedes Menschen, der addieren und subtrahieren kann, ein an Bord mitfliegender Physiker bei einer Messung der Geschwindigkeit des vom Meteor ausgestrahlten Lichts nicht 300000 km pro sec herausbekommen, sondern eben die 30 oder 40 km pro sec mehr, mit denen sich der Himmelskörper auf ihn zubewegt.

Das stimmt aber nicht, so fand Einstein heraus. Das Ergebnis beträgt auch in diesem Falle genau 300000 km pro sec. In jedem Falle. Auch dann, wenn der Meteor sich mit der gleichen Geschwindigkeit wieder vom Raumschiff entfernt. Auch dann, wenn er die doppelte, die zehnfache Geschwindigkeit hätte oder gar selbst Lichtgeschwindigkeit erreichte (was ebenfalls wieder nur im Gedankenexperiment möglich ist!).

Das Meßergebnis ist in jedem denkbaren Fall immer das gleiche: Das ist es, was mit »Konstanz« der Lichtgeschwindigkeit gemeint ist. Wer dem entgegenhält, daß er sich das nicht vorstellen könne, befindet sich in bester Gesellschaft. Auch Einstein hat es sich nicht vorstellen können. Kein Mensch kann das oder wird es jemals lernen. Es handelt sich um eine Eigenschaft der realen Welt, die der angeborenen Form unseres Vorstellungsvermögens nicht entspricht. Die Annahme einer beliebigen, den Gesetzen der Arithmetik gehorchenden Addierbarkeit von Geschwindigkeiten wurde von Einstein als eine Annahme *a priori* entlarvt, als ein uns angeborenes Vorurteil, *das nun in der Wirklichkeit jedoch keine Entsprechung findet!*

Wegen der Bedeutung des Falls will ich hier noch eine astronomische Beobachtung schildern, mit der es kürzlich gelang, diese »Konstanz der Lichtgeschwindigkeit« ungeachtet ihrer Unvorstellbarkeit auf eine besonders anschauliche Weise erneut zu bestätigen.

1974 entdeckten Radioastronomen ein 16000 Lichtjahre von der Erde entferntes Doppelsternsystem mit sehr auffälligen Eigenschaften. (Ein Lichtjahr sind etwa 9,4 Billionen Kilometer.) Das Objekt wurde sehr eingehend untersucht. Dabei stellte sich heraus, daß es offenbar aus zwei sogenannten Neutronensternen besteht, die mit außergewöhnlich hoher Geschwindigkeit um sich selbst und umeinander rotieren. Neutronensterne sind erloschene Sonnen, die zu überdichter Materie kollabiert sind. Die gesamte Masse der ehemaligen Sonne hat sich dabei auf eine Kugel von nur noch 10 bis 20 Kilometer Durchmesser kontrahiert. Der eine der beiden Sterne erwies sich als »Pulsar«: Er strahlt Radioimpulse aus, und zwar mit der Regelmäßigkeit und Exaktheit einer Quarzuhr.

Die Präzision dieser Radiopulsationen ermöglichte es den Astronomen, nicht nur die Eigenrotation des Pulsars, sondern auch die Rotation der beiden Sterne umeinander (aufgrund der dabei auftretenden periodischen Abdeckung des Pulsars durch den Zwillingsstern) mit großer Genauigkeit zu analysieren. Der englische Physiker Paul Davies hat nun in einem kürzlich erschienenen Aufsatz darauf aufmerksam gemacht, daß diese Analyse gar nicht möglich gewesen wäre, wenn die Lichtgeschwindigkeit nicht tatsächlich so konstant wäre, wie Einstein es behauptete. Die erfolgreiche radioastronomische Vermessung dieses ungewöhnlichen Doppelsternsystems beweist folglich einmal mehr die Gültigkeit der Relativitätstheorie.

Davies argumentiert folgendermaßen: Die beiden überdichten Zwergsterne umkreisen einander mit einer Geschwindigkeit, die so aberwitzig groß ist, daß sie bereits einen nennenswerten Bruchteil der Lichtgeschwindigkeit ausmacht. Wenn diese Umlaufgeschwindigkeit sich der Geschwindigkeit der Radiowellen nun aber hinzuaddierte, die von dem Pulsar ausgehen (Radiowellen sind elektromagnetische Wellen wie Licht auch), dann ergäbe sich ein Effekt, der alle Untersuchungskunst der Astronomen zunichte machen würde.

Dann nämlich würden die Radioimpulse auf *dem* Abschnitt der Umlaufbahn, auf dem sich der Pulsar auf die Erde zubewegt, mit einer entsprechend größeren Geschwindigkeit auf die Erde zurasen (und umgekehrt mit einer um mehrere Prozent geringeren Geschwindigkeit während der Umlaufphase, während der er sich von der Erde entfernt). Geschwindigkeitsunterschiede von mehreren Prozent würden die Laufzeiten der Radioimpulse bis zur Erde, also über eine Strecke von 16000 Lichtjahren hinweg, aber schon erheblich verlängern beziehungsweise verkürzen.

Davies hat berechnet, daß dann die auf den erdwärts gerichteten Bahnabschnitten des Pulsars abgestrahlten Radiowellen die Erde jeweils mehrere Jahrhunderte früher erreichen würden als die Wellen, die *während desselben Umlaufs* von der anderen Bahnhälfte aus abgestrahlt werden. Die irdischen Radioastronomen würden unter diesen Umständen vor der unlösbaren Aufgabe stehen, einen Wellensalat zu analysieren, dessen Impulse das Gemisch unzähliger Pulsarumläufe darstellen, die sich bruchstückhaft über Jahrhunderte verteilen.

Das aber ist nicht der Fall. Klar, deutlich und präzis zeichnen die Radioteleskope jeden einzelnen Umlauf auch dieses ungewöhnlichen Doppelsternsystems auf. Jeden für sich, einen nach dem anderen, so, wie sie in 16000 Lichtjahren Entfernung vor der Zeit, die der Laufzeit des Lichts entspricht, erfolgt sind.[63] Ein Beweis mehr, daß die Lichtgeschwindigkeit (die Geschwindigkeit elektromagnetischer Wellen insgesamt) tatsächlich unabhängig ist von der Bewegung der Lichtquelle (oder der des Beobachters). Ein Beweis mehr dafür, daß die reale Welt Eigenschaften hat, die wir uns nicht vorstellen können, weil sie den uns angeborenen Erkenntnisformen nicht entsprechen.

So faszinierend der Befund auch ist, zur Klärung des Problems, das in diesem Kapitel behandelt wurde, trägt er nichts bei. Eigentlich hat er die Verwirrung nur noch vergrößert. Von Kants Argumenten hatten wir uns überzeugen lassen müssen, daß alle wesentlichen Eigenschaften, die wir an der Welt zu entdecken glauben, in Wahrheit schon *a priori* in unserem Verstande stecken. Über die reale Welt, so mußten wir uns belehren lassen, erfahren wir in Wirklichkeit nichts.

Die Unwiderlegbarkeit der Kantschen Beweisführung ließ es uns jedoch nur um so geheimnisvoller erscheinen, daß wir uns ungeachtet der offenbaren Beziehungslosigkeit der uns angeborenen Vorstellungen zur realen Welt in dieser Welt dennoch mit leidlichem Erfolg zurechtzufinden vermögen. Wenn diese Vorstellungen, Raum, Zeit, Kausalität und andere mehr, nicht das Ergebnis von Erfahrungen über die Welt sind, die wir selbst gemacht haben, wie können sie dann eine Orientierung in der Welt ermöglichen?

Wenn das Individuum diese Anschauungsformen nicht in der Auseinandersetzung mit der Welt erwirbt, wieso passen sie dann auf die Welt? Das alles war schon rätselhaft genug, und jetzt noch dies: der Nachweis, daß die »Passung« so vollkommen nun auch wieder nicht ist. Wenn es schon schwer ist, daran zu glauben, daß richtige Vorstellungen über die Welt angeboren sein können, was soll man dann von Anschauungen halten, die aus der gleichen Quelle stammen und die, wie es scheint, die Wirklichkeit der Welt um Haaresbreite verfehlen?

Die Verwirrung ist, wie es scheint, nicht mehr zu überbieten. Wie sollen sich derartige Widersprüche und Ungereimtheiten noch auflösen lassen? Seit etwa 20 Jahren aber zeichnet sich immer deutlicher und überzeugender ein Weg ab, der endlich zu einer befriedigenden Antwort auf alle diese Fragen zu führen scheint. Er erschloß sich in dem Augenblick, als erstmals der Gedanke auftauchte, daß die uns angeborenen Erkenntnisformen vielleicht doch nicht so unvermittelt und übergangslos vom Himmel fallen, wie man geglaubt hatte, daß auch sie vielmehr eine lange Entstehungsgeschichte hinter sich haben.

Konrad Lorenz war der erste, der auf den Gedanken kam, daß auch diese Vorstellungsformen *a priori* in Wirklichkeit sehr wohl Vorstellungsformen *a posteriori* sein könnten, daß auch sie möglicherweise also sehr wohl *Erfahrungen über die Welt* darstellten (womit das Rätsel, warum sie auf die Welt »passen«, seine Lösung gefunden hätte). Unmöglich war das nur so lange erschienen, wie man gebannt immer nur auf das Individuum gestarrt hatte. Konrad Lorenz fand die Antwort: Auch die angeborenen Erkenntnisformen sind in Wirklichkeit »Erfahrungen über die Welt«, allerdings Erfahrungen, die nicht das Individuum gemacht hat, sondern die biologische Art, der es angehört.[64]

Diese Auflösung eines zentralen Problems der Erkenntnisforschung durch die »grenzüberschreitende« Einbeziehung des Evolutionskonzepts ist nicht nur eine erneute Bestätigung dafür, daß dieses Konzept in der Tat ein Prinzip beschreibt, das allen Erscheinungen der uns umgebenden Welt zugrunde liegt. Die von der »evolutionären Erkenntnistheorie« vorgeschlagene Lösung ist darüber hinaus auch deshalb besonders faszinierend, weil sie außerdem noch eine sehr interessante Erklärung für die eigenartige Tatsache liefert, daß die uns als Individuen angeborenen Erkenntnisformen der realen Welt nicht wirklich präzise, sondern – wie Einstein als erster feststellte – nur »ungefähr«, nur in Annäherung entsprechen.[65] Der Grund für diesen Mangel an Übereinstimmung zwischen unserer Erkenntnis und der Wirklichkeit ist für unser Selbstverständnis, für das Verständnis der Stellung des Menschen im Kosmos, von so großer Bedeutung, daß wir auf das Wesen der evolutionären Erkenntnistheorie ausführlicher eingehen müssen.

3. Einstein und die Amöbe

Vor etwa 30 Jahren entdeckte der deutsche Verhaltensphysiologe Erich v. Holst, daß ein Hahn in seinem Kopf das Bild des Todfeindes seiner Art angeborenermaßen mit sich herumträgt. Den Beweis lieferte ein Experiment, dessen Ablauf sehr nachdenklich machen muß. Nicht etwa deshalb, weil es grausam gewesen wäre. In gewissem Sinne sogar, weil das Gegenteil der Fall war: Der Hahn merkte bei dem Versuch überhaupt nicht, wie sehr er an der Nase herumgeführt wurde, offensichtlich nicht einmal, daß er überhaupt manipuliert wurde. Gerade dieser Umstand ist es, der einen menschlichen Betrachter betroffen machen kann. Dann nämlich, wenn er auf den Gedanken kommt, sich die Frage vorzulegen, ob das, was da für den Hahn gilt, womöglich in vergleichbarer Weise auch auf ihn selbst zutreffen könnte.

Erich v. Holst pflanzte seinen Hähnen damals, in Narkose selbstverständlich, haarfeine Drähte ins Gehirn. Diese waren mit einem hauchdünnen Lack isoliert, bis auf das äußerste Ende, das blank blieb. Die Drähte heilten komplikationslos ein. Die Tiere merkten nichts davon. (Das Gehirn ist ein schmerzunempfindliches Organ.) Sinn der Prozedur war die Möglichkeit, die Gehirne der Tiere an den Stellen elektrisch reizen zu können, an denen die blanken Drahtenden jeweils eingeheilt waren. Benutzt wurden dazu elektrische Impulse, deren Intensität und Verlaufskurven denen natürlicher Nervenimpulse in allen Einzelheiten entsprachen.[66]

Die Tiere merkten unter diesen Umständen überhaupt nicht, daß man mit ihnen etwas anstellte, daß sie »von außen«, künstlich, beeinflußt wurden. Sie waren handzahm aufgezogen und darauf dressiert, sich während des Versuchs auf einem kleinen Tisch frei zu bewegen. Das taten sie denn auch, völlig entspannt, leise gackernd, ab und an nach kleinen Flecken auf der Tischplatte pickend, wie es so die Art von Hühnern ist.

Bis zu dem Augenblick, in dem Holst oder einer seiner Mitarbeiter den Knopf berührten, der den von einem natürlichen Nervenimpuls nicht zu unterscheidenden Strom durch den Draht schickte, dessen blanke Spitze in der Tiefe des Hühnerhirns endete. Dann änderte sich die Szene auf dem Versuchstisch augenblicklich. Die Tiere verhielten sich – und gerade das ist das eigentlich Aufsehenerregende an diesen Experimenten – auch dann noch ganz so, wie es der Art von Hühnern entspricht. Sie schienen sich aber unversehens in Situationen versetzt zu fühlen, die mit ihrer objektiven Umgebung auf der leeren Tischplatte nichts mehr zu tun hatten.

Von den zahlreichen Resultaten soll hier als Beispiel ein einziges, sehr typisches, beschrieben werden. Erich v. Holst hat es als »Verhaltensprogramm zur Abwehr eines sich nähernden Bodenfeindes« bezeichnet und in einem heute noch existierenden Filmdokument festgehalten. Die Reaktion beginnt jeweils einige Sekunden nach dem Einsetzen des elektrischen Reizes mit einem typischen »Sichern« des Versuchstiers. Der Hahn erstarrt plötzlich mitten in der Bewegung, richtet sich auf und mustert mit den für seine Art typischen pendelnden Kopfbewegungen die Umwelt in sichtlicher Spannung. Wenige Augenblicke später scheint er etwas entdeckt zu haben. Er fixiert einen bestimmten Punkt der (nach wie vor leeren) Tischplatte. Das unsichtbare »Etwas« scheint sich ihm zu nähern. Der Hahn beginnt in zunehmender Aufregung auf dem Tisch hin und her zu marschieren. Er macht flatternde Ausweichbewegungen vor »etwas«, das ihm immer näher zu kommen scheint, und hackt in die von ihm wie gebannt fixierte Richtung kräftig mit dem Schnabel zu. Kein Zweifel, das Tier fühlt sich bedroht. Es verhält sich so, als nähere sich ihm auf der Tischplatte eine Gefahr, gegen die es sich zur Wehr zu setzen habe.

Wie die Szene endet, hängt von den Umständen ab. Der Versuchsleiter kann den reizauslösenden Knopf jederzeit loslassen. Geschieht das, richtet sich der Hahn sofort auf und blickt suchend um sich. Man kann sich bei der Betrachtung des Films des Eindrucks nicht erwehren, daß er verblüfft darüber ist, daß die Gefahr so plötzlich verschwand. Wenn der Hahn sich davon endgültig überzeugt hat, plustert er sich erleichtert auf und stößt ein triumphierendes »Kikeriki« aus – daran zu zweifeln, daß zwischen seiner kämpferischen Reaktion und dem Verschwinden der Bedrohung ein ursächlicher Zusammenhang besteht, kommt ihm nicht in den Sinn.

Bleibt der Reiz dagegen eingeschaltet, kann es passieren, daß sich das Tier für seine offenbar immer unerträglicher werdende innere Spannung ein Ersatzobjekt sucht. In der Regel ist das einer der um den

Tisch herumstehenden Wissenschaftler. Die Filme zeigen, daß sich die Attacke des Hahns in diesem Fall mit Vorliebe auf die Hände derer richtet, die so unvorsichtig sind, diese bei dem Experiment auf dem Tischrand liegen zu lassen. Offenbar kommen Größe und Position einer dort aufgestützten menschlichen Hand dem Aussehen des bedrohlichen Phantoms noch am nächsten, das der Strom im Hirn des Hahns entstehen läßt.

Da ein auf so hinterhältige Weise vorgegaukelter Feind aber auch durch noch so kräftige Schnabelhiebe nicht zu vertreiben ist, endet die Szene bei diesem Verlauf (bei weiter eingeschaltetem Reiz also) regelmäßig damit, daß der Hahn schließlich alle ihm geduldig andressierten Manieren fahrenläßt und laut schreiend vom Tisch flattert. Das allerdings ist dann eine Aktion, mit der das Tier nun tatsächlich das Verschwinden des halluzinierten Gegners ursächlich herbeiführt, wenn auch auf eine Weise, die zu durchschauen ihm definitiv versagt bleibt: dadurch nämlich, daß es dabei den haarfeinen Draht zerreißt, der das Phantom in seinem Hirn erzeugte.

Man kann den Versuch so oft wiederholen, wie man will. Der Hahn läßt – vorausgesetzt, die Reizung erfolgt an der dafür »zuständigen« Stelle seines Gehirns – stereotyp immer wieder das gleiche Programm ablaufen. Man muß sich ganz klar darüber sein: Das einzige, was dabei künstlich ist und von außen kommt, ist der einem natürlichen Nervenimpuls gleichende elektrische Reiz. Er ist lediglich der Auslöser. Alles, was dann geschieht, produziert das Tier selbst, die ganze aus einer Vielzahl verschiedenster Verhaltenselemente zusammengesetzte Szene, die sich auf dem leeren Tisch wiederholt, sobald der bewußte Knopf gedrückt wird: der Kampf gegen das näherkommende Phantom eines »Bodenfeindes«.

Das Experiment demonstriert mit aller wünschenswerten Deutlichkeit, daß es sich bei diesem Verhaltensrepertoire um ein Programm handelt, das angeboren, sozusagen präfabriziert, fix und fertig im Gehirn des Hahns steckt. Es steckt, genaugenommen, schon im befruchteten Ei, aus dem der Hahn erst noch schlüpfen soll. Noch genauer: Es ist ein Bestandteil des Erbmoleküls im Kern der Eizelle, die den ganzen Bauplan für den zukünftigen Hahn enthält. In dessen fertigem Gehirn ist dieses Programm dann in der Gestalt eines bestimmten Musters von Nervenverknüpfungen enthalten, deren Aktivierung die geschilderte Szenenfolge ablaufen läßt.

Neu an den Versuchen von Holst war lediglich die Methode der

Auslösung dieses und zahlreicher anderer Verhaltensprogramme. Sie selbst waren den Verhaltensphysiologen altvertraut. Das eben macht ja die Bedeutung dieser Versuchsreihe aus, daß sie den Nachweis dafür buchstäblich »auf den Tisch« legte, daß arttypische Verhaltensweisen wie Balz, Körperpflege, die Suche nach geeignetem Futter[67] oder eben auch die Abwehr eines Feindes als starre Programme angeboren und an verschiedenen, jeweils spezifischen Stellen des Gehirns gespeichert sind. Es handelt sich um »angeborene Erfahrungen«.

Der biologische Nutzen dieses Sachverhalts ist offensichtlich. Normalerweise wird das Verhaltensprogramm »Abwehr eines sich nähernden Bodenfeindes« durch den Anblick eben eines solchen Feindes, also eines Wiesels oder Marders oder einer Katze ausgelöst. (Das ergibt sich nicht nur aus Freilandbeobachtungen, sondern – noch beweiskräftiger – aus den »Attrappenversuchen« der Verhaltensforscher. Dazu gleich noch mehr.) Der Umstand, daß es angeboren ist, gewährleistet, daß der Hahn schon dann, wenn er zum erstenmal in seinem Leben einem Wiesel begegnet, »richtig« reagiert.

Ein Hahn, der in dieser Situation darauf angewiesen wäre, empirisch, nach der Methode »Versuch und Irrtum«, herauszufinden, was es mit einem Wiesel auf sich hat, hätte aus naheliegenden Gründen kaum Chancen, zu den Eltern der nachfolgenden Hühnergeneration zu gehören. Seine Gene würden folglich aus der weiteren Evolution seiner Art ausscheiden. Hähne, die das Problem, wie man sich einem Wiesel gegenüber verhält, nicht »auf Anhieb« zu lösen vermögen, gibt es daher nicht.

Daß der Besitz angeborener Erfahrungen äußerst zweckmäßig ist, bedarf also keiner weiteren Begründung. Aber da taucht doch eine ganz andere Frage auf: Wo kommen die angeborenen Erfahrungen des Hahns eigentlich her? Wenn das Tier sie selbst nicht gemacht hat, wie sind sie dann in seinen Besitz gekommen? Seine Problemlösung hinsichtlich des Umgangs mit einem »Bodenfeind« kann ja nicht einfach vom Himmel gefallen sein.

Diese Frage ist nun der analog, die wir uns angesichts der Kantschen Erkenntnisformen *a priori* vorgelegt hatten. Man kann mit Fug und Recht behaupten, daß auch der Hahn ganz offensichtlich über angeborene Formen der Erkenntnis über seine Welt verfügt. Sie sind auch bei ihm *a priori* gegeben, denn sein Wissen über das Aussehen des Feindes und über die zweckmäßigste Reaktion ihm gegenüber ist nicht das Ergebnis vorangegangener Erfahrungen. Er bringt sie, wie gesagt, von

Geburt an mit. Sein Wissen also existiert schon vor aller Erfahrung, buchstäblich *ab ovo*. Und trotzdem »paßt« dieses Wissen auf die reale Hühnerwelt. Wie ist das zu erklären?

Im Falle des Hahns erscheint uns die Antwort leicht. Nachträglich gilt das für viele grundlegende Entdeckungen, die erstmals zu machen eine geniale Leistung darstellt. Konrad Lorenz hat die Antwort gefunden.[68] Sie lautet: Zwar hat der Hahn die Erfahrung tatsächlich nicht selbst gemacht. Trotzdem ist das Programm »Bodenfeind-Abwehr« ebenso wie alle anderen dem Tier angeborenen Instinkte eine Erkenntnis, die *a posteriori* in die Hühnerwelt gelangt ist. Sie alle sind das Resultat von Erfahrungen im konkreten Umgang mit dem Feind und allen anderen, stetig wiederkehrenden Faktoren, die spezifische Bestandteile der Umwelt von Hühnern darstellen. Allerdings von Erfahrungen, die nicht die einzelnen Individuen, nicht der einzelne Hahn noch eine konkrete Henne gemacht haben, sondern die Art als Ganzes.

Der einzige, allerdings entscheidende Schatten, der übersprungen werden mußte, um diese bedeutsame, nachträglich so einfach erscheinende Antwort finden zu können, ist unsere stillschweigende Annahme, die Möglichkeit zum Gewinn von Erfahrung sei eine Fähigkeit, die erstens ein Bewußtsein voraussetze und zweitens schon deshalb dem einzelnen Individuum vorbehalten sei. Beide Ansichten erweisen sich bei näherer Betrachtung jedoch als bloße Vorurteile. Sie werden wieder einmal allein durch die uns geläufige Alltagsbedeutung des Begriffs »Erfahrungen machen« suggeriert und sehen daher den Prozeß des Informationsgewinns, um den es geht, in einem allzu engen (anthropozentrischen!) Rahmen.

Das Auge wurde von Goethe eben deshalb »sonnenhaft« genannt, weil der naturforschende Klassiker intuitiv erfaßt hatte, wie total unser Sehorgan sich an die physikalischen Eigenschaften der von der Sonne kommenden Strahlung angepaßt hat. Die heutige Naturwissenschaft kann in allen Details bestätigen, daß wir in der Tat außerstande wären, die Sonne zu erblicken (oder irgend etwas von dem, was sie bescheint), wenn es nicht so wäre.

Der komplizierte Bau unserer Augen erweist sich bei näherer Betrachtung als fleischgewordene Entsprechung all der optischen Gesetze, die aufzudecken menschliche Wissenschaft Jahrhunderte benötigt hat. Berücksichtigt ist etwa (und zweckmäßig ausgenutzt!) die Abhängigkeit der Brennweite von der Oberflächenkrümmung eines lichtbrechenden Mediums, der Zusammenhang zwischen der Weite der Einfallsöffnung und der Schärfentiefe des projizierten Bildes oder auch die aus beidäugiger Betrachtung resultierende parallaktische Verschiebung als Maßstab der Entfernung.

Ganz zu schweigen von den Raffinements der spektralen Zerlegung des Sonnenlichts in die verschiedenen Farben oder von der geradezu unglaublichen Steigerung der Lichtempfindlichkeit bis in einen Bereich, der weit unterhalb des optischen »Rauschpegels« liegt, der durch die Eigenaktivität der Netzhaut hervorgerufen wird. Ein menschlicher Konstrukteur auf der Höhe des heutigen Wissens müßte vor Aufgaben dieses Komplexitätsgrades noch immer kapitulieren. Auch unsere Wissenschaft ist trotz aller Anstrengungen noch immer weit davon entfernt, die Lösungen insgesamt auch nur zu begreifen, die hier konkret realisiert vorliegen.

Augen aber gibt es schon seit unausdenklich langer Zeit. Die konstruktiven Aufgaben für den Bau leistungsfähiger Augen wurden Jahrmillionen vor dem Zeitpunkt gelöst, zu dem Menschen den Zusammenhang von Licht und Sehen erstmals als Problem erkannten und zum Gegenstand ihrer wissenschaftlichen Neugier machten.

Soll man nun, und das ist die entscheidende Frage, allein deshalb leugnen, daß mit diesem so differenziert angepaßten Organ »Information« über bestimmte Qualitäten der Außenwelt in den Organismus gelangt ist? Gemeint ist das Organ selbst als fleischgewordene Information (z.B. über die physikalischen Eigenschaften von Licht, die Gesetze optischer Brechung, die spektrale Zusammensetzung der Sonnenstrahlung und vieles andere), nicht etwa die vom Auge vermittelte optische Einzelinformation. Hat der Organismus mit dem Erwerb dieses Auges nicht auch die in der Struktur dieses Organs enthaltenen Informationen »erworben«, auch wenn an diesem Erwerb unbestreitbar kein bewußt planender Konstrukteur beteiligt gewesen ist?

Wir sollten uns an dieser Stelle nochmals an die evolutive Plastizität erinnern, die der Typus einer Art im Ablauf der Zeit an den Tag legt. Daran, daß Evolution gleichbedeutend ist mit kontinuierlicher Anpassung an immer neue Eigenschaften und Bedingungen der realen Außenwelt. Daran, daß jede Anpassung identisch ist mit einer »Abbildung« der Umwelteigenschaft, an welche die Anpassung erfolgt ist. Und schließlich daran, daß aus diesem Grunde der Huf ein Abbild des ebenen Steppenbodens ist und der Flügel eines Vogels ein Abbild der Luft und ebenso die Flosse eines Fischs ein Abbild des Wassers, um es noch einmal mit den Worten von Konrad Lorenz zu sagen.

Das meinen die Verhaltensforscher, wenn sie sagen, daß jede Anpassung identisch sei mit dem Gewinn von Erkenntnis über die Umwelt. »Das Leben selbst«, so Konrad Lorenz, »ist ein erkenntnisgewinnender Prozeß.«

Auf diese Weise ist auch, um da wieder anzuknüpfen, der Hahn in den Besitz angeborenen Wissens gekommen. Sein Wissen ist, wie wir schon festgestellt hatten, *a priori,* denn er hat es vor aller Erfahrung. Und dennoch paßt es auf seine Welt: Das Tier erkennt den Feind bereits, wenn es ihm zum erstenmal begegnet. In diesem Falle haben uns nun jedoch die Entdeckungen der Evolutionsforscher verstehen lassen, wie diese Passung zwischen angeborenem Wissen und realer Umwelt zustande gekommen ist. Das geschah auf eine zwar ganz gewiß wunderbare und staunenswerte, jedoch keineswegs rätselhafte Weise: Das Wissen des Hahns ist in Wirklichkeit auch das Resultat eines Lernprozesses. Um das erkennen zu können, ist allerdings die Einsicht erforderlich, daß dieser Lernprozeß nicht vom einzelnen Tier, sondern von seiner Art im Ablauf ihrer Evolution in der Gestalt einer genetischen Anpassung an die Existenz des arttypischen Feindes geleistet worden ist.

Muß es einem angesichts dieses überzeugenden Erklärungsmodells nun nicht wie Schuppen von den Augen fallen, wenn man an die von Kant an unserem eigenen Erkenntnisvermögen entdeckten angeborenen Strukturen denkt? Liegt hinsichtlich des Problems, warum diese unsere apriorischen Erkenntnisformen auf die reale Welt passen, obwohl sie uns mit der Geburt, vor aller Erfahrung, fix und fertig in den Schoß gefallen sind, nicht eine analoge Erklärung nahe?

Kant hatte vor der Möglichkeit, über die reale Welt überhaupt etwas erfahren zu können, resigniert. Sein unabweislich erscheinendes Argument: Da wir in den Erfahrungen, die wir über die Welt zu machen glauben, die uns angeborenen Strukturen des Wahrnehmens, Denkens und Vorstellens wiederfinden und da diese aufgrund ihrer apriorischen Natur in keiner erkennbaren Beziehung zur Außenwelt stehen können, beschäftigen wir uns bei allem Wahrnehmen, Denken und Vorstellen im Grunde immer nur mit unserem eigenen Verstand. Über die Welt erfahren wir dabei nichts.

Kant hat von der Evolution und ihren Gesetzen noch nichts gewußt. Ihre Entdeckung lag zu seinen Lebzeiten noch in der Zukunft. Wenn man sich vor Augen hält, wie hoffnungslos das Genie des großen Königsbergers unter diesen Umständen an diesem einen Punkt in einer aussichtslos erscheinenden Sackgasse steckenblieb, geht einem auf, welche Konsequenzen die Tatsache der zufälligen historischen Situation für den einzelnen hat. Anders gesagt: Was hätte Kant wohl für die Möglichkeit gegeben, auch die Tatsache der Evolution in seine Lebensarbeit einbeziehen zu können! (Und: Wissen wir es eigentlich hinreichend zu schätzen, daß wir diesem Mann gegenüber ohne jegliches eigenes Verdienst so entscheidend im Vorteil sind?)

Sobald man die Tatsache der Evolution und unsere heutige Kenntnis von ihren Gesetzen in die Betrachtung einbezieht, lichtet sich das Dunkel über diesem Teil des Erkenntnisproblems. Gewiß, das Denken in kausalen Zusammenhängen ist uns angeboren. Es ist uns *a priori* mitgegeben worden. Wir können die Welt daher gar nicht anders erleben als kausal geordnet. Dieser Umstand hindert uns nun jedoch keineswegs daran, etwas über die Welt zu erfahren, wie Kant pessimistisch folgern zu müssen glaubte.

Im Gegenteil! Der unserem Denken von Geburt an eingeprägte Zwang, alles kausal geordnet zu sehen, stellt ein angeborenes Wissen über die Welt selbst dar. Erworben wurde dieses Wissen im Ablauf der Evolution unserer Art durch allmähliche genetische Anpassung an selektierende Umweltbedingungen. Jede Anpassung aber bildet einen Teil der realen Welt ab. Und das gilt nicht nur für Pferdehufe, Vogelflügel und Fischflossen. Es gilt ebenso auch für Verhaltensweisen und für Erkenntnisstrukturen. Und deshalb ist die in unserem Erkenntnisvermögen steckende Kausalkategorie in Wahrheit nichts anderes als ein Abbild der in der realen Welt tatsächlich herrschenden Ordnung. Sobald wir das Faktum der Evolution zur Kenntnis nehmen und uns selbst, unsere Art, in den Evolutionsprozeß einbeziehen, lösen sich alle Rätsel auf. Das Problem, vor dem selbst ein Kant hatte kapitulieren müssen, existiert nicht mehr.

Damit ist, in denkbar knappster Form, das revolutionäre Konzept der evolutionären Erkenntnistheorie skizziert. Dieses eine Beispiel zeigt auch schon auf eindrucksvolle Weise, welche Erklärungskraft der Hypothese innewohnt, daß unser Geist nicht vom Himmel gefallen, sondern das (vorläufige) Ergebnis der gleichen Entwicklungsgeschichte ist, die auch alles andere hat entstehen lassen, was den Kosmos heute erfüllt.[69] Daß dem Konzept der Evolution allem Anschein nach auch in der Erkenntnisforschung, also im Zentrum der Philosophie – und daneben auch noch in den Sprachwissenschaften und einigen anderen anthropologischen Disziplinen –, eine zentrale Rolle zufällt, kann hier ebensowenig weiter ausgeführt werden wie eine detaillierte Begründung dieser fruchtbaren und aktuellen Disziplin, die philosophische und biologische Argumente miteinander vereinigt. Wer sich genauer und ausführlicher informieren will, sei daher auf eine der inzwischen vorliegenden Einführungen verwiesen.[70]

Die Entdeckung des evolutionären Hintergrunds der apriorischen Anteile unseres Denk- und Vorstellungsvermögens läßt uns nun unsere Chancen, Kenntnisse über die reale Welt zu erlangen, wieder etwas weniger pessimistisch beurteilen als zuvor. Wenn die uns angeborenen Denk- und Vorstellungsstrukturen sozusagen den Abdruck von Strukturen darstellen, die der Welt selbst eigen sind, brauchen wir uns nicht mehr den Kopf darüber zu zerbrechen, wie es wohl zugehen könnte, daß beide aufeinanderpassen. Diese Frage ist endgültig beantwortet. Dürfen wir uns darüber hinaus nun aber auch noch in dem Glauben wiegen, daß wir eben in Gestalt dieser angeborenen Strukturen bereits im Besitz »verläßlichen« Wissens über die Welt sind?

Hier ist Vorsicht geboten. Bevor wir unserem Optimismus allzusehr die Zügel schießen lassen, muß noch ein Argument nachgetragen werden, das ich bisher unterschlagen habe (weil wir nur »linear« zu denken vermögen, weil wir nur ein Argument nach dem anderen – und nicht zwei zur selben Zeit – in unserem Kopf abhandeln können). In dem Erklärungsmodell, das wir aus dem Holstschen Experiment mit dem Hahn abgeleitet haben, fehlt in Wirklichkeit noch ein wesentliches Element.

Wie selbstverständlich hatten wir bisher davon gesprochen, daß der Hahn den arttypischen Bodenfeind *a priori* »erkenne«. Das ist grundsätzlich auch richtig. Aber dürfen wir daran nun auch schon, wie wir es bis jetzt stillschweigend getan haben, ohne weiteres die Folgerung anschließen, daß das angeborene Wissen des Hahns in diesem Punkt also eine »zutreffende« Information über seine reale Umwelt enthalte? Das wäre ganz sicher voreilig. Bevor wir das beurteilen können, müssen wir wissen, *was* der Hahn eigentlich sieht, wenn er den Feind »erkennt«.

In welcher Gestalt präsentiert sich ihm das Phantom eigentlich, das er im Hirnreizversuch auf der leeren Tischplatte so gebannt fixiert? Läßt der elektrische Impuls ihn ein Wiesel halluzinieren, einen Marder oder eine Katze? Und was für einen Marder denn: groß oder klein, mit hellbraunem oder dunklerem Fell? Nehmen wir an, es sei ein Marder: Müssen wir dann nicht fragen, wie ihn sein angeborenes Wissen eigentlich vor einer Katze (und einem Fuchs und einem Iltis) schützen kann, wenn es mit dem Bild eines Marders identisch ist? Oder sollen wir etwa annehmen, daß die Abbilder aller in der realen Welt in Frage kommenden, aller dem Hahn im Laufe seines Lebens möglicherweise begegnenden Feinde mit allen real möglichen individuellen Varianten sämtlich in seinem Hirn gespeichert sind? Also große Marder und kleine, mittelgroße, dicke und dünne, Füchse aller Schattierungen, Katzen einfarbig, weiß, gefleckt und so weiter, in endloser Zahl? Man sieht, da steckt noch ein Problem.

Was also sieht der Hahn nun eigentlich, wenn er einen »Bodenfeind« erkennt? Die Frage läßt sich erstaunlicherweise recht präzise beantworten. Das Mittel dazu ist der schon erwähnte »Attrappenversuch«. Die Verhaltensforscher haben die Methode eigens zu dem Zweck entwickelt, herauszufinden, welche Reizkonstellation es ist, die ein bestimmtes Verhaltensprogramm auslöst. Ausgangspunkt war die Überlegung, daß es in der Tat absurd wäre, anzunehmen, daß – etwa im Falle angeborener Feinderkennung – alle individuellen Varianten möglicherweise auftauchender Artfeinde als auslösende Schablonen genetisch gespeichert sein könnten.

Sehr viel wahrscheinlicher war die Annahme, daß es bestimmte »Schlüsselreize« geben müsse, bestehend aus Merkmalen, die möglichst der ganzen Gruppe in Frage kommender Feinde ungeachtet aller sonst zwischen ihnen bestehenden Unterschiede gemeinsam sind. Was haben Marder, Wiesel, Füchse, Katzen und andere Feinde, die Hühnern am Boden gefährlich werden (Raubvögel sind ein anderer Fall!), nun aber gemeinsam? Drei Merkmale springen ins Auge: eine »fellige« Oberfläche, ein die potentielle Beute bedrohlich fixierendes Augenpaar sowie den charakteristischen »geduckt schleichenden« Bewegungsablauf bei der dem Angriff vorausgehenden Annäherung.

Die Forscher gingen also dazu über, Attrappen zu bauen, bei denen das »Feindbild« auf die von ihnen vermuteten Merkmale reduziert war. Sie nähten Fell zu länglichen Knäueln zusammen, an deren einem Ende Glasknöpfe als »Augen« befestigt wurden. Und siehe da: Wenn man diese Gebilde einem Hahn oder einer auf einem Nest brütenden Henne an einem langen Draht langsam (»schleichend«!) so näherte, daß die Augenknöpfe in der Bewegungsrichtung, also »vorne« lagen, gerieten die Hühner in panischen Schrecken und produzierten bis zur Ermattung das ganze Repertoire der ihnen angeborenen, der Feindabwehr dienenden Verhaltensweisen.

Und nicht nur das. Die entscheidende Entdeckung: Bei dem Vergleich der Wirksamkeit systematisch abgewandelter Attrappen zeigte sich, daß die Tiere Attrappen, die alle für die gesamte Feindkategorie charakteristischen Merkmale in sich vereinten, sämtlichen anderen Attrappen eindeutig »vorzogen«, auch wenn diese im übrigen dem tatsächlichen Aussehen eines der potentiellen Feinde sehr viel näher kamen. Während das beschriebene Fellknäuel zum Beispiel volle Auslöserwirkung hat, bleibt ein ausgestopftes Wiesel, das man gleichzeitig unmittelbar neben dem Nest vorsichtig enthüllt, von der brütenden Henne nach anfänglichem Erschrecken schließlich so gut wie unbeachtet – eine für den menschlichen Beobachter groteske Szene.
Dem toten Wiesel fehlt eben ein entscheidendes Merkmal, und zwar der typische Bewegungsablauf. Da nützt ihm dann, sozusagen, sein naturalistisches Aussehen, seine optische Identität mit einem konkreten Feind, überhaupt nichts. Erst das mit Hilfe des Drahts bewegte Fellbündel vereinigt – ungeachtet seiner fast totalen Unähnlichkeit – alle die Signale, deren Summe den das angeborene Programm auslösenden Schlüsselreiz bildet.
Daß das auch für andere Tiere gilt, ist mit entsprechenden artspezifischen Attrappen inzwischen in zahllosen Fällen nachgewiesen worden.[71] Vögel aller Art, von Gänsen bis zu kleinen Singvögeln, Fische, Insekten, sie alle lassen sich, wenn die spezifischen Signalreize erst einmal ermittelt sind, mit den aus ihnen »komponierten« Attrappen in vorhersehbarer Weise steuern. Die Reaktion erfolgt nicht nur in voraussagbarer Form, sondern auch unweigerlich. Die Tiere sind gänzlich außerstande, sich der auslösenden Wirkung derartiger Reizkonstellationen zu entziehen.
Den Untersuchern ist es sogar gelungen, »Überattrappen« zu konstruieren, Attrappen, welche die für die Auslösung eines bestimmten Verhaltensprogramms verantwortlichen Reize in unnatürlich übertriebener Ausprägung enthalten. In vielen Fällen ziehen die Versuchstiere diese dann sogar naturalistisch nachgebildeten Objekten bei sonst gleichen Bedingungen vor.
Welche Bedeutung haben diese Befunde nun im Zusammenhang mit unserem erkenntnistheoretischen Gedankengang? Das wird offensichtlich, wenn wir uns jetzt erneut die Frage vorlegen, in welchem Sinne die Informationen über die Außenwelt als »zuverlässig« betrachtet werden können, die durch angeborene Erfahrungen vermittelt werden. Das war der entscheidende Punkt, an dem wir angelangt waren.

Beispiele für Attrappenversuche: Ein balzbereites Stichlingsmännchen zieht von den beiden oben li. gezeigten Attrappen die untere vor. Auf seiner Entwicklungsebene ist für die Auslösung dieser Reaktion nicht naturalistische Ähnlichkeit entscheidend, sondern ein spezifisches Merkmal: der angeschwollene Leib eines vor dem Ablaichen stehenden Weibchens. Aus dem gleichen Grunde balzt ein Rotkehlchenhähnchen im Versuch nicht etwa einen ausgestopften Jungvogel an (dem noch der rote Halsfleck fehlt), sondern unfehlbar das daneben abgebildete Federbüschel – jedenfalls dann, wenn der Experimentator es vorher rot eingefärbt hat. Und ein Kaisermantel verfolgt unermüdlich eine rotierende, mit hellen und dunklen Streifen gemusterte Walze. Er tut es deshalb, weil der Hell-dunkel-Wechsel bei einer bestimmten Umdrehungsgeschwindigkeit das für diese Reaktion unter natürlichen Umständen maßgebliche Merkmal simuliert, das beim Flattern des Schmetterlingsweibchens durch die rasch aufeinanderfolgende Darbietung der dunkleren bzw. helleren Ober- und Unterseiten der Flügel hervorgerufen wird.

Obwohl angeboren, so hatten wir gesagt, passen die Kantschen Kategorien *a priori* – etwa die der zeitlichen und räumlichen Strukturen oder die der Kausalität – dennoch auf die Welt, weil sie das Ergebnis einer evolutiven Anpassung unserer Psyche an diese Welt sind. Aus dem Grunde hielten wir uns auch für berechtigt, diese Denkstrukturen als angeborenes *Wissen* über die Außenwelt anzusehen. Immerhin ist es unseren biologischen Ahnen möglich gewesen, sich mit ihrer Hilfe über Jahrmillionen hinweg in einer an Risiken gewiß nicht armen Welt erfolgreich durchzusetzen.

Was aber heißt nun »zuverlässig« (oder gültig oder zutreffend) in diesem Zusammenhang? Da wir das hinsichtlich unserer eigenen Situation der »Welt an sich« gegenüber auf keine Weise unmittelbar überprüfen können, wenden wir uns noch einmal der Situation des Tiers zu, in der Hoffnung, sie als der unseren wenigstens analog ansehen zu dürfen. Beim Tier, also etwa beim Hahn, dem ein Verhaltensforscher eine vorn mit Glasperlen geschmückte Fellrolle zuschiebt, ist die Frage der Zuverlässigkeit nun offensichtlich eine Frage der Definition. Unter dem Aspekt der Überlebenschancen, biologischer Zweckmäßigkeit also, ist die Information, die der Hahn durch die ihm präsentierte Reizkonstellation über die in seiner Umwelt herrschenden Bedingungen bekommt, als unüberbietbar zuverlässig und gültig anzusehen.

Die Zusammensetzung des auslösenden Schlüsselreizes aus möglichst wenigen Merkmalen, die für alle in Betracht kommenden Feinde gelten, ist die einzige überhaupt denkbare Lösung der fast utopisch anmutenden Aufgabe, ein Feindbild genetisch zu speichern, das alle jemals möglicherweise begegnenden, da in der realen Umwelt konkret existierenden Feinde erkennbar wiedergibt. Was die Evolution hier geleistet hat, ist nichts Geringeres (und nichts anderes!) als eine »abstrahierende Generalisierung«, eine von den individuell vorhandenen Detailunterschieden systematisch absehende Verallgemeinerung. Es verdient unterstrichen zu werden, daß diese Abstraktionsleistung ebenfalls wieder zu einer Zeit erbracht worden ist, in der die Möglichkeit, die gleiche Strategie mit psychischen Mitteln »bewußt« anzuwenden, noch in einer unausdenkbar fernen Zukunft lag.

Als biologischer Organismus also ist der Hahn mit dem ihm angeborenen Wissen über seine Welt optimal informiert: zutreffend, zuverlässig, hilfreich oder wie immer man das nennen mag. Und da sich seine Existenz allein auf die biologische Ebene beschränkt, ist der Fall damit für ihn befriedigend erledigt.

Etwas anders stellt sich die Angelegenheit allerdings dem menschlichen Beobachter dar. Relativ zu der Erkenntnisfähigkeit des Hahns befinden wir uns auf einer übergeordneten, gewissermaßen einer »Metaebene«. Die für den Hahn durch das geschlossene System von angeborenem Verhaltensprogramm mit eingebauter Auslöserschablone einerseits und objektiver Signalkonstellation als auslösendem Reiz andererseits vollständig (»lückenlos«) beschriebene Situation hat von dieser, für den Hahn »metaphysischen« Ebene aus betrachtet eine ganz andere Qualität.

Jacob von Uexküll, der den Begriff von der »Umwelt« der Tiere prägte, hat zahlreiche Fälle dieser Art analysiert. Er beschrieb unter anderem den Extremfall der Umwelt der Zecke. Das Insekt bedarf zur Reifung seiner Eier des Bluts von Säugetieren. Es muß, wenn seine Art überleben soll, also imstande sein, Säugetiere zu »erkennen«, sie als einzige in Betracht kommende Nahrungsquellen von allen anderen in seiner Umwelt vorkommenden Objekten zu unterscheiden. Dazu ist dem Tier ein »Programm« angeboren, das es veranlaßt, sich aus dem

Geäst herabfallen zu lassen, wenn seine primitiven Sinnesrezeptoren den Geruch von Buttersäure (die Bestandteil jeder Schweißabsonderung ist) zugleich mit einem Anstieg der Umgebungstemperatur registrieren.[72]

Das ist alles. Und es genügt auch. Geruch und Temperaturanstieg definieren ein Säugetier für den in Frage kommenden Zweck mit ausreichender Zuverlässigkeit. Die Existenz von Zecken in der Welt beweist es. Geruch und Temperaturanstieg sind in der »Welt« der Zecke daher das einzige, was von einem Säugetier – ob Maus oder Büffel – »übrigbleibt«. Sie sind für eine Zecke mit »dem« Säugetier identisch.

Der Hahn könnte sich, wäre er zu einem Vergleich in der Lage, über diese Art der Beziehung zur realen Welt mit Recht erhaben dünken. Er müßte zwar einräumen, daß die Zecke durch die genannten beiden Merkmale über ihre Welt nicht nur zweckmäßig (ihre Art behauptet sich erfolgreich), sondern sogar zutreffend informiert wird: Schweiß und Temperaturanstieg *sind* Eigenschaft der realen Welt, sobald ein Säugetier in ihr vorkommt. Er würde dem aber wahrscheinlich entgegenhalten, daß die Welt der Zecke im Vergleich zu seiner eigenen auf eine unvorstellbare Weise reduziert sei.

Das »Weltbild« der Zecke ist nicht falsch. Auch sie verfügt in der Gestalt »angeborenen Wissens« über zutreffende Informationen über die Außenwelt. (Keine Art, für die das nicht gilt, könnte in der Welt überleben!) Ihre Welt ist dennoch nur ein kümmerliches Rudiment. Was die Zecke über die Welt erfährt, ist »richtig«. Es ist nur, im Vergleich zur Welt des Hahns, verzweifelt wenig.

Uns, die wir ontologisch wiederum einige Etagen über der Hühnerwelt angesiedelt sind, würde es trotzdem lächerlich vorkommen, wenn der Hahn seine Überlegenheit für grundsätzlich hielte. Sein Vorsprung ist unbestreitbar. Von unserer eigenen Position aus wird jedoch deutlich, daß er nur relativen Charakter hat.

Wir beschäftigen uns hier deshalb so ausführlich mit diesem Tier, weil der Hahn uns etwas lehren kann. Seine Lage gibt uns, die wir sie von außen (nicht bloß räumlich, sondern auch ontologisch »von außen«) beurteilen können, eine Antwort auf unsere Frage, ob eine den Überlebenserfolg gewährleistende Anpassung schon identisch ist mit einer Abbildung, die die reale Außenwelt objektiv richtig wiedergibt. Die Antwort ist eindeutig negativ.

Wir sollten uns wohlweislich hüten, Spekulationen darüber anzustellen, was ein Hahn wohl »sieht«, wenn er die Welt optisch erlebt. Beweisen läßt sich aber, daß er es tut, und zwar in einer von unserem Sehen auf unvorstellbare Weise verschiedene Art. Ganz sicher liegt es wieder nur an dem anthropomorphen Charakter unserer Sprache, daß wir für das optische Erleben in beiden Fällen das gleiche Wort verwenden. Wie selbstverständlich gehen wir davon aus, daß alle Augen in der Welt dasselbe sehen, unabhängig von der Art des Lebewesens, in dessen Kopf sie stecken.

Wir brauchen aber nur an die geschilderten Experimente zu denken, um uns davon zu überzeugen, daß nichts falscher sein könnte als diese Annahme. Ein Hahn, der sich vor einem glasperlenbestückten Fellbündel mehr fürchtet als vor einem ausgestopften Wiesel, sieht in der objektiv selben Situation ganz offensichtlich nicht dasselbe wie wir. Ein Rotkehlchen, das, in Balzstimmung geratend, seine Aufmerksamkeit einem Federbüschel zuwendet anstatt einem neben ihm sitzenden Artgenossen, auch nicht. (Vgl. Abb. S. 183)

Wie unvorstellbar anders Tiere die Welt optisch erleben müssen, obschon ausgestattet mit Augen, die den unseren vergleichbar sind, zeigt auf wahrhaft erschütternde Weise ein Experiment, das Wolfgang Schleidt (damals Mitarbeiter von Konrad Lorenz) vor etlichen Jahren durchführte. Er versuchte mit Attrappenversuchen herauszubekommen, woran eine brütende Putenhenne eigentlich ein eigenes Küken erkennt.

Als entscheidendes Signal erwies sich dabei das Piepsen des Jungtiers. Seine Bedeutung übertraf die aller anderen, auch die der optischen Signale bei weitem. Das zeigte sich auf dramatische Weise, als Schleidt in der für Attrappenversuche typischen Weise die verschiedenen auslösenden Signale zu manipulieren begann.

Dabei ließ sich die brütende Henne schließlich sogar ein ausgestopftes Wiesel buchstäblich »unterschieben«, wenn Schleidt in den Körper des toten Feindes einen Minilautsprecher eingebaut hatte, aus dem das jämmerliche Piepsen eines aus dem Nest gefallenen Kükens tönte. Als Schleidt dann der Henne jedoch die Ohren so wirksam verstopfte, daß sie nichts mehr hören konnte, hackte sie ohne zu zögern eines ihrer eigenen Küken mit einigen kräftigen Schnabelhieben zu Tode, als es versuchte, ins Nest zurückzukehren. Sie sah es kommen, aber sie erkannte es nicht. Was sich dem bebrüteten Nest aber nähert, ohne sich als bekannt ausweisen zu können, wird bekämpft. So bestimmt es das angeborene Programm.[73]

Derartige Katastrophen kommen unter normalen Bedingungen niemals vor. Sie treten nur dann ein, wenn Verhaltensforscher die natürlich vorliegenden Signalkonstellationen absichtlich durcheinanderbringen und damit die Ordnung in der Umwelt eines Tiers zertrümmern, um ihre Strukturen bloßzulegen. Normalerweise verschafft die angeborene Verschränkung von genetisch fixiertem Verhaltensprogramm und dazu passender Auslöserkonstellation in der Umwelt eine Geborgenheit und Sicherheit, die um so verläßlicher ist, als das Tier gar nicht die Möglichkeit hat, sich diesem Wirkungsgefüge zu entziehen (und damit irgendwelche unvorhersehbaren Risiken einzugehen).

Wir können aus all dem nur einen Schluß ziehen: Biologisch zweckmäßige und objektiv »wahrheitsgetreue« Abbildung werden in der Strategie der Evolution als unterschiedliche Größen behandelt. Überleben und Erkennen sind für sie zwei Paar Stiefel. Und da, wer nicht überlebt, auch nichts anderes mehr tun kann, wird, wogegen sich schwer argumentieren läßt, der Überlebenswert einer Anpassung allen anderen noch so wünschenswerten Erfordernissen vorangestellt.

Diese Tatsache nimmt uns, umgekehrt, die Möglichkeit, aus der Zweckmäßigkeit einer Anpassung den Schluß zu ziehen, sie gebe die Welt objektiv richtig (oder gar vollständig) wieder. Jede Anpassung ist ein Abbild der Welt. Das bleibt wahr. Es fragt sich nur, wie getreu die Abbildung jeweils ist.

Bis hierher ist es leicht, das alles einzusehen. Wir sehen die Zecke, und wir sehen den Hahn, und wir erkennen in beiden Fällen die Hoffnungslosigkeit der Distanz, die beide Lebewesen von der »Wahrheit der Welt« trennt. Der Hahn mag der Zecke noch soviel voraushaben. Von unserem eigenen Standpunkt aus schrumpft der Abstand zwischen beiden Organismen bis zur Bedeutungslosigkeit. So sehr, daß wir beide mit Recht, allen zwischen ihnen bestehenden Unterschieden zum Trotz, als »Tiere« bezeichnen und mit diesem Wort als Klasse von unserem eigenen Geschlecht abgrenzen. Bis zu diesem Punkt ist alles leicht einzusehen. Aber wir sind noch nicht am Ende des Beweisweges angelangt. Denn auch die Ebene, von der aus wir die Lage von Zecke und Hahn (und die aller anderen irdischen Lebewesen) begutachten, ist nicht die letzte, nicht die endgültig maßgebliche.

Zu dem reichen Schatz unserer Vorurteile gehört auch die Meinung, daß sie es sei. Wie aberwitzig dieser Glaube ist, wird am ehesten deutlich, wenn wir bedenken, was wir damit stillschweigend voraussetzen. Unter anderem dies:

Daß die Welt nach 13 oder mehr Milliarden Jahren just heute, in dem Zufallsaugenblick unserer eigenen Lebenszeit, am Ende ihrer Entwicklung angekommen ist. Daß, innerhalb dieser kosmischen Entwicklung, unsere Gehirne nach einem einige Jahrmillionen währenden Evolutionsablauf gerade jetzt jenen höchstmöglichen Entwicklungsstand erreicht haben, der uns instand setzt, die Welt im ganzen zu erkennen und endgültige Urteile über sie abzugeben. Daß es zwar selbstverständlich ist, daß Zecke und Hahn oder Menschenaffe weder von Kosmologie noch von Elementarteilchen jemals etwas wissen können, gleichzeitig aber ebenso selbstverständlich ausgeschlossen, daß es jenseits unseres eigenen Verstandes noch etwas geben könnte. Daß die Welt außerhalb des von den Grenzen unseres Erkenntnisvermögens gebildeten Horizonts also gewissermaßen »leer« ist. Oder, anders ausgedrückt, daß zufällig und ausgerechnet gerade wir (als »Krone der Schöpfung«!) jenes Ende der ganzen Evolution verkörpern, das gleichbedeutend ist mit dem Übereinstimmen von Erkenntnisgrenzen und der Gesamtheit alles Existierenden.

Man muß es nur einmal so hinschreiben, um zu durchschauen, wie unsinnig solche Voraussetzungen sind. Glücklicherweise gibt es für diese Einsicht aber nicht nur Indizienbeweise. (Die Ideengeschichte ist eine einzige Warnung vor der Illusion, daß Logik allein ausreichte, uns von unseren Vorurteilen zu befreien.) Einstein hat es bewiesen, empirisch und unwiderlegbar, daß auch die uns angeborenen Anschauungsformen, unser erblich erworbenes Vorwissen über die Welt, diese Welt nur höchst ungenau abbilden. Auch unser Gehirn ist eben – es sollte uns eigentlich nicht überraschen – von der Evolution nicht als ein Organ im Dienste objektiver Welterkenntnis entwickelt worden, sondern vor allem als ein Organ zur Verbesserung unserer Überlebenschancen.

Wenn wir also mit der uns angeborenen dreidimensionalen Raumvorstellung seit Urzeiten recht ordentlich in der Welt zurechtkommen, dann beweist das zwar, daß es in der realen Welt auch objektiv etwas geben muß, das dieser dreidimensionalen Struktur entspricht. Daß die Evolution sich mit dem ihr eigenen Pragmatismus aber auch in diesem Fall mit einer bloßen Annäherungslösung zufriedengegeben hat, wird durch Einsteins auf keine Weise mehr rückgängig zu machende Entdeckung belegt, daß der reale Raum der objektiven Welt über (mindestens) eine zusätzliche Dimension verfügt.[74]

Mit Hilfe des Erklärungsmodells der evolutionären Erkenntnistheorie verstehen wir also, warum die uns angeborenen Erkenntnisformen auf die Welt passen. Und gleichzeitig sehen wir ein, daß sie uns die reale Welt dennoch nur partiell und verschwommen erkennen lassen. Dieses Wissen unterscheidet uns von allen übrigen Lebewesen auf der Erde. Es ist der einzige Zipfel der Wahrheit, den wir in die Hand bekommen haben. Die Welt, so wie sie ist, bleibt auch uns endgültig unerreichbar.

Von der Amöbe bis zu Einstein sei es nur ein Schritt, sagt Karl Popper. Er meinte es im Hinblick auf die von beiden angewendete Methode der Problemlösung.[75] Man kann es aber auch in einem noch grundsätzlicheren Sinne verstehen. Der Abstand zwischen Einstein und der Amöbe erscheint uns, die wir uns irgendwo zwischen diesen beiden Polen einzuordnen haben, unermeßlich groß. Gemessen an der Distanz, die alle irdische Kreatur heute noch immer von der Wahrheit der Welt trennt, schrumpft aber auch er bis zur Bedeutungslosigkeit.

Wohin hat uns der verhaltensphysiologische und evolutionäre Exkurs geführt, den wir in diesem Kapitel unternommen haben? Was liefert er uns für unseren eigentlichen Gedankengang an Argumenten?

Zumindest doch wohl die Einsicht, daß es voreilig war, anzunehmen, »jeglicher Fideismus« sei durch die Erfolge der Naturwissenschaft »unbedingt verworfen«. Das Gegenteil scheint der Fall zu sein. Denn es ist zwar richtig, daß sich Naturwissenschaft um den Gewinn objektiver Wahrheit bemüht. Zu den Wahrheiten, die sie dabei bis heute an den Tag gebracht hat, gehört aber eben auch der aufsehenerregende Beweis, daß der Umfang der realen Welt den Horizont der uns auf unserem augenblicklichen Entwicklungsniveau zu Gebote stehenden Erkenntnis quantitativ und qualitativ um unvorstellbare Dimensionen überschreiten muß.

Ohne jede Frage also gibt es Realität auch jenseits unserer Vernunft. (Der Geisteswissenschaftler möge bitte nicht übersehen, daß der Beweis dafür letztlich nur mit dem evolutionären Argument geführt werden kann, also mit den Methoden der in unserem Kulturkreis nach wie vor als »materialistisch« verschrienen Naturwissenschaft!) Gewiß ist »jenseits« nun nicht ohne weiteres gleichzusetzen mit dem von den Kirchen gemeinten »Jenseits«. Aber immerhin können wir jetzt sicher sein, daß die – hypothetisch als real vorausgesetzte – Existenz der von uns erlebten Welt nicht im Widerspruch steht zu der Möglichkeit der Existenz auch des »Jenseits«, von dem die Weltreligionen sprechen. Ein Einwand solcher Art läßt sich nicht von einer Wirklichkeit ablei-

ten, deren Realität selbst nur in der Form einer Entscheidung für eine hypothetische Möglichkeit vorausgesetzt werden kann.
»Jenseiterei« ist ein berechtigter Vorwurf. Die Haltung, die Bloch mit dem Wort aufspießte, nämlich die Tendenz, sich vor der moralischen Verpflichtung angesichts der Mängel dieser Welt mit dem Hinweis auf ein angeblich allein wichtiges »jenseitiges Leben« zu drücken, verdient schärfste Kritik. Einseitigkeit verfehlt die Wahrheit immer. Aber eben deshalb ist auch die ausschließliche »Diesseiterei«, die in unserer Gesellschaft inzwischen längst um sich gegriffen hat, nicht nur falsch, sondern auch höchst konkret vom Übel.
Bevor wir aber diesen zweiten Teil mit dem Versuch abschließen, das Verhältnis zu beschreiben, das zwischen unserer Wirklichkeit – als einer sich in kosmischer Zeit evoluierenden Welt – und dem »Jenseits« der Religionen bestehen könnte, ist noch ein weiterer Einwand zu berücksichtigen. Ist es nicht ein Widerspruch, den Versuch zu machen, über etwas zu schreiben, das definitionsgemäß »jenseits« der Grenzen unserer Wissensmöglichkeiten liegt? Ist es nicht besser, zu schweigen über etwas, worüber man Gewisses ohnehin auf keinen Fall sagen kann? Hat nicht gerade die Naturwissenschaft ihre Erfolge dem konsequent durchgehaltenen Entschluß zu verdanken, alles außer Betracht zu lassen, was nicht meßbar oder wägbar, reproduzierbar oder zumindest widerlegbar ist?
Wir müssen uns mit dem Einwand auseinandersetzen.

4. Die Utopie des »Positivismus«

Um die Mitte des 17. Jahrhunderts hielt die *Royal Society* in London eine der seltsamsten Sitzungen ab, zu der man sich in den Räumen dieser honorigen Gesellschaft wohl jemals versammelt hat. Alle Teilnehmer waren Naturwissenschaftler, hervorragende Gelehrte, Vertreter der geistigen Creme des Königreichs. Man muß das ausdrücklich hinzusetzen, denn was die würdigen Herren, gekleidet in Talar und Perücke, bei dieser Gelegenheit taten, läßt darauf nicht im ersten Augenblick schließen.

Man traf sich um Mitternacht und nahm gemeinsam an einem runden Tisch Platz. Einer aus der Runde erhob sich und zog, während die anderen im Chor lateinische Beschwörungsformeln zu murmeln begannen, mit Kreide einen Kreis auf der Tischplatte. Darauf entnahm einer der anderen einem mitgebrachten Kästchen vorsichtig einen kapitalen Hirschkäfer, den er in der Mitte des Kreidekreises absetzte. Von da ab herrschte erwartungsvolles Schweigen.

Der Hirschkäfer drehte sich ein paarmal nach links und nach rechts. Dann hatte er sich für eine Richtung entschieden. In diese marschierte er unbeirrt los, über die Kreidelinie hinweg, bis der Rand der Tischplatte ihm Halt gebot.

Der simple Vorgang erfüllte die gelehrte Runde mit Entzücken. Erleichtertes Lachen wurde laut, einige schimpften auch. Man klopfte sich auf die Schultern, schüttelte sich die Hände und gelobte, daß man von jetzt an nur noch glauben werde, was man selbst habe nachprüfen können.

So etwa wird man sich den Ablauf der Geschichte wohl vorstellen müssen, die der berühmte Niels Bohr einst seinem Kollegen Werner Heisenberg erzählte.[76] Bohr ließ ausdrücklich offen, ob es sich um einen bezeugten Vorfall oder nur um eine Anekdote handelte. Das ist auch unwichtig, denn wie jede gute Anekdote enthält die Geschichte eine Wahrheit, die davon ganz unabhängig ist. Sie gibt, sozusagen in einer Nußschale, die uns heute längst entrückte geistige Situation wieder, in der die Naturgelehrten damals steckten, als die »moderne«

Naturwissenschaft vor rund vier Jahrhunderten ihre ersten tastenden Schritte unternahm.
Zwar hatte es schon in der Antike, seit Thales und Pythagoras und einigen anderen, Naturforschung als empirische Wissenschaft gegeben. Man hatte sich bereits von der Kugelgestalt der Erde überzeugt, sinnvoll geplante Messungen angestellt, um ihren Umfang zu ermitteln, und die Entfernungen von Sonne und Mond abzuschätzen versucht. Alle diese Ansätze aber waren wieder verschüttet worden und in Vergessenheit geraten, als sich das Interesse anderen Themen zuzuwenden begann.
Während der Jahrhunderte des Mittelalters richtete sich alle geistige Anstrengung auf größere Zusammenhänge und wichtigere Probleme. Wer könnte nicht verstehen, daß die Gesellschaft es damals für wichtiger hielt, allen Scharfsinn ihrer besten Köpfe zur Klärung etwa der Frage einzusetzen, in welchem Sinne Christus Gottes Sohn und zugleich Mensch gewesen sei oder wie man das Wesen Gottes genau zu verstehen habe. Die Antworten auf diese und vergleichbare Fragen sind ganz unbestreitbar, das läßt sich bis auf den heutigen Tag nicht in Zweifel ziehen, sehr viel wichtiger als die Kenntnis etwa des Erddurchmessers.
Ob 12000 oder 20000 Kilometer, »davon hängt die Seligkeit nicht ab«. Sie konnte sehr wohl aber davon abhängen, ob man richtig verstanden hatte, welche Bedingungen zu erfüllen waren, wenn man vor dem göttlichen Gericht einigermaßen bestehen wollte. Diese Epoche allein ihrer Zielsetzungen, ihrer geistigen Prioritäten wegen »dunkel« zu nennen, wäre völlig verfehlt, nichts als der Beweis eigener Phantasielosigkeit.
Dunkel war das Mittelalter allein insofern, als die Suche nach der Wahrheit auch damals nur allzuoft in rechthaberische Haarspalterei, eifernde Intoleranz und brutale Verfolgung mündete. Wir, die wir mit der für unsere Epoche kennzeichnenden hartnäckigen Entschlossenheit, das Paradies im Diesseits durchzusetzen, bisher schon durchaus ebenbürtige Verheerungen angerichtet haben, sollten darüber nicht allzu hart urteilen.
Kein Mensch, der seine fünf Sinne beisammen hat, würde auch nur einen Augenblick zögern, wenn man ihn vor die Wahl stellte, sich zwischen einer Verbesserung seiner Aussichten auf ein ewiges Leben und der Gewinnung detaillierter Informationen über die irdische Natur zu entscheiden. Das aber war, zugespitzt formuliert, die Entscheidung,

vor die sich die abendländische Gesellschaft im Ausgang der Antike, in den Jahrhunderten nach dem Tode Christi, gestellt sah. Wir hätten sie nicht anders getroffen.

Daß sich die Zielsetzung wissenschaftlicher Anstrengungen in den letzten Jahrhunderten grundlegend geändert hat, liegt also nicht etwa daran, daß das ursprüngliche Ziel selbst illusorisch gewesen wäre. Der wirkliche Grund ist ein ganz anderer. Der Grund ist die wichtige Einsicht, daß sich Gott und das Jenseits rational-wissenschaftlich nicht so unmittelbar in den Griff bekommen lassen, wie man gehofft hatte. Wir verdanken diese Erkenntnis den Anstrengungen des mittelalterlichen Menschen.

Anselm von Canterbury und Thomas von Aquin gehören deshalb zu den Großen der abendländischen Geistesgeschichte (und eben nicht nur der Theologie), weil die von ihnen begründeten Denkschulen in einer Jahrhunderte währenden geistigen Anstrengung diese entscheidende Klärung, direkt oder indirekt, herbeigeführt haben. Die Geschichte von Scholastik und Thomismus hat uns die Augen dafür geöffnet, daß Gott rational nicht greifbar, daß er nicht in der Art einer logischen Ableitung »beweisbar« ist.

Seit das feststeht, gehen Theologie und Naturwissenschaft wieder getrennte Wege. Die Theologen arbeiten daran, ihr Thema auf eine seinem Inhalt gemäßere Weise zu erfassen. Die Naturwissenschaftler können sich, mangels Kompetenz von der Beschäftigung mit dem Himmel Gottes entpflichtet, nach einigen Jahrhunderten der Unterbrechung wieder den Geheimnissen des Fixsternhimmels zuwenden.

Als es vor etwa 400 Jahren soweit war, entdeckten die Naturwissenschaftler als erstes, daß vor allem anderen die Herkulesaufgabe einer gigantischen Aufräumarbeit auf sie wartete. Während der langen Epochen, in der sie, mit Höherem beschäftigt, die Niederungen der irdischen Natur links liegengelassen hatten, waren diese von Scharen eines zwielichtigen Volkes besetzt worden. Magier und Alchimisten, Hexenmeister, Sterndeuter und Quacksalber behaupteten, im Besitz der Geheimnisse der Natur zu sein. Vom bösen Blick bis zum zukunftserschließenden Horoskop, vom Hexenwahn bis zum Rezept der Goldherstellung gab es nichts, was nicht behauptet, und fast nichts, was nicht auch geglaubt wurde.

Hier wartete ein wahrer Augiasstall auf seine Reinigung. Wie aber sollte die gewaltige Aufgabe in Angriff genommen und bewältigt werden? Der einzig gangbare Weg bestand in ausdauernder, geduldi-

ger Kleinarbeit. Punkt für Punkt mußte man sich alle die monströsen Behauptungen und angeblichen Erfahrungen der Reihe nach vornehmen und überprüfen. Schließlich war im voraus auch keineswegs auszuschließen, daß sich die eine oder andere womöglich sogar als zutreffend erweisen könnte.
Also überließ man die »großen Fragen« den Theologen und den Philosophen und machte sich an die niedere Arbeit. Nach Jahrhunderten kühner Spekulationen, die einen zuletzt doch nur mit leeren Händen hatten dastehen lassen, beschränkte man sich jetzt bewußt und entschieden auf den praktischen Versuch: das »Experiment«.
Was tat eine Kugel eigentlich genau, wenn man sie eine schiefe Ebene herunterrollen ließ? Wie verhielt sich ein Lichtstrahl, wenn man ihn durch Glas oder Wasser schickte? Warum kochte Wasser auf einem Berg bei geringerer Temperatur als in Meereshöhe? Da half, um die Antwort zu finden, kein noch so kluges Disputieren, keine noch so einfallsreiche Spekulation, keine noch so ausdauernde Suche in den Werken des Aristoteles. Da half nur eines: den Fall praktisch herbeizuführen und dann genau zu beobachten, was dabei geschah.
Genauso ging man auch vor, wenn es sich darum handelte, das vorliegende »Erfahrungsgut« der vorangegangenen Epochen auf seine Stichhaltigkeit zu überprüfen. Man war nicht länger bereit, es irgendeiner »Autorität« einfach abzunehmen, daß es ein Geheimrezept gebe, mit dem sich Gold herstellen ließe. Man besorgte sich das Rezept und probierte die Sache aus. (Das Ergebnis war nicht geeignet, das ohnehin bereits erschütterte Vertrauen in die Welt der Magier und der Wunderheiler wiederherzustellen.)
Stimmte es, daß sich Ungeziefer durch bestimmte Formeln aus dem Hause treiben ließ, daß Vieh erkrankte, wenn man in die Stalltür ein bestimmtes Geheimzeichen einbrannte, daß kein Geschirr im Hause mehr zerbrach, wenn die Hausfrau an jedem Morgen einen bestimmten Spruch aufsagte, bevor sie den ersten Teller berührte? Die Fülle derartiger Behauptungen und Ratschläge war unübersehbar. In allen Fällen gab es nur eins: ausprobieren! Ausprobieren, ob es damit seine Richtigkeit hatte, und zwar vor kritischen Zeugen, unter Bedingungen, die jede Mogelei und nach Möglichkeit auch jeden Irrtum, jede Doppeldeutigkeit ausschlossen.
So kam es denn auch zu der mitternächtlichen Szene in den Räumen der *Royal Society* in London, von der Niels Bohr berichtet. So skurril sie uns erscheint, sie bekommt sofort Sinn, wenn man sie vor dem

Hintergrund der skizzierten historischen Situation sieht. Es war zu der Zeit eben *nicht* bedeutungslos, herauszufinden, ob sich die Fähigkeit eines Hirschkäfers, einen Kreidekreis zu verlassen, durch eine mitternächtlich ausgesprochene Beschwörungsformel aufheben läßt oder nicht.

Die Naturwissenschaftler müssen damals den Eindruck gewonnen haben, ein gütiger Geist habe sie in den Besitz eines Passepartouts gebracht, eines Schlüssels, der auf alle Geheimnisse der Natur paßte: das »kontrollierte« Experiment. Gleichzeitig entwickelte sich so etwas wie ein Ehrenkodex unter den Gelehrten, ein Satz von »Spielregeln«, die man von jetzt an einzuhalten gelobte. Man war, nach allen Enttäuschungen und Verirrungen, entschlossen, sich nunmehr nur noch an das zu halten, was sich »experimentell« – so hieß die neue Zauberformel – nachprüfen ließ.

Stillschweigend einher ging damit die Absicht, die »großen Fragen« – nach Gott und dem Jenseits, nach der Unsterblichkeit und dem Sinn des Lebens – anderen, dafür zuständigen Disziplinen zu überlassen. Man war bescheiden geworden. Mehrere Jahrhunderte vergeblicher Anstrengungen hatten ihren Eindruck hinterlassen. Sicher war man nur, wenn man auf allzu totale Ansprüche verzichtete und sich an das hielt, was im Rahmen der experimentellen Methode greifbar war. Alles andere, das war ein entscheidender Bestandteil der neuen Regeln, sollte von nun an ausgeklammert bleiben.

Bis hierher wird niemand Einwände erheben. Weder ein gläubiger Mensch noch ein Theologe kann an diesen Vorsätzen Anstoß nehmen. Den Naturwissenschaftlern des 16. und 17. Jahrhunderts lag auch nichts ferner als der Gedanke, am Inhalt der theologischen Botschaft Kritik zu üben. Dafür hatte man sich ja gerade ausdrücklich als »nicht zuständig« erklärt. Außerdem waren alle Gelehrten der damaligen Zeit, wie ihre Schriften und ihre Äußerungen Zeitgenossen gegenüber belegen, ausnahmslos fromme und gottesfürchtige Männer. Das einzige, wogegen sie zu protestieren begannen, waren die ständigen Versuche, sie mit theologischen Argumenten oder gar mit theologisch autorisierter weltlicher Gewalt daran zu hindern, sich ihrer neuen, »experimentellen« Methode zu bedienen und die Informationen, die sie dabei gewannen, untereinander auszutauschen.

Die Weichen für die weitere Entwicklung waren damit jedoch schon gestellt. Angesichts der Besonderheiten der menschlichen Natur geschah das, was aus all dem sich entwickelte, mit Naturnotwendigkeit.

Es begann damit, daß die Naturwissenschaftler mit ihrer neuen Methode Erfolge errangen, die alles übertrafen, was sie selbst jemals zu hoffen gewagt hatten.

Der Passepartout des wissenschaftlichen Experiments öffnete ihnen eine Tür nach der anderen in die Geheimnisse der Natur. Beschränken wir uns auf ein einziges Beispiel in einer einzigen Disziplin: die Entschlüsselung der »Gesetze« des Sonnensystems. *Daß* dieses System, obschon die Mondbahn weit übergreifend, überhaupt Gesetzen folgte, die sich mit der von »sublunaren«, der Erde verhafteten Wesen entwickelten Mathematik fassen ließen, diese Entdeckung allein muß in der damaligen Zeit wie eine Offenbarung gewirkt haben.

Wir, die wir zu diesem Wissen wie die Erben eines Vermögens gekommen sind, das andere verdient haben, können nicht mehr wirklich die Bedeutung der Entdeckung ermessen, daß der Fixsternhimmel, bis dahin Inbegriff einer ganz anderen Welt jenseits aller irdischen Natur, nichts anderes ist als ein Ensemble von Sonnen. Giordano Bruno hat den Gedanken als erster gefaßt und sich damit in den Rang eines der Genies erhoben, auf deren Schultern wir alle geistig und kulturell stehen.

Von ihm, dem Dominikaner, stammt die revolutionäre Erkenntnis, daß wir auf der Erde, vom Mond aus betrachtet, in dem gleichen Sinne »am Himmel ständen« wie für uns aufgrund unserer Erdgebundenheit von altersher der Mond. *Das* war in Wahrheit die entscheidende »Wende« (und nicht die Entdeckung des Kopernikus, der – immerhin! – anstelle der Erde die Sonne in den Mittelpunkt des Kosmos gerückt, sonst aber alles beim alten gelassen hatte). Diese radikale kosmische Relativierung unseres Standorts ist angesichts der damals herrschenden, für normale Sterbliche gänzlich unreflektierbaren Vorstellungen eine Abstraktionsleistung gewesen, die sich ihrem Range und ihrer Konsequenzen wegen der Einsteins an die Seite stellen läßt (der uns von einer anderen Variante des gleichen Vorurteils befreite, dem nämlich, daß die Realität identisch sei mit der Art und Weise, in der wir die Welt erleben oder uns vorstellen).

Wie groß die Revolution Brunos gewesen ist, geht allein schon daraus hervor, daß sie dem genialen Dominikaner nicht einmal von den astronomischen »Revolutionären« der damaligen Zeit, die die offizielle Geschichtsschreibung ihm vorzieht, abgenommen worden ist.[77] Von Bruno wurde erstmals der Unterschied zwischen dem Himmel der

Theologen und dem der Astronomen unmißverständlich festgestellt – zum Segen für die Theologie, die von da ab endlich gegen das Mißverständnis gefeit war, bei der Himmelfahrt Jesu könnte es sich um eine fahrstuhlartige Bewegung innerhalb des dreidimensionalen Raums gehandelt haben. (Gedankt hat man es Bruno bekanntlich nicht. Er wurde am 17. Februar 1600 als Ketzer öffentlich verbrannt.)
Beobachtung und Experiment also bewirkten damals wahre Revolutionen. Das gilt in jedem Sinne dieses Worts. Wir, als Erben, verschwenden daran verständlicherweise keinen Gedanken mehr. Darum denken wir auch kaum jemals an den Zusammenhang zwischen der von Giordano Bruno in genialer Intuition geleisteten kosmischen Relativierung und bestimmten modernen, uns längst selbstverständlich erscheinenden gesellschaftlichen Vorstellungen. Es ist aber nicht zweifelhaft, daß der Zusammenhang besteht.
Das mittelalterliche Weltbild mit seiner festgefügten, auf Gott zentrierten kosmischen Hierarchie spiegelte im Bewußtsein der Zeitgenossen die hierarchische Struktur der eigenen feudalen Gesellschaftsordnung wider (und legitimierte sie damit gleichzeitig als »naturgegeben« oder »gottgewollt«). Wer diesen sich aus psychologischen Projektionsmechanismen ergebenden Zusammenhang erkannt hat, wird nicht daran zweifeln, daß die Ablösung der auf die Erde (oder auf das ganze Sonnensystem) zentrierten kosmischen Hierarchie durch das »moderne« astronomische Weltbild eine der geistigen Voraussetzungen für die Möglichkeit war, den Gedanken von der Gleichheit aller Menschen zu denken.
Dieser Exkurs in die Geschichte der Naturwissenschaft sollte vor allem aber in Erinnerung rufen, unter welchen Bedingungen und in welcher psychologischen und sozialen Situation die »moderne« Naturwissenschaft ihre ersten Schritte tat. Wichtig für unsere Überlegungen ist dabei der Umstand, daß der bewußte Verzicht auf die Behandlung der »großen Fragen« – Gott, Sinn des Lebens, Unsterblichkeit der Seele – und die selbstverordnete Beschränkung auf die experimentelle Untersuchung des Details unter genau überprüfbaren (reproduzierbaren) Bedingungen alsbald zu Erfolgen führte, die alles in den Schatten stellten, was man für möglich gehalten hatte, und erst recht alles, was die vorangegangenen Jahrhunderte der kühnen, metaphysischen Spekulationen über Gott und die Welt letztlich erbracht hatten.
Die Astronomie war, wie wir heute wissen, nur der Anfang. Physik und Biologie standen dem nicht lange nach. Die Geheimnisse der

Materie und der Urzeugung, die Rätsel der Entstehung der Welt und unseres eigenen Geschlechts, das alles sind in den Jahrtausenden der menschlichen Geschichte, die der naturwissenschaftlichen Epoche vorausgingen, nur Mythen gewesen, über die sich allenfalls spekulieren ließ. Jetzt sahen sich die Naturwissenschaftler auf einmal in die Lage versetzt, alle diese Fragen ganz konkret, »experimentell«, angehen zu können. Vor allem aber gab es auf diesem neuen Wege auf einmal »Ergebnisse«. Die jahrtausendealten Fragen schienen, während man geduldig vom Detail ausging, Schritt für Schritt ihre Antwort zu finden.

Jedes Einzelresultat stellte, wie es schien, so etwas wie einen Mosaikstein dar. Etwas Endgültiges, einen Besitz von bleibendem Wert. Mochte sich das einzelne Steinchen im Hinblick auf das Ganze noch so winzig ausnehmen, es war ein »Splitterchen der Wahrheit«. Kam da nicht geradezu zwangsläufig der Gedanke auf, daß es grundsätzlich möglich sein müsse, eines Tages das ganze Bild zusammenzusetzen? Daß es nur eine Frage der Zeit sei, der Geduld, bis die Zahl der Splitter, die man in der Hand hielt, groß genug sein würde, um aus ihnen das Bild der ganzen Wahrheit zusammenzufügen?

Berauscht von ihren Erfolgen begannen die Naturwissenschaftler zu vergessen, mit welchem Verzicht sie seinerzeit angetreten waren. Damals hatte man eben alle »großen Fragen« ausgeklammert und sich ausdrücklich auf den Versuch beschränkt, den Teil der Wahrheit zu erforschen, der sich wägen oder messen, der sich auf irgendeine Weise objektiv fassen und beschreiben ließ.

Die einfache Regel hatte sich überwältigend bewährt. Der Himmel selbst, jedenfalls der der Fixsterne, begann seine Geheimnisse zu offenbaren. Mußte da nicht früher oder später der Gedanke auftauchen, daß es den anderen Himmel, den der Theologen – die für dessen Existenz nach eigenem Eingeständnis noch immer keinerlei Beweise anbieten konnten – vielleicht überhaupt nicht gab? Ließ sich denn die Möglichkeit wirklich mit Sicherheit ausschließen, daß es sich mit diesem anderen, auf keine denkbare Weise objektiv faßbaren Himmel in Wahrheit ähnlich verhalten könnte wie mit all den anderen unbeweisbaren Behauptungen, mit denen man zu Beginn des naturwissenschaftlichen Zeitalters ebenso energisch wie erfolgreich aufgeräumt hatte?

Handelte es sich, deutlich und unfreundlich gefragt, bei diesem Himmel, bei dem Glauben an einen Gott, bei dem Phänomen »Religion«

ganz allgemein vielleicht um nichts weiter als um subtile Formen des gleichen Aberglaubens, dem man auf allen anderen Gebieten längst den Garaus gemacht hatte? Waren alle überwältigenden, vorzeigbaren und unbezweifelbaren Erfolge etwa nicht dem Entschluß zu verdanken, nichts mehr zu glauben, nichts mehr für wahr zu halten, was sich nicht objektiv nachweisen und experimentell »verifizieren« ließ?

Angesichts dieser Frage schieden sich die Geister. Naturwissenschaft ist, bis auf den heutigen Tag, sozusagen *per definitionem,* der Versuch, einmal zu sehen, wie weit man mit der Erklärung von Mensch und Natur kommt, ohne ein »Wunder« zu Hilfe zu nehmen. (Nichts anderes bedeutet die Regel, sich auf quantitativ meßbare, reproduzierbare Daten zu beschränken.) Als methodisches Prinzip ist das legitim und unangreifbar. Ein Naturwissenschaftler, der sich nicht strikt an diese Regel hält, verfällt ideologischem Denken und wird unweigerlich zum Pfuscher.

Die entscheidende Frage ist, ob man diese »positivistische« Verfahrensregel nur als methodisches Prinzip versteht oder ob man an sie als an ein ontologisches Prinzip glaubt. Die zweite Einstellung wurde als »Positivismus« zu einer in weiten Kreisen der Wissenschaftler um sich greifenden Berufskrankheit.

Zu Anfang des vorigen Jahrhunderts bat Napoleon I. den berühmten Astronomen Laplace zu sich, um sich von ihm dessen neue Theorie der Entstehung des Sonnensystems erklären zu lassen.[78] Als der Gelehrte seinen Vortrag beendet hatte, erkundigte die Majestät sich danach, warum Gott in der Erklärung nicht vorgekommen sei. »Weil ich«, antwortete Laplace stolz, »diese Hypothese nicht nötig hatte.«

Man hat nicht begriffen, was Naturwissenschaft ist, wenn man daraus schließen wollte, daß Laplace Atheist war. Vielleicht war er es. Die Antwort, die er Napoleon gab, ist dafür jedoch kein Beweis. Kein noch so frommer Naturwissenschaftler hätte eine andere Antwort geben können. Naturwissenschaft ist der Versuch, bei der Erklärung der Welt ohne Wunder auszukommen.

Die Frage ist allein, ob man dieses methodische Prinzip zum ontologischen Prinzip machen will. Ob man die Spielregeln der naturwissenschaftlichen Methode also zum ausschließlichen Fundament des eigenen Weltbildes macht. Die Naturwissenschaftler sind, geblendet von ihren Erfolgen, dieser Versuchung vorübergehend erlegen. In ihren Kreisen breitete sich der Glaube aus, daß nichts wirklich existiere, was sie mit ihrer Methode nicht fassen konnten. Es war in Vergessenheit geraten, daß die Beschränkung auf diese Methode ursprünglich ein Akt selbstkritischer Bescheidenheit gewesen war.

Ein Paradebeispiel für diese positivistische Einstellung (nur für real zu halten, was sich »positiv« beweisen läßt) lieferte in unserer Zeit der englische Nobelpreisträger Peter Medawar. Auf die Frage eines Journalisten, ob er an Gott glaube, gab er lakonisch zur Antwort: »Natürlich nicht, schließlich bin ich Naturwissenschaftler.« Im Kopfe dieses Mannes hatte sich die Überzeugung durchgesetzt, daß nicht existiere, was er nicht zählen, wiegen oder auf andere Weise objektiv beschreiben konnte. Hier ist, was ursprünglich nur als methodische Selbstbeschränkung gedacht war, im Akt einer maßlosen Verabsolutierung zum Glaubensstandpunkt geworden.

Der Fall belegt einmal mehr, daß auch hohe Intelligenz nicht vor Einseitigkeit, vor ideologischen Scheuklappen schützt. Denn als der Nobelpreisträger seine mokante Antwort gab, war die Position des logischen Positivismus längst als unwissenschaftliche Ideologie durchschaut. Das Verdienst, ihn widerlegt zu haben, gebührt Karl Popper (der selbst kurioserweise von vielen, speziell in Deutschland, noch immer für einen Positivisten gehalten wird[79]).

Als philosophische Grundhaltung stellt der Positivismus das radikale Extrem einer auf äußerste Gewißheit zielenden Einstellung dar. In seiner konsequentesten Form, als »logischer Positivismus«, hält er alles für Illusion oder inhaltsloses Wortgeklingel, was sich nicht experimentell überprüfen oder logisch als wahr erweisen (»verifizieren«) läßt. Das Ideal einer »wahren Aussage« wird in den Augen eines konsequenten Vertreters dieser Richtung durch die Feststellung repräsentiert, daß 2 mal 2 gleich 4 ist.

Bei so radikalem Anspruch bleibt nicht viel übrig. Die Welt des Positivisten reduziert sich auf einige »Fälle« vergleichbarer Tautologien (»alle Schimmel sind weiß«) und ein Netz abstrakt-logischer Beziehungen. Der Positivist strenger Observanz erinnert damit (und dies keineswegs zufällig) an die scherzhaft-hintersinnige Definition, die den wahren Spezialisten als einen Menschen beschreibt, der über immer weniger immer mehr weiß, bis er schließlich über nichts alles weiß. Der Positivist kann uns lehren, daß man sich, wenn man in dieser Welt auf absoluter Wahrheit besteht, auf ein schmales Fundament von Binsenwahrheiten zurückzuziehen hat.

Dem einen oder anderen mag das übertrieben klingen. (Andererseits machen gerade Übertreibungen einer Sache oft besonders deutlich, was es mit ihr auf sich hat.) Man braucht aber nur den »Tractatus logico-philosophicus« zu Rate zu ziehen, der so etwas wie das Evangelium der positivistischen Weltanschauung darstellt, um sich davon zu überzeugen, daß sein Verfasser Ludwig Wittgenstein selbst einen ganz ähnlichen Schluß gezogen hat.[80]

In diesem Tractatus steht der oft zitierte Satz: »Wovon man nicht reden kann, darüber muß man schweigen«, die Kurzform des positivistischen Glaubensbekenntnisses. Er steht übrigens, was meist unerwähnt bleibt, nicht im Text selbst, sondern schon im Vorwort. Das ist nicht belanglos. Er ist ein Programm, nicht erst das Resultat logischer Ableitungen.

Das Programm ist ohne Zweifel aggressiv gemeint. Es richtet sich gegen all den Wortschaum, die geistreiche verbale Artistik, mit der gerade Philosophen und Theologen allzuoft über Dinge detailliert geredet haben (und gelegentlich heute noch reden), über die sich so konkret nicht begründet reden läßt. Daß der Tractatus auch (selbstverständlich keineswegs ausschließlich) als eine Reaktion auf derartigen sprachlichen Wildwuchs anzusehen ist, geht aus einem zweiten, nicht minder berühmten Satz Wittgensteins hervor: »Was sich überhaupt sagen läßt, läßt sich klar sagen« – eine unüberhörbare Anspielung auf die verbreitete Neigung, mit dunklen Sentenzen bedeutungsschwere Inhalte anzudeuten, die in Wahrheit nicht existieren (was bei einer »klaren« Sprechweise unmittelbar zutage träte).

Als Programm also, auch als Polemik gegen bestimmte Formen sprachlicher Unredlichkeit, gibt das alles einen Sinn. Als Glaubensbekenntnis taugt der Tractatus jedoch nichts. Wenn man ihn aus dem geistesgeschichtlichen Zusammenhang herausnimmt, auf den er eine verständliche und legitime Reaktion darstellt, wenn man ihn also isoliert betrachtet, widerlegt er sich in seiner Einseitigkeit und Radikalität selbst.

Heisenberg hat die Forderung, die Welt »einzuteilen in das, was man klar sagen kann, und das, worüber man schweigen muß«, als »unsinnig« bezeichnet. Würde man ihr konsequent folgen, so begründet der große Physiker seine Ablehnung, dann wäre man nicht einmal mehr in der Lage, die moderne Physik zu verstehen, bei der man, etwa in der Quantentheorie, längst darauf angewiesen sei, Bilder und Metaphern zu verwenden.[81]

Sieht man sich den Tractatus näher an, so kommt einem denn auch leicht der Verdacht, daß sein Verfasser selbst sehr viel weniger positivistisch war als viele derer, die sich heute auf ihn berufen. Da gibt es bemerkenswerte Sätze, die in das verbreitete Klischee nicht recht passen wollen. Etwa diesen: »Der Sinn der Welt muß außerhalb ihrer liegen.« (Er wird folglich, so darf man vermuten, vom Autor nicht grundsätzlich bestritten. Nur über ihn zu reden hält Wittgenstein für unmöglich.) Oder auch: »Wir fühlen (!), daß selbst, wenn alle möglichen wissenschaftlichen Fragen beantwortet sind, unsere Lebensprobleme noch gar nicht berührt sind.«

Während nun aber der eingefleischte Positivist mit kühner Stirn behaupten würde, daß es diese Lebensprobleme in Wirklichkeit folglich gar nicht gebe – außer in unserer Vorstellung –, zog Wittgenstein eine ganz andere Konsequenz. Nach der Lektüre von Tolstoi und der Bibel entschloß er sich zu einer asketischen Lebensweise, als Hilfsgärtner und Dorfschullehrer im Dienste anderer.[82] Im Unterschied zu den meisten seiner Epigonen plagten ihn offensichtlich keine Zweifel an der Realität jener Bereiche, über die sich Aussagen von einer mathematischen Formeln vergleichbaren Evidenz nicht mehr machen lassen. Er lebte, als habe er sich verpflichtet gefühlt, für das, worüber er schweigen zu müssen glaubte, wenigstens etwas zu tun.

Daß eine konsequent positivistische Einstellung dazu zwingen würde, alle unsere Lebensprobleme (alle »großen Fragen«) zu verschweigen, daß sie den Physiker sogar der Möglichkeit berauben würde, über die Quantentheorie zu reden, ist ein Symptom ihrer extremen Einseitigkeit, aber noch kein Gegenargument. Es könnte ja, so unerquicklich der Gedanke auch immer wäre, so sein: daß es das alles wirklich nicht gibt, worüber sich nicht nachprüfbar, »verifizierbar«, reden läßt.

Jedoch ist der logische Positivismus nicht nur von radikaler Einseitigkeit, sondern auch in sich widersprüchlich und daher widerlegbar. Popper hat – und das schon 1934 in der ersten Ausgabe seines Hauptwerks »Logik der Forschung« – darauf hingewiesen, daß die Grundvoraussetzung des Positivismus, das »Verifikationsprinzip«, unhaltbar ist.

Der Anspruch, nur gelten zu lassen, was sich als »wahr« beweisen läßt, scheitert daran, daß es unbezweifelbare Wahrheiten in unserer Welt nicht gibt. Das Verifikationsprinzip entpuppt sich bei kritischer Betrachtung als bloße Wunschvorstellung. Es ist selbst nicht »verifizierbar«, womit der ganze positivistische Überbau in sich zusammenbricht. Selbst die Aussage »2 mal 2 ist 4« enthält keine »Wahrheit«. Sie stellt eine bloße Tautologie dar, die sprachliche Formulierung einer

vom Redenden selbst getroffenen (oder akzeptierten) Vereinbarung.
Diese Vereinbarung ist zwar nicht als willkürlich anzusehen. Die uns gewohnten Regeln der Arithmetik werden deshalb von uns mit solcher Selbstverständlichkeit benutzt, weil sie angeborenen Strukturen unseres Denkvermögens entsprechen. Aber schon der große Gauss hat entdeckt, daß sich auch mit ganz anderen Regeln ebenfalls vortrefflich rechnen läßt – ebenso zwingend, logisch nicht weniger schlüssig, in gleicher Weise gültig.
Das trifft auch auf alle anderen »Wahrheiten« zu, die uns erreichbar sind, nicht zuletzt die Wahrheiten der Naturwissenschaft. Nicht einmal ein Naturgesetz (und erst recht kein experimentelles Resultat oder gar eine wissenschaftliche Theorie) können wir als »wahr« ansehen. Das dürften wir nur, wenn unbezweifelbar und für alle Zukunft feststünde, daß es niemals mehr eine Entdeckung oder eine neue Erkenntnis geben wird, die auch nur die geringfügigste Korrektur an dem heute von uns für wahr Gehaltenen herbeiführte. Diese Sicherheit aber haben wir grundsätzlich niemals. Denken wir beispielsweise noch einmal an das Schicksal der Newtonschen Gravitationstheorie: Der Himmel selbst und seine Gestirne schienen sich nach ihr zu richten. Die Verdunkelungszeiten ferner Monde ließen sich mit ihrer Hilfe nicht weniger präzise vorherberechnen als das Verhalten eines auf die Erdoberfläche herabfallenden Steins. Und dennoch: Die Relativitätstheorie hat das alles, was sich da in kosmischen Dimensionen zu bewähren schien, erweitert, verbessert und auf eine neue Grundlage gestellt.
Es gibt keine »wahren« Theorien, keine »wahre« Erkenntnis, das war Poppers grundlegende Entdeckung. Wir können niemals wissen, an welchem Punkt und in welchen Einzelheiten wir in Zukunft das zu verbessern und neuen Erkenntnissen anzupassen haben werden, was heute für uns als gesichert gilt. Deshalb sind wir grundsätzlich außerstande, irgendeinen noch so kleinen Ausschnitt unseres Wissens zu »verifizieren«.[83] Das einzige, was wir tun können, ist, den Versuch zu machen, unser Wissen zu »falsifizieren«.
Was uns bleibt, ist einzig und allein der Versuch, nach Argumenten und Tatsachen zu suchen, die das, was wir zu wissen glauben, widerlegen könnten, und die uns damit die Möglichkeit geben, unser Wissen zu überprüfen, es zu korrigieren und, wenn möglich, zu verbessern.[84]
Der Besitz definitiver Wahrheit bleibt uns für immer versagt. Wir

kommen – aber auch das ist nur eine Hypothese! – im Fortschreiten naturwissenschaftlicher Erkenntnis der Wahrheit Schritt für Schritt näher, aber gleichsam nur asymptotisch, ohne sie jemals erreichen zu können.

Damit aber fehlt dem Positivisten der archimedische Punkt, von dem aus er die Existenz alles dessen aus den Angeln heben zu können glaubte, worüber sich nichts »klar sagen« läßt. Der Einwand bleibt bestehen: Über die meisten »Fälle« läßt sich nicht in der Klarheit reden wie über die Aussage, daß 2 mal 2 gleich 4 ist. Wenn wir über sie alle aber wirklich zu schweigen verpflichtet wären, müßten wir verstummen. »Denn man kann ja fast nichts klar sagen«, stellt Heisenberg fest. Nicht einmal in der Naturwissenschaft.

Wer sich aber in einer Wirklichkeit vorfindet, die selbst Hypothese bleibt (Popper bezeichnet den Glauben an die Realität der Welt als »metaphysisch«), dem fehlt die logische Basis, von der aus er die Möglichkeit der Existenz einer transzendentalen Realität widerlegen könnte.

Die von uns als Alltagswelt erlebte Wirklichkeit ist durch unsere Gewohnheit für uns ausgezeichnet. Deshalb neigen wir immer dazu, sie für eine Realität besonderen Ranges, für die einzige unbezweifelbar existierende Realität zu halten. Das aber ist ein zentrales Mißverständnis. Unsere Alltagswelt ist durch *nichts* anderes ausgezeichnet als allein durch unsere Gewohnheit.

Es ist nicht leicht, das dadurch bewirkte Mißverständnis zu überwinden. Die Schwierigkeit entsteht letztlich durch die anthropozentrische Struktur des Irrtums. Dadurch also, daß es sich bei dem Glauben an die Einzigartigkeit der von uns erlebten Alltagswelt wieder einmal um eine angeborene, um eine uns von der Evolution »angezüchtete« Überzeugung handelt.

Muß ich wiederholen, daß alles Wissen, das wir auf diesem Wege erworben haben, primär nicht der Wahrheitsfindung, sondern allein unserem biologischen Wohlbefinden zu dienen hat?

Angeborene Urteile sind auf keine Weise aufhebbar. Aber sie lassen sich immerhin als objektiv ungerechtfertigt durchschauen. Keine noch so große Anstrengung wird uns jemals dazu bringen, den Geruch von Schwefeloxiden attraktiv zu finden. Aber wir haben es immerhin schon dazu gebracht, einsehen zu können, daß unser Urteil in diesem und allen analogen Fällen Ausdruck einer biologisch sinnvollen Anpassung ist und nicht etwa eine Feststellung, die objektive Geltung beanspruchen könnte. (Ein Schwefelbakterium »beurteilt« das gleiche Umweltsignal mit gleichem Recht unter entgegengesetzten Vorzeichen.)

Der archaische Anteil unseres Zentralnervensystems überwiegt in solchem Maße, daß auch wir der Realität vor allem noch vermittels angeborener Urteile und Anschauungsformen verhaftet sind. Die Großhirnrinde aber, die diese alten Anteile unseres Gehirns als millimeterdünne Nervenzellschicht umhüllt, hebt uns über alles andere irdische Leben doch schon so weit empor, daß wir fähig sind, unsere eigentümliche Lage zu durchschauen.

So hat uns die erkenntnistheoretische Untersuchung unserer Situation darüber belehrt, daß wir außerstande sind, die objektive Realität der »Welt an sich« zu erkennen (deren Existenz vorauszusetzen wir uns gleichwohl entschlossen haben). Und die evolutionäre Betrachtung unserer Beziehung zur Welt öffnete uns die Augen dafür, daß (und warum) alle Mechanismen, Strukturen und Programme, mit denen wir uns bisher so erfolgreich in unserer Umwelt zu behaupten vermochten, die objektive Realität (wenn es sie denn gibt) nur stark vereinfacht und rigoros auf unsere biologischen Bedürfnisse hin zurechtgestutzt abbilden.

Wenn wir in dieser Lage auf unserer Behauptung beharrten, die von uns erlebte Welt sei die einzig gültige, die einzig reale, die umfassendste denkbare Wirklichkeit, dann würden wir uns, aller sonst unbestreitbar vorhandenen gewaltigen Rangunterschiede zum Trotz, genauso und aus genau demselben Grunde lächerlich machen wie Hahn und Zecke, wenn sie für ihre Welt den gleichen Anspruch erhöben. Den festen Boden, den nicht unter den Füßen zu verlieren der »Realist« uns beschwört, haben wir in Wirklichkeit noch nie betreten.[85]

Dem Mittelalter verdanken wir die Einsicht, daß Gott und das Jenseits sich nicht beweisen, daß sie sich logisch nicht »dingfest« machen lassen. Die gewaltige Anstrengung der Scholastik hat diese Frage ein für allemal geklärt. Der modernen Naturwissenschaft verdanken wir die Erkenntnis, daß die Möglichkeit der Existenz Gottes und der Transzendenz auf keine Weise widerlegt werden kann. Die positivistische Zuspitzung unseres Verlangens nach Wahrheit hat uns zu der Entdekkung geführt, daß die Realität unserer Alltagswelt nicht weniger hypothetisch ist als die des Jenseits.[86]

Damit sind wir, nach langer Zeit, in unserer Entscheidung wieder frei. Welchen Gebrauch sollen wir von dieser Freiheit machen? Im Falle der diesseitigen Welt hatten wir uns entschlossen, ihre Realität vorauszusetzen. Zwar war uns das nur in der Form einer hypothetischen Annahme möglich. Für sie läßt sich jedoch, wie wir mit Popper feststellten, mit »überwältigenden Argumenten« plädieren. Ist ein vergleichbares Plädoyer vielleicht auch zugunsten der Annahme denkbar, daß das Jenseits wirklich existiert?

5. Plädoyer für ein Jenseits

Wie wahrscheinlich ist das »Jenseits«? Das also ist die Frage, die wir nun zu erörtern haben. Die Frage danach, ob es »hinter« (oder eben »jenseits«) unserer Welt noch eine andere Wirklichkeit gibt. Niemand kann uns daran hindern, die Frage zu stellen. Kein Realist, solange er – und zu diesem bezeichnenden Zusatz fühlen wir uns nunmehr berechtigt – Anspruch auf selbstkritische Rationalität erheben will. Und ebensowenig irgendein Naturgesetz – wobei wir in diesem Fall jetzt den Zusatz machen können, daß gerade die naturwissenschaftliche oder jedenfalls eine von naturwissenschaftlichen Erfahrungen ausgehende Argumentation uns zu der Einsicht gebracht hat, daß die von uns erlebte Alltagswelt nicht das letzte Wort sein kann.

Die Hypothese vom Jenseits ist also zumindest zulässig. (Sie läßt sich im Rahmen des heutigen naturwissenschaftlichen Weltbildes nicht widerlegen.) Wie groß aber ist ihre Wahrscheinlichkeit? Die Frage ist für jegliche Religion (nicht nur für das Christentum, sondern nicht weniger für Judentum, Islam und Buddhismus) entscheidend. Denn Religion ist, im Gegensatz zu einem nicht selten anzutreffenden Mißverständnis, mehr als lediglich ein bestimmter Satz ethischer Verpflichtungen. Sittliche Normen lassen sich auch auf andere Weise begründen – humanistisch, marxistisch, ja sogar evolutionistisch – und sind schon deshalb unbrauchbar zur Kennzeichnung der spezifischen Besonderheit einer »religiösen« Einstellung zur Welt.[87]

Religion ist etwas anderes. Von einer »religiösen« Position kann man sinnvollerweise nur dann sprechen, wenn diese die Überzeugung von der Realität einer transzendentalen Wirklichkeit einschließt. »Religiös« ist ein Mensch also dann, wenn er diese jenseitige Wirklichkeit ernst nimmt, wenn er von ihrer Realität überzeugt ist. (Es bedarf kaum der Erwähnung, daß es sich hierbei um die allgemeinste Form der Definition einer religiösen Haltung handelt, die noch ganz unabhängig davon ist, was der betreffende Mensch sonst glaubt, ob und gegebenenfalls welcher Konfession oder Weltreligion er als Mitglied angehört usw.). Aus einer so verstandenen »religiösen« Einstellung zur Welt ergeben sich dann wie von selbst auch bestimmte sittliche Verpflichtungen. Diese sind aber eben sekundär: sie sind Folgen oder Ausdruck religiöser Überzeugung und nicht deren Wesen.

Deshalb bedarf alle Religion des Jenseits. Nur wenn ein solches Jenseits in irgendeiner Form wirklich existiert, sind religiöse Aussagen sinnvolle Aussagen. Da nun die Möglichkeit einer solchen transzendentalen Wirklichkeit, das ist unser bisheriges Resultat, logisch oder wissenschaftlich auf keine Weise auszuschließen ist, kann Religion nicht als Aberglauben denunziert werden.[88] (Was leider nicht ausschließt, daß sich in den bestehenden Kirchen mancherlei Formen des Aberglaubens eingenistet haben. Beispiele S. 140). Das ist gewiß nicht wenig. Und es ist ganz sicher auch mehr, als mancher sich für »modern« und aufgeklärt haltende Atheist glaubt einräumen zu müssen. Trotzdem ist die Frage erlaubt: Ist das schon alles?

Das Motiv dieses Buchs ist der Versuch zu zeigen, daß das moderne wissenschaftliche Weltbild der Möglichkeit einer religiösen Deutung der Welt nicht nur nicht im Wege steht, sondern daß es der religiösen Deutung der Welt sogar die Möglichkeit eröffnet, bestimmte Aussagen auf eine Weise neu zu formulieren, die überzeugender wirkt als die herkömmliche Verwendung der von einem objektiv längst überholten Weltbild abgeleiteten Metaphern und Sprachbilder. Deshalb soll in den folgenden beiden Kapiteln jetzt versucht werden, die sich aus dem heutigen wissenschaftlichen Weltbild ergebenden Argumente anzuführen, die geeignet sein könnten, die Jenseits-Hypothese zu stützen.

Im ersten Augenblick wird diese Absicht vielen wieder paradox erscheinen. Denn wenn Wissenschaft die Möglichkeit einer transzendentalen Wirklichkeit auch nicht ausschließen kann, sprechen ihre Resultate nicht dann immer noch eher gegen als für die »religiöse Hypothese«? Steht nicht spätestens seit Ludwig Feuerbach, seit Karl Marx und seit Sigmund Freud fest, daß die Inhalte religiösen Glaubens als psychologische Projektionen anzusehen sind, als – um es in der Sprache Sigmund Freuds zu sagen – »infantile Wunscherfüllungen«?

Bis auf den heutigen Tag wird diese Ansicht vertreten, auch von Wissenschaftlern. Ist Religion nicht wirklich nur ein »tröstlicher Trug«?[89] Schon 100 Jahre vor Feuerbach lehrte der aus der Rheinpfalz stammende Baron Holbach in Paris, daß die Religion ein Phänomen sei, das sich aus seiner sozialen Funktion erklären lasse: Sie schaffe eine irreale Welt des Ersatzes für das menschliche Glücksbedürfnis, das in den real bestehenden sozialen Verhältnissen keine Erfüllung finden könne, und sie sei zugleich damit ein äußerst wirkungsvolles Herrschaftsinstrument.[90] Der gleiche Gedanke findet sich dann bekanntlich bei Karl Marx wieder, der Religiosität als »das Opium des Volkes«, als »Seufzer der bedrängten Kreatur« definierte.[91]

Ist das etwa falsch? Läßt sich etwas gegen die Deutung Freuds einwenden, der feststellt, daß der Glaube an einen übermächtigen Gott letztlich als Ausdruck der Sehnsucht des sich ängstigenden Menschen nach einem ihn schützenden Übervater zu verstehen sei? Hat der Mensch sich seinen Gott in Wirklichkeit nicht von Anfang an selbst geschaffen, nach seinem eigenen, des Menschen, Ebenbilde? Um ihn danach dann in den Himmel zu projizieren und sich von dort aus von ihm väterlich beschützt zu fühlen?

Das alles ist wahr. Nur schließt das alles, wie seltsamerweise fast regelmäßig übersehen zu werden pflegt, die Möglichkeit keineswegs aus, daß sich religiöser Glaube dennoch auf gültige Inhalte beziehen könnte. Ohne jede Frage ist es wünschbar, daß Gott existiert. Auch darüber, daß diese Welt für sich allein genommen keinen Sinn ergibt, ließe sich unschwer ein Mehrheitskonsens herbeiführen, mit der Konsequenz, daß eine sie überhöhende Transzendenz wünschenswert erscheinen muß, deren Hinzutreten den Sinn, nach dem es uns verlangt, doch noch hergeben würde. Von der Wünschbarkeit eines Weiterlebens nach dem Tode ganz zu schweigen.

Aber was besagt das schon? Es beweist, eine triviale Feststellung, natürlich nicht, daß es das, was wir uns wünschen, deshalb auch geben müsse. Und es legt uns gewiß auch eine gebührende Skepsis nahe, die Warnung, es uns nicht allzu leicht zu machen, uns nicht vorschnell mit bloßem Wunschdenken zufriedenzugeben. Mehr aber besagt das alles doch nicht. Es besagt vor allem nicht, daß es das alles deshalb auf gar keinen Fall geben könne, *weil* wir es uns wünschen.

Daß der Wunsch, Gott möge existieren, kein Argument für die Existenz Gottes darstellt, ist unbestreitbar. Daß aber der Umkehrschluß, Gott könne *nicht* existieren, *weil* der Wunsch nach seiner Existenz bestehe, ebenso unbestreitbar zwingend sei, ist eine zwar seit der Aufklärung unablässig wiederholte, aber dennoch logisch einfach nicht haltbare Ansicht. Sie beruht, wie Hans Küng mit dankenswerter Deutlichkeit feststellt, schlicht auf einem Denkfehler.[92]

Psychologisch wird man die Langlebigkeit dieser logisch unhaltbaren Folgerung vielleicht als Ausdruck unbewußten Strebens nach intellektueller Redlichkeit zu interpretieren haben. Vielleicht läßt sie sich als eine Art psychologischer Strategie zur Minimalisierung eines existentiellen Risikos auffassen, als eine Art Vorsichtsmaßnahme, als Sorge vor möglicher Enttäuschung. Es muß jedoch auffallen, mit welcher Bereitwilligkeit wir uns gerade in diesem Punkt auf die Seite des extremen Pessimisten schlagen, der lieber gar nichts erwartet, als auch nur das geringste Risiko in Betracht zu ziehen.

Auffällig ist das deshalb, weil uns ein Mißtrauen gleicher Radikalität gegenüber uns erstrebenswert erscheinenden Resultaten in jedem anderen Lebensbereich total lähmen würde. Es müßte uns bereits davon abhalten, die Fahrt zur Arbeitsstätte anzutreten. Aber die Frage nach der Sicherheit, mit der wir Büro oder Fabrik tatsächlich erreichen werden, ist selbstredend auch von geringerer Bedeutung als die Antwort auf die Frage nach der Existenz Gottes. Wenn man es so sehen dürfte, dann wäre die in unserer Gesellschaft verbreitete religiöse Skepsis ein schönes Zeugnis für das Urteilsvermögen dieser Gesellschaft hinsichtlich der relativen Bedeutung existentieller Fragen.

Wie auch immer. Was bleibt, ist die Einsicht, daß sich der negative Gottesbeweis auch psychologisch nicht führen läßt. Es stimmt schon, daß die Konkretisierung Gottes zu einer Art Übervater als Ausdruck unbewußter Wunscherfüllung angesehen werden muß. Es ist nicht zu bezweifeln, daß die Vorstellung von einem Gottesreich mit gestufter Rangordnung – von den Heiligen über Engel und Erzengel bis zum obersten Herrscher selbst – nichts anderes ist als eine »soziomorphe Projektion« (Ernst Topitsch), die letztlich naive Hineinverlegung der aus der eigenen Umwelt bekannten gesellschaftlichen Strukturen in das Unbekannte. Und auch dafür, daß sich Religiosität sehr wirksam als »Opium«, als »Herrschaftsinstrument« mißbrauchen läßt, liefert die Geschichte Beispiele in Fülle.

Aber das alles bleibt an der Oberfläche des Problems, auf das es allein ankommt. Es trägt nichts bei, absolut nichts, zur Klärung der entscheidenden Frage, der Frage nämlich, ob Religiosität nichts anderes ist als nur eine gigantische Illusion oder ob sie eine jenseits unserer Welt gelegene Wirklichkeit als Gegenüber hat. Den Himmel der Theologen kann es auch dann geben, wenn naive (oder mythologische Bilder allzu wörtlich nehmende) Gemüter sich ihn mit einer Einrichtung »paradiesisch« ausstaffieren, die sie der ihnen bekannten Welt entnommen haben. Die Frage, ob das Wort »Gott« ein sinnloses Wort ist – wie es der Wiener Kreis seinerzeit dekretierte – oder sich auf eine Realität bezieht, ist davon unabhängig, ob es Menschen gibt, die dieses Wort

mit einem allmächtigen Übervater in Verbindung bringen oder gar mit einem gütig dreinblickenden älteren Herrn mit weißem Bart.
Keiner dieser (berechtigten!) psychologischen und religionssoziologischen Einwände und Deutungsversuche erklärt das Phänomen der Religiosität als offensichtlich konstitutiven Zug menschlichen Wesens definitiv und so zwingend, daß andere Erklärungsmöglichkeiten ausgeschlossen würden. Zu allen Zeiten und auf allen Kontinenten, in allen Kulturen und allen Phasen seiner Geschichte ist der Mensch »religiös« gewesen, hat er – ganz im Sinne der hier von mir verwendeten Definition – an die Existenz einer jenseits der von ihm erlebten Welt gelegenen Wirklichkeit geglaubt oder sie zumindest als Möglichkeit ernst genommen.[93]
Nun scheiden kapitalistische Produktionsverhältnisse oder feudale Gesellschaftsstrukturen als Ursache einer eiszeitlichen Religiosität ganz offensichtlich aus. Andererseits aber gab es Anlässe zum Seufzen aus einer hinreichenden Zahl von Gründen gewiß in allen Epochen menschlicher Geschichte. Trotzdem muß sich gerade einem Naturwissenschaftler hier ein ganz anderes Erklärungsmodell aufdrängen.
Ein bekannter amerikanischer Krebsforscher hat vor einigen Jahren festgestellt, daß er erheblich weniger intelligent sei als seine Leber. Er meinte folgendes: Wenn unsere Leber (und ebenso unser Kreislauf, unsere Hormondrüsen und viele andere körperliche Organe und Systeme) nicht »autonom« funktionierte, wenn wir vielmehr gezwungen wären, ihr Funktionieren bewußt zu steuern, würde niemand von uns das länger als wenige Minuten überleben. Selbst wenn wir über die Kenntnis der spezifisch unterschiedlichen Wirkungen der Aberhunderte von Enzymen verfügten, mit deren Hilfe die Leber unseren Stoffwechsel steuert, würde uns das nicht retten. Denn die Komplexität des fein aufeinander und auf die ständig wechselnden inneren Zustände unseres Organismus abgestimmten Zusammenspiels aller beteiligten Faktoren stellt Aufgaben, die das analytische Vermögen unseres bewußten Verstandes unermeßlich übersteigen.
Die Leber, obgleich hirnlos, löst diese Aufgaben aber in jedem Augenblick, in dem wir leben. Sie tut es, solange sie gesund ist, mit solcher Perfektion, daß wir erst auf dem Umweg mühsamer Forschung überhaupt entdeckt haben, wie unglaublich groß die Aufgabe ist, die sie fortwährend für uns erledigt. Sie hat das, was zu tun ist, in einer Hunderte von Jahrmillionen währenden Lektion gelernt, sozusagen »von der Pike auf«, im Verlaufe jenes historischen Entwicklungspro-

zesses, den wir Evolution nennen. Das Erbmolekül DNS hat die während dieses Lernprozesses rasch unübersehbar groß werdende Fülle der Informationen gespeichert und hält sie, als »genetisches Gedächtnis«, fest. Daher beherrscht die Leber heute diese Aufgabe, die jeden von uns hoffnungslos überfordern würde.

Es sind Erfahrungen dieser Art, die einen Naturwissenschaftler dazu bringen, sich mit dem zunächst befremdlich erscheinenden Gedanken anzufreunden, daß es »Lernen« und »Wissen« auch unabhängig von Gehirnen geben könne: das im Hinblick auf eine bestimmte Aufgabe gezielt erfolgende Sammeln von Informationen und ihre Speicherung in einer Form, die ihre »Abrufbarkeit« in dem Augenblick gestattet, in dem die Aufgabe sich stellt, deren Vorwegnahme der Anlaß war, sie überhaupt erst zu sammeln. Es ist schwer, diesen sich bei jeder genetischen Anpassung abspielenden molekularen Prozeß in einer Sprache zu beschreiben, die auf alle ursprünglich auf psychische Prozesse gemünzten Begriffe konsequent verzichtet.

Hatten wir die gleiche Erfahrung nicht schon im ersten Teil gemacht, als es darum ging, die Strategien zu beschreiben, mit deren Hilfe die ebenfalls ohne Gehirn und ohne Bewußtsein funktionierende Evolution es fertigbringt, lebende Organismen immer höherer Organisationsstufen entstehen zu lassen? Hatten wir da nicht ebenfalls wie selbstverständlich von der »Kreativität« der Evolution gesprochen, von der »frei schweifenden Phantasie« des Mutationsprinzips, davon, daß die Evolution etwas »ausprobiert« oder »erfindet«? Wie ist solche Wortwahl eigentlich legitimiert?

Die Antwort, daß es sich um bloße Metaphern handele, ist zwar richtig, hilft aber nicht viel weiter. Die Frage lautet dann eben: Warum bieten sich hier wie selbstverständlich Bilder und Metaphern an, die sämtlich dem psychischen Bereich entlehnt sind? Wie mir scheint, gibt es dafür vor allem zwei Gründe. Der eine ist sachlicher, der andere sprachlicher Natur. Beide sind in unserem Zusammenhang von grundlegender Bedeutung. Der sachliche Grund besteht darin, daß zwischen den strukturellen Eigentümlichkeiten evolutiver Prozesse, die sich mit diesen Metaphern ganz offensichtlich am zwanglosesten kennzeichnen lassen, und dem Bereich, dem sie entnommen sind, ganz einfach auch ein konkreter, nämlich ein genetischer Zusammenhang besteht. Eben die auf diese Weise beschriebenen evolutiven Abläufe haben ja auch unser Gehirn und mit dessen Strukturen auch die uns angeborenen Anschauungsformen hervorgebracht.

Deshalb gibt es zwischen beiden Bereichen, dem der evolutiven Strategien und dem der individuellen psychischen Strukturen, reale Entsprechungen, Ähnlichkeiten und Übereinstimmungen, die alles andere als zufällig sind. Ihre nähere Betrachtung führt unmittelbar in das Labyrinth des Leib-Seele-Problems. Wir müssen uns in diesen Irrgarten wenigstens einige Schritte weit hineinwagen. Das soll aber erst im dritten Teil und in einem etwas anderen Zusammenhang geschehen.

Hier ist jetzt jedoch der Ort, auf den sprachlichen Grund der Verwendung derartiger Metaphern etwas näher einzugehen. Er besteht, knapp formuliert, darin, daß der Bereich der Wirklichkeit, den unsere Umgangssprache erfaßt, sehr viel kleiner ist, als wir uns das meist klarmachen. Das aber hat unter anderem zur Folge, daß man, sobald man die Alltagswelt des Augenscheins hinter sich läßt, entweder eine Kunstsprache erfinden oder sich mit Sprachbildern aus dieser Alltagswelt behelfen muß, wenn man die Realität beschreiben will, auf die man jenseits ihrer Grenzen stößt. »Sprache ist eine Haushaltserfindung, und wir dürfen nicht erwarten, daß sie sehr weit über die Grenzen der Alltagserfahrung hinausreicht.«[94]

Es war ferner schon davon die Rede, daß unsere Sprache unübersehbar anthropomorph strukturiert ist und daß jeder Satz seinem Subjekt daher unterstellt, etwas aktiv zu tun oder passiv zu erleiden (siehe S. 115). Anthropomorph soll hier heißen: geprägt von der ganz unmittelbaren menschlichen Selbsterfahrung, die sich auf das Erleben aktiver und passiver Rollen beschränkt. Das ist der Grund, aus dem wir unbefangen davon reden, daß ein Baum »rausche« (oder das Meer), ohne je zu bedenken, daß wir damit sprachlich Relikte eines animistischen Weltbilds konservieren, das Baum oder Meer die Fähigkeit zu einem dem unseren vergleichbaren Handeln unterstellt. Ein Weltbild, das unsere Kultur auf der bewußten, rationalen Ebene längst weit hinter sich gelassen hat.

Wieder gilt, daß wir das zwar zu durchschauen, aber auf keine Weise zu ändern vermögen. Denn allem Anschein nach haben wir es auch hier wieder mit einem genetisch fixierten Erbe zu tun. Die Untersuchungen der modernen Sprachforschung sprechen dafür, daß die archaische Struktur unserer Sprache auf einem angeborenen Programm beruht. Vereinfacht ausgedrückt: Was gelernt wird, sind – je nach dem Zufall des Geburtsorts – die Vokabeln einer der auf der Erde gesprochenen Sprachen. Die Struktur dieser Sprachen selbst aber, die »Syntax«, welche die Art und Weise der Beziehungen zwischen den angesprochenen Dingen sprachlich festlegt, ist offenbar erblich vorgegeben, entsprechend alt und bei allen menschlichen Sprachen im großen und ganzen die gleiche.[95]

Nicht die geringsten Probleme der menschlichen Gesellschaft ergeben sich daraus, daß die Weiterentwicklung unserer genetischen Veranlagung nicht Schritt halten konnte mit dem Tempo unserer kulturellen Entwicklung. Eine Diskrepanz, die uns in eine Situation gebracht hat, die Konrad Lorenz einmal mit der Kurzformel umschrieb: »In der Hand die Atombombe und im Herzen noch immer die archaischen Instinkte unserer prähistorischen Ahnen.«

Bedenklich ist diese Kluft auch im Bereich der Sprache, dort, wo sie sich zwischen den von unserer heutigen Gesellschaft gestellten Problemen und den archaischen Strukturen der sprachlichen Ausdrucksmittel auftut, auf die wir bei der Bewältigung dieser Probleme genetisch beschränkt sind. Bedenklich deshalb vor allem, weil Sprache nicht lediglich der Beschreibung dient, sondern, sehr weitgehend jedenfalls, auch die Wege bestimmt, die unseren Gedanken offenstehen. Der Bau unserer Sprache entscheidet daher auch im voraus mit darüber, zu welchen Lösungen unser Denken kommen kann. Er präjudiziert insofern die Ergebnisse unserer Überlegungen. Daher kann es nicht bedeutungslos sein, daß dieser Bau auf einem archaischen Fundament ruht.

Aber zurück zu unserem eigentlichen Gedankengang. (Es wird sich sogleich herausstellen, daß unser sprachlicher Exkurs alles andere ist als eine Abschweifung.) Aus den geschilderten Gründen ist es, um das hier zunächst endlich abzuschließen, sowohl einfacher als auch sachlich zulässig, der Evolution Erfindungskraft und Phantasie zuzusprechen, »ohne dadurch aus ihr ein verständiges Wesen zu machen«.[41]

Selbstverständlich wäre es möglich, jedesmal von neuem auszuholen und immer wieder den objektiv sich abspielenden Prozeß zu beschreiben, den man im Sinn hat, wenn man der Evolution der Einfachheit halber zuschreibt, sie habe dieses oder jenes »getan«. Die Pflicht dazu bestände aber selbst in einer wissenschaftlichen Arbeit nur dann, wenn anderenfalls Unklarheiten darüber entstehen könnten, wie das gemeint ist. Die anthropomorphe Struktur unserer Sprache macht die scheinbar »personalisierende« Redeweise einfach zu der unvergleichlich weniger umständlichen Möglichkeit der Beschreibung. Nur ein Pedant kann daran Anstoß nehmen.

Wichtiger ist, daß wir jetzt besser verstehen können, warum der

Mensch sich von allem Anfang an mit der einen gesprochenen (und später dann auch geschriebenen) Sprache nicht zufrieden gegeben hat. Das modernste Beispiel ist die Sprache der Wissenschaftler. Deren »Fachjargon«, der für den Laien meist kaum noch verständlich ist, wurde ja nicht zum Zwecke der Geheimnistuerei (oder gar dem elitärer Selbstisolierung) erfunden. (Das gibt es gelegentlich allerdings auch.) Die Eigentümlichkeit der Wissenschaftssprache ist vielmehr die einer Kunstsprache, die sich in dem Maße entwickelte und ausbildete, in dem der Fortschritt der jeweiligen Fachrichtung den Alltagsaspekt der untersuchten Phänomene hinter sich ließ und in Bereiche eindrang, zu deren Beschreibung die »Haushaltserfindung« der Umgangssprache keine Begriffe mehr parat hielt.

Extremes Beispiel für diesen von der Besonderheit der zu beschreibenden Phänomene ausgehenden Zwang ist die abstrakte Formelsprache der modernen Physik. Die Fachsprache des Kernphysikers hat sich nicht zufällig am weitesten von der Alltagssprache entfernt. Die Phänomene und Beziehungen, die in diesem Erfahrungsbereich beschrieben werden sollen, spielen sich in einem Mikrokosmos ab, dessen Gesetze und Zusammenhänge mit denen der von uns unmittelbar erlebten Makrowelt keine Ähnlichkeit mehr haben.[96]

Aber nicht erst in der jüngsten Zeit seiner Geschichte, nicht erst seit den Anfängen der die Alltagswelt des Augenscheins durchdringenden Wissenschaften hat der Mensch Sprachen hervorgebracht zu dem Zweck, auch jene Bereiche der Wirklichkeit erfassen zu können, in die seine Umgangssprache nicht mehr hineinreicht. Auch die vielfältigen Spielarten der Kunst, der künstlerischen Weltbeschreibung, sind allein als das Ergebnis des gleichen Bedürfnisses zu verstehen.

Daß es so eigentümlich schwer ist, das Wesen eines Gemäldes oder einer Plastik sprachlich zu erfassen, daß es ungeachtet der vielen Versuche intelligenter Kenner nahezu unmöglich ist, auszusagen, was Musik *ist,* kommt nicht von ungefähr. Auch Musik, ebenso wie die bildenden Künste oder Dichtung, ist eine Sprache ganz anderer Art, neben der von uns gesprochenen Sprache entstanden, entstanden aus keinem anderen Grunde als eben aus dem Bedürfnis des Menschen, auch jene Bereiche seiner realen Welt auszudrücken, die sich mit Worten nicht mehr fassen lassen.[97]

Die Existenz von Kunst – und dieser Umkehrschluß ist zulässig – beweist folglich andererseits, daß der Horizont der Wirklichkeit weiter ist, als die Sprache reicht. Die Seiten der Wirklichkeit, die von der

Kunst beschrieben, erfaßt oder überhaupt erst zum Bewußtsein gebracht werden, sind deshalb um nichts weniger real als jene, die der Umgangssprache zugänglich sind. (Das gilt selbstredend auch für die von den Wissenschaftlern zu ganz bestimmten Zwecken bewußt entwickelten Kunstsprachen.)

Da Kunst, so dürfen wir weiter folgern, so alt ist wie die menschliche Kultur, weit zurückreichend in die Dämmerung der Vorgeschichte, hat der Mensch offenbar von Anfang an »gewußt«, daß Sprache nicht ausreicht, um die von ihm erlebte Wirklichkeit vollständig zu erfassen. »Gewußt« allerdings im Sinne reflektierten Wissens hat es damals gewiß niemand, so wenig wie in der Regel heute der einzelne Mensch. Wieder handelt es sich um ein Wissen überindividueller Art, diesmal um das, was wir »kulturelles Wissen« nennen.

F. A. von Hayek hat in einem kürzlich erschienenen, sehr beachtenswerten Beitrag darauf hingewiesen, daß das von uns als »Kultur« bezeichnete System von Verhaltensregeln ursprünglich »wahrscheinlich viel mehr ›Intelligenz‹ als das Denken des Menschen über seine Umwelt« enthalten habe. Unser Gehirn sei zwar befähigt, Kultur aufzunehmen, aber nicht dazu, Kultur zu entwerfen. Es sei »irreführend, das individuelle Gehirn oder den individuellen Geist als den Schlußstein in der Hierarchie der durch die Evolution hervorgebrachten komplexen Strukturen zu betrachten«[98].

Nach Ansicht des namhaften Staatsphilosophen und Nobelpreisträgers gibt es also im kulturellen Bereich ein »Wissen ohne Gehirn« – ein Konzept, das einen Naturwissenschaftler aus den angedeuteten Gründen keineswegs überrascht. Nach Ansicht Hayeks ist die »Intelligenz« des überpersönlichen, von uns Kultur genannten Systems der Intelligenz individueller Gehirne während eines großen Teils der menschlichen Geschichte sogar weit überlegen gewesen.

Ein Beispiel dafür scheint mir nun auch die Tatsache zu sein, daß der Mensch seine Wirklichkeit schon zu einer Zeit auch mit künstlerischen Mitteln zu beschreiben begann, die Jahrtausende vor dem Augenblick lag, in dem ihn der Entwicklungsstand seines individuell angesammelten Wissens schließlich zu der Einsicht befähigte, daß Sprache dazu nicht genügt.

Wenn das aber so ist – und nur darauf zielte dieser umfängliche Exkurs ab –, sind wir dann nicht zu der Annahme berechtigt, daß das gleiche auch für die mythologische Sprache gilt? Für jene Kunstsprache, die der Mensch schon am Anfang seiner Geschichte unter anderem zu dem

Zweck entwickelt hat, die Einsicht zu formulieren, daß diese Welt nicht aus sich selbst heraus zu verstehen ist?

Je tiefer ein Vorurteil sitzt und je mehr Zeit verstrichen ist, während derer man sich daran gewöhnen konnte, es als selbstverständlich anzusehen, um so größer muß der zu seiner Korrektur erforderliche Aufwand werden. Je höher ein Hindernis ist, um so länger der Anlauf. Deshalb habe ich versucht, hier durch einen relativ ausführlichen Exkurs die Gründe verständlich zu machen, die uns nun auch dazu berechtigen, die dem Menschen, wie alle historische und transkulturelle Erfahrung lehrt, ganz offensichtlich wesenseigene Religiosität als eine Form überindividuellen »Wissens« anzusehen und zu respektieren.

Die Wissensinhalte vergangener Generationen altern rasch. Was Alchimisten und Sterndeuter, magische Heiler und Hexenmeister einst geglaubt haben, ist für uns bedeutungslos geworden. Der Inhalt individueller Gehirne ist, da gibt es keine Ausnahme, nur beschränkt lagerfähig. Aber deshalb ist nicht alles Wissen, das alt ist, schon überholtes Wissen.

Nicht wenige glauben, daß es so sein müsse. Sie sind bereit oder fühlen sich sogar verpflichtet, religiöse Aussagen ebenfalls als wertlos auf den Abfallhaufen des Aberglaubens, des vom Fortschritt unserer Erkenntnisse überholten Wissens früherer Epochen zu werfen. Sie übersehen, daß die zeitliche Begrenzung der Gültigkeit von Wissen nur für die konkreten Inhalte individueller Gehirne gilt. Nur diese sind vom Wandel unseres Erkenntnisfortschritts unmittelbar betroffen.

Anders verhält es sich jedoch mit dem Wissen, das durch das existierende System kultureller Verhaltensweisen repräsentiert wird. Der von Hayek vorgetragene Denkansatz ist deshalb so wichtig, weil er geeignet ist, diese Einsicht zu verbreiten.[99]

Wir neigen heute in radikaler Rationalität allzu unbedenklich dazu, Tabus oder kulturell gewachsene Normen schon deshalb für obsolet, für sinnlos gewordene Relikte zu halten, weil wir für sie keine einsichtige Begründung zu erkennen vermögen. Da liegt dann vorschnell auch die Versuchung nahe, sich über derartige Normen hinwegzusetzen, sobald sie der Realisierung unmittelbar einsichtiger Ziele im Wege zu stehen scheinen. Inzwischen gibt es schon die ersten Beispiele dafür, daß die Konsequenzen solchen Schlußfolgerns unerwartet negativ sein können.[100]

Ein Verstoß gegen »bloße Tabus« oder »lediglich aus der Tradition begründete« Normen kann deshalb unter Umständen unerfreuliche Folgen haben, weil in der kulturellen Überlieferung ein Wissen vorliegt, das, wie gesagt, der individuellen Einsicht in mancher Hinsicht nachweislich überlegen ist. Nicht alles, was wir nicht verstehen, ist allein deshalb schon unbegründet. Deshalb ist auch die dem Menschen eigene Religiosität nicht bloß ein Relikt aus überholten Epochen unserer kulturellen Geschichte.

So wie sich hinter dem Bedürfnis nach künstlerischem Ausdruck ein dem einzelnen Individuum gar nicht zu Bewußtsein kommendes Wissen um die Unzulänglichkeit einer ausschließlich sprachlichen Beschreibung der menschlichen Wirklichkeit verbirgt, so, in genau dem gleichen Sinne, haben wir auch die dem Menschen eigene Religiosität als den Ausdruck der überindividuellen Einsicht anzusehen, daß diese Welt aus sich heraus nicht zu erklären ist. Jahrtausende bevor einzelne Menschen im Ablauf der Geistesgeschichte, insbesondere der Erkenntnisforschung, entdeckten, daß die von uns erlebte Welt nicht identisch mit der objektiven Wirklichkeit ist, daß sie ontologisch nicht das letzte Wort sein kann, machte die Menschheit in ihrer kulturellen Geschichte schon die grundsätzlich gleiche Entdeckung.

Auch die mythologische Sprache, mit deren Hilfe die verschiedenen Kulturepochen diese überindividuelle Einsicht jeweils zu formulieren, festzuhalten und in der Tradition weiterzugeben versucht haben, müssen wir als Kunstsprache in Analogie zu den anderen genannten Beispielen ansehen. Analog zu der Rolle, die den der Umgangssprache entnommenen Wörtern in der Lyrik zukommt[97], werden die Wörter auch in der mythologischen Sprache nicht in ihrer umgangssprachlichen Bedeutung gebraucht.

Mythologisches Reden ist der Versuch, mit Bildern und Gleichnissen zu umschreiben, was sich mit Worten unmittelbar nicht mehr sagen läßt. Daß das nur unzulänglich möglich ist, daß die durch mythologisches Reden beschriebenen Sachverhalte nur vage zu fassen sind (Paulus: »Durch einen Spiegel in einem dunklen Wort«), auch das ist uralte Erkenntnis. Für uns kommt heute noch ein Hindernis dazu. Die übertragenen, bildlichen oder metaphorischen Nebenbedeutungen der Wörter, die bei der mythologischen Aussage zu den Trägern der eigentlichen Information werden, stehen in Abhängigkeit vom jeweiligen kulturellen Kontext. Sie verändern sich folglich im Ablauf der Zeit und entziehen sich damit mehr und mehr dem aktuellen Verständnis.

Mit dem Schwinden der bildhaften Bedeutungen aber, die die mythologisch gemeinte Botschaft tragen, treten die wörtlichen Bedeutungen mehr und mehr in den Vordergrund. Das unausbleibliche Ergebnis ist das wortwörtliche Mißverstehen des ursprünglich als mythologisches Bild Gemeinten. Aus diesem Grund sind die auf uns überkommenen Mythen heute in die Gefahr geraten, unter unseren Händen zu Aberglauben zu denaturieren – von der Auferstehung der Toten bis zur Himmelfahrt und von der angeblichen Weltferne des Jenseits bis zum christlichen Begriff der Gottessohnschaft. Wer sich darauf beschränkt – und andere dazu verpflichtet –, das Überlieferte in unwiderruflich fixierter Form zu bewahren, trägt daher, auch wenn er das nicht will, zu seiner Zerstörung bei.

Diese Einsicht hat zu dem bereits erwähnten Versuch einer »Entmythologisierung« der alten Texte geführt.[53] Als Nichttheologe muß man sich von dem Terminus allerdings irritiert fühlen. Auch er kann nicht gut wörtlich verstanden werden. Denn es ist naturgemäß ausgeschlossen, anders als in mythologischer Sprache über das zu reden, wovon hier die Rede sein soll.

»Entmythologisierung« kann daher nur die Aufgabe meinen, mythologische Formeln, die ihre bildhaften Bedeutungen einst aus einem für uns nicht mehr existierenden kulturellen Umfeld bezogen – und die ihre eigentliche Funktion damit für uns eingebüßt haben –, in Bilder und Metaphern zu übertragen (zu »transponieren«), die die gleiche Aufgabe in unserem heutigen kulturellen Umfeld zu erfüllen vermögen. Das im öffentlichen Bewußtsein, im überindividuellen Klima unserer heutigen kulturellen Situation deutlich spürbare Unbehagen angesichts einer immer krasser empfundenen Kluft zwischen der Sprache der Kirchen und dem wissenschaftlich-kulturellen Verständnis der Welt ist ein akutes Symptom dafür, daß die Aufgabe überfällig ist.

Man hört heute so oft, daß der »moderne« Mensch weniger religiös sei als seine Vorfahren. Daß er materialistisch, rationalistisch, ausschließlich an der diesseitigen Welt interessiert sei und nicht nach der Möglichkeit der Existenz einer sie überschreitenden Wirklichkeit frage. Das ist mit Sicherheit nicht wahr. Wenn Religiosität wirklich Ausdruck einer individuelles Wissen übergreifenden kulturellen Grundeinstellung ist, läßt sich schon *a priori* nicht recht einsehen, warum dieser Wesenszug dem heutigen Menschen gleichsam über Nacht abhanden gekommen sein sollte.

Es ist zwar wohl wirklich so, daß die meisten Menschen unserer Gesellschaft heute so leben, als seien sie darauf angewiesen, einen

»Sinn« ihres Daseins, wenn überhaupt, dann innerhalb dieser von uns erlebten Welt zu finden. Aber folgen sie damit etwa ihrem eigenen Gefühl, einer eigenen, selbst entwickelten Überzeugung? Fühlen sie sich nicht eher verpflichtet, an dieser Haltung allen offensichtlichen Widersprüchen zum Trotz festzuhalten, weil sich in unserem Kulturkreis nun einmal die Auffassung durchgesetzt hat, daß sie allein rational und daher »vernünftig« sei? Es stimmt auch, daß es heutzutage ganze Völker gibt, deren Regierungen alle Anstrengungen unternehmen, die ihrer Obhut anvertrauten Menschen notfalls mit staatlicher Gewalt zu ihrem nicht nur rational, sondern sogar wissenschaftlich ermittelten »Glück« zu bekehren. Aber läßt sich, andererseits, etwa übersehen, daß es dazu eben tatsächlich des Zwangs bedarf?

So spricht auch das konkrete Verhalten konkreter Mitglieder dieser angeblich so rationalistisch-aufgeklärten Gesellschaft eine ganz andere Sprache. Drogen- und Alkoholabhängigkeit, eine Renaissance abergläubischer Haltungen und Praktiken in vielerlei Spielarten, das vor allem unter Jugendlichen verbreitete Gefühl der Sinnlosigkeit des Lebens, die Verführbarkeit durch auch noch das albernste Sektenprogramm (wenn es denn nur die Findung eines »Sinns« verspricht), das alles sind unübersehbar Entzugserscheinungen. Alle diese Phänomene, deren Ausbreitung in der ganzen westlichen Welt so viele Beobachter zu Recht mit Sorge erfüllt, sprechen nicht gegen, sondern ganz im Gegenteil für die Annahme eines sehr ausgeprägten religiösen Bedürfnisses auch des heutigen Menschen.

Allerdings sprechen sie auch dafür, daß dieses fundamentale Bedürfnis heute ganz offensichtlich nicht ausreichend befriedigt wird. Der Aberglaube, so könnte ein Biologe zu formulieren versucht sein, ist die Leerlaufhandlung der Religiosität. Und wenn man sich ansieht, wie es zu dieser Leerlaufhandlung kommt, dann zeigt sich, daß die Kritik sich nicht auf den Sektenanhänger zu richten hat, sondern auf die Kirchen. Deren Aufgabe wäre es, das Glaubensbedürfnis legitim zu befriedigen. Täten sie das, dann wäre aller Ersatz schnell außer Kurs.

Die Kirchen aber verabfolgen die abgestorbenen mythologischen Formeln vergangener Epochen. Fossilien, Steine anstelle von Brot. Und führen dann, wenn diese Kost nicht angenommen wird, laut Klage darüber, daß offenbar kein Hunger bestehe.

Nicht an den Forderungen der Kirche, wie seltsamerweise auf beiden Seiten oft genug zu hören ist, scheitert die Partnerschaft. Es ist, sooft es auch wiederholt werden mag, ganz einfach Unsinn, daß sich heute immer mehr Menschen deshalb innerlich von der Kirche entfernten, weil sie es nicht über sich brächten, ihre triebhaften und anderen Bedürfnisse den von den Kirchen geforderten ethischen Verhaltensnormen zu unterwerfen. Wie weit diese gängige Behauptung die Wahrheit verfehlt, lehren wieder die sattsam bekannten Auswüchse des Sektenwesens. In Wirklichkeit ist es eben geradezu unglaublich, welche Entbehrungen »moderne« Menschen auf sich zu nehmen bereit sind, welch extremen Forderungen sie sich ohne alles Zögern noch fügen (bis hin zu dem grauenhaften Massenselbstmord in Guayana), wenn es nur gelingt, sie von der Existenz eines auf irgendeine Weise »höher« gearteten Sinns solchen Tuns zu überzeugen.

Die Fähigkeit dazu steht den Kirchen heute aber ganz offensichtlich immer weniger zu Gebote. Die Theologen mögen im Besitz der legitimen Botschaft sein. Die Argumente aber haben die Gurus. Da liegt das Problem. Auch »moderne« Menschen ließen sich gewiß nicht weniger bereitwillig als ihre Vorfahren davon überzeugen, daß es darauf ankommt, ein von religiösen Werten mitbestimmtes Leben zu führen – mit all den Konsequenzen, die das für die Praxis mit sich bringt. Es ist aber Zeit für die Einsicht, daß man den heutigen Menschen dazu nicht mehr bewegen kann mit dem Argument, daß ihn andernfalls der Teufel holen werde.

Der einzige kulturelle Kontext, auf den wir bei dem Versuch zurückgreifen können, die Bilder und Gleichnisse zu finden, mit denen sich die alte, ewig gleiche Botschaft überzeugender, dem heutigen Verständnis zugänglicher formulieren ließe, ist der unseres heutigen Weltbildes. Es ist ein im wesentlichen von naturwissenschaftlichen Erkenntnissen geprägtes Weltbild. Naturwissenschaft nicht im Sinne angewandter Technologie, sondern wieder als Grundlagenforschung verstanden, als jenes fundamentale Streben nach Naturerkenntnis, das wir als einen modernen Zweig der Philosophie anzusehen haben.

Das Bild, in das der Gehalt der religiösen Botschaft umgebettet werden muß, wenn er uns heute noch zugänglich bleiben soll, ist das einer sich in kosmischen Zeiten und Größenordnungen evoluierenden Welt. Die Aufgabe kann allein von der Kirche selbst geleistet werden. Sie wird davon jedoch durch Berührungsängste abgehalten. Wie die Erfahrung zeigt, ziehen die Theologen aus dem zutreffenden Eindruck, daß die Einbeziehung dieses modernen Weltbildes in ihr Denken die ihnen vertrauten, von ihnen respektierten und ihrer Obhut anvertrauten mythologischen Formeln in Frage stellen wird, in übergroßer

Ängstlichkeit einen falschen Schluß. – Da offenbar auch sie schon begonnen haben, die überlieferte Form der mythologischen Umhüllung mit dem Inhalt selbst zu identifizieren, fürchten sie sich vor der Möglichkeit, daß sich die Botschaft selbst verflüchtigen könnte, wenn sie den Versuch wagten. Deshalb soll hier wiederum ein Angebot gemacht werden. Deshalb soll hier abermals versucht werden, *die* Besonderheiten des modernen Weltbildes anzuführen, die ein Reden über das Jenseits vor dem Hintergrund dieses Weltbildes nicht nur erlauben, sondern vielleicht sogar in einer neuen Form von neuem legitimieren könnten. Der Versuch muß unzulänglich bleiben, weil nur ein Theologe die Kompetenz besäße, ihn durchzuführen. Aber vielleicht kann auch ein unzulänglicher Versuch wenigstens dazu beitragen, denen, die hier zuständiger wären, die Berührungsängste zu nehmen, die sie daran hindern, das auch zu tun.

Reden wir also vom Jenseits.

6. »Jenseits« – wo ist das?

Reden wir also über das Jenseits. Es liegt auf der Hand, daß das zu einer Gratwanderung werden muß. Die Zahl der Stolpersteine und der möglichen Fehltritte ist unübersehbar groß. Gründe, den Weg gar nicht erst anzutreten, gäbe es also genug. Wir werden ihn trotzdem gehen und auch die Gründe nennen, aus denen es sinnvoll ist, den Versuch trotz aller Bedenken zu machen.

Zuerst zu den Stolpersteinen: Bei jedem Schritt müssen wir alles berücksichtigen, was in diesem Buch bisher gesagt worden ist. Wir dürfen uns nicht nur an die Argumente halten, mit deren Hilfe wir die Verbote beiseite räumen konnten, die es uns zu untersagen schienen, an das Jenseits als eine sinnvolle Möglichkeit überhaupt zu denken. Wir müssen auch die Grenzen und Bedingungen berücksichtigen, die uns einen Rahmen setzen, wenn wir von der dabei gewonnenen Freiheit Gebrauch machen wollen.

Die Tatsache, daß die Realität unserer Welt sich als hypothetisch erwiesen hat, widerlegte zwar die Möglichkeit, diese Alltagsrealität als Einwand gegen die Annahme einer jenseitigen Wirklichkeit ins Feld zu führen. Aber damit ist uns nicht etwa die Freiheit gegeben, beliebige Realitäten außerhalb unserer Alltagswelt zu denken.

Die Widerlegung des Verifikationsprinzips, der Forderung, nur das ernst zu nehmen, was sich positiv als wahr erweisen ließe, hat uns vom positivistischen Schweigegebot befreit. Das heißt aber selbstverständlich nicht, daß wir nun bedingungslos über alles reden dürften.

Zwar hat der Positivismus als Weltanschauung der Kritik nicht standgehalten. Als methodisches Prinzip allen naturwissenschaftlichen Forschens sind die positivistischen Regeln aber nach wie vor unerläßlich (auch wenn wir inzwischen eingesehen haben, daß wir den anspruchsvollen Begriff der »Wahrheit« in der Wissenschaft durch die bescheidenere Forderung nach »Bewährung« ersetzen müssen). Deshalb gilt die Forderung nach wie vor, daß wir dem, was wir wissen – so unsicher und verschwindend wenig es immer sein mag –, nicht widersprechen dürfen, wenn unsere Aussagen irgendeinen Sinn haben sollen.

Zwar haben wir eingesehen, daß wir die Wörter unserer Sprache nur im allerengsten Umfeld unserer alltäglichen Erfahrungen – und selbst da nur eingeschränkt – im Sinne ihrer unmittelbaren Bedeutungen verwenden und verstehen können. Schon im naiven Sprachgebrauch aber spielen auch bildhafte Nebenbedeutungen eine unübersehbare, wenn auch meist nicht bedachte Rolle. Die Feststellung jedoch, daß offensichtlich der größere Teil unseres Redens ohnehin metaphorisches Reden ist, berechtigt uns nicht etwa, die Auswahl der verwendeten Bilder und Metaphern willkürlich vorzunehmen.

Auch die evolutionäre Betrachtung unserer ontologischen Situation setzt nicht nur Möglichkeiten frei, sondern setzt zugleich auch Bedingungen. Zwar öffnet uns der Vergleich der Umwelten von Lebewesen unterschiedlicher Entwicklungshöhe die Augen dafür, daß es absurd wäre anzunehmen, ausgerechnet auf der von uns verkörperten Entwicklungshöhe fielen subjektives Welterleben und objektive Realität erstmals in der kosmischen Geschichte überein. So groß der Abstand ist, der unser Weltbild von den Umwelten aller anderen irdischen Lebewesen trennt, wir machten uns lächerlich, wollten wir behaupten, daß die Wirklichkeit dort enden müsse, wo unser Erkenntnisvermögen an seine Grenzen stößt.

Aber wenn es deshalb auch als sicher gelten kann, daß die Gesamtheit dessen, was real existiert, unser Vorstellungsvermögen unermeßlich übersteigt, so haben wir doch mit dieser Einsicht allein noch nichts in der Hand, was uns die Möglichkeit gäbe, über das, was da jenseits unseres ontologischen Horizontes existieren muß, irgend etwas sinnvoll auszusagen. Eben weil es jenseits unserer Grenzen liegt, scheint das im ersten Augenblick sogar prinzipiell ausgeschlossen. Gilt nicht noch immer Kants Feststellung, daß die Vernunft »vergeblich ihre Flügel ausspannt, um über die Sinnenwelt durch die bloße Macht der Spekulation hinauszukommen«?

Ich glaube jedoch, daß ein Naturwissenschaftler heute Gründe hat, die ihn vielleicht zögern lassen, sich diesem Statement ohne kleine Vorbehalte anzuschließen. Er könnte eine Lücke in der Argumentation entdecken, die ein Schlupfloch läßt. Auch in diesem Punkt stellt sich die Situation heute anders dar als zur Zeit Kants, in der die Entdekkung der Evolution und ihrer Gesetze noch in der Zukunft lag.

Der Unterschied nämlich zwischen der Situation des Menschen und der aller, auch der höchsten Tiere besteht nicht nur darin, daß allein der Mensch weiß, wie weit die von ihm erlebte Welt hinter der »Welt an sich« zurückbleibt. Beim Affen gibt es noch keine Religiosität und ebenso keine Kunst. Deshalb nicht, weil auch dieses uns am nächsten verwandte Lebewesen von der Unvollständigkeit, der nur relativen Gültigkeit seiner subjektiven Welt noch nichts ahnt.[101]

Darüber hinaus aber kann der Mensch nun außerdem seine Welt, die er als bloßen Torso der objektiven Wirklichkeit durchschaut hat, auch noch begreifen als ermöglicht und getragen von einer ihm unerreichbar bleibenden, umfassenderen Wirklichkeit. Philosophen und Theologen haben das seit je getan. Dieser Gedanke allein brächte nichts Neues. Aber die Entdeckung einer kosmische Zeiten und Räume umspannenden, andauernden Evolution hat die Situation auch in diesem Punkt entscheidend verändert.

Die Ordnung der Welt, nicht nur die des unbelebten Kosmos, sondern insbesondere auch die der belebten Natur, ist von Anfang an als Argument für die Existenz einer jenseits dieser Welt gelegenen Ursache ins Feld geführt worden – als Hinweis auf einen »Ersten Beweger«, einen Demiurgen oder Weltschöpfer, auf Gott. Als Gottesbeweis befriedigte aber auch dieses »teleologische« oder »kosmologische«, auf die geordnete Schönheit von Welt und Natur oder auf ihre Existenz selbst sich berufende Argument aus mancherlei Gründen nicht.

Denn am Anfang dieser Welt – an den auch die Naturwissenschaftler heute in der Gestalt der Theorie vom »Urknall« glauben – muß eben alles entstanden sein, was sich in dieser Welt heute findet. Nicht nur die Zeit – dies war der Ausgangspunkt unserer Schlußfolgerungen am Ende des ersten Teils –, sondern auch alle Materie und alle Naturgesetzlichkeit.

Vor dem Urknall gab es – diese Annahme bildet einen der Eckpfeiler der Theorie – nicht nur keine Zeit, es gab ebenso keinen Raum und auch sonst nichts. Deshalb ist die von Nichtfachleuten so oft gestellte Frage, was vor dem Urknall gewesen sei, nicht zu beantworten. Es ist mißverständlich, zu sagen, die Frage sei »sinnlos«, was Naturwissenschaftler meist zu antworten pflegen. Sinnlos ist sie nur insofern, als sie unbeantwortbar ist. Für unser Verständnis existiert vor dem Urknall nichts – im radikalsten Sinn dieses Wortes.[102]

Sinnlos ist die Frage jedoch insofern nicht, als selbstverständlich auch ihre Unbeantwortbarkeit niemandem das Recht nimmt, hinter diesem die Existenz der Welt begründenden Anfang eine – notwendigerweise jenseits dieser Welt gelegene – Ursache anzunehmen. Allerdings müssen wir hier sogleich wieder die nur begrenzte Tragweite der von uns benutzten Wörter bedenken. »Ursache« ist in diesem einen einzigartigen Fall, dem der Entstehung der Welt, in einer Bedeutung zu verstehen, die sich von der üblichen grundsätzlich unterscheidet. Denn wie soll »Kausalität«, wie wir sie kennen, zum Verständnis eines Vorgangs beitragen können, bei dem etwas aus »nichts« entsteht?

Auch die Kategorie der Kausalität ist vielmehr erst mit der Welt zusammen entstanden. Das von uns ohnehin nur näherungsweise begriffene Gefüge kausaler Vernetzungen, auf das wir uns beziehen, wenn wir von »Ursachen« reden, kann daher für die Entstehung der Welt nicht zuständig gewesen sein. Deshalb müssen wir uns damit zufrieden geben, daß der Behauptung, die Entstehung der Welt müsse einen »Grund« gehabt haben, nicht widersprochen werden kann, ohne daß sich über die Angelegenheit darüber hinaus auch nur das Geringste weiter sagen ließe.

Kein Gottesbeweis also. Und noch etwas anderes ist angesichts der Einmaligkeit der Entstehung dieser Welt nicht auszuschließen: die Möglichkeit nämlich, daß ihre Existenz auf einem bloßen Zufall beruht. So sehr unser Gefühl den Gedanken abweisen möchte, auch die Hypothese, daß der Kosmos ein Zufallsprodukt ist, läßt sich nicht widerlegen. Unsere innerweltliche Logik, die eben deshalb angesichts dieses einen Falls wiederum ihre Kraft verliert, mag noch so sehr Anstoß nehmen an der Möglichkeit, daß die komplexe Ordnungsgestalt, als die sich die Welt in unserem Bewußtsein abbildet, zufällig entstanden sein könnte – beweiskräftig ausschließen läßt sich der Fall nicht.

Aber selbst dann, wenn man sich für die Annahme der Existenz eines Weltenschöpfers als Ursache der Existenz der Welt entscheidet, führt die zu Zeiten Kants – und noch lange nach ihm – gültige statische Betrachtung der Welt zu einer leidigen Konsequenz. Die Annahme, daß die Welt in einem sehr lange zurückliegenden Zeitpunkt so, wie sie gegenwärtig noch immer ist, geschaffen wurde (dies die Ansicht der Fundamentalisten und zumindest implizite auch die der Vitalisten bis heute), beschränkt den Schöpfer auf eine Rolle, die so einmalig und unwiederholbar ist wie der Schöpfungsakt selbst.

Da hat Gott die Welt dann also geschaffen – und von da ab sich selbst überlassen. Zwar ist und bleibt sie auch im Lichte des statischen Weltbildes für alle Zeit göttliche Schöpfung. Zwar haften ihr in Gestalt ihrer Ordnung, ihrer Zweckmäßigkeit und ihrer Schönheit die Spuren ihrer übernatürlichen Herkunft bis in alle Zukunft unübersehbar an.

Trotzdem ist in diesem Weltbild Raum für den Gedanken, daß Gott seiner Schöpfung im Laufe der Zeit vielleicht so ferngerückt ist wie der Zeitpunkt, in dem er ein einziges Mal als Schöpfer handelte. Das Konzept der als Schöpfung für alle Zeiten unveränderlich bleibenden Welt wirft, anders gesagt, unausbleiblich die Frage auf, wie denn der Schöpfer in einer solchen Welt eigentlich aktuell gegenwärtig sein könne.

Mir scheint offenkundig, daß sich hinter dieser Frage eine der Wurzeln für die unerquicklichen und andauernden Streitereien zwischen Theologen und Naturwissenschaftlern verbirgt. Wenn Gott in eine fertige und daher grundsätzlich von sich aus funktionierende Welt einzugreifen gezwungen wäre, wann immer er in ihr gegenwärtig zu sein wünscht, dann wäre jeder Augenblick seiner Anwesenheit identisch mit einem Akt, durch den die Naturgesetze vorübergehend außer Kraft gesetzt würden, die diese Welt »im Normalfall«, also ohne göttliche Präsenz, auch selbständig funktionieren lassen. Diese Verknüpfung von gleichsam »normalen«, allein von den Naturgesetzen geregelten Zeitspannen mit dazwischengeschalteten Augenblicken göttlicher Eingriffe, während derer diese Gesetzlichkeit vorübergehend zumindest partiell aufgehoben ist, stellt aber nun eine Behauptung dar, die aller naturwissenschaftlichen Erfahrung widerspricht.

Keine Formulierungskunst, keine begriffliche Artistik, keine noch so chiffrenbeladene Sprache – und an all dem herrscht kein Mangel – führt an der Tatsache vorbei, daß diese Behauptung eine Hypothese darstellt, die sich von der Naturwissenschaft in immer weiteren Bereichen der Natur hat nachprüfen lassen und die überall dort, wo das bisher geschehen ist, »falsifiziert« wurde.

Der im Rahmen eines statischen Weltbildes argumentierende Theologe muß trotzdem auf ihr beharren, wenn er nicht bereit ist, sich mit einer ihm unerträglich erscheinenden Weltferne Gottes abzufinden. Diese Hartnäckigkeit zwingt ihn, der naturwissenschaftlichen Argumentation ihre Gültigkeit zu beschneiden. Er beharrt auf seiner Position folglich um den Preis einer Zweiteilung der Welt. Denn daß die Aussagen der Naturwissenschaft in *keinem* Teil der Welt Gültigkeit hätten, kann auch er trotz allen Widerstands heute nicht länger behaupten. Das statische Verständnis der Weltschöpfung führt daher, wie im ersten Teil schon eingehend auseinandergesetzt, zur Spaltung der Welt in eine gottlose und eine von der Hand des Schöpfers noch heute gelenkte Hälfte.

Die Entdeckung der Evolution aber hat die Welt verändert. Und sie hat das auf eine Weise getan, die das Dilemma wenn auch nicht total beseitigt, so doch erträglicher werden läßt. Die Wahrheit bleibt uns, wen kann es wundern, auch in diesem Punkt unerreichbar. Aber die Entdeckung der Evolution erlaubt es uns, auf dem stets unendlich bleibenden Weg, der uns von ihr trennt, einen weiteren Schritt zu tun.

Denn eine Welt, die nicht als abgeschlossenes Ergebnis zu verstehen ist, sondern als sich noch immer vollziehende Schöpfung, braucht auch nicht in jenem anderen Sinne als »abgeschlossen« zu gelten, der uns das Dilemma bescherte. Die aktuelle Beziehung zur transzendentalen, jenseitigen Realität ist in einer sich evoluierenden Welt leichter vorstellbar als in einer Welt, die einst vor undenkbar langer Zeit fertig und sozusagen in ihre Selbständigkeit entlassen wurde.

Hier soll nicht etwa der erneute Versuch eines Gottesbeweises unternommen werden. Trotz der Fülle neuen Beweismaterials könnte der Prozeß nicht anders ausgehen als bei allen früheren Versuchen. Denn ein Gott, der sich mit innerweltlicher Logik »dingfest« machen ließe, wäre dann eben auch ein Ding in dieser Welt, und gerade das ist ja nicht gemeint. »Ein Gott, der ›ist‹, ist nicht«, so formulierte es der evangelische Theologe Dietrich Bonhoeffer.

Daß eine jenseitige Wirklichkeit auf die unsere einwirkt, über diese Möglichkeit läßt sich in einer noch evoluierenden Welt jedoch leichter und weniger widerspruchsvoll reden. Denn wir haben es jetzt nicht mehr nur mit einem einmaligen Geheimnis zu tun, sondern mit einem, das gegenwärtig immer noch andauert. Nicht mehr nur mit dem Faktum einer unvorstellbar weit zurückliegenden Schöpfung aus dem Nichts, sondern mit der Tatsache, daß sich seit diesem Augenblick bis hin zu unserer Gegenwart und weit darüber hinaus in die Zukunft etwas vollzieht, was letztlich ein Geheimnis bleibt: mit der Tatsache, daß sich diese Welt in kosmischen Dimensionen von einem elementaren Urzustand ausgehend bis zu den heute zu konstatierenden Ordnungsstrukturen entwickelt hat, bis hin zu der Hervorbringung von Leben, Bewußtsein und individueller Intelligenz.

Trotz allem, was darüber schon ausführlich gesagt wurde, muß an dieser Stelle nochmals ausdrücklich betont werden, daß nicht etwa der *Ablauf* dieser kosmischen und biologischen Evolution das Geheimnis darstellt. Im ersten Teil wurde eingehend begründet, daß uns die Art und Weise, in der die Entwicklung sich vollzieht, die Gesetze, denen sie folgt, sowie die molekularbiologischen und anderen körperlichen Mechanismen, deren sie sich bedient, grundsätzlich rational zugänglich sind. Sie alle sind wissenschaftlich ja auch schon weitgehend, wenn auch sicher nicht vollständig, durchschaut. Nicht *wie* Evolution sich abspielt ist das Geheimnis, sondern *daß* sie sich abspielt.

Angesichts einer Welt, die im Augenblick ihrer Entstehung fix und fertig aus dem Nichts auftauchte, lautete die Frage lediglich: Warum ist nicht nichts? Warum gibt es überhaupt etwas, warum gibt es diese Welt und ihre Ordnung? Das allein ist wahrhaftig geheimnisvoll genug. Die Entdeckung der Evolution aber hat das Wunder noch größer, das Geheimnis noch unergründlicher werden lassen. Denn jetzt müssen wir außerdem auch noch fragen: Wie kommt es denn, daß diese Welt die Fähigkeit besitzt, in einem kontinuierlichen Prozeß einer geordnet verlaufenden Weiterentwicklung aus dem jeweils Bestehenden fortwährend neue Gestalten auf immer höheren Entwicklungsstufen hervorzubringen?

Wir wissen, daß sie sich dabei – was die biologische Evolution betrifft – des molekularbiologischen Geschehens der Mutation bedient. Wir haben das dialektische Zusammenspiel von Zufall und Gesetzlichkeit entdeckt, das dem Vorgang jeder genetischen Anpassung zugrunde liegt. Wir kennen viele andere Faktoren, die den Ablauf nach bestimmten Gesetzen steuern. Aber auf die Frage, warum die Möglichkeiten, die sich aus all dem ergeben, unerschöpflich zu sein scheinen, gibt es keine Antwort. In dieser Welt findet sich keine Erklärung dafür, warum die Entwicklung nicht längst auf einer der zurückliegenden Stufen zum Stillstand kam, deren jede in sich abgeschlossen und vollendet war. Wir beginnen zu durchschauen, wie sie abläuft. Unsere Wissenschaft muß sich jedoch als unzuständig bekennen, wenn wir danach fragen, warum diese Entwicklung und ihre Ordnung überhaupt existiert.

Sie könnte, um das zu wiederholen, auf einem bloßen Zufall beruhen. So zuwider uns der Gedanke auch wäre, die Hypothese, daß die Existenz der Welt und ihre Ordnung nur das Ergebnis eines sinnlosen gigantischen Zufalls sind, läßt sich logisch nicht abweisen. Es fragt sich nur, ob es noch als rationale Entscheidung gelten könnte, wenn wir unsere Skepsis so weit trieben, diese Hypothese zu akzeptieren, ohne ihre gleichermaßen gigantische Unwahrscheinlichkeit in Betracht zu ziehen.

Daher gibt es kein Argument, das uns an der Annahme hindern

könnte, daß die Ordnung, die sich in dieser Welt vor unseren Augen in einem den ganzen Kosmos einschließenden Entwicklungsprozeß entfaltet, der Widerschein einer Ordnung ist, die jenseits der Grenzen unserer Welt existiert. Es ist nicht nur zulässig, sondern darüber hinaus auch plausibel, davon auszugehen, daß unsere Wirklichkeit, deren Realität nur eine von uns in freier Entscheidung akzeptierte Annahme ist und deren Ordnung sich aus unserer Welt nicht verständlich ableiten läßt, von einer umfassenderen Ordnung getragen wird.

Wir sind, daran läßt sich nichts ändern, in einer Höhle angekettet und sehen nur die Schatten der Wirklichkeit an der dem Eingang gegenüberliegenden Wand. Die Wirklichkeit, die »Welt an sich«, es ist unbestreitbar, bekommen wir niemals zu Gesicht. Aber sind wir damit wirklich schon beschränkt auf die »bloße Macht der Spekulation«? Wer könnte uns denn das Recht bestreiten, aus den Schatten, die allein wir vor Augen haben, auf die Wirklichkeit rückzuschließen, ohne die es diese Schatten nicht gäbe?

Das Konzept der Evolution aktualisiert, so gesehen, also das Geheimnis. Es holt die Beziehung zwischen unserer Welt und der zu ihrer Erklärung unerläßlichen jenseitigen Wirklichkeit aus dem Abgrund einer unvorstellbar fernen Vergangenheit zurück in unsere Gegenwart. Aus evolutionärer Perspektive hat es die Beziehung zwischen beiden Realitätsebenen nicht nur ein einziges Mal, ein für alle Male, im Augenblick der Weltentstehung, gegeben. Eine sich seit ihrer Entstehung kontinuierlich fortentwickelnde Welt ist vielmehr nur denkbar als die Folge einer seit diesem Augenblick lebendig gebliebenen Beziehung zwischen Welt und Transzendenz.

Auch diese sich aus der Entdeckung der Evolution ergebende Konsequenz scheint mir ein Grund zu sein, der Theologen dazu veranlassen sollte, sich mit dem modernen naturwissenschaftlichen Weltbild intensiver zu beschäftigen, als das aufgrund der bekannten Vorurteile bisher geschehen ist. Denn wenn wir mit unserer Argumentation auch noch nicht eigentlich theologischen Boden betreten haben – er muß weiterhin den für das Gelände Zuständigen vorbehalten bleiben –, so sind mit ihr doch wohl einige Hindernisse aus dem Wege geräumt.

Die sich evoluierende Welt ist zur Transzendenz hin also offen (oder auch: die Transzendenz ist in ihr gegenwärtig oder lebendig). So ließe sich umschreiben, was sich aus all dem ergibt. Keine dieser Formulierungen steht im Widerspruch zu dem Bild, das die moderne Naturwissenschaft sich von der Welt heute macht (wenn ganz zweifellos auch im

Widerspruch zu dem Bild, das sich viele Menschen heute immer noch von der Naturwissenschaft machen). Jedoch müssen wir den Begriff des Jenseitigen jetzt noch etwas genauer fassen.
Bisher haben wir ihn unterschiedslos für den ganzen Bereich benutzt, von dem wir uns aus den jeweils angeführten Gründen vorzustellen haben, daß er jenseits des Horizonts der von uns erlebten Welt existiert. Es ist nun jedoch an der Zeit, den Umstand zu berücksichtigen, daß sich aus dieser Definition in einem gewissen Sinne mehrere Ebenen des Transzendentalen ergeben, eine Unterscheidung, die für unsere weiteren Überlegungen wichtig ist.
»Transzendent« ist für uns, wenn wir der Definition unseren subjektiven Erkenntnishorizont zugrunde legen, zunächst einmal der ganze Bereich der uns nicht unmittelbar zugänglichen objektiven Welt: Jene »Welt an sich«, die den Rahmen der uns genetisch auferlegten Anschauungsformen und Denkkategorien überschreitet. Wir hatten die Gründe schon genannt, die für die Vermutung sprechen, daß dieser unseren Horizont transzendierende Teil der Welt sehr viel größer sein dürfte, als »gesunder Menschenverstand« es sich träumen läßt.
Die Vorstellung von der aktuellen Gegenwärtigkeit dieser ersten Ebene der Transzendenz bereitet keine Schwierigkeiten. Wir begegnen ihren Spuren immer dort, wo die künstlichen Sinnesorgane der uns von der modernen Wissenschaft zur Verfügung gestellten Beobachtungsinstrumente an die Grenzen der von uns wahrnehmbaren Welt stoßen. Desgleichen dort, wo es uns gelingt, die Reichweite unserer Gedanken mit der Hilfe mathematischer Symbole um ein winziges Stück in jenen Bereich hinein zu verlängern, der uns von Natur aus verschlossen bleibt. Wir machen dann die Feststellung, daß die Grenze, die uns von diesem größeren Teil der Welt trennt, zwar unaufhebbar, jedoch nicht absolut undurchlässig ist.
So stoßen wir in diesem Grenzbereich auf zwingende Hinweise darauf, daß der Raum, in dem wir existieren, in Wahrheit eine – mindestens eine! – Dimension mehr haben muß, als wir wahrnehmen, als wir es uns vorzustellen vermögen. Und wir haben auch schon herausgefunden, daß diese unser Vorstellungsvermögen überschreitende, die Grenzen unseres Geistes wahrhaft transzendierende Vierdimensionalität in der uns vertrauten Welt spürbare, greifbare Wirkungen zeitigt – die wir unter anderem als Gravitationskräfte erleben.
Wir entdecken die Spur dieser Ebene der Transzendenz im tiefsten Inneren der Materie in der Form eines konkreten, empirisch feststell-

baren Paradoxons: des Korpuskel-Welle-Dualismus. Die Physiker haben sich an den Gedanken gewöhnen müssen, daß der Begriff »Materie« unterhalb der Ebene des Atoms den uns gewohnten Sinn verliert. Die das Atom konstituierenden Elementarteilchen erscheinen in unserer Welt sowohl als Korpuskel als auch als Welle, je nach der Methode, mit der wir sie zu beobachten versuchen. Es ist anzunehmen, daß sich hinter diesen beiden Aspekten ein einheitliches Etwas verbirgt, existierend jenseits der Grenze unserer Erlebensmöglichkeiten, das uns nur partiell, nur indirekt in der Gestalt der beiden genannten, für uns paradoxen Erscheinungsweisen »wie durch einen Spiegel« sichtbar wird.

Auch die Faszination, die der nächtliche Sternhimmel auf den Beobachter ausübt, hat in diesem Zusammenhang ihre eigentliche Wurzel. Der Anblick führt uns die unübersteigbaren Grenzen unseres Wirklichkeitserlebens buchstäblich vor Augen. Hier haben wir den Raum konkret vor uns, der sich in unserer Vorstellung auf keinerlei Weise begrenzen läßt und von dem wir doch zugleich gelernt haben, daß er nicht unendlich sein kann.

Erkenntnisforschung, Evolutionstheorie und moderne Physik haben uns die Entdeckung ermöglicht, daß die Welt, in der wir leben, nur ein – aller Wahrscheinlichkeit nach winziger – Ausschnitt der wirklichen Welt ist, ein Ausschnitt zudem, der die objektiv existierende Welt nur höchst unvollkommen repräsentiert. Diese Entdeckung aber ist gleichbedeutend mit der Anerkennung einer Transzendenz, von der wir bis dahin nichts wußten und die noch nicht identisch ist mit der Transzendenz, von der die Theologen sprechen. Es handelt sich um das von uns bisher (unserer habituell anthropozentrischen Betrachtungsweise wegen) trotz aller Hinweise übersehene Phänomen einer »innerweltlichen Transzendenz«.

Die scheinbare Paradoxie dieses Begriffs löst sich auf, sobald wir seinen nur relativen Charakter bedenken. Denn transzendent ist dieser größere Teil der Welt, dessen Existenz wir nur indirekt erschließen können, ja allein relativ zu unserem eigenen Erkenntnisvermögen. Der Charakter dieses »jenseitigen« Teils der Welt selbst mag uns noch so spekulativ erscheinen. Alles, was wir über ihn aussagen können, mag noch so metaphysisch bleiben. Wir können doch nicht umhin, in Rechnung zu stellen, daß auch er, genauer: wiederum nur Teile von ihm, heute, in diesem Augenblick, dennoch auch als sinnlich wahrgenommene, rational gewußte Realität existieren.

Das Konzept einer weltimmanenten Transzendenz – von deren Realität wir uns doch überzeugt hatten – ergibt nur dann einen Sinn (und läßt sich, das ist wichtig, auch nur dann von der die Welt insgesamt überschreitenden Transzendenz der Religionen zuverlässig unterscheiden), wenn wir anerkennen, daß auch sie grundsätzlich »bewußtseinsfähig« ist. Wieder einmal ist es die evolutionäre Betrachtung, die uns die Augen für diese Möglichkeit öffnet. Denn wie groß der Ausschnitt der Welt gerät, der zur subjektiven Welt wird, hängt allein vom Entwicklungsniveau des Subjekts ab.

Konkret und einfacher ausgedrückt: Die Geschichte der Entwicklung unseres Gehirns berechtigt prinzipiell zu der Voraussage, daß in unserer Großhirnrinde auch in Zukunft noch neue »Zentren« entstehen würden, neue Areale im Dienste heute noch unbekannter, von uns nicht auszumalender Funktionen, wenn unserem Geschlecht die dafür notwendige Zeit – einige Jahrhunderttausende wären allerdings das Mindesterfordernis – gegeben sein sollte.[103] Wenn es dazu käme, dann würden diese neuen Großhirnzentren mit ihren neuartigen Funktionen, dessen können wir gewiß sein, ganz sicher nicht »ins Leere« greifen. Sie würden ihrem Besitzer vielmehr Teile der Welt erschließen, die für uns bisher jenseits der Grenze liegen, in dem unser Welterleben heute noch transzendierenden Teil der Welt.

Im Ablauf der Evolution verwandelt sich folglich mit einer für unser Zeiterleben unmerklichen Langsamkeit, aber gleichwohl unaufhaltsam, fortwährend Jenseitiges in konkret »von Angesicht zu Angesicht« erlebte Wirklichkeit. (Jedenfalls gilt das auf der Stufe jener »weltimmanenten« Transzendenz, von der im Augenblick noch ausschließlich die Rede ist.) Es ist in der Vergangenheit so gewesen. Wir können nicht in Zweifel ziehen, daß der Horizont unserer Welt einen größeren Ausschnitt der objektiven Wirklichkeit umspannt, als es der des Neandertalers oder der des Australopithecus getan hat – von den Welten noch älterer Vorfahren unseres Geschlechts ganz zu schweigen. Es wird auch in Zukunft so sein – wenn uns die Zeit dazu gegeben ist.

Aber darüber hinaus ist es vernünftig, auch damit zu rechnen, daß subjektive Welten auf Entwicklungsstufen, die der unseren überlegen sind, auch heute schon existieren. Es wäre wieder nur Ausdruck anthropozentrischer Voreingenommenheit, wenn wir uns darauf versteiften, die Verwirklichung subjektiver Welten, deren Erlebnishorizont den unseren übersteigt, von der Frage abhängig zu machen, ob unser eigenes Geschlecht die Chance haben wird, aus den unserem

Erkenntnisvermögen heute noch gesetzten Grenzen phylogenetisch herauszuwachsen.

Wenn wir die Dinge objektiv sehen wollen, so wirklichkeitsgetreu, wie es uns eben möglich ist, haben wir uns auf einen ganz anderen Standpunkt zu stellen. Wir müssen dann einsehen, daß es abwegig wäre anzunehmen, alles, was in diesem Riesenkosmos unser Fassungsvermögen übersteigt, hätte nur dann Aussicht, jemals zum Bestandteil subjektiven Wissens, zum Gegenstand individueller Erkenntnis zu werden, wenn unserem Geschlecht in einer fernen Zukunft der entscheidende Schritt gelänge. Abwegig also die Annahme, daß es einzig und allein vom Schicksal unserer eigenen Art abhinge, an welcher Stelle der objektiven Welt die mit dem Fortschreiten der Evolution wandernde Grenze zwischen subjektiv realisierter Wirklichkeit und »weltimmanenter Transzendenz« endgültig zum Stillstand kommt.

So groß unsere Verantwortung auch ist, kosmische Dimensionen hat sie glücklicherweise denn doch nicht. Wir dürfen unbesorgt sein, es hängt nicht von uns allein ab, ob die Evolution, ob die Geschichte des ganzen Kosmos bis zu ihrem Ende ablaufen kann oder ob sie vorzeitig abbricht. Deshalb ist es vernünftig, das Naheliegende vorauszusetzen. Nämlich: daß eine Evolution, die den ganzen Kosmos in sich begreift, den Ansatz, den sie auf diesem einen Planeten gemacht hat, auf anderen unter den unzählbaren Planetenmilliarden, die es in diesem Kosmos gibt, ebenfalls machte.

Es ist nichts anderes als wieder nur das alte anthropozentrische, vorkopernikanische Vorurteil, das uns ernsthaft an die Möglichkeit denken läßt, daß es in diesem ganzen unauslotbar riesigen Kosmos einzig und allein auf unserer Erde zur Entstehung von Leben und Bewußtsein gekommen sein könnte. Hier stoßen wir erstmals auf einen Zusammenhang, der uns die gänzliche Unentbehrlichkeit der Existenz außerirdischer, nichtmenschlicher intelligenter Lebewesen ahnen läßt. Wir werden uns damit im dritten und letzten Teil noch eingehender befassen müssen (und dann auch noch die naturwissenschaftlichen Argumente anführen, auf die sich diese Hypothese heute zwingend berufen kann). Wir gehen hier zunächst so weiter vor wie bisher auch: Zuerst soll hier wieder die Behauptung formuliert werden.

Versuchen wir also auch an dieser Stelle, das bisher Gesagte in einer Art Zwischenbilanz zusammenzufassen. Was ergibt sich, alles in allem, also hinsichtlich der Frage nach dem Verhältnis zwischen unserer Welt und dem Jenseits? Wo haben wir das Jenseits zu erwarten?

Das Jenseitige beginnt für uns, mit dieser Feststellung müssen wir anfangen, ganz sicher schon sehr viel früher, als wir es lange Zeit hindurch unkritisch geglaubt haben. Es beginnt für uns schon weit unterhalb der Ebene, welche die Religionen meinen, wenn sie vom Jenseits reden. Es liegt für uns immer noch tief in der Welt selbst. Solange wir uns der Illusion hingaben, wir seien »die Krone der Schöpfung«, solange wir unser eigenes Geschlecht unbefangen an der Spitze der kosmischen Evolution vermuteten, so lange konnten wir uns auch einen geistigen Rang zuschreiben, der so groß zu sein schien, daß außerhalb seiner Reichweite sofort das Reich Gottes beginnen mußte.
Die Wahrheit sieht anders aus. In Wirklichkeit haben wir im Ablauf der Evolutionsgeschichte gerade eben erst jene unterste Stufe erreicht, die unserer Stammeslinie erstmals die Erkenntnis beschert hat, daß die von uns erlebte Welt nicht identisch ist mit »der« Welt schlechthin. So weit wir uns auch umsehen, wir sind auf diesem Planeten die einzige Lebensform, die es wenigstens bis zu dieser Einsicht schon gebracht hat. Nirgendwo sonst auf der Erde sehen wir die Möglichkeit eines Gedankens daran auftauchen, daß das eigene Erleben und Denken nur einen Teil der Wirklichkeit umfaßt, daß die Welt, in der man sich zu behaupten hat, unvollständig ist, Ausschnitt einer größeren, hinter ihr verborgenen Wirklichkeit, ohne die sie nicht existierte.
Auf dieser untersten Stufe liegt der größte Teil der Welt selbst noch jenseits des Erkenntnishorizonts. Damit geht die unabweisliche Einsicht einher, daß es höhere Stufen der Entwicklung geben muß, daß im Ablauf der Evolution eine Erweiterung dieses Horizonts stattfindet, die identisch ist mit der Einbeziehung neuer, immer weiterer Bereiche der objektiven Welt in die subjektive Wirklichkeit. Evolution verwandelt, so hatten wir gesagt, fortlaufend Transzendenz in subjektive Wirklichkeit, läßt das individuelle Erkennen in einem für unser Zeitgefühl unendlich langsamen Prozeß immer weiter in bislang transzendentale Bereiche hineinwachsen.
Auf die Dauer läßt sich ferner der Gedanke nicht mehr abweisen, daß es viele – für unsere Vorstellung sicher »unermeßlich« viele – Orte im Kosmos geben muß, an denen die Evolution in der seit der Weltentstehung vergangenen Zeit aus mancherlei Gründen schon weiter vorangekommen ist als hier auf unserer Erde. Daß sie den über die Lebensentstehung und die Entstehung von Bewußtsein und Erkenntnisvermögen führenden Ansatz schon in diesem Augenblick an vielen Plätzen bis auf

Höhen vorangetrieben hat, die Bereiche der Welt zu subjektiver Wirklichkeit haben werden lassen, von denen wir noch nichts ahnen.

Von außen, meta-physisch betrachtet, ergibt sich aus all dem ein Bild unserer Situation, in dem unsere menschliche Welt gleichsam im Zentrum einer Kugel zu stecken scheint, die sich aus Kugelschalen immer größer werdender Durchmesser zusammensetzt. Jede dieser Schalen würde von einer neuen ontologischen Ebene gebildet, einer Stufe der Erkenntnisentwicklung, die allen von ihr umschlossenen Schalen übergeordnet ist. Dieses Bild läßt uns das Jenseits, die Transzendenz, von der die Religionen sprechen, als die größte, die umfassendste aller möglichen Kugelschalen beschreiben. Als jene äußerste Umhüllung, jene oberste mögliche Entwicklungsstufe aller Erkenntnis, die allen anderen übergeordnet ist, die alle anderen ihr untergeordneten Wirklichkeiten trägt und ermöglicht, da sie selbst mit der objektiven, der definitiven Wirklichkeit identisch ist, identisch mit der Wahrheit schlechthin.

Das alles ist, wie sofort zugegeben werden soll, metaphysische Spekulation, formuliert in mythologischer Sprache. Aber muß ich wiederholen, daß wir über das Thema anders als mythologisch ohnehin nicht sprechen können? Muß wiederholt werden, warum es zulässig und sinnvoll ist, das Thema dennoch zu behandeln?

Immerhin: einen Teil des Bildes, das ich hier zur Beschreibung des anders nicht Beschreibbaren versuchsweise benutzte, können wir mit Details ausfüllen, die aus unserer Erfahrung stammen. Willkürlich, völlig beliebig, ist das Bild also nicht. Was wollen wir mehr verlangen?

Wir hatten gesagt, daß die sich in kosmischem Rahmen abspielende Evolution der Aspekt ist, unter dem sich der Augenblick der Schöpfung in unseren Gehirnen widerspiegelt. Wir können jetzt hinzusetzen, daß der Prozeß dieser Evolution offenbar an immer neuen kosmischen Plätzen auf immer umfassendere Weise fortwährend Transzendenz in erlebte Wirklichkeit verwandelt. So gesehen stellt Evolution nichts anderes dar als die (nicht räumliche, sondern sich in phylogenetischer Zeit abspielende) Bewegung, die der Kosmos bei seiner Annäherung an das Jenseits vollzieht. So gesehen wird die Evolution in dem Augenblick an ihrem natürlichen Endpunkt angekommen sein, in dem der Kosmos mit dem Jenseits zusammenfällt. Ein Ereignis, das gleichbedeutend wäre mit dem Ende des Schöpfungsaugenblicks.

So weit die Behauptungen. Sie können aus mehreren Gründen befriedigend erscheinen:

Sie stehen zu keinem Detail des heute gültigen wissenschaftlichen Weltbildes in Widerspruch.
Sie gestatten die Vorstellung von einer gegenwärtigen, aktuellen Beziehung zwischen unserer Welt und dem Jenseits ohne die »Durchbrechung« irgendwelcher Naturgesetze. Denn wir können uns die Auswirkung des Jenseitigen auf unsere Welt analog zu denen der Vierdimensionalität des »objektiven« Raums vorstellen, die wir – ungeachtet der Tatsache, daß dieser Raum jenseits unseres Erkenntnishorizonts liegt – als Gravitationskräfte zu spüren bekommen.
Und auch sie beugen den Mißverständnissen vor, die wir schon im ersten Teil kritisch besprochen hatten. Denn auch einem Jenseits, von dem wir durch phylogenetische Zeit getrennt sind (anstatt quasi räumlich), kommen wir nicht durch die Abkehr von dieser Welt näher, sondern, ob tot oder lebendig, nur zusammen mit dieser Welt. Ob aber auch unsere, die Welt des Menschen, den Weg durch die Zeit bis zu jenem letzten Entwicklungsschritt wird zurücklegen können, der allein sie dem Jenseits »von Angesicht zu Angesicht« gegenüberstellen würde, hängt nicht zuletzt auch von unserem Tun und Lassen ab.
Nichts von alledem widerspricht dem heutigen naturwissenschaftlichen Weltbild. Selbstverständlich aber genügt diese Tatsache allein nicht. Wir müssen uns daher im dritten Teil dieses Buchs noch der Frage zuwenden, ob es darüber hinaus naturwissenschaftliche Erfahrungen gibt, die mit den hier vorgetragenen Behauptungen im Einklang stehen. Insbesondere gilt das für die Frage, ob die Annahme von der Endlichkeit der sich im Kosmos abspielenden Evolution wissenschaftlich sinnvoll ist und ob, wenn das der Fall ist, Anhaltspunkte existieren, die uns die Möglichkeit geben, etwas über diesen Endpunkt auszusagen.

Dritter Teil

Evolutive Zukunft und Jüngster Tag

1. Das Gespenst in der Maschine

Während wir eben noch die Unerschöpflichkeit der evolutiven Möglichkeiten als einen von uns hinzunehmenden, nicht erklärbaren, sondern nur zu bestaunenden Tatbestand erkannt hatten, stehen wir jetzt also vor der Notwendigkeit, die grundsätzliche Endlichkeit auch der evolutiven Geschichte als Voraussetzung einführen zu müssen. Denn wenn die kosmische Evolution sich auf ein Ziel hinbewegt, wie wir es hypothetisch einmal unterstellten, dann schließt das die Behauptung ein, daß der evolutive Prozeß seinem Wesen nach endlich sein muß.

Wir könnten es uns leichtmachen. Wir könnten uns mit dem Hinweis auf die Endlichkeit des Kosmos begnügen. Alle heutige Kosmologie geht davon aus, daß die Welt ein konkret angebbares Alter hat. Die Fehlergrenzen der Abschätzung sind naturgemäß groß. Die von der heutigen Astronomengeneration bevorzugte Schätzung besagt, daß die Welt etwa seit 13 Milliarden Jahren besteht.[104] Aber wie groß der Abstand zwischen uns und dem Urknall auch sein mag, die Vorstellung, daß die Welt ein bestimmtes »Alter« haben müsse, schließt zwei weitere entscheidende Feststellungen ein.

Von »Alter« kann man angesichts einer unendlichen Dauer nicht sprechen. Auf einer sich unendlich in Vergangenheit und Zukunft erstreckenden Zeitlinie ist kein Punkt, kein Augenblick vor dem anderen ausgezeichnet. Innerhalb unendlicher Zeit gibt es daher, aller denkbaren Veränderung zum Trotz, auch keine wirkliche Geschichte. Hier würde sich lediglich in einem gigantischen Kreislauf die irgendwann unvermeidliche Wiederholung alles Gewesenen – und zwar sogar seine unendlich häufige Wiederholung! – wieder und wieder ereignen. »Müssen nicht alle schon dagewesen sein? Muß nicht, was geschehen *kann* von allen Dingen, schon einmal geschehen, getan, vorübergelaufen sein? Müssen wir nicht ewig wiederkommen?« fragt Nietzsche (im 3. Teil des »Zarathustra«) erschrocken angesichts der Möglichkeit von »Ewigkeit«.

Aber das Unendliche ist nicht nur logisch unmöglich. Alles, was Wissenschaftler bis heute über die Welt herausgefunden haben, spricht für deren räumliche und zeitliche Endlichkeit. Dafür also, daß die Welt einen Anfang gehabt hat und daß sie auch ein Ende haben wird. Der Glaube an die Unendlichkeit der Welt gilt in der heutigen Wissenschaft als empirisch überwundenes vorwissenschaftliches Dogma.[105]

Wir könnten es uns daher leichtmachen und uns auf den Hinweis beschränken, daß ein Universum, das selbst endlich ist, Unendliches schlechthin nicht enthalten kann. Die Evolution, die biologische ebenso wie die kosmische Evolution, muß daher eines fernen Tages schon deshalb zu einem Ende kommen, weil es nicht gut möglich ist, daß sie das Ende des Kosmos überdauert.

Das aber kann uns nicht genügen. Die in diesem Buch vorgetragene Hypothese schließt vielmehr die Behauptung ein, daß es einen der Evolution selbst innewohnenden Grund gibt, der ihr ein Ende setzen wird. Nicht aus Erschöpfung, nicht nach dem – womöglich vergeblichen – Durchspielen eines wenn auch riesigen, so doch nicht unendlich großen Schatzes an Möglichkeiten. Sondern so, daß sie an einen Punkt gelangt, der die Möglichkeit einer weiteren Entwicklung zugleich mit ihrer Notwendigkeit aufhebt. Ein Ende dann, wenn eine Entwicklungshöhe erreicht ist, die aller Evolution nachträglich, im Rückblick, ihren eindeutigen Sinn geben wird.

Es wird hier also behauptet, daß die Evolution ein Ziel habe – eine Aussage, der nun nicht die Theologen, sondern, jedenfalls im ersten Augenblick, die Naturwissenschaftler lebhaft widersprechen könnten. Denn zu den bewährtesten Axiomen der modernen Biologie gehört die These, daß die Richtung der Evolution vom Zufall gesteuert wird und nicht etwa von einem vorherbestimmten, festliegenden Ziel.

Diesem Axiom, dieser notwendigen Denkvoraussetzung aller fruchtbaren biologischen und insbesondere aller sinnvollen Evolutionsforschung, soll hier auch nicht widersprochen werden. Der Widerspruch ist nur scheinbar. Er hängt damit zusammen, daß das Wort »Ziel« wieder einmal ein Wort mit schillernden Bedeutungen ist. Wenn man zwischen diesen klar differenziert, zeigt sich, daß sich die Annahme eines »Ziels der Evolution« zwanglos mit der Überzeugung von ihrem zufallsgesteuerten, undeterminierten Verlauf vereinen läßt.

Angesichts des Wortes »Zufall« stießen wir bereits auf das gleiche Problem. Die nähere Beschäftigung mit der Bedeutung dieses Begriffs hatte ergeben, daß es irreführend und einseitig (und daher falsch) wäre, ihn allein mit »Sinnlosigkeit« und »Unordnung« gleichzusetzen. Solche Einseitigkeit würde uns daran hindern zu erkennen, daß es allein das Moment des Zufalls ist, das den Kosmos davor bewahrt, wie ein seelenloser Automatismus auf deterministisch festgelegter Bahn abzuschnurren. Zufall ist daher nicht nur ein Synonym für Sinnlosigkeit und Unordnung, sondern auch eine Voraussetzung für Freiheit und damit für die Möglichkeit von Sinn – so paradox das im ersten Augenblick auch klingen mag.*

Ähnlich ist es in dem vorliegenden Fall. Ein »Ziel« hat die Evolution insofern nicht, als es sich bei ihr um einen echten historischen (also nicht einen determiniert ablaufenden) Prozeß handelt. Ihr Ablauf ist nicht auf ein konkret festliegendes Ziel »gerichtet«. Es gibt, so wird ein Naturwissenschaftler hier hinzusetzen, keine aus der Zukunft wirkenden Ursachen.[106] Wenn ein Dämon die Geschichte auf der Erdoberfläche um 4 Milliarden Jahre zurückdrehte und daraufhin, von der »Ursuppe« und den noch unbelebten Biopolymeren ausgehend, alles noch einmal von vorn begänne – es käme ohne jeden Zweifel niemals mehr das gleiche dabei heraus, so oft das Experiment auch wiederholt würde. Dazu ist die Zahl der Zufälle, die über den Ablauf des Geschehens von Augenblick zu Augenblick mitbestimmen (und ihm dadurch seine historische Freiheit geben) viel zu groß.

Eines allerdings käme, bei jeder beliebigen Wiederholung, bestimmt wieder heraus: Leben. Nach allem, was wir heute wissen – die genauere Begründung folgt noch – ist Leben ein aus dem Ablauf der Evolution früher oder später sozusagen unvermeidlich hervorgehender Zustand. Offen bleibt allein, in welcher Gestalt dieses Leben sich jeweils konkret realisiert. Auch im Rückblick ergeben sich keine zwingenden Gründe, die nur den historische Wirklichkeit gewordenen Ablauf als notwendig erscheinen ließen. Der Entwicklungsverlauf vom Fisch über das Reptil bis zum Säugetier erfolgt Schritt für Schritt auf einem Kurs, der an keiner Stelle des Weges vorhersehen läßt, welches der nächste Schritt sein wird.

Diese Auffassung schließt die Ansicht ein, daß auch andere als die auf der Erdoberfläche bisher entstandenen Lebensformen möglich gewesen wären. Daß jeder konkrete Fisch, jedes Wirklichkeit gewordene Reptil und jedes lebende Säugetier durch seine historische Realisierung andere Möglichkeiten lebender Gestalten auf der Erde ausgeschlossen hat. Möglichkeiten, die uns sicher fremd, bizarr, vielleicht abstoßend oder angsteinflößend erscheinen würden, weil sie uns auf

* Siehe Kapitel 8 des ersten Teils.

eine sehr viel radikalere Weise fremd wären, als Fisch, Reptil oder irgendein Säugetier es sind, mit denen uns immerhin noch abgestufte Grade der Verwandtschaft verbinden.

Aber der Gedanke daran ist mehr als künstlich. Wir könnten solchen Wesen hier auf der Erde niemals begegnen, weil wir einander ausschließenden Ahnenreihen angehören. Wenn sie existierten, gäbe es uns nicht. Dafür hätten unsere heutige Position dann Stellvertreter inne, die ihrerseits allem übrigen verwandt wären, was dann auf der Erde lebte (und was durch seine Verwirklichung alle anderen Möglichkeiten, einschließlich der von uns selbst, ausgeschlossen hätte).

Der eigentliche Sinn, ja die Notwendigkeit derartiger, hier noch recht utopisch erscheinender Überlegungen wird noch begründeter zur Sprache kommen. Der Sinn des Gedankenexperiments besteht an dieser Stelle darin, die Gewohnheit zu durchbrechen, die uns das historisch Verwirklichte allzu leicht als das einzig Denkbare und damit als das naturgesetzlich Notwendige erscheinen läßt. Stillschweigend halten wir die uns bekannten, auf der Erde von der Evolution in Gegenwart und Vergangenheit nun einmal hervorgebrachten Gestalten für die einzig möglichen.

Diese Tendenz verstellt uns den Blick auf die geschichtliche »Offenheit« aller Evolution. Ihr genuin historischer Charakter macht es unmöglich vorherzusagen, welche Lebensformen sie zu irgendeinem zukünftigen Zeitpunkt auf der Erde entstehen lassen wird (oder bisher und bis zu diesem Augenblick an anderen kosmischen Orten hat entstehen lassen). Es gibt keine naturgesetzlichen Faktoren, die ihr den Weg vorschreiben. Jeder ihrer Schritte ist das unvorhersehbare Ergebnis des Zusammenwirkens von mutativem Zufallsangebot und daraus »auswählender« Umweltkonstellation. Das ist es, was ein Biologe meint, wenn er von der Ungerichtetheit, der »Ziellosigkeit« oder Undeterminiertheit der Evolution spricht.[107]

An dieser Aussage darf nicht der geringste Abstrich vorgenommen werden. Trotzdem soll hier von der Möglichkeit die Rede sein, daß die Evolution nicht deshalb eines Tages abbrechen wird, weil der letzte aller kosmischen Tage gekommen ist. Auch wenn es, was unbestreitbar ist, kein Ziel gibt, dem die Evolution »zustrebte«, von dem sie gleichsam »angezogen« würde, das ihr einen Weg »vorschriebe« oder das auf irgendeine andere Weise aus der Zukunft auf sie einwirkte, ist es sinnvoll, an die Möglichkeit zu denken, daß die Evolution eines fernen Tages an »ihr« Ende kommen könnte.

Darin liegt kein Widerspruch. Die totale Offenheit des konkreten Evolutionsablaufs schließt die Möglichkeit nicht aus, daß es in der Evolution insgesamt Tendenzen geben könnte, deren Verwirklichung das der Evolution gemäße Ende bedeutete. Das hat nichts mit der Realisierung im Keim etwa schon angelegter Möglichkeiten zu tun. Gemeint ist also ausdrücklich auch nicht eine »entelechiale« Spekulation. Keine einzige der zukünftigen Gestalten ist der Evolution heute schon vorgeschrieben – weder aus der Vergangenheit noch aus der Zukunft. Trotzdem ist es möglich, Tendenzen zu nennen, die ihr wesenseigen zu sein scheinen und denen sie – in welcher unvorhersehbaren konkreten Gestalt auch immer – in immer größerer Vollkommenheit zur Wirklichkeit verhilft.
Eine dieser Tendenzen scheint zum Beispiel die Hervorbringung von Leben zu sein. Um das erkennen zu können, ist es notwendig, sich darauf zu besinnen, daß Evolution nicht auf den Begriff der biologischen Evolution beschränkt ist. Dieser bezieht sich nur auf eine – relativ späte – Phase eines weit umfassenderen, den ganzen Kosmos nicht nur räumlich, sondern auch zeitlich einbeziehenden Entwicklungsprozesses. Genaugenommen muß man eigentlich sagen, daß der ganze Kosmos Evolution *ist,* vom ersten Augenblick seiner Entstehung an. Deshalb hat man bis zum Urknall zurückzugehen, um zu erkennen, daß (und in welchem Sinne) damals schon die Voraussetzungen entstanden für alles Leben, das später aus diesem Ereignis hervorging.
Der bereits erwähnte englische Physiker Paul Davies hat kürzlich einige der Fakten zusammengestellt, die zu dieser Feststellung berechtigen. Es handelt sich bei ihnen um sogenannte Naturkonstanten, also meßbare Werte, die wir als gegeben hinnehmen müssen. Wir finden sie in der Natur vor, ohne irgendeinen Grund angeben zu können für ihr konkretes Maß oder den bestimmten Betrag, den sie haben. Zu ihnen gehört etwa die Lichtgeschwindigkeit. Sie beträgt im Vakuum bekanntlich fast genau 300000 km pro sec.
Warum sich Licht im leeren Raum gerade in diesem Tempo ausbreitet und nicht mit der doppelten oder einer um irgendeinen Betrag geringeren Geschwindigkeit, weiß niemand zu sagen. Die Frage ist wissenschaftlich nicht zu beantworten. Wir können den Wert nur zur Kenntnis nehmen. Es bleibt uns überlassen, an die Möglichkeit zu denken, daß auf einer der anderen, unserer Entwicklungsstufe übergeordneten ontologischen Ebenen ein Grund existieren könnte, der es zwingend erscheinen ließe, daß wir diesen und keinen anderen Wert messen.

Überlassen bleibt uns auch die Antwort auf die Frage, bis zu welcher der den Punkt unserer eigenen Existenz zwiebelschalenartig umhüllenden höheren Erkenntnisstufen wir wohl emporzusteigen hätten, um auf diesen Grund zu stoßen.

Wir wissen auch nicht, in welchen Bereichen und auf welche Weise unsere Welt sich ändern würde, wenn dieser Grund und damit die Geschwindigkeit des Lichts in unserem Kosmos sich änderte. Anzunehmen ist nur, daß die Auswirkungen gravierend wären. Es gibt andere Naturkonstanten, die von der Wissenschaft heute schon als unverzichtbare Grundlagen unserer Existenz erkannt worden sind. Auch sie können wir nur zur Kenntnis nehmen. Wir werden niemals erfahren, warum sie so und nicht anders sind. Gleichzeitig aber entdekken wir, daß wir selbst und auch sonst alles Leben aus dem Kosmos verschwänden, daß Leben niemals hätte entstehen können, wenn sie im Augenblick des Urknalls auch nur geringfügig anders ausgefallen wären.

Davies nennt unter anderem die im Inneren des Atoms wirkenden Kräfte. Wenn zum Beispiel die elektrischen Anziehungskräfte zwischen den Elektronen der Atomhülle und den im Atomkern steckenden Protonen nennenswert stärker wären, als sie es nun einmal sind, dann würden die Elektronenschalen dem Kern entsprechend näher liegen (oder sogar in ihn hineinfallen). Daraus aber ergäbe sich ein Aufbau, der die Bindungskräfte an der Atomoberfläche so veränderte, daß die Entstehung stabiler Molekülverbindungen – und damit auch die von Biopolymeren – unmöglich wäre.

Wenn, ein anderes Beispiel, die im Atomkern herrschenden Bindungskräfte nur geringfügig stärker wären, als sie es nun einmal sind, dann wäre die Entwicklung des Kosmos bereits in einer sehr viel früheren Phase zum Stillstand gekommen. Dann wären im Atomkern Bedingungen entstanden, welche die Entstehung von Helium aus Wasserstoff durch Kernfusion so außerordentlich beschleunigt hätten, daß das Universum seinen gesamten Wasserstoffvorrat schon innerhalb der ersten Phase seiner Entstehung verbraucht hätte – für die Entstehung von Sternen wäre nichts mehr übriggeblieben.

Und wäre die Hitze des Urknalls wesentlich größer gewesen, als sie es war, dann wäre die kosmische Hintergrundstrahlung noch heute so intensiv, daß der ganze Himmel so viel Energie abstrahlen würde wie die Sonnenoberfläche. Wasser in flüssigem Zustand gäbe es dann auf keinem einzigen Planeten im ganzen Kosmos. Es ist schwer, die

Entstehung von Leben unter solchen Umständen für möglich zu halten. Uns jedenfalls gäbe es dann nicht.[108]

Es besteht folglich, so könnte man diese Befunde zusammenfassen, ein unübersehbarer Zusammenhang zwischen bestimmten, die Struktur unseres Universums prägenden Konstanten und der Fähigkeit dieses Universums, Leben hervorzubringen. Dem Chaos des Feuerballs der Weltentstehung war das nicht anzusehen. Auch das Stadium der ersten Galaxien und der noch fast ausschließlich aus Wasserstoff bestehenden Sterne der ersten Generation läßt nichts von dieser in der Zukunft liegenden Möglichkeit ahnen. Nachträglich aber ist unübersehbar, daß das Universum aus dem Urknall mit Eigenschaften hervorging, die es als »maßgeschneidert« für die Entstehung von Leben erscheinen lassen.

Die Kosmologen, jene unter den Astronomen, die sich auf die Erforschung des Baus und der Geschichte des Weltalls spezialisiert haben, sind seit einigen Jahren bereit, diesen Zusammenhang zwischen dem Ganzen und seinen lebendigen Teilen einzuräumen. Sie haben für die Entsprechung sogar schon einen Namen geprägt. Sie sprechen vom *»anthropic principle«* im Aufbau des Weltalls, was man etwa mit »menschengemäßem Prinzip« übersetzen könnte.[109] Der Terminus *biotic principle* (etwa: »lebensträchtiges Prinzip«) wäre wahrscheinlich glücklicher gewesen. Die in dem Ausdruck *anthropic principle* steckende Behauptung fördert nur wieder die ständig lauernde Versuchung, den Menschen im Mittelpunkt allen kosmischen Geschehens zu sehen.

Der Kosmos ist gewiß nicht entstanden, »um den Menschen hervorzubringen«. Das *anthropic principle* läßt dieses Weltall aber ungeachtet seiner Kälte und Leere als den Mutterboden erkennen, der die erste entscheidende Voraussetzung der Möglichkeit zur Entstehung von Leben bildet. Von den für unsere Vorstellung unendlich vielen Möglichkeiten, die es für seine Struktur gegeben hätte, ist just eine (die einzige?) verwirklicht, die Leben möglich und damit, rückblickend, unausbleiblich macht.

Eine solche »Singularität«, ein solcher den Kosmos als Ganzes betreffender »passender Zufall«, ist keinem Naturwissenschaftler so recht geheuer. Wie stark die Ablehnung ist, läßt sich an den Hilfshypothesen ablesen, mit denen einige dem Fall seine Einzigartigkeit abzusprechen versucht haben. Der amerikanische Physiker J. A. Wheeler hat zum Beispiel vorgeschlagen, man solle doch von der Annahme ausgehen, daß es unendlich viele Welten gebe (mit unendlich vielen verschiedenen Naturkonstanten), von denen aber eben (fast) alle »tot« seien, weil in ihnen nicht die zur Entstehung von Leben notwendige spezielle Kombination der entscheidenden Parameter verwirklicht sei.[110] Mit Hilfe dieser Annahme läßt sich das *anthropic principle* freilich fast auf das Niveau einer bloßen Trivialität heruntermanipulieren: Es liegt auf der Hand, daß Lebewesen, die sich über die Rätsel eines Universums den Kopf zerbrechen, dazu nur in einem Universum fähig sind, das in der Lage ist, intelligente Lebewesen hervorzubringen.

Mehr als diese tautologische Feststellung bleibt bei der Annahme »unendlich vieler Welten« nicht übrig. Ich führe diese fast verzweifelt wirkende Spekulation – die einzig und allein die Funktion hat, dem Nachweis der Lebensträchtigkeit unseres Universums seine Bedeutsamkeit zu nehmen – hier nur an, um anschaulich werden zu lassen, wie sehr den Naturwissenschaftlern die Anerkennung eines so singulären Tatbestandes widerstrebt. Um so bemerkenswerter ist es, daß sie sich trotzdem gezwungen sahen, das Prinzip anzuerkennen, wie sich daraus ergibt, daß sie es durch die Prägung des Begriffs *anthropic principle* offiziell in das Vokabular ihrer Fachsprache aufgenommen haben.

Den durch diesen Ausdruck gekennzeichneten Zusammenhang zwischen dem Bau des Kosmos und dem nach Jahrmilliarden kosmischer Evolution erfolgten Auftauchen lebender Organismen meine ich, wenn ich von der »Tendenz« der Evolution spreche, Leben hervorzubringen. Ich versuche, mit diesem Wort einen Zusammenhang zwischen dem Anfang der Entwicklung und einem ihrer späteren Resultate anzusprechen, der von der Entfaltung eines von Anfang an gegebenen Keims (also dem Prinzip einer angeblichen »Entelechie«) ebensoweit entfernt ist wie von der zielgerichteten Ansteuerung eines vorgegebenen Resultats (im Sinne einer teleologischen oder finalistischen Hypothese).

Der Kosmos – oder die Evolution: beides ist aus dieser Perspektive dasselbe – hat die Tendenz, Leben entstehen zu lassen. Das ist es, was die Kosmologen herausgefunden haben. Leben ist in diesem Kosmos nicht lediglich ein absonderlicher Zufall, wie Monod geglaubt hat.[22] Leben ist für diesen Kosmos typisch. Seine Entstehung ist eine im Ablauf der Geschichte dieses Kosmos unausbleibliches Ereignis.

Eine andere Tendenz, die in dieser Geschichte erkennbar wird, ist nun die der Hervorbringung organischer Strukturen, die ein grundsätzlich neues Phänomen innerhalb der belebten Natur in einem zunehmend weiteren Rahmen und in zunehmend höheren Formen der Ausbildung auftauchen lassen: die Entstehung immer komplizierter gebauter Nervensysteme und die damit einhergehende zunehmende Entfaltung psychischer Phänomene bis hin zu dem sich selbst und die Welt reflektierenden Bewußtsein.

Man kann das (bisher) letzte Kapitel der kosmischen Geschichte, die biologische Evolution, auch als einen Entwicklungsprozeß beschreiben, der das Auftauchen und die immer weitere Ausbreitung psychischer Phänomene in der Welt der Materie zur Folge gehabt hat. Unbestreitbar ist es die Evolution gewesen, die das geistige Prinzip in die materielle Welt gebracht hat. Neben Materie und Energie, aus denen die Welt bis dahin allein bestanden hatte, manifestierte sich in der letzten Phase der Entwicklung, ermöglicht durch spezifische materielle Systeme, das Psychische als bis dahin unbekannte Kategorie.

Daran, daß die Kategorie des »Geistigen« während der jüngsten Schritte der Evolution auf der Erdoberfläche in der Gestalt individuellen Bewußtseins aufgetaucht ist, gebunden an materielle »Gehirne«, besteht also kein Zweifel. Die Frage ist nur, wie wir dieses »Auftauchen« zu verstehen haben. Welcher Art ist der Zusammenhang zwischen der sich in der materiellen Welt abspielenden Evolution und den in deren Verlauf auftretenden Phänomenen des Geistigen? Hat die Evolution den Geist »hervorgebracht«? Hat sie ihn also mit Hilfe des ihr allein zur Verfügung stehenden Materials – Atome, Elementarteilchen, Energiefelder, anderes hat sie nicht – im Rahmen der Naturgesetze »erzeugt«? Oder welcher Zusammenhang sonst ist hier denkbar?

Es braucht kaum erwähnt zu werden, daß die Frage nach der Art des Verhältnisses zwischen Geist und Materie (oder Leib und Seele) eines der Grundthemen der Philosophie darstellt, seit es Philosophie gibt. Es ist weder möglich noch notwendig, hier eine detaillierte Übersicht über die Antworten zusammenzustellen, die auf die Frage gegeben worden sind. Bekanntlich hat sich im Laufe der Zeit eine Reihe von Standardantworten herausgeschält, an denen sich in den letzten Jahrhunderten grundsätzlich nichts mehr geändert hat und die bis auf den heutigen Tag mehr oder weniger gleichberechtigt nebeneinanderstehen.

Da ist einmal die »idealistische« Antwort. Sie lautet: Es gibt nur den Geist, von allem Anfang an, und die Materie ist sein Produkt. Die »materialistische« These bezieht den genau entgegengesetzten Standpunkt. Für sie existiert allein die Materie, ebenfalls von Anfang an und für ewige Zeiten, und alle geistigen Phänomene sind Ergebnisse ihrer

fortschreitenden Entwicklung. Eine dritte Gruppe von Antworten behandelt beide Kategorien als gleichberechtigt und konzentriert sich auf die Probleme des zwischen ihnen bestehenden Zusammenhangs (»Wechselwirkungs«- oder »Parallelismus-Theorien«).
Die Tatsache, daß alle Anstrengungen der illustresten Köpfe in Jahrhunderten nicht genügten, um zwischen derart konträren Positionen eine Entscheidung herbeizuführen, läßt ohne allzugroßes Risiko die Vorhersage zu, daß die Frage für uns letztlich unbeantwortbar ist. Wir dürfen, vom evolutionären Standpunkt aus, daher wiederum die Vermutung äußern, daß auf einer der unserer eigenen übergeordneten ontologischen Ebenen eine Gegebenheit vorliegt, deren Auswirkungen sich innerhalb der uns erkennbaren Welt als Materie und als Geist bemerkbar machen – in Analogie zu der erkenntnistheoretischen Situation, der wir uns schon im Fall des Korpuskel-Welle-Dualismus gegenübergesehen hatten.[111]
Wir sind folglich erneut in einem Bereich, in dem Beweis und Gegenargument nichts mehr ausrichten. Wir können abermals nur »spekulieren«. Die Pattsituation in der philosophischen Diskussion des Geist-Materie-Problems gibt uns die Freiheit dazu. Wiederum haben wir gleichzeitig zu bedenken, daß die Unmöglichkeit eines Beweises uns nicht der Pflicht enthebt, unsere Spekulation mit überzeugenden Argumenten zu stützen. Abermals handelt es sich um ein Plädoyer.
Die Möglichkeit dazu gibt uns auch in diesem Falle die Tatsache der Evolution. Die genauere Betrachtung der Art und Weise, in der das »Geistige« sich im Ablauf der Evolution manifestierte, liefert Argumente, die, wie ich glaube, eine *dualistische* Auffassung unter den gegebenen Alternativen am ehesten als plausibel erscheinen lassen. Ich werde hier also für die Ansicht plädieren, daß die Kategorie des »Geistes« (wir werden den Begriff im weiteren Verlauf noch etwas genauer zu fassen versuchen) selbständig und unabhängig von der Materie gegeben ist. Oder negativ ausgedrückt: daß die Evolution im Ablauf der kosmischen Geschichte zwar Galaxien, Sterne und Planetensysteme und schließlich auch »Leben« hervorgebracht hat, daß aber das im Ablauf der Geschichte zu einem relativ späten Zeitpunkt (jedenfalls auf der Erde) auftauchende Phänomen des Psychischen (oder des Bewußtseins) nicht in der gleichen Weise als ein vor diesem Zeitpunkt noch nicht existierendes Produkt angesehen werden kann, das erst von der Evolution des Kosmos selbst gleichsam »aus dem Nichts« erzeugt wurde.

Es lassen sich dafür, wie sich noch zeigen wird, angesichts des konkreten Ablaufs der Evolution sogar mehrere Argumente anführen. Der Umstand, daß diese untereinander nicht unmittelbar zusammenhängen, macht die These, die mit ihrer Hilfe vertreten werden soll, nur um so plausibler. Bevor ich auf diese Argumente eingehe, muß ich aber zur Vermeidung von Mißverständnissen einen Einwand ausräumen, der hier nahezuliegen scheint. Er besteht in dem Hinweis, daß ich mit einer dualistischen Auffassung, der Annahme also, daß Geist und Materie selbständig und unabhängig voneinander bestehen, den Auffassungen der Naturwissenschaften widerspräche. Es ist richtig, in der Naturwissenschaft dominiert die monistisch-materialistische Position. Und war nicht bisher immer davon die Rede gewesen, daß es in diesem Buch darum ginge, Ansichten der modernen Naturwissenschaft anzuführen, die sich zur Formulierung theologischer Aussagen anböten?

Der Einwand, würde er an dieser Stelle erhoben, ignorierte jedoch etwas, das längst gesagt wurde, vorsorglich aber noch einmal wiederholt sei: Unser Gedankengang hat schon bisher zu keiner Zeit Rücksicht auf die Grenzen genommen, die der unvermeidlich positivistischen naturwissenschaftlichen Methode gezogen sind. Wir hatten uns, wie erinnerlich, an das positivistische Schweigegebot nicht gebunden gefühlt. Deshalb waren alle unsere Ableitungen und Spekulationen auch schon bisher nicht im Rahmen der naturwissenschaftlich möglichen Aussagen geblieben. Wir nahmen diese Aussagen und Befunde lediglich als Ausgangspunkte für unsere Überlegungen, und zwar in einem doppelten Sinne: Wir hatten sie erstens als »Rahmenbedingungen« anerkannt, als Feststellungen, denen unsere Aussagen nicht widersprechen durften, und wir hatten zweitens die sich aus ihnen ergebenden Details eines naturwissenschaftlichen Weltbildes als Orientierungshilfen benutzt, gewissermaßen als Wegweiser für über sie hinausführende Extrapolationen. Wir verlassen den methodisch scharf abgegrenzten Boden der Naturwissenschaft also nicht erst mit unserem Bekenntnis zum Dualismus angesichts des Leib-Seele-Problems.

An dieser Stelle muß außerdem ein Sachverhalt hervorgehoben werden, der in der Diskussion zwischen »Monisten« und »Dualisten« erstaunlich oft übersehen wird. Sobald man die Frage nach dem Verhältnis zwischen Geist und Materie überhaupt aufwirft, hat man den Boden der Naturwissenschaft bereits verlassen. Denn der »Geist« taucht innerhalb der (notwendig und legitim) positivistisch orientierten Naturwissenschaft überhaupt nicht auf.

Naturwissenschaft ist die Wissenschaft von der Struktur und den Formen der Umwandlung materieller Systeme sowie der räumlichen Verteilung verschiedener Formen von Energie. Ein Naturwissenschaftler beschränkt sich im Rahmen seiner Arbeit methodisch auf die Position des materialistischen Monismus. Diese Beschränkung gehört zur Definition der Disziplin, der er sich verschrieben hat. Die naturwissenschaftliche Erforschung lebender Systeme ist, so könnte man hier wieder sagen, nichts anderes als der Versuch, einmal zu sehen, wie weit man kommt, wenn man die Struktur und das Verhalten dieser Systeme allein aus ihren materiellen Eigenschaften zu erklären sich bemüht.
Das ist legitim und hinsichtlich der Möglichkeiten praktischer Forschung die einzig fruchtbare Methode. Man darf nur nicht aus den Augen verlieren, daß es sich auch hier wieder nicht um eine Aussage über die Wirklichkeit, sondern allein um den Ausdruck methodischer Selbstbeschränkung handelt. Auch in diesem Falle ist das bei vielen Naturwissenschaftlern aber längst in Vergessenheit geraten. Das Resultat ist eine ideologische Berufskrankheit, die erfahrungsgemäß bis zu der grotesken Überzeugung führen kann, daß es geistige Phänomene in Wirklichkeit überhaupt nicht gebe. Ein konsequenter »Behaviorist« erklärt ungerührt sogar die eigene psychische Selbsterfahrung zur bloßen »Illusion«.[112]
So grotesk das wirkt, bemerkenswerterweise ist die von behavioristischen Voraussetzungen ausgehende experimentelle Forschung unbestreitbar äußerst erfolgreich – eine in unserem Zusammenhang sehr wichtige Erfahrung. Ein erster Hinweis darauf, daß die komplizierten körperlichen (»neurophysiologischen«) Vorgänge, die mit psychischen Erlebnissen verbunden sind, offenbar auch ohne Berücksichtigung der psychischen Dimension sinnvoll untersucht und beschrieben werden können, daß sogar die Erfassung ihrer biologischen Zweckbestimmung ohne die Einbeziehung ihres psychischen Aspekts möglich ist. Die Bedeutung dieser Tatsache wird uns gleich noch beschäftigen.
Unter diesen Umständen ist es nicht ganz leicht zu verstehen, warum naturwissenschaftlichen Argumenten in der philosophischen Diskussion des Leib-Seele-Problems ein so großes Gewicht beigemessen wird. Als methodischer Ausgangspunkt (etwa bei der Untersuchung irgendwelcher Hirnfunktionen) ist der materialistische Monismus von unbezweifelbarem heuristischem Wert. Welchen Wert naturwissenschaftliche Argumente aber in der philosophischen Auseinandersetzung um dieselbe Frage haben sollen, ist nicht recht einzusehen. Denn wenn die

Methode dazu zwingt, sich auf den Bereich des Materiellen und Räumlichen zu beschränken (wenn sie die Berücksichtigung von Geistigem also *per definitionem* ausschließt), dann kann das Ergebnis der Anwendung dieser Methode doch nichts beitragen zur Klärung der Frage, ob es »Geist« als eigenständige Kategorie gibt oder nicht. Wenn eine bestimmte Aussage bereits in den Prämissen steckt, dann ist ihr Auftauchen im Endergebnis irgendwelcher von diesen Prämissen ausgehenden Ableitungen kein Argument, sondern lediglich eine Trivialität. (Aber damit ist die Frage auf philosophischer Ebene natürlich immer noch offen.)

Andererseits muß der Naturwissenschaftler hier aber in Schutz genommen werden gegen einen in unserer kulturellen Landschaft mit größter Bedenkenlosigkeit ständig wiederholten Vorwurf, der letztlich nur auf die Unkenntnis derer zurückzuführen ist, die ihn erheben. Ich meine den in allen derartigen Diskussionen unweigerlich auftauchenden Vorwurf des »Materialismus«. Die naturwissenschaftliche Methode beschränkt sich, wie wir wiederholt begründet haben, in der Tat auf die Erforschung materieller und räumlich ausgedehnter Systeme und Zustände. Insofern ist sie ohne Frage »materialistisch«.

Wer dieses Wort jedoch in abwertendem Sinne, als kritischen Vorwurf, verwenden zu können glaubt, meint noch etwas anderes. Er unterstellt einen Materiebegriff, der mit dem der Naturwissenschaft keinerlei Ähnlichkeit hat. Er unterstellt den Begriff einer »klotzartig« beschaffenen Materie und die Behauptung, daß deren Bewegungszustände alles übrige Naturgeschehen und ebenso auch die geistigen Phänomene hervorriefen.

Nun kann man nicht gerade sagen, daß es einen solchen »mechanistisch verkommenen Klotzmaterialismus« niemals gegeben habe. Ernst Bloch, von dem diese Formulierung stammt, erinnert an einen beispielhaften Fall: Auf der Göttinger Naturforscherversammlung des Jahres 1854 erklärte der Züricher Physiologe Jacob Moleschott, daß – wie der Urin ein Ausscheidungsprodukt der Nieren – Gedanken nichts anderes seien als Ausscheidungen des Gehirns. Ein Statement, das den ebenfalls anwesenden Philosophen Hermann Lotze zu dem köstlichen Zwischenruf animierte, daß man, wenn man den Kollegen Moleschott reden höre, fast glauben könne, es sei so![113]

Klotzmaterialismus solchen Kalibers aber war auch damals nicht die Regel. Heute existiert er nur noch außerhalb der Wissenschaft in den Köpfen einiger Vulgärideologen und daneben allerdings in offenbar erschreckender Verbreitung auch noch als Gespenst in den Alpträumen gewisser einseitig informierter Bildungsschichten. Es dürfte manchen aus diesen Kreisen überraschen zu erfahren, daß schon Marx und Engels zu ihrer Zeit gegen diese primitive Variante heftig zu Felde gezogen sind.[114]

In welchem Maße die Materie unter den Händen der Kernphysiker alles Klotzhafte längst verloren hat, wurde schon erwähnt. Bei C. F. v. Weizsäcker findet sich gar die Bemerkung, »daß die Materie, welche wir nur noch als dasjenige definieren können, was den Gesetzen der Physik genügt, vielleicht der Geist ist, insofern er sich der Objektivierung fügt«[115]. Eine so verstandene Materie taugt nicht als Material für jene ideologische Keule, die so mancher sich für gebildet haltende Mitbürger heute noch immer gegen den »Materialismus« der Naturwissenschaften schwingen zu können glaubt. Wer das Wort Materialismus als Schimpfwort benutzt, verrät nur, daß er nicht weiß, was Materialismus im wissenschaftlichen Sinne heute ist.

Gegen den Versuch, psychische Phänomene von einer so verstandenen Materie abzuleiten (die nach Weizsäcker womöglich selbst nur ein bestimmter Aspekt eines geistigen Prinzips ist), wäre daher grundsätzlich auch nichts einzuwenden. Trotzdem soll hier jetzt, wie angekündigt, für eine dualistische Auffassung plädiert werden. Dies wird wiederum gerade anhand von naturwissenschaftlichen, und zwar biologischen Erfahrungen geschehen. Sehen wir uns die Argumente einmal der Reihe nach an.

Da ist als erstes ein Einwand gegen das zentrale Erklärungsmodell vorzubringen, mit dem der biologisch argumentierende Monist den Zusammenhang zwischen Geist und Materie verständlich zu machen sucht. Der Zusammenhang ist für ihn genetischer Natur. Seiner Ansicht nach hat die Materie die geistigen Phänomene des Bewußtseins und der Intelligenz ebenso wie alle übrigen psychischen Gegebenheiten (Gefühle, Sinneserlebnisse und Gedanken) aus sich selbst heraus erzeugt. Auf die Frage, wie das zugegangen sein könnte, verweist er auf die Tatsache, daß auch während aller vorangegangenen Phasen der Evolution immer wieder unvorhersehbar neue »Systemeigenschaften« aufgetreten sind. Psychische Phänomene, dies die Folgerung des Monisten, seien nun nichts anderes als eine neue Kategorie derartiger »Systemeigenschaften«, unvorhersehbar und übergangslos aufgetreten bei einem bestimmten Komplexitätsgrad der materiellen Entwicklung.

Was ist damit gemeint? Hinter dem abstrakten Ausdruck steckt eine ganz alltägliche, nichtsdestoweniger aber höchst staunenswerte Erscheinung. Es gibt unzählige Beispiele dafür, daß bei dem Zusammentreten bis dahin getrennter Elemente (oder Teile oder Bausteine oder wie immer man die Teile eines Ganzen nennen will) sprunghaft, ohne Übergang, neue Eigenschaften des aus den vorher getrennten Elementen hervorgegangenen Systems entstehen. Wenn man Sauerstoff und Wasserstoff zusammenfügt, dann hat man anstelle von zwei unsichtbaren Gasen plötzlich eine durchsichtige Flüssigkeit (nämlich Wasser) vor sich. Nach wie vor sind nur die beiden Elemente Sauerstoff und Wasserstoff im Spiel, kein einziger anderer Bestandteil. Und dennoch hat das »System«, das aus ihrer Verbindung entstanden ist, übergangslos Eigenschaften angenommen, die vorher keines von ihnen besaß und die auch sonst in keiner Weise existierten.

Vereint man eine Drahtspule und einen Magneten in geeigneter Weise zu einem System, steht man plötzlich vor dem Phänomen elektromagnetischer Wellen. Und wenn hochmolekulare Verbindungen – die sogenannten Biopolymere – sich zu einer ganz bestimmten komplizierten Struktur zusammenfügen, dann resultiert daraus ebenso unvermittelt das neuartige Phänomen des Lebendigen. Leben ist für den Naturwissenschaftler eine »neue Systemeigenschaft« materieller Systeme, die im Verlaufe einer genügend langen Evolution den dafür notwendigen Komplexitätsgrad erreicht haben. Das ist die beste Antwort auf die Frage nach dem Zusammenhang von Materie und Leben, über die wir verfügen.

Der Eindruck eines »Fortschreitens« der Evolution entsteht nun ganz allgemein dadurch, daß im zeitlichen Ablauf der Entwicklung nicht nur immer kompliziertere materielle Systeme entstehen, sondern daß diese auch mit immer neuen und neuartigen Eigenschaften aufwarten. Alles, was der Monist dieser unbestreitbaren Erfahrung hinzufügt, ist die Behauptung, daß auch die psychischen Phänomene auf diese gleiche Weise entstanden seien. Daß sie also nichts anderes seien als eine »neue Systemeigenschaft« hinreichend entwickelter materieller Strukturen. Soweit ich sehe, bildet diese Behauptung heute in den Kreisen des biologischen Monismus das zentrale Argument zur Begründung des eigenen Standpunkts.

An der Schlüssigkeit solcher Argumentation sind nun jedoch Zweifel anzumelden. Man muß hier den Verdacht äußern, daß es sich weniger um ein »Argument« handelt als vielmehr um eine *petitio principii.* Daß hier also bei genauerer Betrachtung nichts bewiesen, sondern lediglich unterstellt wird, was zu beweisen wäre.

Die Materie bewies im Ablauf der Evolution unbestreitbar eine wahrhaft überwältigende Kreativität. Sie hat Welten von einer Formenfülle und Schönheit hervorgebracht, die uns mit Bewunderung und Staunen erfüllen. In der Tat: »Von dem Stoff, in dem sich das alles prägt, darf nicht gering gedacht werden, wie bisher üblich.« (E. Bloch) Wir dürfen die Materie nicht unterschätzen. Ihr ist so gut wie alles zuzutrauen. Trotzdem glaube ich nicht, daß man ihr Unrecht tut, wenn man ihr die Geburt des Geistes nicht auch noch in die Schuhe schiebt. Es ist, wie mir scheint, unzulässig, die psychischen Phänomene den vorangegangenen Schritten der materiellen Evolution einfach als neue »Systemeigenschaft« ebenfalls noch anzuhängen.

Das zitierte »Argument« der Monisten ist in Wirklichkeit deshalb keins, weil das, was durch den Vergleich bewiesen werden soll, für keinen einzigen der vorhergehenden Schritte zutrifft. Welche Eigenschaft bei diesen früheren Gelegenheiten auch immer neu auftauchte, sie blieb stets innerhalb der materiell-räumlichen Dimension. Hier aber soll ja gerade jenes einzigartige, uns nur als subjektive Selbsterfahrung zugängliche, unlokalisierbare und unräumliche Phänomen erklärt werden, das sich – erstmals! – mit keiner empirischen Methode fassen läßt.

Bei allen früheren Gelegenheiten erfolgte der »qualitative Sprung«, als den wir das Auftauchen einer neuen Systemeigenschaft anzusehen haben, innerhalb der räumlichen Dimension. Was erklärt werden soll, ist aber gerade das Verlassen dieses Raumes. Das Auftreten eines Phänomens, dessen Geheimnis darin besteht, daß es – obschon es die gewisseste aller unserer Erfahrungen darstellt – *nicht* dieser Dimension angehört. Die einzige Gemeinsamkeit mit den vorangegangenen »Sprüngen« besteht folglich darin, daß auch das Psychische »neu« auftrat. Es ist daher kein Argument, sondern lediglich eine Behauptung, wenn man es allein deshalb in Analogie zu den früheren Fällen als Produkt der materiellen Evolution ansieht.

Noch ein Sachverhalt ist hier zu berücksichtigen: Neue Systemeigenschaften treten unvermittelt auf, ohne vorangehende »Vorzeichen«, übergangslos. Sie sind plötzlich da (und vorher eben nicht da). Das alles ist für den qualitativen Sprung, um den es sich dabei handelt, so ungemein charakteristisch, daß Konrad Lorenz vor einigen Jahren den Begriff der »Fulguration« einführte (von lat. *fulgur* = Blitz), um das

Phänomen zu kennzeichnen und von anderen Weisen der Entstehung von Neuem abzugrenzen.[116]

So ist auch das Phänomen des Lebendigen das Resultat einer im Ablauf der Evolution aufgetretenen »Fulguration«. Zwar ist es rückblickend möglich, Stadien der materiellen Entwicklung anzugeben, die ihr vorausgingen und von denen man *post hoc* sogar sagen kann, daß sie Übergänge zwischen toter und zum Leben befähigter Materie dargestellt haben. Das gilt aber nicht für die Fulguration »Leben« selbst. Sie trat an einem bestimmten Punkt dieser materiellen Entwicklungsphase so auf, wie es für eine Fulguration charakteristisch ist: übergangslos. Ein materielles Gebilde ist entweder tot oder lebendig – dazwischen gibt es nichts. (Daß es während des Sterbens eines Organismus schwierig sein kann, in einem gegebenen Augenblick festzustellen, welcher der beiden Zustände vorliegt, ändert daran nichts.) Das ist der Grund dafür, daß es allen sonst kaum überbietbaren Unterschieden zum Trotz hinsichtlich der Lebendigkeit keinen Unterschied zwischen Lebewesen unterschiedlicher Entwicklungshöhe gibt. Eine Amöbe ist um nichts weniger lebendig als ein Elefant oder ein Mensch.

All dies steht nun diametral im Gegensatz zu der Art und Weise, in der das Seelische im Evolutionsablauf in die Welt kam. Da kann von Fulguration wahrhaftig nicht die Rede sein. Eine ganze Jahrmilliarde ist nicht zu hoch geschätzt, während derer das Erwachen des Bewußtseins sich abspielte und zu immer hellerer Klarheit gedieh bis hin zu unserer heutigen Fähigkeit der Selbstreflexion (die grundsätzlich auch noch nicht als das Endprodukt möglicher weiterer Entwicklung gesehen werden darf!). Es gibt keine unterschiedlichen Grade der Lebendigkeit. Aber es gibt ohne jede Frage unzählig viele Grade von Beseeltheit, sowohl im Ablauf der Evolution als auch in diesem Augenblick auf der Erdoberfläche, repräsentiert von den unterschiedlichen Erlebniswelten so vieler Arten unterschiedlicher Entwicklungshöhe.

Hier klaffen Welten, wortwörtlich Welten auseinander. Sie alle lassen sich aber vom Biologen und Entwicklungspsychologen (nicht zu vergessen der Paläontologe) in einer abgestuften Reihe so nebeneinanderstellen, daß aller Abstand durch fast lückenlose Übergänge überbrückt zu werden scheint. Kein Zweifel: Das Phänomen des Seelischen ist in unserer Welt nicht in der Form einer Fulguration aufgetaucht. Es hat sich vielmehr in einer Entwicklung von geradezu quälender Langsamkeit stetig entfaltet.[117]

Auch diese Eigentümlichkeit erweckt Zweifel an der Berechtigung, der Kette evolutiver Schritte, die vom Wasserstoff des Uranfangs über die kosmische und die chemische zur biologischen Evolution geführt hat, das Seelische, das Phänomen des Bewußtseins, einfach als ein weiteres Glied anzufügen. Wenn man den hier erläuterten grundsätzlichen Unterschied bedenkt, wirkt dieser Versuch nicht zwingend, sondern ganz im Gegenteil gewaltsam, *ad hoc* konstruiert.

Gegen die These des Monisten, daß der Geist das Produkt der Materie sei, läßt sich noch ein weiteres Bedenken anführen, das ganz anderer Art ist, obwohl es ebenfalls von einer evolutionären Erfahrung ausgeht. Es knüpft an die Tatsache an, daß jeder Schritt, den die Evolution tut, das Ergebnis einer »bewertenden« Auslese unter verschiedenen genetischen Varianten ist, daß daher jeder dieser Schritte als das Resultat einer solchen Bewertung in irgendeiner Hinsicht einen Vorteil darstellt und insofern als »zweckmäßig« bezeichnet werden kann.

Wenn »Bewußtsein« ebenfalls ein Produkt der materiellen Evolution wäre, dann müßte sich diese Zweckmäßigkeit auch für die Tatsache nachweisen lassen, daß die sogenannten höheren psychischen Funktionen bewußt abzulaufen pflegen. Bemerkenswerterweise stellt sich der Versuch, diesen Nachweis zu führen, jedoch als sehr viel schwieriger heraus, als man zunächst meinen könnte.

Hans Sachsse, von dem dies Argument stammt, leitet es mit der Erinnerung daran ein, daß ein großer (ich möchte hinzusetzen: zweifellos der überwiegende) Teil auch der höheren in unserem Körper ablaufenden Funktionen uns *nicht* zu Bewußtsein kommt.[118] »Unser Bewußtsein hat nur beschränkten Zugang zu unserem Programm.« Das gilt nicht etwa nur für einfache Funktionen. (Wir erinnern uns an die »Intelligenz« der Leber!) Es gilt auch für höhere Hirnfunktionen, etwa den durch geduldiges Üben unbewußt-automatisch gewordenen komplizierten Bewegungsablauf der Hände eines Konzertpianisten beim Spiel.

Erwin Schrödinger hat angesichts der Erfahrung, daß einmal Gelerntes offenbar an unbewußt funktionierende Hirnzentren delegiert werden kann, sogar den Versuch unternommen, den bewußt werdenden Teil der Hirntätigkeit als jenen zu definieren, der sich mit »Neuem« beschäftige.[119] So interessant dieser Versuch ausgefallen ist, auch er hilft nicht wirklich weiter. Denn wieviel längst bekannt Banales drängt sich immer wieder, oft mit lästiger Hartnäckigkeit, in unser Bewußtsein!

Aber auch keine der von uns dem psychischen Bereich zugerechneten Funktionen würde Schaden leiden, wenn sie ihren psychischen Aspekt einbüßte, wenn sie – wie die Funktionen unserer Leber oder unseres Hormonsystems – unbewußt abliefe, das ist der Kern des Arguments. Sachsse macht es durch ein lehrreiches Gedankenexperiment deutlich. Stellen wir uns einmal vor, die Naturwissenschaft hätte ihren Versuch, die ihrer begründeten Ansicht nach allen psychischen Erfahrungen zugrundeliegenden Hirnprozesse aufzudecken, erfolgreich zu Ende geführt. Hätten wir dann etwas Neues über »das Bewußtsein« erfahren?

Wenn wir einen Code aufstellen könnten, »wie in einem Wörterbuch, wo auf der einen Seite die Gedanken, auf der anderen Seite die entsprechenden Molekülkonstellationen stehen, so könnten wir diesen Zusammenhang auch maschinell abbilden«. Wir könnten ihn als »Algorithmus« aufschreiben und in einen Computer einspeisen, in dem alle diese Funktionen dann so ablaufen könnten wie in unseren Köpfen. Vielleicht hätte ein Computer, der in der Lage wäre, ein so kompliziertes Programm durchzuführen, dann auch ein Bewußtsein. Manche glauben das. Man wird die Möglichkeit nicht ausschließen dürfen.[120]

Entscheidend für unseren Gedankengang ist aber die Einsicht, daß alle diese Funktionen auch dann ungestört weiter ablaufen würden, wenn das nicht der Fall wäre. Je besser es gelänge, die mit unseren psychischen Erfahrungen verbundenen Hirnfunktionen aufzuklären, um so überflüssiger müßte gerade der Aspekt erscheinen, der diese Funktionen von anderen unterscheidet, die bewußtlos ablaufen. Um so mehr müßte der psychische Bereich dem Naturwissenschaftler als bloßes Gespenst erscheinen, das da, ungreifbar und im Grunde überflüssig, in der Maschine unseres Körpers haust, wie es der englische Philosoph Gilbert Ryle formulierte.

In diesem Zusammenhang möchte ich auch an die Untersuchungen erinnern, die der amerikanische Hirnforscher Roger Sperry und seine Mitarbeiter an Patienten durchgeführt haben, bei denen die beiden Großhirnhälften chirurgisch voneinander hatten getrennt werden müssen. Dabei ergab sich, daß das *Bewußtwerden* von Hirnfunktionen an die *linke* Großhirnhälfte gebunden zu sein scheint (jedenfalls beim Rechtshänder, beim Linkshänder ist es umgekehrt). Der Sperry-Schüler Gazzaniga fand nun bei ausgeklügelten Untersuchungen an einem solchen Patienten heraus, daß dieser auch von der rechten Hälfte seines Gehirns gesteuerte Leistungen zwar vollzog, sie aber überhaupt nicht »erlebte«. So lachte der Patient zum Beispiel zwar über eine Karikatur, die (über seine linke Gesichtsfeldhälfte) nur seinem rechten Großhirn »angeboten« wurde. Er wußte aber nach eigener Angabe überhaupt nicht, warum er eigentlich lachte, weil er die Zeichnung, deren Präsentation sein Lachen nach der Art eines Reflexes auslöste, nicht bewußt wahrnahm. Auch aus einem solchen Befund läßt sich folgern, daß die normalerweise durch die Verbindung zur linken Großhirnhälfte bewirkte »Bewußtwerdung« selbst bei einer so eminent »psychisch« wirkenden Reaktion für deren ungestörten Ablauf grundsätzlich entbehrlich ist.[121]

Auch durch noch so große Forschungserfolge kann man also der Besonderheit des »Geistigen« auf dem Wege der Naturwissenschaften nicht näher kommen. Das ist es, worauf das Argument Sachsses hinausläuft. Ich stimme dem zu. Eine Disziplin, die dem Bereich des Geistigen seine spezifische Besonderheit schon in ihren Prämissen bestreitet, kann zu der Erklärung dessen, was das Spezifische am Geistigen ist, naturgemäß nichts beitragen. Ich wiederhole ausdrücklich, daß die methodische Selbstbeschränkung, die zum Ausschluß der geistigen Dimension aus der naturwissenschaftlichen Betrachtung führt, nicht nur legitim, sondern auch ganz unvermeidlich ist. Man muß nur so konsequent sein, einzuräumen, daß die naturwissenschaftliche Methode daher zur Erforschung des »Bewußtseins« auch nichts beitragen kann (zwar, um auch das zu wiederholen, zur Aufdeckung der mit »Bewußtsein« einhergehenden Hirnfunktionen, aber nichts, grundsätzlich und von vornherein nichts zum Verständnis dessen, was wir als »Bewußtsein« in jedem wachen Augenblick erleben). Letztlich ist das eine Binsenwahrheit.

Der »Materialist« Ernst Bloch hat diese Einsicht in unübertroffener Weise formuliert: »Der dialektische Sprung vom Atom zur Zelle, von einem physischen Quantum zu einem organischen Quale ist via Aminosäure nicht schwer nachdenkbar, aber freilich von der Zelle zum Gedanken, von einem noch so organisch gewordenen Quantum zu einem psychisch sich selbst reflektierenden Quale schwierig, dergestalt daß, auch wenn man in einem Gehirn umhergehen könnte wie in einer Mühle, man nicht darauf käme, daß hier Gedanken erzeugt werden.«[122]

Im Licht der naturwissenschaftlichen Methode bleibt das Bewußtsein, bleibt die ganze Sphäre des im individuellen Bewußtsein unmittelbar

Gegebenen ein Gespenst. Der naturwissenschaftlich begründete Monismus resultiert letztlich aus einer methodischen Konvention. Er argumentiert nicht, sondern setzt *per definitionem* voraus. Wo immer er als ontologische Aussage auftritt, bleibt er folglich unbegründete und unbegründbare Behauptung. Er mag als Denkansatz intradisziplinär – für die Fragestellungen der experimentellen Hirnforschung etwa – heuristisch fruchtbar sein. Zur Frage, wie der Geist in die Welt kam, trägt er nichts bei.

Nun ist dieser Geist – in der Gestalt individuellen Bewußtseins – aber im Ablauf der Evolution mit immer größerer Klarheit in der Welt aufgetaucht. Gerade dann, wenn man der begründeten Ansicht ist, daß er von der sich evoluierenden Materie dennoch nicht erzeugt worden sein kann, muß man angeben, wie der Zusammenhang auf andere Weise überzeugender zu beschreiben ist. Deshalb sollen jetzt die Argumente zur Sprache kommen, mit denen sich für ein dualistisches Konzept plädieren läßt.

2. Wie der Geist in die Welt kam

Man braucht sich nicht auf Descartes zu berufen, um zu erklären, warum man nicht bereit ist, die bewußte Erfahrung der Welt und des eigenen Ich für ein bloßes Gespenst zu halten. Man kann sich dem großen Franzosen aber nahe fühlen in der Einsicht, daß nicht einmal die nur hypothetisch erschließbare und sich im menschlichen Kopf nachweislich nur höchst unvollkommen abbildende Welt einem mit der gleichen unmittelbaren Gewißheit gegeben ist wie die psychische Selbsterfahrung.

Dem Naturwissenschaftler andererseits ist beizupflichten, wenn er darauf verweist, daß die Möglichkeit dieser Erfahrung an das ungestörte Funktionieren von Gehirnen gebunden ist. Im Falle der Möglichkeit zum reflektierenden Selbstbewußtsein an das Funktionieren eines sehr hoch entwickelten, des menschlichen Gehirns. Daß auch Tiere ihre Umwelt sowie ihre Antriebe und Gefühle und insofern sich selbst bewußt erleben, läßt sich zwar durch keine Methode beweisen. Aber das gilt für das Erleben aller Mitmenschen ebenfalls. Es gilt für jede psychische Selbsterfahrung außer der eigenen. Deshalb wird hier vorausgesetzt, daß auch Tiere ein Bewußtsein haben. Die Unterstellung ist nicht kühner als die Annahme, daß auch der Mitmensch über diese Fähigkeit verfügt.

Wenn Bewußtsein, was nicht weiter begründet zu werden braucht, an Gehirntätigkeit gebunden ist, wird man jedoch sehr unterschiedliche Grade der Bewußtheit vorauszusetzen haben. Es ist unbestreitbar, daß die Freiheit des Verhaltens, der Grad der Lernfähigkeit, die Fähigkeit zur Abstraktion und andere Formen von »Intelligenz« im Vergleich zwischen einfacher und zunehmend komplizierter gebauten Gehirnen stetig größer werden. Wir dürfen davon ausgehen, daß das auch für den Grad (die »Weite« oder »Klarheit«) des mit diesen Funktionen einhergehenden Bewußtseins gilt.

Was mit unterschiedlicher Klarheit oder Weite des Bewußtseins gemeint ist, ist ebenfalls wieder aus der Selbsterfahrung geläufig. Beim Erwachen aus einer Narkose, aus tiefem Schlaf, in der Trübung des

Bewußtseins durch Alkohol oder unter Schlafmittelwirkung erleben wir Bewußtseinszustände, die sich in dieser Hinsicht von dem des normalen Wachzustandes dem Grade nach deutlich unterscheiden. Vergleichbare oder wenigstens in grundsätzlich ähnlicher Weise geringere Grade der Bewußtheit des eigenen Erlebens können wir auch bei den Besitzern weniger kompliziert gebauter Gehirne voraussetzen.

Schwieriger ist die Beantwortung der Frage, an welcher Stelle der Entwicklungsleiter wir den ersten Schimmer von Bewußtsein überhaupt zu vermuten haben. Die Schwierigkeit mag zum Teil eine Frage der Definition sein. Trotzdem ist es berechtigt, danach zu fragen, bis zu welchem Grade der »Verdünnung« das Phänomen des Erlebens eigener Zustände oder Befindlichkeiten (als Gefühl der Lust oder Unlust, als Erlebnis von Schmerz oder in vergleichbarer Weise) in der Entwicklungsreihe nach unten (oder in der Entwicklungsgeschichte nach rückwärts) vorhanden sein mag. Dem Gehirn einer Biene oder eines Fischs ist zwar anzusehen, daß sein jeweiliger Träger nur über eine Intelligenz verfügen kann, die geringer sein muß als die einer Maus, eines Affen oder eines Menschen. (Eine Annahme, die durch die Beobachtung des Verhaltens dieser Lebewesen bestätigt wird.) Darüber, ob Biene oder Fisch Lust- oder Unlustgefühle haben, lernen wir aus der Anatomie ihrer Zentralnervensysteme jedoch nichts. (Das geht bei unserem eigenen Gehirn ja auch nicht.)

Ihr Verhalten bei vitaler Bedrohung oder bei akuten Verletzungen entspricht dem aller höheren Organismen in solchem Maße, daß sich die Möglichkeit eines wenn auch noch so »dumpfen« Erlebens, das Einsetzen eines elementaren Unlust-»Gefühls« in solchen Extremsituationen auch bei ihnen nicht ausschließen läßt. Ein Beweis sind alle diese Verhaltensweisen andererseits nicht. Denn sie alle sind genetisch programmierte Aktionen von unübersehbarer Zweckmäßigkeit (nämlich als Flucht- bzw. Vermeidungsreaktionen). Diese aber erfüllen ihre Funktion auch ohne das – hinsichtlich des biologischen Zwecks grundsätzlich eben überflüssig bleibende – Phänomen des »Erlebens« dieser Funktionen.

Die Ansichten gehen auseinander. Selbst der Einzeller bleibt aus der Diskussion nicht ausgeschlossen, obwohl er nicht einmal ein Nervensystem hat (wenn auch die Möglichkeit der Reizverarbeitung). Die »Determiniertheit des Verhaltens aus der eigenen Befindlichkeit«, der Eindruck der Spontaneität, die Leistungen bei der Orientierung an den verschiedensten Umweltreizen, alle diese Beobachtungen veranlaßten den Zoologen Oswald Kroh schon vor Jahrzehnten, selbst einer Amöbe schon »echte seelische Leistungen« zuzuschreiben, allerdings noch »fernab jeder Bewußtheit«, ein Zusatz, der nun freilich das meiste von dem wieder zurücknimmt, was man sich unter solchen Leistungen vorstellt. Noch weiter zurück gehen jene, die selbst der Materie, sogar den Elementarteilchen schon »Vorstufen« des Bewußtseins (in der Gestalt sogenannter »protopsychischer« Eigenschaften) zugestehen. Diesen Standpunkt nimmt immerhin auch ein so bedeutender Zoologe wie Bernhard Rensch ein.[123]

So interessant die Frage nach der Grenze ist, bis zu der sich psychische Phänomene (stets im Sinne des subjektiven Erlebens bestimmter Funktionen gemeint) auf der evolutiven Stufenleiter nach unten verfolgen lassen mögen, sie kann hier unbeantwortet bleiben. Unumstritten ist, daß das Seelische sich im Ablauf der materiellen Evolution in einer von Entwicklungsstufe zu Entwicklungsstufe zunehmenden Ausbildung entfaltet hat: Die Geschichte der Evolution ist *identisch* mit der Geschichte des Auftauchens und der Ausbreitung des geistigen Prinzips in der sich evoluierenden materiellen Welt.

Bevor wir den ganzen Umfang der Bedeutung dieser Tatsache ausmachen können, muß jetzt Stellung bezogen werden zu der Frage, wie wir uns die Beziehung zwischen materieller Evolution und dem Auftauchen des Psychischen – in der Gestalt subjektiven Bewußtseins – vorzustellen haben. Warum die monistische Behauptung, die Evolution habe außer allem anderen auch noch dieses Phänomen aus sich heraus erzeugt, nicht befriedigen kann, wurde eingehend begründet. Wie also ist dann die Feststellung zu verstehen, daß der Evolutionsablauf gleichbedeutend sei mit der immer umfassenderen Manifestation des Geistigen in der materiellen Welt?

Wir erleichtern uns die Diskussion dieser schwierigen Frage, wenn wir sie so konkret wie nur eben möglich fassen. Der konkreteste Fall des Zusammenhangs zwischen Geist und Materie, den wir kennen, ist der zwischen dem Gehirn und jenen seiner Funktionen, die wir »psychische« Funktionen nennen, weil sie in der Regel bewußt ablaufen. (Die Bezeichnung birgt die Gefahr in sich, daß der mit ihr betonte besondere Aspekt dieser Funktionen vergessen lassen kann, daß es sich auch bei ihnen objektiv um körperliche Funktionen handelt.) Wir fragen hier deshalb danach, wie man sich den Zusammenhang zwischen unserem Gehirn und unseren Gedanken vorzustellen hat. Wenn das

Gehirn sie nicht erzeugt, woher kommen sie dann? Und warum können wir sie trotzdem ohne unser Gehirn nicht denken?

Die Frage bleibt auch in dieser Form schwierig genug. Sie ist sogar von vornherein als nicht definitiv, nicht ohne Rest beantwortbar anzusehen. Sie zielt auf einen Zusammenhang, dessen eigentlicher Grund ontologisch (mindestens) eine Etage über der von unserem Erkenntnisvermögen erreichten Entwicklungsebene zu suchen ist. Trotzdem läßt sich zu dem Problem sinnvoll etwas sagen. Nichts, dem das Gewicht von »Beweisen« zukäme. So wenig sich die Position des materialistischen Monisten beweiskräftig widerlegen läßt, so wenig werden wir hier unsere dualistische Auffassung »beweisen« können. Aber so, wie sich überzeugende Hinweise finden ließen, die uns davon abhielten, die Auffassung des Monisten zu unserer eigenen zu machen, so, in genau dem gleichen Sinne, gibt die Evolution auch Indizien her, die eine dualistische Auffassung stützen und zugleich verständlich machen, wie der Zusammenhang von Gehirn und Gedanken metaphysisch plausibel beschrieben werden kann.

Wir brauchen uns nur daran zu erinnern, in welchen Zusammenhängen in diesem Buch wieder und wieder ganz selbstverständlich von Leistungen die Rede war, die wir gewöhnlich dem psychischen Bereich zuzuordnen pflegen. So hatten wir in den ersten Kapiteln schon den Vererbungsmechanismus als das »Gedächtnis« der Art bezeichnet (S. 41). Auf Seite 102 war von der »frei schweifenden Phantasie« des Mutationsprinzips die Rede. Die genetische Anpassung war uns als intelligente Leistung erschienen (S. 177) und die Passung zwischen einem angeborenen Verhaltensprogramm und der im Attrappenversuch objektivierten auslösenden Signalkonstellation als das Ergebnis einer Abstraktion (S. 184).

Wir erinnern uns ferner an das Wort von Konrad Lorenz, daß das Leben selbst ein *erkenntnisgewinnender Prozeß* sei. Daran, daß die genetische Anpassung einer Art identisch ist mit einer *Abbildung* der Umweltbedingungen, an welche die Anpassung erfolgt ist. Und daran, daß die Evolution schon auf molekularer Ebene, noch vor dem Erreichen des biologischen Abschnitts ihrer Geschichte, *prüft, auswählt, bewertet, ausprobiert* und *nach Problemlösungen sucht*.

Natürlich dürfen wir hier nicht allzu flink schlußfolgern. Stets ist die Möglichkeit zu bedenken, daß die Wortwahl eventuell lediglich sprachliche Gründe hat. Der Gleichklang der Begriffe könnte auch die Folge des Zwangs sein, außerhalb der Alltagswelt ablaufende Prozesse mit

Worten der Alltagssprache beschreiben zu müssen. Gerhard Vollmer weist mit Recht darauf hin, daß und warum es zum Beispiel bedenklich wäre, den Begriff des molekularen »Erkennens«, mit dem ein Immunbiologe die Spezifität der Reaktion zwischen Antigen und Antikörper beschreibt, zu wörtlich zu nehmen.[124]

Aber nicht in jedem Falle ist die Ähnlichkeit rein zufällig. Das sollte uns nicht verwundern. Alle in den letzten Abschnitten angeführten Beispiele beziehen sich auf fundamentale Evolutionsmechanismen. Sie alle beziehen sich folglich auf Funktionen, die jene Entwicklung entscheidend bestimmten, die schließlich auch unser Gehirn hervorgebracht hat. So herum müssen wir die Dinge doch ansehen. Und ist es etwa ein Wunder, wenn das Produkt den Abdruck der Strukturen aufweist, von denen es geprägt wurde?

Deshalb ist die Ähnlichkeit, die etwa zwischen dem Prozeß der Informationsgewinnung und -speicherung, zu dem das Erbgut einer Art fähig ist, und dem Lernen des Individuums besteht, *nicht* zufällig. Sie ist Ähnlichkeit aufgrund von Verwandtschaft, aufgrund eines konkreten genetischen Zusammenhangs: Die Erfindung, die die Evolution einst auf molekularer Ebene machte, weil sie ihr den Aufwand erspart, vor der gleichen Aufgabe jedesmal von neuem beginnen zu müssen, hat sie Äonen später dazu benutzt, auch dem Individuum die gleiche ökonomische Strategie zur Verfügung zu stellen.

Das ist ganz konkret gemeint, durchaus auch im Sinne eines heuristischen Ansatzes für die praktische Forschung. Zwar ist es um die Versuche, mit denen man in den letzten Jahrzehnten der Aufklärung des molekularbiologischen Mechanismus nahegekommen zu sein hoffte, der dem individuellen Gedächtnis zugrunde liegt, inzwischen aus verschiedenen Gründen wieder stiller geworden. Daß es einen solchen in der Struktur unseres Gehirns verborgenen Mechanismus gibt, ist andererseits als sicher anzusehen. Und aufgrund der hier angedeuteten evolutionären Zusammenhänge ist die Voraussage zulässig, daß er sich als ein dem molekularen Prozeß der Speicherung von Erbinformationen zumindest sehr nah verwandter Mechanismus entpuppen dürfte.

Auch Konrad Lorenz hat seine Umschreibung des Lebens als eines erkenntnisgewinnenden Prozesses eindeutig nicht als bloßes Wortspiel gemeint. Alle in den letzten Absätzen angeführten Leistungen und Funktionen existieren vielmehr sehr real als Mechanismen und Strategien, die schon auf einer weit vor der Möglichkeit individuellen

Bewußtseins verwirklichten Entwicklungsebene die speziellen Leistungen vollbrachten, die wir meinen, wenn wir von *auswählen, bewerten, probieren, lernen, behalten* und vergleichbaren Akten reden.

In Lorenz' eigenen Worten: ». . . der phylogenetische Vorgang, der zum Entstehen arterhaltend sinnvoller Strukturen führt, (ist) einem Lernen des Individuums in so vielen Punkten analog, daß es uns nicht besonders zu wundern braucht, wenn die Endergebnisse beider oft zum Verwechseln ähnlich sind. Das Genom, das System der Chromosomen, enthält einen geradezu unbegreiflich reichen Schatz von ›Information‹ . . . Dieser ist durch einen Vorgang angehäuft worden, der demjenigen von Lernen durch Versuch und Irrtum aufs nächste verwandt ist.«[125]

Bedenken wir die genetische Chronologie des Zusammenhangs, der zwischen ihnen und den sich in unseren Köpfen bewußt abspielenden Tätigkeiten besteht, die wir mit denselben Worten bezeichnen, dann fällt es uns wie Schuppen von den Augen. Dann durchschauen wir, daß wir mit der uns gewohnten Betrachtungsweise der Situation nur wieder einmal dem anthropozentrischen Vorurteil aufsitzen, das uns bei jeder Gelegenheit einreden will, wir selbst seien der Ausgangspunkt jeder Ursachenkette.

Die Strategien des Ausprobierens nach dem Prinzip von Versuch und Irrtum sowie des Auswählens anhand eines bewertenden Maßstabs, die Speicherung von Informationen, welche die von diesen Strategien durchgeführten Prüfungen »bestanden« haben, und die sich aus all dem ergebende Fähigkeit zum Lernen aus Erfahrung – das alles existiert nicht erst, seit es Menschen gibt und das menschliche Großhirn. Das aber ist es, was wir wie selbstverständlich immer voraussetzen, ohne uns darüber überhaupt noch Rechenschaft zu geben. Weil wir es aus unserem Selbsterleben nicht anders kennen, denken wir gar nicht an die Möglichkeit, daß diese Leistungen auch unabhängig von der Existenz von Gehirnen vollbracht werden könnten.

Als »hirnlos« bezeichnen wir ein Verhalten, das uns besonders geistlos erscheint, das einen ungewöhnlichen Mangel an Intelligenz verrät. Der Begriff der »Hirnlosigkeit« enthält für uns ein vorgegebenes Werturteil. Es formuliert als Schimpfwort in karikaturistischer Übertreibung den Extremfall eines uns aus der Humanpsychologie geläufigen Zusammenhangs.

Da wir aber dazu neigen, die an uns selbst gemachten Erfahrungen unserem Urteilen auch in allen anderen Bereichen als Eichmaß zugrunde zu legen, scheint uns auch die Natur zur Geistlosigkeit verdammt, da wir in ihr kein denkendes Gehirn zu entdecken vermögen. Die unbestreitbare Hirnlosigkeit der Natur wird so für uns durch eine vorschnelle Schlußfolgerung gleichbedeutend mit der Nicht-Existenz von Intelligenz, Phantasie, Lernfähigkeit und all den anderen kreativen Potenzen, die bei uns selbst an das Vorhandensein eines intakten Zentralnervensystems gebunden sind. Weil wir allzu lange nur den eigenen Fall zur Grundlage unseres Urteils gemacht haben, sind wir längst davon überzeugt, daß es unser Gehirn ist, das all diese Fähigkeiten und Potenzen überhaupt erst erzeugt, daß es sie ohne unser Gehirn in der Welt folglich nicht gäbe.

Ich fürchte, daß ein nicht unwesentlicher Anteil unseres Staunens über die Natur auf einem Mißverständnis beruht, das hier seine Wurzeln hat. Daß sich ein nicht unbedeutender Teil unserer Naturbewunderung an einem allzu vordergründigen Geheimnis entzündet: an dem Erstaunen darüber, was alles diese Natur hat vollbringen können, die ohne ein Gehirn auskommen muß und der damit in unseren Augen all die kreativen Fähigkeiten abgehen, die der Besitz unseres Gehirns für uns selbst mit sich bringt.

Es bedarf der bewußten Hinwendung zu diesem Problem (das wir als Problem in der Regel überhaupt nicht sehen), um erfassen zu können, wie aberwitzig auch in diesem Falle die Konsequenzen sind, die unser Vorurteil gedankenlos unterstellt: Als ob der ganze Kosmos, jahrmilliardenlang, ohne alle die genannten Fähigkeiten hätte auskommen müssen, weil es uns noch nicht gab. Als ob Kreativität und Lernfähigkeit erst mit uns in dieser Welt erschienen wären (was natürlich die Frage aufwirft, wie es die Natur in all den Äonen davor bis zu diesem Punkt überhaupt hat bringen können).

Auch hier sieht die Realität wieder ganz anders aus, als unsere von unserer Selbsterfahrung abgeleiteten Denkgewohnheiten uns glauben machen. Dafür, daß Hirnlosigkeit nicht in jedem Falle mit dem Fehlen von Intelligenz gleichzusetzen ist (oder, vorsichtiger formuliert, um die hier sich aus Gewohnheit sonst sofort einstellenden Assoziationen gar nicht erst aufkommen zu lassen: mit dem Fehlen der Möglichkeit zur zweckmäßigen Verarbeitung hochkomplexer funktioneller Strukturen), genügt schon unsere Leber als Beweis. Daß das in kulturellen Verhaltensweisen steckende »Wissen« intelligenter sein kann als die in individuellen Gehirnen gespeicherte Erfahrungssumme, lehrt die moderne Kulturphilosophie. Und schon vor fast zehn Jahren habe ich begründet, warum die nähere Beschäftigung mit dem Evolutionsablauf zu der Anerkennung der Wirksamkeit eines »Verstandes ohne Gehirn« zwingt.[126]

Das darf auf gar keinen Fall als ein Rückschluß auf die Aktivität einer übernatürlichen Wesenheit welcher Art auch immer mißverstanden werden. Es ist allein als Hinweis auf eine unserer gewohnten Vorstellungsweise zwar nur schwer eingängige, aber nichtsdestoweniger sehr reale Gegebenheit anzusehen. Als Hinweis auf die Tatsache, daß alle diese Funktionen und Leistungen, die wir meinen, wenn wir »Intelligenz« oder »Verstand« sagen, nicht nur als das Produkt unseres Gehirns existieren. Es gibt sie sehr wohl und real wirksam auch außerhalb dieses Organs.

Einen Teil – er ist schon heute sehr viel größer, als mancher glaubt, der den Gedanken lieber beiseite schiebt – können wir heute schon durch Computer realisieren. Es ist längst nicht mehr wahr, daß ein Computer nur produzieren kann, was das von Menschen ausgearbeitete Programm ihm vorher eingegeben hat. Der oft gehörte Einwand verkennt das Wesen moderner Programme von Grund auf. Einem Schachcomputer etwa werden keine Daten eingefüttert, sondern Regeln, keine konkret vorgegebenen Lösungen angesichts bestimmter Spielsituationen, sondern Bewertungsmaßstäbe und Zielvorgaben, die ihn dazu befähigen, in unvorhergesehenen (und auch vom Programmierer nicht vorhersehbaren) Situationen nach entsprechender Analyse zweckmäßig (im Sinne einer Erhöhung seiner Gewinnchancen) zu entscheiden.

Das alles funktioniert also auch ohne Gehirne ganz ausgezeichnet. Die einzigen Unterschiede zu einer Verstandesleistung in dem uns gewohnten engeren Sinne bestehen darin, daß die Leistungen eines intelligenten Computers von der Schaltung, die sie ausführt, nicht (jedenfalls bis heute nicht) bewußt erlebt werden und daß sie sich eben außerhalb eines lebenden, organischen Gehirns abspielen. Beides ist nun aber nicht notwendig Bestandteil der Definition von Intelligenz. Zur Vermeidung von Mißverständnissen sei hier sogleich hinzugesetzt: Selbstverständlich kann man das Wesen von Verstand oder Intelligenz (und ebenso das aller übrigen »psychischen« Leistungen) auch so eng definieren, daß nur die von unserem Gehirn bewußt vollzogenen Leistungen erfaßt werden. In den meisten Fällen und erst recht in der Alltagssituation ist es unbestreitbar auch zweckmäßig, an dieser üblichen und gewohnten (engeren) Definition festzuhalten. Wir dürfen sie nur nicht zum Dogma erheben und uns dadurch den Blick auf die hier angesprochenen Zusammenhänge verstellen.

Selbstverständlich ist auch das kulturell gespeicherte Wissen echtes Wissen, auch wenn es überindividueller Natur ist und obwohl es nicht als bewußt verfügbarer Erfahrungsschatz in einem konkreten Gehirn steckt. Und wenn F. A. von Hayek die Leistungen des überindividuellen Wissens eines kulturellen Systems für (in vielen Fällen) »intelligenter« als das Einsichtsvermögen des einzelnen Mitglieds der betreffenden Gesellschaft hält, so ist auch das nicht etwa in einem übertragenen, bloß metaphorischen Sinne gemeint.

Lernen und Intelligenz, die Suche nach Problemlösungen und das Treffen von Entscheidungen vor dem Hintergrund eines Bewertungsmaßstabs, der das Ergebnis vorangegangener Lernprozesse darstellt, das alles gibt es auch außerhalb der Sphäre des Bewußtseins. Das alles sind Vollzüge, die, ohne an einem konkreten Ort (in einem Gehirn oder einem Computer) lokalisiert zu sein, auch überindividuell (etwa im Kontext eines Systems kultureller Verhaltensweisen) real existieren und real wirken können. An dieser Feststellung ist nichts Metaphysisches. Die Aussage widerspricht allein der Gewohnheit unseres Denkens. Sie beschreibt jedoch nicht mehr als in der Welt real existierende Sachverhalte.

Und wenn wir jetzt, wie es bei einer evolutionären Betrachtung naheliegt, danach fragen, woher alle diese Leistungen (oder Strategien oder Vollzüge, wie immer man es nennen mag) eigentlich stammen, dann stoßen wir darauf, daß die eben genannten Besonderheiten – überindividuelles Auftreten und das Fehlen der Bindung an ein konkretes, spezifisches Organ –, die unserer Denkgewohnheit so neu erscheinen, in Wirklichkeit für die älteste, die ursprüngliche Art ihres Wirkens charakteristisch sind. Sie alle steuerten den Evolutionsablauf schon auf molekularer Ebene. Ohne ihr Wirken wäre die Evolution schon zu einer Zeit keinen Schritt vorangekommen, in der die Entstehung von Gehirnen noch in einer unvorhersehbaren Zukunft lag.

Zuerst also gab es Informationsspeicherung, Lernen aus Erfahrung, Entscheidungen aufgrund der dabei erworbenen Auswahlkriterien und Bewertungsmaßstäbe (ohne Bewußtsein, ohne konkret lokalisierbaren »Sitz«) und dann erst Gehirne. Nicht umgekehrt. Die Funktionen, die wir als »psychische« zu bezeichnen gewohnt sind, weil wir sie an uns selbst bewußt erleben, sind älter als alle Gehirne. Sie haben ihre Aufgabe in den unvorstellbar langen Zeiträumen, die der Entstehung von Gehirnen vorausgingen, auch ohne Bewußtsein erfüllt. Sie sind nicht das Produkt von Gehirnen. Das Gegenteil trifft zu: Wie alles andere, so konnten auch Gehirne von der Evolution nur deshalb schließlich hervorgebracht werden, weil die hier angesprochenen Funktionen die Evolution von allem Anfang an steuerten.

Unser Gehirn also hat das Lernen nicht erfunden und ebensowenig das Gedächtnis. Es stellt diese Strategien (wie alle anderen in diesem Zusammenhang genannten Leistungen) dem Individuum lediglich zur Verfügung. Hinsichtlich der Rolle, die unserem Gehirn im Ablauf der Evolution zugefallen ist, müssen wir gründlich umlernen. Unser Gehirn ist nicht die Quelle aller dieser Leistungen, es integriert sie lediglich im Individuum. Wir müssen lernen, das Gehirn als das Organ zu verstehen, mit dessen Hilfe es der Evolution gelungen ist, die Fähigkeiten und Potenzen, die ihr selbst von allem Anfang an innewohnten, dem Einzelorganismus als Verhaltensstrategien zur Verfügung zu stellen.

Aber beileibe nicht in vollem Umfange. Bisher ist die Gabe trotz allen Zeitaufwands noch höchst unvollkommen entwickelt. Kein Mensch wäre in der Lage, auch nur eine Leber zu steuern. Oder eine einzige Zelle zu bauen. Es ist eine triviale Feststellung, daß weitaus das meiste von dem, was die Evolution – ohne Bewußtsein und ohne Gehirn! – hervorzubringen in der Lage war, von uns trotz aller Anstrengungen erst zu einem winzigen Teil verstanden, geschweige denn nachgeahmt werden kann. Wir sind nicht, wie wir allzu naiv und in aller Unschuld stillschweigend zu unterstellen pflegen, der einzige und im Ablauf der Geschichte erst erstaunlich spät aufgetretene Hort des »Geistes« innerhalb der irdischen Natur oder gar im ganzen Kosmos. Wir sind, als ein Ergebnis dieser Geschichte, mit unseren psychischen Fähigkeiten nichts als ein erster, matter Abglanz der Prinzipien, die alles hervorgebracht haben, was wir unsere »Welt« nennen.

Woher aber kommen sie dann, alle diese Möglichkeiten, wenn sie nicht unseren Gehirnen entsprungen sind? Wie kamen sie in die Welt? Die plausibelste Antwort auf diese Frage lautet wahrscheinlich: gar nicht! Sie waren von Anfang an da. Bestandteil und Eigenschaft dieser Welt wie Elementarteilchen, Naturkonstanten und Naturgesetze. Unerklärbare Besonderheiten eines Kosmos, der aus dem Chaos des Urknalls nie herausgefunden hätte, wenn aus den für uns undurchschaubaren Verflechtungen der von Gesetzen, Konstanten und anderen festliegenden Faktoren erzeugten Ausgangsbedingungen im weiteren Verlauf

nicht auch jene Ordnung produzierenden Abfolgeketten hervorgegangen wären, von denen hier die Rede ist.
Sie wären demnach so, wie wir das hinsichtlich der Naturkonstanten und der Naturgesetze schon festgestellt hatten, und in der gleichen Weise, als der Widerschein jener transzendentalen Ordnung aufzufassen, ohne die es in unserer Welt keine geordneten Strukturen gäbe. Auch das Chaos des Urknalls war nur scheinbar ein Chaos. Denn es steht fest, daß der Kosmos aus ihm mit Eigenschaften hervorging, die seine Entfaltung zu Ordnungsgestalten immer höheren Ranges zur Folge hatten. Zu diesen Eigenschaften und ihren Folgen aber gehörten offensichtlich auch die Strategien, die den Ablauf der Dinge bis zur Entstehung lebender Organismen trieben und darüber hinaus bis zur Entstehung von Gehirnen, die die Möglichkeit eröffneten, diese Strategien schließlich auch in den Dienst des Individuums zu stellen.
So weit der Tatbestand. Bis hierher geht es ohne alle Metaphysik. Man mag das, was bis zu diesem Punkt darüber gesagt wurde, wie das Gehirn in den Besitz seiner charakteristischen Fähigkeiten kam, für eine spekulative Rekonstruktion halten. Eine Rekonstruktion ist es allemal, und zwar die eines höchst realen, in historischer Zeit konkret zurückgelegten Weges.
Das gilt aber lediglich, wie nicht oft genug betont werden kann, hinsichtlich der im Gehirn objektiv nachweisbaren Funktionen oder derjenigen, die in ihm als objektiv vorhanden zu unterstellen sind, und ihrer objektiven Wirkungen. So ungewohnt und in aufschlußreicher Weise neu sich das Verhältnis zwischen dem Gehirn und diesen Funktionen aus der evolutionären Perspektive auch präsentiert hat, wir können uns mit dem Resultat noch nicht zufriedengeben. Es brachte uns dem spezifischen Phänomen des Psychischen, dem Verständnis des Verhältnisses zwischen den höchsten Hirnfunktionen und dem »Bewußtsein« bisher noch um nichts näher.
Das bestätigt nur, worauf wir in anderem Zusammenhang schon gestoßen waren: Von der räumlich-materiellen Dimension führt kein Weg zum Verständnis des Seelischen. Selbst utopische Fortschritte naturwissenschaftlicher Forschung werden daran niemals etwas ändern können. Bloch hat es mit seinem Gedankenexperiment ein für allemal vor Augen geführt: Auch wenn wir unser Gehirn wie eine Gedankenwerkstatt höchst persönlich zu inspizieren in der Lage wären, wenn wir den Funktionszustand aller für seine Tätigkeit maßgeblichen Elemente bis hinunter zum letzten Molekül besichtigen und zur Kenntnis nehmen

könnten, selbst dann wären wir dem Geheimnis des Bewußtseins keinen einzigen Schritt nähergekommen.
Wie aber läßt sich dann der empirisch nicht bezweifelbare Tatbestand der Abhängigkeit unseres Bewußtseins von unserem Gehirn verstehen? Wenn eine physiologische Antwort auf die Frage nach dem Grund des Auftauchens des Psychischen im Ablauf der Evolution grundsätzlich nicht möglich ist, welche andere Antwort wäre dann noch denkbar?
Ich glaube, daß man die Existenz des Bewußtseins, das Phänomen, daß wir eines Teils dieser Welt und unserer selbst bewußt geworden sind, als Folge der Tatsache anzusehen hat, daß wir nicht mehr ausschließlich dieser dreidimensionalen Welt unserer Alltagserfahrung angehören. Als Folge der Tatsache, daß unser Geschlecht auf seiner sich über erdgeschichtliche Epochen hinziehenden evolutiven Wanderung wieder einmal im Begriff ist, den Bereich der ihm bislang gezogenen ontologischen Grenzen zu überschreiten. Der Übergang auf die nächsthöhere Ebene wird sich gewiß mit der für alle evolutiven Abläufe bezeichnenden und unserer Ungeduld quälend erscheinenden Langsamkeit hinziehen. Die Umstände sprechen jedoch dafür, daß er begonnen hat.
Nichts an dieser Annahme widerspricht irgendeinem der Befunde, die wir bis jetzt erhoben haben. Im Gegenteil: Sie steht mit diesen Befunden so gut im Einklang, daß wir sie als plausibel ansehen dürfen.
Die Einsicht, daß es ontologische Ebenen grundsätzlich unterschiedlichen Ranges gibt, war uns anläßlich des Vergleichs der Existenzformen von Lebewesen unterschiedlicher Entwicklungshöhe trivial erschienen. Zwischen der Welt der Zecke und der des Hahns hatten wir keine unmittelbare Verbindung entdecken können, mit Ausnahme der von unserer Position aus erkennbar werdenden Zugehörigkeit beider zum gleichen Evolutionsgeschehen. Aber auch die Einsicht, daß die von uns selbst repräsentierte ontologische Ebene nicht die letzte, nicht die oberste von allen sein könne, war uns zwingend erschienen.
Die Grenzen, die uns von der nächsthöheren Ebene trennen, sind nicht gänzlich undurchlässig, so hatten wir gesagt. In der Gestalt von Gravitationskräften etwa oder auch in dem für uns paradoxen Phänomen des Korpuskel-Welle-Dualismus der materiellen Bausteine unserer Welt entdeckten wir Erscheinungen, hinter denen Ursachen verborgen sind, die außerhalb der von unserem Erkenntnishorizont definierten Welt liegen müssen. Auch die unleugbare Ordnung, die wir um uns vorfin-

den, hatten wir als aus unserer Welt selbst nicht begründbar angesehen, sondern als die gleichsam durchscheinende Struktur einer unsere Welt umschließenden transzendentalen Ordnung aufgefaßt.
Zu den Faktoren, die dieses Ordnungsgefüge unserer Welt konkret realisieren, gehören nun außer Gesetzen und Naturkonstanten offenbar auch die Abläufe, die wir ihrer Besonderheit wegen auch dann als »intelligent« ansehen müssen, wenn sie sich außerhalb von Gehirnen und ohne Bewußtsein abspielen. In dieser Form haben sie den Gang der Evolution schon zu einem sehr frühen Zeitpunkt entscheidend mitbestimmt und dazu beigetragen, daß lange Zeit später Gehirne entstehen konnten.
In diesen wurden sie räumlich zusammengefaßt mit der Folge, daß sie von da ab nicht mehr nur innerhalb des überindividuellen Evolutionsgeschehens wirksam waren, sondern erstmals in der Geschichte der Erde – wenn auch nur in einer zweifellos höchst unvollkommenen, noch kaum entwickelten Form – auch im Rahmen individuellen Verhaltens.
Gleichzeitig mit ihnen aber erwarb das Individuum nun die Fähigkeit, sich seiner selbst und der Welt »bewußt« zu werden. Läßt das nicht an eine ganz bestimmte Möglichkeit denken? Daran, daß in dem Maße, in dem sich diese auf einer transzendentalen Wirklichkeit beruhenden Funktionen im Kopf des Individuums evolutiv etablierten, auch andere Qualitäten dieser bis dahin jenseitigen Wirklichkeit in demselben Kopf lebendig zu werden begannen?
Wir sind zur Welt in eine gewisse Distanz geraten dadurch, daß wir begonnen haben, bewußt über sie zu reflektieren. Was ist das für eine Distanz? Ist es etwa der Abstand, den unser Geschlecht dadurch gewonnen hat, daß die Evolution im Begriff ist, es auf die nächsthöhere Stufe zu heben?
Wenn an diesen Formulierungen und Umschreibungen dessen, was sich sprachlich nicht mehr unmittelbar ausdrücken läßt, ein wahrer Kern ist, dann könnten wir das Verhältnis zwischen Geist und Materie, zwischen unserem Gehirn und unserem Bewußtsein bildlich etwa analog zu dem Verhältnis zwischen Licht und Spiegel verstehen. Im leeren Raum bleibt Licht unsichtbar. Es leuchtet erst, wenn es auf eine Oberfläche trifft, die fähig ist, es zu reflektieren. So hell ein Spiegel aber auch immer leuchtet, in keinem Fall erzeugt er das Licht selbst, das er ausstrahlt.
Die Evolution erschließt ihren Geschöpfen immer weitere Bereiche

der Transzendenz, so hatten wir gesagt. Und: Das Gehirn erzeugt den Geist nicht, der vermittels dieses Organs in unserem Bewußtsein aufgetaucht ist. Das Psychische, der Tatbestand des Seelischen, der sich aus den Gesetzen unserer materiellen Wirklichkeit auf keinerlei Weise ableiten läßt, könnte dadurch zustande kommen, daß die Evolution es fertiggebracht hat, unser Gehirn auf einen Entwicklungsstand zu bringen, der in ihm einen ersten Reflex des Geistes einer jenseitigen Wirklichkeit entstehen läßt.

3. Der kosmische Rahmen

So trivial es ist, es muß ausdrücklich ausgesprochen werden: Es ist undenkbar, daß alles das, was in diesem Buch gesagt wurde, etwa nur für uns hier auf der Erde gelten könnte. Es wäre mehr als Mittelpunktswahn, wenn wir ernstlich annehmen wollten, daß das, was wir für die kosmische Entwicklung als charakteristisch erkannt hatten – ihr Fortschreiten von einfachen zu immer komplexer aufgebauten Strukturen, die Unausbleiblichkeit des Übergangs dieser Strukturen zu lebenden Organismen und schließlich auch das mit der letzten Phase dieses Fortschreitens einhergehende Auftauchen psychischer Phänomene –, wenn wir ernstlich glauben würden, daß alle diese für die Entwicklung charakteristischen Eigentümlichkeiten einzig und allein auf unserem eigenen Planeten Spuren hinterlassen hätten.
Von dem uns angeborenen anthropozentrischen Vorurteil war bereits mehrfach die Rede. Wieder und wieder hatten wir uns gezwungen gesehen, den uns unausrottbar angeborenen Glauben, die ganze Welt sei auf uns als ihren eigentlichen Sinn und Zweck hin orientiert, in immer neuen Verkleidungen aufzuspüren, um die wirkliche Perspektive vor Augen zu bekommen. Auch an diesem Punkt ist wieder einmal äußerstes Mißtrauen am Platz angesichts dessen, was wir in unserer bisherigen Geschichte für selbstverständlich zu halten uns längst gewöhnt haben: angesichts der wahrhaft phantastischen Annahme, wir repräsentierten das geistige Zentrum des ganzen Universums.
Denn darauf läuft der Glaube an die kosmische Einmaligkeit des Menschen letztlich hinaus. Daß weder die Erde noch auch unsere Sonne den Mittelpunkt der ganzen Welt bildet, das haben wir schließlich, nach jahrhundertelangen Auseinandersetzungen – unsere Vorväter haben sich gegen die Einsicht bekanntlich buchstäblich bis aufs Blut gewehrt! – widerwillig akzeptiert, als eine Ausflucht angesichts überwältigender Beweise nicht länger möglich war. Daß unsere Erde aber in einem übertragenen und sehr viel bedeutsameren Sinne nach wie vor das Zentrum der Welt bilde, nämlich als einziger Ort im ganzen Kosmos, an dem die Entwicklung bis zur Entstehung von Leben und

Bewußtsein vorangeschritten sei, das halten die meisten Menschen bis auf den heutigen Tag allen Ernstes für den wahren Sachverhalt.
Wäre es nicht ein Zeichen rationaler Reifung, wenn wir es fertigbrächten, das alte Vorurteil auch in diesem Gewande wiederzuerkennen? Wenn wir es dieses eine Mal schafften, uns von ihm aus selbstkritischer Einsicht loszusagen, noch vor der Möglichkeit einer Prügelhilfe in der Gestalt handgreiflicher Beweise?
Die heute so verbreiteten und in ihrer überwältigenden Mehrzahl leider unsäglich albernen Machwerke der sogenannten »Science-fiction« sind kein Gegenargument. Auch wenn es in den Büchern und Filmen dieses Genres von »Außerirdischen« nur so wimmelt, sie sind doch kein Symptom selbstkritischer Einsicht hinsichtlich unserer Stellung im Kosmos. Hier geht es – von seltenen rühmlichen Ausnahmen abgesehen – nicht um Einsicht, sondern um die kommerzielle Nutzung eines von der Trivialliteratur erst relativ spät als »marktgängig« entdeckten Szenarios.[127] Auch die Phantastereien der »Ufo«-Gemeinde und ähnlicher »Bewegungen« sind nicht etwa Bekundungen selbstkritischer Rationalität, sondern Ausdruck einer Flucht in den Aberglauben, wie allein schon das kämpferisch-sektiererische Gebaren der Menschen verrät, die sich zu einem solchen Weltbild »bekennen«.
Man wird zwar die Möglichkeit nicht ausschließen dürfen, daß auf dem tiefsten Grund derartiger Irrationalismen vielleicht auch eine unbestimmte Ahnung von der Unhaltbarkeit des Glaubens an die kosmische Einmaligkeit des Menschen schlummern könnte. Zugedeckt von dem erstickenden Bodensatz abergläubischer Vorstellungen. Vergleichbar der unbewußten Suche nach einem Lebenssinn, die ein Psychoanalytiker auch auf dem psychischen Untergrund einer chronischen Trunksucht noch entdecken zu können glaubt.
Die Möglichkeit einer rationalen Diskussion des Glaubens an die kosmische Sonderstellung des Menschen wird durch diese modischen Produkte dennoch nur zusätzlich erschwert. Denn wer heute versucht, diesen Glauben kritisch in Frage zu stellen, der hat nicht nur die Abwehrmechanismen des angeborenen anthropozentrischen Vorurteils gegen sich. Er ist außerdem auch noch gezwungen, sich gegen den Verdacht zu verteidigen, er wolle seinen Gesprächspartner zu einem Abstieg auf das Niveau verführen, auf dem das Thema in Filmen und Büchern heute scheinbar schon behandelt wird.
Trotzdem muß hier nun davon die Rede sein, daß es auch irrational wäre, davon auszugehen, daß das *anthropic principle,* das in dieser

Welt bereits wenige Stunden nach ihrer Entstehung erkennbar wurde, sich nur auf unserem Planeten ausgewirkt haben könnte. Daß die organischen Lebensbausteine, die Biopolymere, die wir in bestimmten Meteoriten und mit Hilfe der Radioastronomie seit Jahren in immer größerer Vielfalt in den Tiefen des kosmischen Raumes und selbst in fremden Galaxien finden, der weiteren Entwicklung bis zum Einsetzen der biologischen Evolution ausschließlich hier auf der Erde unterlagen. Die Entwicklung, die wir auf der Erde entdeckt haben, weil wir uns nun einmal hier vorfinden, überschreitet den Rahmen eines einzelnen Planeten. Sie vollzieht sich in kosmischem Rahmen. Wo wären vernünftige Gründe zu finden, welche auch nur auszudenken, die die Annahme rechtfertigten, daß die Entwicklung auf der Erde sich von der des ganzen übrigen Kosmos grundsätzlich unterscheide?
Man schämt sich fast, diesen logischen Argumenten auch noch Hinweise auf die konkreten Verhältnisse hinzuzufügen. Die Erfahrung lehrt jedoch, daß das notwendig ist. Wer es unternimmt, Denkgewohnheiten gegen den Strich zu bürsten, ist gut beraten, wenn er von jedem Argument Gebrauch macht, das ihm zur Hand ist.
Also: Die Sonne ist ein Gasball von rund 1,5 Millionen Kilometern Durchmesser. Sie ist, mit anderen Worten, so groß, daß man sie nur zur Hälfte auszuhöhlen brauchte, um das System Erde–Mond (Durchmesser der Mondbahn rund 760000 Kilometer) in ihr unterzubringen. Etwa 100 Milliarden derartiger Gasbälle bilden als »Sterne« unser eigenes Milchstraßensystem. Geht man – eine äußerst zurückhaltende Schätzung der Astronomen! – davon aus, daß nur etwa 6 Prozent von ihnen von Planeten umkreist werden, wie unsere eigene Sonne, kommt man allein in unserem Milchstraßensystem schon auf rund 6 Milliarden Planetensysteme. Milchstraßen dieser nicht mehr vorstellbaren Größenordnung gibt es jedoch in dem von uns beobachteten Teil des Kosmos nachweislich mehr, als unsere Milchstraße Sterne enthält!
Wir als die einzige »Nutzlast« in einem Kosmos von solchen Ausmaßen? Als der einzige Sinn, als das einzige lebende und seiner Existenz bewußte Ergebnis einer Entwicklung in solchem Rahmen?
Sicher enthalten nicht alle der 6 Milliarden Planetensysteme unserer eigenen Milchstraße nun auch einen Planeten, dessen Oberfläche organischen Großmolekülen ein für ihre weitere Entwicklung geeignetes Milieu zur Verfügung stellt. In unserem Sonnensystem gilt das, soweit wir es überprüft haben, nur für einen einzigen Planeten. Da wir bisher nur diesen einen Fall kennen, ist die Unsicherheit beträchtlich

hinsichtlich der Frage, ob es sich bei unserer Erde um einen typischen oder einen Ausnahmefall handelt.
Die Schätzungen der Astronomen über die Anzahl bewohnter Planeten im Weltall gehen dementsprechend weit auseinander. Der Kosmos ist jedoch so unvorstellbar groß und die Zahl der in ihm existierenden Sonnensysteme so gewaltig, daß selbst unter den zurückhaltendsten Voraussetzungen angestellte Schätzungen noch auf phantastisch anmutende Ergebnisse kommen. Ein modernes astronomisches Handbuch schätzt die Zahl der unserer eigenen im weitesten Sinne vergleichbaren *technischen* Zivilisationen allein in unserer Milchstraße auf etwa eine Million.[128]
In den letzten Jahren sind von verschiedenen Seiten gewichtige Einwände vorgetragen worden, unter deren Einfluß die meisten Autoren ihren Berechnungen im Augenblick ganz bewußt extrem ungünstige Annahmen zugrunde legen.[129] Diese selbstkritische Vorsicht hat einen sehr konkreten Hintergrund. Die Experten stellen diese Berechnungen nicht (nur) aus intellektuellem Vergnügen an, sondern auch deshalb, weil sich aus den Ergebnissen die durchschnittlichen Entfernungen ableiten lassen, die zwischen bewohnten Planeten liegen müssen. Die Kenntnis dieser Durchschnittsentfernungen aber ist wichtig zur Abschätzung der Chancen, die sich für eine systematische Suche nach Funksignalen einer außerirdischen Zivilisation ergeben würden. Bis zu bestimmten Grenzentfernungen (Größenordnung etwa 10 bis 30 Lichtjahre, lächerlich wenig angesichts des Durchmessers unserer Milchstraße von rund 100000 Lichtjahren) könnte eine solche Suche mit den existierenden Radioteleskopen grundsätzlich heute schon durchgeführt werden. Die Berechnungen sollen Anhaltspunkte dafür liefern, ob der Forschungsaufwand vertretbar wäre. (Eine Entscheidung ist bisher nicht gefallen.)
Aber das Argument, um das es mir hier geht, wird von allen diesen Schätzungen und Unsicherheiten nicht berührt. Selbst dann, wenn wir davon ausgehen würden, daß in unserer ganzen Milchstraße einzig und allein unsere Erde bewohnt wäre und daß dies der typische Fall sei, daß also ein »typischer« Spiralnebel immer nur eine einzige planetare Kultur enthielte (eine Minimalschätzung, die den Pessimismus der pessimistischsten Schätzungen der heutigen Astronomie etwa hunderttausendfach übertrifft!), selbst dann kämen wir noch auf mehr als 100 Milliarden Lebensansätze in dem Teil des Kosmos, den wir mit unseren Instrumenten erfassen können. Selbst dann also hätten wir

immer noch davon auszugehen, daß es im Weltall von Lebensansätzen wimmelt.

Wir sind im Kosmos mit Sicherheit nicht der einzige Fall.[130] Und dennoch spricht die Wahrscheinlichkeit gleichzeitig dafür, daß wir in unserer irdischen Besonderheit einmalig sein dürften. Das widerspricht sich keineswegs. Wir sollten nur nicht auf den Gedanken verfallen, daß unsere Einmaligkeit in einer herausragenden Höhe unseres Ranges bestehen könnte. Für einmalig im Sinne einer unverwechselbaren, unwiederholbaren Individualität dürfen wir uns und alles übrige irdische Leben aber auch vor dem Hintergrund einer überwältigenden kosmischen Lebensfülle getrost halten.

Ich muß etwas näher erörtern, wie das zu verstehen ist und wie zu begründen. Es ist wichtig für das in diesem Buch vorgetragene Argument und der Grund dafür, daß dieses auf den ersten Blick scheinbar entlegene Thema hier kurz vor Schluß noch angeschnitten werden muß.

Die Begründung unserer unverwechselbaren kosmischen Individualität, unserer Einmaligkeit und Nichtaustauschbarkeit ergibt sich aus der Umkehrung just eines Arguments, mit dem mehrfach, und zwar von einschüchternd kompetenter Seite, versucht wurde, die Auffassung zu untermauern, daß wir im Kosmos die einzige Lebensform überhaupt seien. Wenn wir uns dieses Argument jetzt kritisch vornehmen, können wir daher zwei Fliegen mit einer Klappe schlagen. Seine Widerlegung liefert uns eine erneute Bestätigung dafür, daß der Kosmos ganz im Gegenteil von Lebensformen überquellen muß. Und zugleich werden wir dabei auf die Ursachen dafür stoßen, warum das Universum seiner unvorstellbaren Größe zum Trotz dennoch nicht groß genug ist, um auch nur einen einzigen der Lebensansätze, die es im Ablauf seiner Geschichte hervorbrachte, wiederholen zu können: Kosmische Zwillinge gibt es nicht!

Das Argument, um das es sich handelt, knüpft an eine Zahl an, mit der wir uns in einem der ersten Kapitel schon in ganz anderem Zusammenhang beschäftigt haben: mit der gigantischen Zahl 10^{130}, der Zahl der unterschiedlichen Möglichkeiten, die es gibt, um die 20 Aminosäuren, aus denen Cytochrom c besteht, auf die 104 Positionen zu verteilen, die das Kettenmolekül des Enzyms enthält (siehe Abb. auf S. 47).

Wir hatten gehört, daß die Größe dieser Zahl diejenige aller im Weltall existierenden Atome bei weitem übersteigt. Das kam uns sehr zupaß. Denn an jener Stelle lag uns an dem Nachweis der Verwandtschaft aller irdischen Lebensformen untereinander. Da war die sich in der gigantischen Zahl 10^{130} ausdrückende Unwahrscheinlichkeit ein höchst willkommenes Argument: Es schloß die Möglichkeit aus, daß die (nahezu vollständige) Identität der Aminosäuremuster aller von irgendeinem beliebigen irdischen Organismus stammenden Enzym-Moleküle anders als durch Verwandtschaft (also etwa durch bloßen Zufall) zu erklären sein könnte.

Wir dürfen derselben Zahl jetzt nicht mit einem Male ausweichen, wenn sie uns an dieser Stelle als Einwand entgegengehalten wird. Zwei bedeutende Naturwissenschaftler, der Physiker Pascual Jordan und der Biologe Jacques Monod, haben unabhängig voneinander seinerzeit die Ansicht vertreten, daß die statistisch erweisbare Unwiederholbarkeit der Zufallsentstehung von Cytochrom c als unwiderlegliches Argument gegen die Möglichkeit anzusehen sei, daß es außer auf der Erde noch irgendwo anders im Kosmos zur Entstehung von Leben gekommen sein könnte.

Der Kern des Arguments liegt auf der Hand. Cytochrom c ist zur Sauerstoffübertragung im Gewebe (zur »inneren Atmung«) unentbehrlich. Diese seine Funktion ist äußerst spezifisch an das im Molekül vorliegende komplizierte Aminosäuremuster gebunden. Schon geringfügige mutative Abwandlungen führen in der Regel zum Verlust dieser Funktion und damit zum Tode durch innere Erstickung.

Cytochrom c ist damit für alles Leben, so wie wir es kennen und uns auszumalen vermögen, absolut unentbehrlich. Die Wahrscheinlichkeit der Entstehung dieses Moleküls beträgt nun aber nur 1 zu 10^{130}. Das heißt, sie ist (so gut wie) gleich Null. Schlußfolgerung: Die Tatsache, daß dieses Enzym auf der Erde entstehen konnte, stellt einen so extremen Zufall dar, daß seine Wiederholung im ganzen Kosmos, so groß er immer sein mag, als ausgeschlossen gelten kann. Das Argument wirkt noch durchschlagender, wenn man bedenkt, daß das selbstverständlich nicht allein für Cytochrom c zutrifft, sondern zusätzlich auch noch für die mehr als 1000 anderen Enzyme, die zur Steuerung des Stoffwechsels eines Lebewesens genauso unentbehrlich sind, und darüber hinaus für die unübersehbare Vielzahl auch all der Bausteine, aus denen ein Lebewesen besteht.

Monod folgerte in seinem lebhaft diskutierten Buch »Zufall und Notwendigkeit« daraus bekanntlich weiter, daß eben dieser extreme Zufallscharakter der Entstehung seiner Voraussetzungen das irdische Leben zu einem für den kosmischen Ablauf ganz und gar untypischen

Phänomen mache. Der Mensch und alle übrigen Lebensformen auf der Erde seien, vor dem Hintergrund des Ganzen betrachtet, daher nichts als ein außerplanmäßiger Zufall, ohne jeden Zusammenhang mit dem Geschehen insgesamt, und damit »sinnlos«.

Jedoch, so zwingend und logisch die Beweisführung auch immer wirkt, sie ist nicht stichhaltig. Beide Autoren, Jordan ebenso wie Monod, haben einen Punkt übersehen, dessen Einbeziehung ihren Einwand und alle sich aus ihm ergebenden trostlosen Folgerungen hinfällig werden läßt: Sie haben den *historischen Charakter* der Entstehung von Cytochrom c und aller anderen Lebensbausteine außer Betracht gelassen.[131]

Sieht man sich das Monodsche Argument näher an, so zeigt sich, daß es – in subtil verhüllter Form und daher nicht auf den ersten Blick erkennbar – letztlich auf dem »Affenhorden-Argument« beruht (»Wie lange brauchte eine Horde Affen wohl, um durch wahlloses Herumhämmern auf einigen Schreibmaschinen...«, s. S. 93), von dessen Unhaltbarkeit wir uns schon überzeugt hatten. Auch im Zusammenhang mit der Frage nach der Möglichkeit außerirdischen Lebens wirkt es nur so lange logisch unangreifbar und zwingend, wie man das Enzym Cytochrom c als *reines Zufallsprodukt* betrachtet. Gerade das aber ist es eben nicht. Es ist das Produkt eines *historischen* Entwicklungsprozesses.

Auf den Seiten 51ff. wurde beschrieben, in welcher Weise wir uns das heute vorliegende, hochwirksame Enzym als das Resultat einer sich über lange Zeiträume hinziehenden evolutiven Weiterentwicklung vorstellen müssen. Es dürfte Jahrmillionen gedauert haben, bis eine Abfolge zahlloser mutativer Einzelschritte aus einem sicher nur sehr schwach wirksamen Ausgangsmolekül das definitive Enzym hatte werden lassen. Der Weg dahin aber war alles andere als beliebig und keineswegs etwa allein vom Zufall bestimmt. Auch bei diesem zum fertigen Enzym führenden Weg handelte es sich um den Fall einer echten evolutiven Anpassung. Das heißt unter anderem eben: Aus den in der Generationenfolge noch primitiver Zellen auftauchenden, durch Zufallsmutationen entstandenen Molekülvarianten wurden durch den »Überlebenserfolg« der sie enthaltenden Zellen jeweils die Neuerungen herausgelesen, die ein wenig wirksamer waren als der bis dahin hauptsächlich vertretene, am Anfang höchstens andeutungsweise enzymartig wirksame Molekültyp.

Das Ausgangsmolekül war also ganz sicher auch noch keine Kette von

104 Gliedern Länge. Am Anfang der Geschichte haben wir uns vielmehr relativ kurze Aminosäureverbindungen vorzustellen. Für den Anfang genügte deren schwache Wirkung vollauf, um den evolutiven Optimierungsprozeß in Gang zu setzen. Es gab ja noch keine überlegenen Konkurrenten. Alles Spätere, alle noch so komplizierten Systeme und Strukturen, die wir heute vorfinden, ist die Folge eines seit den ersten Lebensanfängen stetig wirksamen evolutiven Verbesserungsprozesses – und eben gerade *nicht* bloßes Zufallsprodukt! Um irgendeines der heute existierenden Enzyme durch bloßen Zufall erneut entstehen zu lassen, dazu freilich reichte das Alter der Welt nicht aus. Aber nach diesem Schema ist die Geschichte eben auch nicht abgelaufen.

Die Angelegenheit hat noch einen zweiten Aspekt. Das Argument Monods setzt stillschweigend voraus, daß eine optimale »innere Atmung« einzig und allein nur durch ein Molekül von exakt der Struktur des Enzyms Cytochrom c gewährleistet werden könne.[132] Nun ist zwar nicht zu bestreiten, daß wir nur diese eine Lösung kennen. Sie kehrt, wie schon erwähnt, bei allen irdischen Lebensformen wieder und belegt so deren Verwandtschaft. Wer daraus aber schließen wollte, daß nur diese eine Lösung möglich sei, würde wiederum vorschnell urteilen.

Diese Behauptung läßt sich zwar, solange wir uns nur auf die irdische Biologie als Beispiel beziehen können, nicht objektiv widerlegen (dazu müßte uns eben der konkrete Fall einer anderen Lösung als Hinweis zur Verfügung stehen). Wenn Evolution aber, und daran kann kein Zweifel bestehen, ein echter historischer Prozeß ist, dürfen wir dennoch getrost von der entgegengesetzten Annahme ausgehen. Wir haben in anderem Zusammenhang schon festgestellt, daß im Ablauf der Evolution die Verwirklichung jeder einzelnen Möglichkeit immer identisch gewesen ist mit dem Ausschluß unvorstellbar vieler anderer Möglichkeiten. Daß das Auftauchen jedes neuen Bauplans, jedes konkreten Reptils oder Säugetiers, ein Ereignis darstellte, das unzählig vielen anderen, ähnlichen, aber eben doch anderen Bauplänen, die am gleichen Punkt der Entwicklung ebenfalls möglich gewesen wären, von da ab keine Chance zur Verwirklichung mehr ließ.

Das gilt selbstverständlich nicht nur für Tiergestalten, sondern für alles, was der Evolutionsprozeß hervorgebracht hat. Es gilt auch für den Bauplan eines Enzyms. Nachdem erst einmal ein wirksames Prinzip zur Sauerstoffübertragung in der Zelle gefunden war und dieses die ersten Schritte zu seiner Verbesserung getan hatte, besaß kein anderes

Enzym-Modell mehr die geringste Chance. Es hätte sich, um auch nur den ersten Entwicklungsschritt erfolgreich hinter sich bringen zu können, gegen die Überlegenheit der bereits existierenden Lösung durchsetzen müssen. Das aber ist eine Möglichkeit, die es in der Evolution nicht gibt.

Es wäre also auch anders gegangen, auf unvorstellbar viele Weisen anders, das ist es, wovon wir auszugehen haben. Auch tausendfache Wiederholungen der 4 Jahrmilliarden Erdgeschichte würden nicht genügen, um auch nur ein einziges Mal ein einziges Resultat hervorzubringen, das identisch wäre mit einer der lebenden Gestalten, die wir in unserer Gegenwart um uns vorfinden und mit gedankenloser Selbstverständlichkeit für die einzig möglichen, die einzig lebensfähigen halten.

Die Beschaffenheit der unbelebten und der belebten irdischen Natur erscheint uns nur deshalb als so spezifisch lebensfreundlich und typisch, weil die Evolution alle hier existierenden Lebensformen unnachgiebig, unter Androhung der Strafe des Aussterbens, an die auf der Erde herrschenden und vom Leben selbst laufend umgestalteten Bedingungen angepaßt hat. Aber selbst der Rahmen dieser Ausgangsbedingungen ändert nichts an der Unmöglichkeit einer identischen Wiederholung der bisherigen Geschichte. Auch er läßt immer noch eine unübersehbare Fülle der verschiedensten Anpassungen zu.

Bei den Abläufen, die wir konventionell als »historisch« bezeichnen, macht es uns keine Mühe, das einzusehen. Nehmen wir an, daß unser Dämon die Geschichte der Erde nicht bis zur Entstehung des Planeten, sondern nur bis zu den Höhlen der Steinzeit zurückdrehte. Wer von uns käme wohl auf den Einfall, es für möglich zu halten, daß dann 20000 Jahre später abermals ein Diktator namens Julius Cäsar von einem ehemaligen Freund, der den Namen Brutus trüge, erneut ermordet werden könnte? Oder daß die Geschichte sich in irgendeinem einzigen ihrer unzähligen anderen Details identisch wiederholen könnte? Evolution aber ist auch schon Geschichte.

Wenn das alles bereits für die Erde gilt, um wieviel mehr muß es für die Evolution im Rahmen des ganzen Kosmos gelten. Wo auch immer die Biopolymere, die elementaren organischen Bausteine, sich nach ihrer Entstehung im Weltraum auf der Oberfläche eines Planeten anzusammeln begannen, trafen sie schon auf jeweils andere, individuelle Ausgangsbedingungen. Schon diese waren die unausbleibliche Folge evolutiver Zufälligkeit.

Zwar ist es sinnvoll, an die Existenz absoluter Grenzbedingungen zu denken. Die Biopolymere selbst scheinen im ganzen Kosmos die gleichen zu sein. (Das ist verständlich, da die 92 Elemente, deren unterschiedliche Affinitäten die Ursache der Entstehung gerade dieser Großmoleküle bilden, die Bausteine des ganzen Kosmos sind.) Das aber macht Wasser in flüssiger Form – als Lösungsmittel zur Ermöglichung der für die weitere Entwicklung notwendigen chemischen Reaktionen – unentbehrlich und damit Grenzwerte der Temperatur (mehr als 0° und weniger als 100°C) wahrscheinlich. Es lassen sich noch weitere derartige »absolute« Grenzen denken, obwohl es sehr schnell immer schwieriger wird, hier zwischen objektiven Gründen für ihre Berechtigung und bloßer Annahme aufgrund »erdbedingter« Vorurteile oder Prägungen zu unterscheiden.
Aber sonst? Die Masse eines Planeten ist in weitem Rahmen zufällig und damit individuell einmalig. Die aus dem jeweils vorliegenden Betrag resultierende Gravitation an der Oberfläche aber hat wesentlichen Einfluß auf den Typus der organischen Baupläne. Die spektrale Zusammensetzung der Strahlung, die ein Planet von seiner Sonne empfängt, ist ebenfalls von Fall zu Fall verschieden. Damit aber stellen sich für die Anpassung von Lichtrezeptoren jeweils andere Aufgaben. (Die Empfindlichkeit unserer Augen liegt in jenem vergleichsweise winzigen Ausschnitt des Sonnenspektrums, der in der Lage ist, auch noch Wolken zu durchdringen. Also haben Wolken, die Zusammensetzung der Erdatmosphäre und die spektrale Besonderheit der Sonnenstrahlung entscheidend mit über den Bau unserer Augen entschieden und folglich auch darüber, wie wir die Welt sehen!)
Die Vielfalt individueller, den Rahmen der Entwicklung variierender Faktoren ist unübersehbar. Sie aber wird noch bei weitem übertroffen von der Zahl der Zufälle, die den Gang der Entwicklung ebenfalls steuern und darüber entscheiden, welche der unzähligen Möglichkeiten, die in einem bestimmten Augenblick realisiert werden könnten, tatsächlich realisiert wird – auf Kosten aller übrigen. Den Anfang dürfen wir uns wohl überall noch einigermaßen ähnlich vorstellen. Das Ausgangsmaterial war offenbar weitgehend identisch. Mit jedem Schritt aber, den die evolutive Geschichte von da ab in planetarer Isolation tat, muß jeder der unzählig vielen kosmischen Lebensansätze ein immer individuelleres, unverwechselbares und insofern einmaliges Gesicht angenommen haben. Auch der Kosmos ist nicht groß genug für die Möglichkeit einer Wiederholung geschichtlicher Zufälligkeit.

Alle diese Überlegungen sind nun von Bedeutung für unseren zentralen Gedankengang. Sie bestätigen bestimmte Behauptungen, die wir in den bisherigen Kapiteln aufgestellt haben, und erfüllen sie mit konkretem Inhalt. Das wird deutlich, sobald wir danach fragen, wie wir vor dem soeben geschilderten Hintergrund unsere eigene kosmische Rolle zu sehen haben.

Auch angesichts der sich aus den angeführten Argumenten und Indizien ergebenden Gewißheit, daß eine Vielzahl kosmischer Lebensformen existieren, müssen wir wieder vor dem anthropozentrischen Vorurteil auf der Hut sein. Ganz sicher bilden wir in diesem Ensemble nicht die oberste Spitze. Ganz sicher ist die Entwicklung, im Verlaufe derer das geistige Prinzip durch die Vermittlung immer leistungsfähigerer Gehirne Eingang in die materielle Welt findet, bei uns auf der Erde nicht etwa schon an einem Endpunkt, an der Grenze ihrer Möglichkeiten angelangt.

Wenn wir bedenken, in welchem Maße unser Verhalten noch immer irrational ist, daß angeborene Instinkte und Befürchtungen uns selbst dann daran hindern, das als richtig Erkannte auch zu tun, wenn wir wissen, daß unsere Existenz auf dem Spiel steht – man braucht nur an das wahnwitzige Wettrüsten zu erinnern –, dann ist das Gegenteil wahrscheinlicher. Unser Geschlecht hat das Tier-Mensch-Übergangsfeld zweifellos schon betreten. Hinter uns gelassen haben wir es jedoch ebenso sicher noch nicht. Der *Homo sapiens,* den die Philosophen der Aufklärung ihren gesellschaftlichen Entwürfen voller Optimismus zugrunde legten, ist in Wirklichkeit noch immer eine Zukunftshoffnung.

Alle Wahrscheinlichkeit spricht dafür, daß die Evolution an unzähligen Stellen im Kosmos über dieses für uns charakteristische Stadium längst hinausgelangt sein muß. Denn fraglos ist auch das Tempo der Entwicklung von Fall zu Fall verschieden. Am plausibelsten ist daher die Annahme, daß wir irgendwo im »Mittelfeld« des augenblicklichen Standes der kosmischen Entwicklung zu suchen sein dürften. Unter dem braven Durchschnitt also. Das hieße, daß es Milliarden von Planeten gäbe mit Lebewesen, die noch unter unserem eigenen Entwicklungsniveau liegen. Es hieße zugleich aber auch, daß Milliarden anderer Planeten in diesem Augenblick von Wesen bewohnt würden, die uns auf unvorstellbare Weise überlegen sein müssen.

Wesen mit Gehirnen, die ihren Besitzern zu einem weit größeren Anteil an jenem Geist verhelfen, der unsere eigenen Köpfe mit noch relativ mattem Glanz gerade eben erst zu erhellen begonnen hat.[133] Wesen mit einem Erkenntnishorizont, dessen Umfang Teile der objektiven Welt einbegreift, die außerhalb der von uns erfahrbaren Wirklichkeit liegen. Bereiche, die wir transzendent nennen, weil sie uns auf keinerlei Weise zugänglich sind, obwohl wir immerhin schon herausgefunden haben, daß es sie geben muß.

Die zunächst so abstrakt klingende Behauptung von der grundsätzlich anzunehmenden »Bewußtseinsfähigkeit« auch für uns transzendentaler Bereiche der Realität bekommt so einen konkreten Inhalt. Ebenso die Aussage, daß die Evolution im Ablauf ihrer Geschichte fortwährend neue Bereiche der objektiven Welt zu subjektiv erlebter Wirklichkeit werden lasse. Auch diese Überlegung bezieht sich nicht lediglich auf eine hypothetische Möglichkeit oder allein auf unsere eigene Vergangenheit oder Zukunft. Das individuell unterschiedliche Tempo der Entwicklung läßt vielmehr subjektive Welten unterschiedlichsten ontologischen Ranges im Kosmos zur gleichen Zeit nebeneinander existieren. Welten, die voneinander getrennt sind nicht nur durch die wohl in alle Zukunft physisch unüberwindbaren Entfernungen zwischen den sie tragenden Planeten, sondern auch durch jene nicht faßbare, aber gleichwohl ebenfalls unüberwindliche Barriere, die es uns unmöglich macht, einem noch so intelligenten Schimpansen auf irgendeine Weise eine Ahnung davon vermitteln zu können, was wir von der Welt halten.

Noch ein anderer Gesichtspunkt erscheint mir wichtig. Erkenntnistheorie und evolutionäre Erkenntnisforschung haben uns die Augen dafür geöffnet, daß der individuelle Verlauf, den die biologische Evolution auf der Erde genommen hat, zu einem wesentlichen Teil mit darüber entschieden hat, wie wir die Welt sehen. Auch das gilt sicher nicht nur für unseren eigenen Fall. Die unausdenkbar vielen im Kosmos existierenden, durch astronomische und evolutive Distanzen voneinander getrennten subjektiven Welten unterscheiden sich daher nicht nur durch das Niveau der von ihnen jeweils erreichten Entwicklungshöhe. Unsere Überlegungen über die Konsequenzen der »Offenheit« historischer Abläufe ergeben zwingend, daß sie auch qualitativ grundlegend verschiedenen geistigen Konzepten entsprechen müssen.

Wiederum dürfen wir unserer spekulativen Phantasie nicht übermäßig die Zügel schießen lassen. Zwar ist sicher, daß die Vielfalt der durch subjektives Erleben im Kosmos verwirklichten »Welten« unsere durch den speziellen Ablauf der Dinge auf der Erde geprägte und damit auch eingeengte Vorstellungskraft hoffnungslos übersteigen dürfte. (Wer von uns wäre schon in der Lage, auch nur die nächsten 100 Jahre des Ablaufs der irdischen Historie zutreffend zu beschreiben?) Trotzdem gibt es auch hier wieder einen Rahmen von Bedingungen, der gewisse Grenzen setzt.

Die Materie, mit der es intelligente Wesen im Weltraum zu tun haben, ist überall die gleiche. Identisch sind auch Naturgesetze und Naturkonstanten. Daher würden die subjektiven Weltbilder, könnten wir sie untereinander und mit unserem eigenen vergleichen, sicher Entsprechungen und hinsichtlich bestimmter grundlegender Strukturen vielleicht sogar Übereinstimmungen aufweisen. Sie würden einander in manchen Einzelheiten ähneln und sich insofern gewissermaßen überschneiden. Es müßte für jemanden, der in der Lage wäre, sie zu überblicken, erkennbar sein, daß alle diese subjektiven Welten sich auf den gleichen Kosmos beziehen. Daß sie alle den Anspruch erheben, Abbilder dieses einen, allen gemeinsamen Kosmos zu sein.

Keines dieser Weltbilder aber kann mit auch nur einem einzigen anderen deckungsgleich sein. Das ist, wie sich mit mathematischer, statistischer Sicherheit feststellen läßt, unmöglich. Der individuell einmalige, konkrete Evolutionsweg, der zu jedem von ihnen geführt hat, ist als historischer Ablauf unwiederholbar. Keines dieser Weltbilder kann den Kosmos in seiner Totalität, als Ganzes, umfassen. Sie alle greifen nur einen größeren oder kleineren Teil aus ihm heraus. Jedes von ihnen aber einen anderen Teil.

Die Konsequenzen dieser Überlegungen fügen sich auf denkbar befriedigende Weise in das in diesem Buch entworfene Bild der sich evoluierenden Welt als Schöpfungsgeschehen. Wenn Evolution der Aspekt ist, unter dem wir den noch andauernden Augenblick der Schöpfung erleben, liegt es nahe, die Frage zu stellen, wann dieser Augenblick denn wohl zu seinem Ende kommen könnte. Ob es für Evolution also ein natürliches Ende gibt.

Die Frage ist, wie mir scheint, zu bejahen. Sicher nicht mit dem Anspruch auf endgültige Richtigkeit, sondern nur mit all der Vorsicht, die sich aus der ausführlich begründeten Beschränktheit unseres Erkenntnishorizonts ergibt. Aber sagen läßt sich immerhin, daß Evolution jenem Geist, der aus dieser Welt selbst nicht überzeugend abzuleiten ist, in diese Welt offensichtlich in zunehmendem Maße Eingang verschafft. Daß Evolution folglich als ein Entwicklungsprozeß beschrieben werden könnte, in dessen Verlauf der Kosmos mit jenem geistigen Prinzip zu verschmelzen begonnen hat, das die Voraussetzung für seine Entstehung gewesen ist und für die Ordnung, die sich im Ablauf seiner Geschichte entfaltet. Wir könnten sagen, daß die Geschichte des sich evoluierenden Kosmos die Geschichte dieser Verschmelzung ist.

Wir selbst erleben das Ergebnis als unsere Fähigkeit zu bewußter Reflexion. Wir sind uns unserer eigenen Existenz innegeworden und der Tatsache, daß wir in einem Kosmos existieren, der für uns voller Rätsel und unergründlicher Geheimnisse ist. Zu unserer eigenen Überraschung gelang es uns im Laufe der Zeit, auf einige dieser Rätsel Antworten zu finden. So haben wir entdeckt, daß auch wir selbst ein Teil dieses Kosmos sind, aus ihm hervorgegangen im Ablauf einer Geschichte, die von einem für uns unvorstellbar weit in der Vergangenheit liegenden Augenblick bis zu uns geführt hat und die weit über uns hinaus in eine Zukunft hinein weiter ablaufen wird, an der wir unmittelbar keinen Anteil mehr haben.

Wir entdeckten, daß die Welt, die wir um uns herum wahrnehmen und der wir uns zugehörig fühlen, nicht alles sein kann, was es gibt. Daß wir in einer Wirklichkeit leben, die unvollständig ist, unabgeschlossen, nicht aus sich selbst heraus erklärbar. Wir haben des weiteren herausgefunden, daß die Entwicklung, die uns hervorgebracht hat, in Zukunft immer größere Bereiche dieser uns selbst nicht zugänglichen Realität in erlebte Wirklichkeit verwandeln wird.

Das läßt uns an die Möglichkeit denken, daß diese von uns Evolution genannte Geschichte dann ein natürliches Ende finden könnte, wenn sie schließlich ein Bewußtsein hervorgebracht haben wird, das groß genug ist für die Wahrheit des ganzen Kosmos. Das natürliche Ende der Evolution wäre dann identisch mit jenem fernen Augenblick, in dem diese diesseitige Welt und jener jenseitige Geist völlig ineinander aufgegangen sein werden.

Die Hoffnung auf eine so totale, endzeitliche Verwirklichung der Wahrheit in der Welt aber kann sich auf unser eigenes Bewußtsein allein gewiß nicht stützen. Auch dann nicht, wenn wir alle seine uns unbekannten zukünftigen Entwicklungsmöglichkeiten ausgeschöpft denken. Bis zum Ende aller Tage wird die irdische Linie der Evolution den Stempel ihrer besonderen, individuellen Geschichte tragen. Sie mag den Aspekt des Kosmos, der ihr aufgrund dieser Geschichte zugefallen ist, bis zur Vollendung, bis zur Endgültigkeit der Aussage durchschauen. Aber doch nur diesen einen Aspekt.

Aber da gibt es eben noch die anderen. An diesem Punkt unserer Überlegungen glauben wir zu erkennen, daß die Realität einer unausdenkbar großen Zahl anderer Bewußtseinsformen im Kosmos sich nicht nur aus logischen Gründen zwingend ableiten läßt, sondern daß wir sie auch als existentielle Notwendigkeit zu akzeptieren haben. Bis zum Ende aller Tage wird sich kein einziger dieser Ansätze bis zu einem totalen, alles umfassenden Verständnis entfalten können. Jeder von ihnen bleibt den Gesetzen seiner eigenen, individuellen Geschichte verhaftet. Aber könnten sie alle zusammengenommen, könnte ihre gemeinsame Anstrengung sich nicht am Ende der Zeit als groß genug erweisen, die Evolution mit einem Akt der Erkenntnis abzuschließen, der die Wahrheit des ganzen Kosmos begreift?

4. Evolution und Jenseits

Eigentlich sollte man es kaum mehr betonen müssen: Nichts von alledem darf buchstäblich, wortwörtlich, aufgefaßt werden. Richtig verstanden läuft alles, was in diesem Buch gesagt wurde, auf die Einsicht hinaus, daß uns die Erkenntnis der Wahrheit versagt bleibt. Deshalb ist sicher, daß auch das Ende der Evolution, der jüngste Tag des Universums, sich von der Beschreibung auf unvorstellbare Weise unterscheiden wird, die ich im vorhergehenden Kapitel zu geben versucht habe.

Wir müßten einen Begriff von dem Horizont haben, den die Evolution in diesem Endstadium des Kosmos der Erkenntnis erschlossen haben wird, um über das Ende der Welt gültig reden zu können. Von dem Augenblick der Evolution aus, an den wir durch unsere Existenz ein für allemal gebunden sind, bleibt der Gedanke an diese Möglichkeit utopisch.

Deshalb sind alle Aussagen dieses Buchs als spekulativ entworfene Bilder aufzufassen. Sie dienen nicht der objektivierenden Erfassung überprüfbarer Sachverhalte. Es handelt sich bei ihnen nicht um naturwissenschaftliche Aussagen. Sie halten sich nicht an den Rahmen der positivistischen Methode. In der Gewißheit, daß dieser Rahmen angesichts des wahren Umfangs der Realität zu eng ist, hatten wir uns dafür entschieden, ihn zu überschreiten und das positivistische Schweigegebot zu mißachten.

Den Preis für diese Übertretung zu zahlen, fiel uns nicht schwer. Er besteht in dem Verzicht auf wortwörtlich zu verstehendes Reden.[134] Diesen Verzicht zu leisten kostet keine große Überwindung, wenn man erst einmal eingesehen hat, in welchem Umfange wir dazu in allen übrigen Bereichen unseres Denkens und Erlebens seit je bereit gewesen sind. Nicht nur alle Künste und alle Wissenschaften, bis hin zur exaktesten von ihnen, der Physik, haben es mit spezifischen Erfahrungen zu tun, die sich nur noch in einer metaphorischen Bildersprache umschreiben lassen. Wir alle bedienen uns alltäglich und ganz unbefangen nicht der wörtlichen, sondern der übertragenen, bildhaften Bedeutungen der von uns benutzten Sprachwendungen, sobald unsere Aussagen den engen Bereich unmittelbarer zwischenmenschlicher Beziehungen überschreiten.

Daher ist auch nicht etwa falsch, was in mythologischer Sprache gesagt wird. Vieles, ja das meiste von dem, was wir »wissen«, läßt sich anders gar nicht aussagen. Einer der gravierendsten Irrtümer der Aufklärung war die Ansicht, daß mythologische Aussagen sich nicht auf wirklich Existierendes bezögen. Daß mythologische Sprache eine archaische *und daher eine überholte* Weise des Sprechens sei. Daß der Nachweis des mythologischen Charakters einer Feststellung folglich gleichbedeutend sei mit ihrer Widerlegung (oder ihrer »Inhaltslosigkeit«). Wäre es wirklich so, dann müßten wir auch den Gegenständen die Realität bestreiten, die in der Bildersprache der Kernphysiker beschrieben werden – eine Schlußfolgerung, der sich in unserem »nuklearen« Zeitalter die wenigsten anschließen dürften.

Der tiefere Grund für alle Mißverständnisse dieser Art ist immer der gleiche. Er besteht in unserer unreflektierten, da für selbstverständlich gehaltenen Neigung, die von uns »konkret« erlebte Wirklichkeit für eine Wirklichkeit herausgehobenen Ranges zu halten. In einem ganz bestimmten Sinne ist das ja unbestreitbar richtig: Das, was wir im alltäglichen Sprachgebrauch »die Welt« nennen, unterscheidet sich für uns von allen anderen denkbaren oder irgendwo anders realisierten Wirklichkeiten grundsätzlich dadurch, daß es die Wirklichkeit ist, auf die wir durch die Zufälle unserer individuellen Geschichte, durch unseren kosmischen Ort und den kosmischen Augenblick unserer Existenz festgelegt sind. Aber aus allen diesen Bedingungen ergeben sich ausschließlich subjektive Kriterien. Sie gelten unterschiedslos, in genau der gleichen Weise, mit der gleichen Berechtigung, für *jeden* Fall der Beziehung zwischen èinem erlebenden Subjekt und seiner Wirklichkeit. Und wie unvorstellbar groß die Zahl dieser Fälle sein muß, haben wir uns eben erst vor Augen geführt.

Unsere »Welt« ist allein dadurch für uns herausgehoben, daß sie jenen Teil der Realität darstellt, den unser vom Zufall unserer evolutiven Geschichte individuell geprägtes Erkenntnisvermögen aus der Gesamtheit objektiver Realität höchst eigenwillig ausliest. Daß die Auswahl, mit der wir uns zufriedenzugeben haben, verschwindend klein sein muß, war uns nicht zweifelhaft erschienen. Die Kehrseite dieser Tatsache wird von der Entdeckung gebildet, daß unsere altgewohnte, scheinbar so greifbar reale Welt sich im Handumdrehen als höchst problematisch und geheimnisvoll, als nicht aus sich selbst heraus erklärbar, letztlich sogar als bloße Hypothese zu entpuppen beginnt, sobald man erst einmal auf den Gedanken kommt, die Fundamente ihrer scheinbar so unbezweifelbaren Handgreiflichkeit kritisch abzuklopfen.

Aus allen diesen Gründen ist es unzulässig, Bereiche der Realität, die unserem Erleben unzugänglich sind, durch den Hinweis auf die sinnliche Wahrnehmbarkeit unserer Wirklichkeit zu diskreditieren. Transzendentale Realität ist um nichts weniger real als die von uns erlebte Welt. Ich brauche hier nicht nochmals zu wiederholen, welchem Vorurteil wir abermals aufsäßen, wenn wir der Versuchung erliegen würden, dem von uns erlebten winzigen Ausschnitt des objektiv Existierenden allein deshalb, weil er innerhalb unseres, des menschlichen Erkenntnishorizonts liegt, einen höheren Grad an Realität zuzuerkennen als dem ganzen gewaltigen Rest.

Im Zusammenhang mit gesellschaftlichen Strukturen, künstlerischen Entwicklungen oder politischen Entscheidungen mögen wir uns als das Maß aller Dinge betrachten. Angesichts der objektiven Bedingungen unserer Existenz sind wir es mit Sicherheit nicht. Denn wir selbst sind nur ein Teil des Ganzen, Teil jener alles umfassenden Geschichte, die den ganzen Kosmos hervorgebracht hat. Die uns im bisherigen Ablauf dieser Geschichte zugewachsene Erkenntnisfähigkeit erweist sich als hoffnungslos unzureichend, wenn wir nach der Wahrheit dieser Welt fragen. Aber sie ist groß genug, um uns die Einsicht zu ermöglichen, daß die Welt nicht dort endet, wo sie selbst an ihre Grenzen stößt. »Um zu erkennen, was jenseits liegt, ist mein Blick zu trüb. Es genügt, daß es ein Jenseits gibt.«[135]

Von dem durch derartige Überlegungen gewonnenen Standpunkt aus verlieren mythologische Aussagen und metaphysische Spekulationen das ihnen in den Augen vieler noch immer anhaftende Odium der Irrationalität. Vor dem Hintergrund dieser Einsichten erweisen sie sich ganz im Gegenteil als die Konsequenz einer rationalen, selbstkritischen Überprüfung der objektiven Bedingungen der eigenen Existenz. Nicht Rationalität, sondern allein die Naivität eines ungebrochenen, unreflektierten Realismus könnte dazu veranlassen, die Bereiche der Wirklichkeit als nichtexistent zu behandeln, die außerhalb der Reichweite einer Vernunft liegen, die sich selbst als beschränkt erkannt hat.

Wir wären, andererseits, verloren, wir würden uns geistig im Nebel unzählig vieler Denkbarkeiten verlieren, wenn wir dieses Argument als

Erlaubnis zum Ausklügeln beliebiger Entwürfe mißverstünden. Plausibilität, Widerspruchsfreiheit allein genügen nicht. Auch auf dem Gelände metaphysischer Erwägungen sind die legitimen Wege endlich an Zahl. Hier hat jeder Schritt die Gefahren eines Abgleitens in die Unverbindlichkeit und auf der anderen Seite die des Steckenbleibens in abergläubischen Konkretisierungen zu gewärtigen.

Es gibt also, was mancher nicht sehen will, auch auf diesem Felde noch Wegweiser und Orientierungspunkte, an denen sich überprüfen läßt, ob man sich zu verirren beginnt oder noch auf gangbarem Wege befindet. Die wichtigsten von ihnen sind – ich wiederhole es bewußt – der Verzicht auf jedwedes wörtlich-konkretes Verstehenwollen der zur Beschreibung des Weges verwendeten Sprachformeln und das Gebot, daß keine dieser Beschreibungen in irgendeinem Detail dem widersprechen darf, was wir an Wissen aus der uns zugänglichen Welt mitbringen. Dieses Wissen mag noch so dürftig und unvollständig sein. Es ist alles, woran wir uns halten können, wenn wir den Glauben an einen Sinn unserer Gedanken nicht fahrenlassen wollen.

Deshalb ist es legitim, vom »Jüngsten Tag« zu reden. Die mythologische Vorhersage vom kommenden Ende aller Zeit ist zulässig, weil sie dem nicht widerspricht, was wir heute über die Geschichte des Kosmos wissen. Ungeachtet aller noch bestehenden Lücken in diesem Wissen ist sicher, daß auch diese Geschichte, daß die Evolution im kosmischen Rahmen an ein Ende kommen wird, so, wie sie nachweislich einen Anfang gehabt hat.[136]

Nun könnte man denken, daß das ein willkürliches Ende sein wird. Daß die Geschichte also nicht eigentlich an ein Ende kommen, sondern eines fernen Tages einfach aufhören wird, ohne Rücksicht, ohne inneren Zusammenhang mit der Entwicklung, mit der sie bis dahin identisch war. Wieder ist die Möglichkeit nicht zu widerlegen, daß der Kosmos, der sich bis dahin zu einer alles Vorstellungsvermögen überbietenden Ordnung entfaltete, sich in diesem letzten seiner Augenblicke vielleicht doch noch als sinnlos erweist, womit rückwirkend auch alles zunichte würde, was er bis dahin hervorgebracht hat.

Wieder aber ist auch die Gegenfrage erlaubt: ob es noch rational wäre, wenn wir unsere Skepsis so weit trieben, eine sich über Dutzende von Jahrmilliarden hinweg stetig entfaltende Ordnung für ein bloßes Zufallsprodukt zu halten. Ob die Annahme plausibel wäre, daß der aller Faßlichkeit spottende Aufwand, den die Realität der kosmischen Geschichte darstellt, »nichts« bedeutet. Beweisbar zu entscheiden ist

die Frage nicht. Das Risiko für die persönliche Entscheidung aber erscheint gering.
Deshalb ist es zulässig und legitim, wenn wir darauf vertrauen, daß die kosmische Geschichte nicht einfach abbrechen, daß sie vielmehr »ihr« Ende finden wird. Und weil wir in dem Teil der Evolution, den wir überblicken können, eine immer umfassendere Ausbreitung des Geistigen registrieren, ist es darüber hinaus auch zulässig, wenn wir das Ende, den »Jüngsten Tag« der Geschichte, als jenen zukünftigen Augenblick denken, in dem der Geist diese Welt in sich aufgenommen haben wird. »Der Tag wird kommen, da es keinen Menschen, nur den Gedanken geben wird.«[137]
Gleichzeitig aber haben wir auch hier wieder die Weisheit der alle Fähigkeiten individueller Köpfe auf so geheimnisvolle Weise übertreffenden kulturellen Überlieferung anzuerkennen. Lange bevor wir bis zu der Entdeckung vorstießen, daß das Ende der Zeit mit einer Entwicklungshöhe zusammenfallen muß, die nichts mehr mit dem gemein haben wird, was wir uns auszudenken und vorzustellen vermögen, mahnte sie uns bereits, von dem Ereignis nicht anders als in der indirekten Sprache umschreibender Bilder zu reden.
Das heißt nicht, daß unsere Erwartung falsch sei, nach der es am Jüngsten Tag nur noch den Gedanken geben werde. Es besagt nur, daß die Realität dieses Augenblicks alles überbieten und hinter sich lassen wird, was wir heute mit den uns zur Verfügung stehenden Mitteln darüber sagen können.
Naturwissenschaftliche und religiöse Aussagen fügen sich hier nahtlos zusammen. Mehr noch: Sie ergänzen sich und bestätigen einander dadurch. Das sollte uns nicht überraschen. Es gibt nur einen Kosmos, der zugleich als Schöpfung zu verstehen ist. Es kann auch nur eine einzige Wahrheit geben. Eine Wahrheit, die diese beiden Aspekte in sich beschließt. Die Tatsache, daß wir weder den Kosmos noch die Schöpfung, noch die beide umfassende Wahrheit vollständig zu begreifen imstande sind, ändert daran nicht das geringste.
Der Eindruck von einer Unvereinbarkeit naturwissenschaftlicher und religiöser Aussagen über diesen einen Kosmos, diese eine kosmische Schöpfung, kann nur entstehen, wenn die Regeln außer acht geraten, die wir eben am Beispiel des Weltendes noch einmal rekapituliert haben. Die wörtliche Bedeutung der mythischen Sprachbilder, mit denen die Theologen ihre Botschaft weitergeben, hatte mit dem Inhalt der Botschaft von allem Anfang an am allerwenigsten zu tun. Sie galt

nicht einmal in jener Zeit vor 2000 Jahren, in der diese Bilder als Ausdruck lebendigen Glaubens entstanden.

Daß es auf die wörtliche Bedeutung nicht ankam, bedurfte damals auch keiner ausdrücklichen Erklärung. Allen Zeitgenossen, vom Schriftgelehrten bis zum Zöllner, waren die indirekten, bildhaften und metaphorischen Bedeutungen vertraut und unmittelbar gegenwärtig, die die eigentliche Botschaft trugen. Das liegt heute zwei Jahrtausende zurück. Für uns gilt es nicht mehr. Mit dem damaligen kulturellen Umfeld, dem zur Zeit von Christi Geburt erlebten Weltbild und dem Selbstverständnis der jüdisch-römischen Gesellschaft sind auch die semantischen »Obertöne« der damals geprägten mythologischen Formeln seit langem verschollen: die ganz konkreten Assoziationen und Gedankenverbindungen, die atmosphärischen Anklänge und all die vielen anderen, den bloßen Wortlaut überschreitenden Informationen, ohne die nicht wirklich zu verstehen ist, was die Verfasser der alten Texte ihren Hörern sagen wollten.

Das, was wir heute vor uns haben, ist nur noch das Skelett, das nackte Gerüst der Wörter und Sätze. Wir können diese zwar in die Sprache unserer Zeit übertragen. Sie erfüllen uns dann als das Echo der Zeit, aus der sie stammen, mit Respekt und Ehrfurcht. Der Umfang der Bedeutungen aber, die Tiefe des Sinnes, der sich einst mit ihnen verband, ist ihnen längst abhanden gekommen. Was wir heute in der Hand haben, ist nur noch die konkrete Aussage selbst. Wenn mythologische Aussagen aber auf ihren bloßen Wortsinn reduziert werden, dann gerinnen sie, wir hatten es schon festgestellt, zum Aberglauben.

Wir können, wenn wir ehrlich sind, nicht in Abrede stellen, daß wir der Gefahr schon weitgehend erlegen sind. Von der anschaulich vorgestellten Himmelfahrt Christi bis zu einem leibhaftig gedachten, mit magischen Fähigkeiten begabten Auferstehungsleib, von dem Glauben an angeblich historisch verbürgte Fälle des Außer-Kraft-Setzens von Naturgesetzen (als vermeintlich einzig überzeugende Beweise für die Existenz göttlicher Macht) bis zur Annahme einer gleichsam telekinetisch funktionierenden Eingriffsmöglichkeit in natürlich-weltliche Abläufe durch hinreichend konzentrierte Gebetsanstrengung[138] – die Möglichkeiten, den Gehalt der alten Texte auf diese oder ähnliche Weise abergläubisch mißzuverstehen, sind allgegenwärtig. Man begegnet ihnen keineswegs nur etwa bei »schlichten Gemütern«, sondern mit erschreckender Häufigkeit auch am grünen Holze: innerhalb der Kirche selbst und in den Köpfen so mancher ihrer Repräsentanten. Da sind dann allerdings Kollisionen mit der Naturwissenschaft ganz unausbleiblich. Denn in sämtlichen Fällen werden Zusammenhänge unterstellt, die allem widersprechen, was wir heute über die Natur und ihre Gesetze wissen.

Wenn aber der Konflikt erst einmal ausgebrochen ist, geraten seine eigentlichen Ursachen schnell aus dem Gesichtskreis. Auf beiden Seiten überwiegt dann die Sorge, jegliches Einlenken, schon das Ernst-Nehmen eines Arguments aus dem anderen Lager, könnte als Preisgabe eines Teils der eigenen Überzeugung, der vom eigenen Lager mit Beschlag belegten Teilwahrheit angesehen werden. Die Angst vor diesem Mißverständnis treibt beide Parteien schließlich allzu leicht dazu, sich in der schützenden Bastion eines Alleinvertretungsanspruchs zu verbarrikadieren.

Das jedenfalls lehrt die Erfahrung. Die Theologen fühlen sich seit Generationen eingekreist von einer die Grundpositionen religiösen Glaubens unterminierenden, geistfeindlichen »materialistischen« Naturwissenschaft.

Und die Naturwissenschaftler erlagen zur selben Zeit den Verlockungen eines auf die eigene Disziplin zugeschnittenen, positivistisch verengten Wahrheitsbegriffs, der theologische Aussagen in ihren Ohren zum inhaltslosen Wortgeklingel werden ließ.

Inzwischen ist es still geworden auf der Walstatt. Die Zeit der wütenden Attacken und wechselseitigen Verleumdungen gehört der Vergangenheit an. Man hat sich in friedlicher Koexistenz arrangiert. Von Einigkeit aber kann noch immer nicht die Rede sein. Die Lehre von den »zwei Wahrheiten« ist Ausdruck einer Pattsituation.

Die heute üblichen »offenen« Diskussionen und »freimütigen« Aussprachen zwischen Naturwissenschaftlern und Theologen zeichnen sich vor allem durch ihre beflissene Artigkeit aus. Sie werden im Geiste des Einverständnisses veranstaltet. Der Konsens bezieht sich allerdings nicht etwa auf den Konflikt selbst, der in der Regel wortreich zugedeckt oder nachtwandlerisch umgangen wird. Er bezieht sich auf die stillschweigende Übereinkunft, nett zueinander zu sein und alle Fragen zu unterlassen, die das Gegenüber womöglich in Verlegenheit bringen könnten. Wer gegen diese ungeschriebene Regel verstößt, indem er engagiert oder wirklich kritisch fragt, mag es noch so ehrlich meinen – in der geschilderten Atmosphäre wirkt sein Ausbrechen aus der eingefahrenen Etikette schlicht ungehörig, und zwar nicht nur auf die

Zuhörer. Damit ist der erste Schritt zur unbewußten Selbstzensur getan, die derartige Fragen von vornherein verdrängt.
Der Friede, der zwischen den Naturwissenschaften und der Theologie heute zu herrschen scheint, ist ein fauler Friede. Er ist es schon deshalb, weil er in Kauf nimmt, daß mit gespaltenem Bewußtsein herumlaufen muß, wer sich nicht mit einem der beiden Wahrheitsangebote allein zufriedengeben will.
Wir hatten so lange Zeit, uns daran zu gewöhnen, daß wir den Schmerz schon kaum noch spüren. Wer heutzutage glauben will, ohne die Erkenntnisse der Naturwissenschaften darüber zu vergessen, ist gezwungen, sich in einem Weltbild einzurichten, das aus zwei Hälften besteht, die nicht zusammenpassen. Das kann auf die Dauer nicht gutgehen. Die Bewußtseinsspaltung, die aus dieser Situation resultiert, ist medizinisch zwar nicht faßbar. Aber auch sie behindert die Freiheit der geistigen Entwicklung, auch sie deformiert die persönliche Haltung. Die meisten mögen (scheinbar) mit ihr fertig werden. Die menschliche Psyche ist das anpassungsfähigste Organ, das es auf diesem Planeten gibt. Ehrlicher aber ist im Grunde die Reaktion jener, die sich der von ihnen empfundenen Spannung dadurch entziehen, daß sie sich mit einer der beiden Wahrheiten begnügen: Sie ziehen sich, resignierend, auf einen atheistischen Standpunkt zurück oder aber auf sein Gegenteil, auf die Einseitigkeit einer fundamentalistischen Position, die alle naturwissenschaftliche Erkenntnis als teuflisches Blendwerk verwirft.
Vielleicht aber gibt es einen anderen Ausweg aus dieser Lage, einen Brückenschlag, der das geistige Schisma aufhebt. Vielleicht – und dieses Buch ist der Versuch, auf diese Möglichkeit aufmerksam zu machen – gelingt es, die beiden Hälften unseres Weltbilds wieder zusammenzufügen, wenn wir uns auf die Regeln besinnen, die für mythologische Aussagen gelten. Wenn wir den Mut aufbringen, angesichts der religiösen Überlieferung zwischen der eigentlichen Botschaft und ihrer sprachlichen Umhüllung zu unterscheiden. Den Mut, an die Möglichkeit zu denken, daß Buchstabentreue nicht nur Ausdruck unverbrüchlicher Loyalität zu sein braucht, sondern auch Folge unbewußter Risikoscheu sein kann. Daran, daß die Verpflichtung zur Konservierung des Überlieferten zum Verrat an der Überlieferung zu werden droht, wenn sie deren Lebendigkeit zu ersticken beginnt.
Es ist an der Zeit, dem Verdacht nachzugehen, daß diese Gefahr für die religiöse Überlieferung in unserem Kulturkreis heute besteht. Daß

der Inhalt der religiösen Botschaft von den Ablagerungen einer archaischen, nicht mehr lebendigen, und uns daher nicht mehr wirklich, nicht in dem ursprünglich gemeinten Sinne verständlichen Sprache immer mehr verdeckt wird. Daß die Kraft der mythologischen Bilder, in denen die Botschaft auf uns gekommen ist, so sehr nachgelassen hat, daß sie nicht ausreicht, uns weiter mit der Macht zu ergreifen, die notwendig ist, um das zu verstehen, was ihre eigentliche Bedeutung ausmacht.

Die naheliegende Auflösung des Dilemmas besteht in der Einführung einer neuen Sprache. In der Umbettung der Botschaft in eine neue mythologische Umhüllung, in ihrer Übertragung in eine Bildersprache, deren Kraft für uns so aktuell und deren Bedeutungsspektrum uns ebenso gegenwärtig ist, wie es die der alten Texte einst waren, als jene noch lebten, die sich ihrer vor zwei Jahrtausenden bedienten. Wir brauchen die neue Sprache nicht erst zu erfinden. Sie existiert. Es ist, wie ausführlich begründet wurde, die Sprache, in der die Naturwissenschaft heute den Kosmos beschreibt.

Im Zentrum dieser Beschreibung steht der Begriff der Evolution. Darüber kann nur erstaunt sein, wer sich darunter nur ein Spezialproblem der theoretischen Biologie vorstellt. In Laienkreisen ist das noch überwiegend der Fall. Die Mehrzahl der Gebildeten in unserer Gesellschaft glaubt noch immer, daß es so sei, was es ihr erleichtert, die vage Vorstellung, die sie mit dem Wort verbindet, unter dem Etikett »Darwinismus« ins ideologische Eck abzuschieben.

In Wirklichkeit bezieht sich das Wort Evolution auf einen zentralen Begriff des heutigen naturwissenschaftlichen Weltbildes, der auch das Selbstverständnis des Menschen, das sich aus diesem Weltbild ableitet, entscheidend zu prägen begonnen hat. Was angesichts lebender organischer Gestalten in den letzten zwei Jahrhunderten Schritt für Schritt entdeckt und von Darwin schließlich weitgehend gültig begründet wurde, ist ein über den Bereich der Biologie weit hinausreichendes Prinzip. Evolution ist ein im wahrsten Sinne des Wortes alles, nämlich ein den ganzen Kosmos umfassendes Geschehen. Das Wort Evolution ist heute identisch mit der revolutionierenden, alle Maßstäbe des bisherigen Weltverständnisses außer Kraft setzenden Entdeckung, daß der Kosmos, daß die Welt selbst ein geschichtlicher Prozeß ist.

Welche Kraft der Sprache innewohnt, die dieses für unser heutiges Verständnis gültige geistige Konzept zur Verfügung stellt, das ist es, was ich in diesem Buch an einigen Beispielen zu zeigen versucht habe.

Es ist überraschend, in welche Nähe zu uralten theologischen Positionen man gerät, wenn man einmal anfängt, sich dieser Sprache zur Formulierung religiöser Aussagen zu bedienen. Wenn man den Versuch macht, fundamentale theologische Aussagen mit den Begriffen nicht einer statischen, einer von Ewigkeit her und in alle Zukunft unveränderlichen Welt, sondern vor dem Hintergrund einer alle Zeit in sich begreifenden kosmischen Entwicklung zu beschreiben. Mußte man bei diesem Versuch nicht immer wieder den Eindruck gewinnen, daß die alten Formeln und Aussagen gleichsam zu neuem Leben erwachen, daß sie eine bisher von uns nicht gespürte Ausstrahlungskraft anzunehmen beginnen, wenn sie in den frischen Nährboden einer für uns lebendigen, für unser heutiges Weltverständnis gültigen Sprache verpflanzt werden?

Eines dieser Beispiele war der Begriff vom Jenseits. Er ist für jede Religion, die mehr ist als ein Satz moralischer Verhaltensregeln, von ähnlich zentraler Bedeutung wie der Evolutionsbegriff für das wissenschaftliche Weltbild. Religion *ist* in ihrem Kern die Überzeugung von der Realität einer die erlebte Wirklichkeit umfassenden, sie transzendierenden jenseitigen Wirklichkeit.

Dieser zentrale religiöse Begriff aber mußte im Rahmen eines statischen Weltbildes, eines die Welt und den Menschen als unverändert und endgültig ansehenden Verständnisses im Laufe der Zeit an Überzeugungskraft verlieren. Er geriet in dem Augenblick in Gefahr, in dem sich die Möglichkeit abzeichnete, daß es dem menschlichen Verstande gelingen könnte, die Welt zu verstehen. Angesichts einer in sich geschlossenen, rational verständlichen Gesetzen gehorchenden Welt nahm die Frage nach dem Jenseits zwangsläufig einen mehr und mehr rhetorischen Charakter an: Wo denn sollte dieses Jenseits eigentlich noch existieren können?

Je weiter die menschliche Ratio in die Tiefen dieser Welt eindrang, um so kleiner wurde der Raum, in dem die Theologen ihren Himmel noch unterbringen konnten. Der Biologe Ernst Haeckel sprach ebenso bissig wie – im Rahmen des statischen Weltbildes – treffend von der zunehmenden »Wohnungsnot Gottes«. Denn die von den Theologen unbeirrt vorgetragene Behauptung, daß das Reich Gottes »jenseits« dieser Welt liege, schien – in einer abgeschlossenen Welt ausgesprochen – auf einen Ort zu verweisen, für den sich, in jedem Sinne dieses Wortes, kein Platz mehr finden ließ.

In einer noch werdenden, ihrer Vollendung durch Evolution erst noch entgegengehenden Welt ergeben sich ganz andere Voraussetzungen. Die Tatsache der Evolution – ausgerechnet dieses von vielen Mitmenschen noch immer als angeblich religionsfeindlich abgelehnte Konzept![139] – hat uns die Augen dafür geöffnet, daß die Realität dort nicht enden kann, wo die von uns erlebte Wirklichkeit zu Ende ist. Nicht die Philosophie, nicht die klassische Erkenntnistheorie, die Evolution erst zwingt uns zur Anerkennung einer den Erkenntnishorizont unserer Entwicklungsstufe unermeßlich übersteigenden »weltimmanenten Transzendenz«.

Diese ist, wie ich ausdrücklich wiederholen möchte, keineswegs etwa schon identisch mit dem Jenseits der Theologen. Ihre Entdeckung aber bewirkt so etwas wie eine Öffnung unserer bisher gegen jede ernst zu nehmende derartige Möglichkeit so erbarmungslos geschlossen wirkenden Welt. Eine Öffnung, hinter der eine ontologische Stufenleiter immer vollendeter entwickelter Erkenntnisebenen sichtbar wird, als deren letzte wir uns dann, ohne daß uns jemand widersprechen könnte, auch jenen »Himmel« denken dürfen, in dem nach religiösem Verständnis der Schlüssel liegt zum Sinn unserer unvollkommenen Welt.

Anmerkungen und Literaturhinweise

1 Eine der rühmlichen Ausnahmen bildet das Buch »Existiert Gott?« von Hans Küng (München 1978), dem ich eine Fülle von Anregungen und Ermutigungen verdanke.

2 Zit. nach Sigrid Hunke, »Glaube und Wissen«, Düsseldorf 1979. In diesem Buch ist die historische Entstehung der theologischen Lehre von den »zwei Wahrheiten« ausführlich dargestellt und belegt.

3 Der streitbare Atheist und Popper-Schüler Hans Albert zitiert in seinem Buch »Traktat über kritische Vernunft« (Tübingen 1975) eindrucksvolle Beispiele. Siehe auch die folgende Anmerkung.

4 Bis zu wie hohen Graden der Abstraktion die Lehre von den »zwei Wahrheiten« in der Gegenwart vorangetrieben worden ist, zeigen besonders kraß Beispiele aus der protestantischen Theologie. So definierte Emil Brunner Wahrheit im religiösen Sinne (also im Unterschied etwa zur objektiven Wahrheit der Naturwissenschaften) als »ein sich in der personalen Begegnung existentiell realisierendes Phänomen« (zit. nach Jürgen Hübner, »Theologie und biologische Entwicklungslehre«, München 1966, S. 245). Ähnlich der Theologe Fritz Buri, der Gott als »den mythologischen Ausdruck für die Unbedingtheit personalen Verantwortlichseins« beschreibt (zit. nach H. Küng, a.a.O., S. 375).

5 Eine 1981 veröffentlichte Langzeitstudie des Allensbacher Instituts für Demoskopie belegt die zunehmende Abwendung von der Kirche mit repräsentativem Zahlenmaterial. So gingen 1953 noch 55 Prozent der männlichen und 64 Prozent der weiblichen Katholiken *regelmäßig* zur Kirche, 1979 dagegen nur noch 27 bzw. 44 Prozent. Für die Unauflösbarkeit der Ehe sprachen sich 1953 noch 44 Prozent aller Katholiken aus, heute nur noch 12 Prozent. Die Zahl der regelmäßigen Kirchenbesucher sank bei den Protestanten im gleichen Zeitraum von 18 auf 9 Prozent. *Nie* in die Kirche gingen 1953 8 Prozent der Katholiken und 13 Prozent der Protestanten heute 13 bzw. 21 Prozent.

6 Selbstverständlich war für die Wende des wissenschaftlichen Selbstverständnisses nicht allein diese eine geistige Tat entscheidend, so außerordentlich die Leistung Einsteins auch gewesen ist. (Vorbereitet hatte sie sich spätestens seit Immanuel Kant.) Die Relativitätstheorie führt aber, wie in einem späteren Kapitel näher erläutert wird, mit besonderer Deutlichkeit vor Augen, warum und in welchem Sinne der Fortschritt der naturwissenschaftlichen Forschung die Einsicht in die Unzulänglichkeit unseres Verstandes gegenüber der Wirklichkeit der Welt erzwang.

7 »Die letzte Schlußfolgerung der Vernunft ist, daß sie einsieht, daß es eine Unzahl von Dingen gibt, die ihr Fassungsvermögen übersteigen; sie ist nur schwach, wenn sie nicht bis zu dieser Einsicht gelangt...« (Blaise Pascal. »Pensées«, dt. Ausg.: »Über die Religion«, 5. Aufl., Heidelberg 1954, Frgt. 267).

8 Diese Einsicht ist neuerdings gelegentlich auch schon aus Kreisen der katholischen Kirche zu hören. Besonders ermutigend in dieser Hinsicht war die Ansprache, die Papst Johannes Paul II. anläßlich seines Besuches in der Bundesrepublik 1980 im Kölner Dom zu Ehren Alberts des Großen vor einem geladenen Kreis von Wissenschaftlern, Lehrern und Studenten hielt. Die beiden in unserem Zusammenhang wichtigsten Sätze lauteten: »Wir fürchten nicht, ja, wir halten es für ausgeschlossen, daß eine Wissenschaft, die sich auf Vernunftgründe stützt und methodisch gesichert fortschreitet, zu Erkenntnissen gelangt, die in Konflikt mit der Glaubenswahrheit kommen.« Und an anderer Stelle: »Denn zwischen einer Vernunft, welche durch ihre gottgegebene Natur auf Wahrheit angelegt und zur Erkenntnis der Wahrheit befähigt ist, und dem Glauben, der sich der gleichen göttlichen Quelle der Wahrheit verdankt, kann es keinen grundsätzlichen Konflikt geben.« Erwähnt wurden vom Papst bei der Gelegenheit auch »jene berühmten Konflikte, die aus dem Eingriff kirchlicher Instanzen in den Prozeß wissenschaftlichen Erkenntnisfortschritts entstanden sind« und deren sich die Kirche »mit Bedauern« erinnere, da sie heute »um die Irrtümer und Mängel dieser Verfahren« wisse. Fürwahr ein Hoffnungsschimmer. Voraussetzung einer Verbesserung der real noch herrschenden Situation wäre allerdings, daß diese mutigen Sätze für ihren langen Weg zu den Bistümern und kirchlichen Gemeinden nicht in allzu viele Klauseln verpackt werden.

9 »Wir machen uns nichts vor: Wie noch nie stellt der Atheismus heute den Glauben an Gott zur Rede. Im Laufe der Neuzeit immer stärker in die Defensive geraten, ist dieser Glaube heute oft genug stumm geworden, zuerst bei wenigen, dann bei immer mehr. Atheismus als Massenphänomen freilich ist ein Phänomen der neuesten, unserer Zeit. Die Fragen drängen sich auf: Wie ist es so weit gekommen? Was sind die Ursachen? Wo brach die Krise auf?« (Hans Küng, a.a.O., S. 18)

10 Selbst Teilhard de Chardin, dem das außerordentliche Verdienst zukommt, den Evolutionsgedanken in die Theologie eingeführt zu haben, hat diese Konsequenz bemerkenswerterweise nicht gezogen. So stellt er u. a. apodiktisch fest: »Nie könnte er (der Mensch) also ein vorzeitiges Ende finden oder zum Stillstand kommen oder verfallen, wenn nicht zugleich auch das Universum an seiner Bestimmung scheitern soll!« Einige Zeilen weiter heißt es lakonisch: »Der Mensch ist unersetzbar.« (»Der Mensch im Kosmos«, München 1965, S. 285)

Man wird bei diesen und ähnlichen Stellen fairerweise die große geistige Isolierung zu berücksichtigen haben, die Teilhard von seinen geistlichen Oberen auferlegt wurde. Bereits 1926 entzog man ihm seinen Pariser Lehrstuhl, gestattete ihm nicht, später ergangene Berufungen anzunehmen, keines seiner Hauptwerke wurde zu seinen Lebzeiten gedruckt. Damit aber war Teilhard der Möglichkeit beraubt, seine Thesen in der Fachwelt diskutieren und gegebenenfalls auch korrigieren zu können.

11 Die Ableitung einer Fluchtbewegung aller Galaxien (Milchstraßensysteme) im Weltall aus einer mit ihrer Entfernung zunehmenden Rotverschiebung der Spektrallinien des von ihnen eintreffenden Lichts, deren Erklärung als »Doppler-Effekt« sowie die aus einer Rückrechnung der verschiedenen Fluchtgeschwindigkeiten sich ergebende Theorie von einem Urknall (»Big Bang«), mit dem die Welt ihren Anfang nahm, das alles ist gerade in den letzten Jahren so häufig beschrieben worden, daß ich das Wesentliche hier als bekannt voraussetze. Wer die Einzelheiten nachlesen will, den verweise ich auf die Darstellung dieser Geschichte in meinem Buch »Im Anfang war der Wasserstoff« (5. Aufl., Hamburg 1979, S. 40 ff.).

12 Ich entnehme dieses Beispiel dem Buch von Paul Davies, »The Runaway Universe«, London 1978, S. 39 ff.

Inzwischen ist unter dem Titel »Am Ende ein neuer Anfang« eine (leider nicht besonders gute) deutsche Übersetzung erschienen (Düsseldorf 1979). Wer sich für das Thema interessiert, dem sei dies exzellente und weitgehend allgemeinverständliche Buch sehr empfohlen. Ausgezeichnet, aber fachlich auch anspruchsvoller ist ferner das Buch von Steven Weinberg, »Die ersten drei Minuten« (München 1977).

13 An Einzelheiten Interessierte verweise ich wiederum auf mein Buch »Im Anfang war der Wasserstoff« (s. Anm. 11), das den Versuch darstellt, diese Geschichte mit dem Urknall beginnend bis zur Entstehung des Menschen als kontinuierlichen Ablauf zusammenhängend zu erzählen.

14 Als »Fundamentalismus« oder »Kreationismus« wird eine als Reaktion auf die moderne Naturwissenschaft entstandene extrem orthodoxe Richtung innerhalb der evangelischen Kirche bezeichnet. Ihre Anhänger, die »Kreationisten«, bestehen auf einem wörtlichen Verständnis der biblischen Texte, insbesondere der Schöpfungsgeschichte. Die Evolutionslehre wird von ihnen dementsprechend schon deshalb als Irrlehre angesehen, weil sie dem Wortlaut der Genesis widerspricht. Der Fundamentalismus hat insbesondere in den USA auch heute noch eine nicht unbedeutende Anhängerschaft. Ihr Einfluß ist immerhin so groß, daß es ihnen noch Anfang der 70er Jahre gelang, in mehreren amerikanischen Bundesstaaten ein Gesetz durchzubringen, das die Schulbehörden verpflichtete, im Biologieunterricht neben der Evolutionslehre den biblischen Schöpfungsbericht »als gleichberechtigte Theorie« mit der gleichen Ausführlichkeit zu behandeln. (»The Science-Textbook Controversies«, *Scientific American,* April 1976, S. 33.)

15 Genaugenommen ist diese Betrachtungsweise zwar objektiv richtig, aber dennnoch einseitig: zu sehr aus der Perspektive individueller (menschlicher) Lernfähigkeit gesehen, zu ausschließlich an ihr als Norm gemessen. Denn diese aus unserer Sicht so »dumm« wirkende Unbelehrbarkeit ist zugleich ja die Ursache der sich bei jeder Umweltänderung aufs neue erweisenden, geradezu unglaublichen Anpassungsfähigkeit und Flexibilität der Natur. Als »Fehler« sind die von ihr hervorgebrachten (und so »unbelehrbar« wiederholten) Abweichungen ja nur so lange zu betrachten, wie die Norm dem Optimum der Anpassung an die gerade existierende Umwelt entspricht. Daß mit so hartnäckiger Unbelehrbar-

keit von dieser Norm abweichende »Fehler« immer wieder auftreten, kann daher auch als eine konstante Offenheit oder Anpassungsbereitschaft der lebenden Natur an die jederzeit bestehende Möglichkeit einer Umweltänderung gedeutet werden. Schließlich verdanken Schneehase, Schneehuhn und Eisbär ihre optische Anpassung an arktische Verhältnisse eben der »Unfähigkeit« der Evolution, auf das Experiment »abnormer Pigmentvarianten« aufgrund einer Unzahl negativer Ereignisse in der Vergangenheit zu verzichten. In der Tat ließe sich das Evolutionsgeschehen insgesamt unter diesem Gesichtspunkt abhandeln.

16 Ich habe das in früheren Veröffentlichungen bereits getan, besonders eingehend in dem in den Anmerkungen 11 und 13 erwähnten Buch. Man kann aber nicht davon ausgehen, daß ein Leser die vorangegangenen Bücher eines Autors ebenfalls kennt. Das sich aus der Geschichte des Cytochrom c ergebende Argument ist an dieser Stelle so wichtig, daß die wesentlichen Einzelheiten daher hier nochmals dargelegt werden müssen. Wer sich in das Thema weiter einlesen will, sei auf folgende Veröffentlichungen verwiesen: Margaret O. Dayhoff, »Computer Analysis of Protein Evolution«, *Scientific American*, Juli 1969, S. 86 (sehr detailliert), und Francisco J. Ayala, »The Mechanisms of Evolution«, *Scientific American*, September 1978, S. 48 (darin kurze Zusammenfassung ab S. 60).

17 Die hier am Beispiel des Cytochrom c durchgeführte Argumentation gilt ebenso für zahlreiche andere (wenn bisher auch noch nicht an ebenso zahlreichen Arten verglichene) Enzyme, sie stützt sich also nicht etwa auf einen einzigen Fall.

18 Dies einfach deshalb, weil der gemeinsame Gen-Pool das entscheidende definitorische Kriterium einer biologischen Art darstellt. Von einer neuen, mit der ursprünglichen nicht mehr identischen Art spricht ein Biologe daher erst dann, wenn ihre Mitglieder nicht mehr fähig sind, sich mit denen der Ursprungsart zu kreuzen. In der Regel ist das die Folge morphologischer (Paarungsunfähigkeit) oder physiologischer genetischer Unterschiede (z. B. in Gestalt einer »Sterilitätsbarriere« aufgrund immunologischer Unverträglichkeiten zwischen den Keimzellen der beiden Arten).

19 Man sollte hier auch einmal daran denken, daß dieses Korn nur deshalb zu unserem »täglichen Brot« hat werden können, weil es aus einem Stoff besteht, der dem unseres eigenen Leibes verwandt

ist. Denn die Eignung einer Substanz als Nahrung setzt unter anderem voraus, daß ihre Bausteine identisch sind mit denen des Organismus, der sich von ihr ernähren will. Nur dann besteht ja die Möglichkeit, diese Bausteine als Bausteine auch der eigenen Gewebe zu benutzen.

20 Selbstverständlich gibt es noch eine ganze Reihe weiterer, voneinander ebenfalls unabhängiger Argumente für die Realität der Evolution. Sie sind in einer Vielzahl von Büchern zusammengestellt, von denen sich mehrere ausdrücklich an den Nichtfachmann wenden. Besonders empfohlen sei an dieser Stelle der ausgezeichnete schmale Band von Günther Osche »Evolution« (6. Aufl., Freiburg 1975), in dem auf den Seiten 11–30 alle wesentlichen »Beweise für die Deszendenztheorie« ebenso knapp wie übersichtlich zusammengestellt sind. Der Freiburger Biologe Osche gehört zu den besten Kennern auf diesem Gebiet.

21 Aus der Erinnerung zitiert. Die Originalstelle habe ich leider nicht mehr finden können.

22 Jacques Monod »Zufall und Notwendigkeit«, München 1971. Seite 211: »Er (der Mensch) weiß nun, daß er seinen Platz wie ein Zigeuner am Rande des Universums hat, das für seine Musik taub ist und gleichgültig gegen seine Hoffnungen, Leiden oder Verbrechen.« Oder Seite 219: »Der Alte Bund ist zerbrochen; der Mensch weiß endlich, daß er in der teilnahmslosen Unermeßlichkeit des Universums allein ist, aus dem er zufällig hervortrat.« Bereits in seinem Vorwort zur deutschen Ausgabe hat der mit dem Autor befreundete deutsche Biophysiker Manfred Eigen die Einseitigkeit dieser Weltsicht vorsichtig kritisiert und von einer »leichten Verzerrung des Bildes« gesprochen (Seite XIV/XV).

23 Unter Entropie (der Begriff wurde 1865 von Rudolf Clausius in die Wärmelehre eingeführt) versteht der Physiker den Grad der Ordnung (= Unwahrscheinlichkeit des Zustandes) eines »geschlossenen Systems«. Ein einseitig erhitzter Metallstab verkörpert z. B. einen höheren Grad an Ordnung (= geringere Zustandswahrscheinlichkeit = geringere Entropie) als ein Stab von gleichmäßiger Temperatur. In allen Systemen nimmt (ohne Einfluß von außen) die Entropie zu, niemals ab: Der Wärmeunterschied im einseitig erhitzten Metallstab wird sich immer ausgleichen, niemals von selbst (ohne äußeren Einfluß) wiederherstellen. Das gleiche gilt für alle Energiedifferenzen, auch im ganzen Kosmos (unter der

Voraussetzung, daß auch dieser ein »geschlossenes System« darstellt, also endlich ist). Die Tatsache, daß die Entropie unter den geschilderten Umständen immer nur zunehmen, niemals aber abnehmen kann, liefert eine Möglichkeit, Vergangenheit und Zukunft physikalisch voneinander zu unterscheiden: Die Vergangenheit findet sich in der Richtung der geringeren Entropie des jeweils betrachteten Systems und umgekehrt. Lebende Organismen übrigens sind eben keine »geschlossenen« Systeme, sondern von äußerer Energiezufuhr (Nahrung!) abhängig. Auch sie vermehren jedoch unweigerlich die Entropiebilanz insgesamt und können sich den Konsequenzen dieses fundamentalen natürlichen Prinzips zeitlich nicht unbefristet entziehen.

24 Fred Hoyle und Chandra Wickramasinghe, »Lifecloud«, London 1978.
Vor der deutschen Ausgabe (»Die Lebenswolke«, Frankfurt a. M. 1979) muß leider gewarnt werden, weil die Übersetzung miserabel und an entscheidenden Punkten immer wieder sinnentstellend ist.

25 »Im Anfang war der Wasserstoff«, 1. Aufl., Hamburg 1972, Seite 126 ff.

26 »More evidence for cometary lifecloud«, *New Scientist*, 28. Febr. 1980, S. 655.

27 Hier ist, wohlgemerkt, vom reinen Erkenntnisgewinn, von der Erweiterung der Basis für unser Selbst- und Naturverständnis die Rede. Von Grundlagenforschung also und nicht von angewandter Wissenschaft oder gar Technologie. In der heutigen kritischen Diskussion über Risiken und Fragwürdigkeiten »wissenschaftlichen Fortschritts« werden diese Bereiche zum Nachteil aller Beteiligten viel zu selten klar genug auseinandergehalten. Das Streben nach weiterer Erkenntnis, der Wunsch, zu erkennen, »was die Welt im Innersten zusammenhält«, macht die eigentliche Würde des Menschen als eines geistigen Wesens aus, das verstehen will, welche Rolle es im Rahmen des Ganzen spielt. Die Kritik kann legitim erst einsetzen, wenn neugewonnene Erkenntnis praktisch angewandt wird, wenn sie dazu dient, in die Natur einschließlich des Menschen selbst einzugreifen. Erst an diesem Punkt sind die Fragen nach der ethischen Berechtigung, nach gesellschaftlichen Prioritäten und nach zukünftigen Risiken berechtigt und angebracht. Die Notwendigkeit, hier klar zu unterscheiden, ist prinzi-

pieller Natur und wird daher z. B. nicht berührt von der Tatsache, daß es erfahrungsgemäß schwer ist, die praktische Anwendung einer neuen Erkennntnis zu verhindern.

28 Als zusammenfassende Darstellung sei insbesondere das brillante, außerordentlich anregende Buch »Das Spiel« (München 1975) empfohlen, das der Göttinger Biophysiker und Nobelpreisträger Mandfred Eigen zusammen mit seiner Mitarbeiterin Ruthild Winkler geschrieben hat. Eigen berichtet darin aus erster Hand: Ihm und seinen Mitarbeitern sind einige der wichtigsten theoretischen und experimentellen Entdeckungen auf dem Gebiet der Erforschung der Lebensentstehung gelungen. Das Buch ist anspruchsvoll geschrieben, aber auch für einen Laien verständlich.

29 Geradezu überwältigend ist die Begriffsverwirrung bei Wilder Smith, z. B. in dem mit dem äußeren Anschein »strenger Wissenschaftlichkeit« aufgemachten Buch »Die Naturwissenschaften kennen keine Evolution« (Basel/Stuttgart 1978). Aus der nahezu unerschöpflichen Fundgrube von »Blüten«, die dieses Buch enthält, hier nur ein einziges Beispiel: Auf den Seiten 64/65 deklariert der Autor zunächst unmißverständlich, daß er den wissenschaftlichen (statistisch definierten) Informationsbegriff »ablehne«. Das ist sinngemäß etwa so, als erklärte ein Physiker heute, er lehne die Quantenmechanik ab. Wilder Smith wirft Manfred Eigen sodann vor, »Unsinn« zu behaupten, weil Eigen den von WS »abgelehnten« Informationsbegriff (wie für jeden modernen Naturwissenschaftler selbstverständlich) benutzt. Wenige Zeilen später wird Eigen dann der verblüffende Vorwurf eines »krassen Mißbrauchs der Informationstheorie Norbert Wieners und Shannons« gemacht, verblüffend deshalb, weil, wie jedem Fachmann geläufig ist, gerade Wiener und Shannon den statistischen (naturwissenschaftlichen) Informationsbegriff eingeführt und vom »naiven« Informationsbegriff abgegrenzt haben. Die Publikationen von Wilder Smith strotzen buchstäblich von derartigen Ungereimtheiten und Widersprüchen, die der Laie aber naturgemäß nicht ohne weiteres durchschauen kann.

30 Yehoshua Bar-Hillel, »Wesen und Bedeutung der Informationstheorie«, in: »Informationen über Information«, Hamburg 1969. – Karl Steinbuch, »Automat und Mensch«, 4. Aufl., Heidelberg 1971. – Bernhard Hassenstein, »Biologische Kybernetik«, Heidel-

berg 1965. – O. W. Haseloff (Hg.), »Grundfragen der Kybernetik«, Berlin 1967 (eine Sammlung von Rundfunkvorträgen).
Ganz einfach ist die Lektüre in keinem Fall. Die Informationstheorie und den wissenschaftlichen Informationsbegriff zu verstehen erfordert eine gewisse Einarbeitung.

31 Ein besonderer, in gewissem Sinne tragischer Fall ist der des Biologen Wolfgang Kuhn. Kuhn promovierte im Fach Geographie(!) und wurde nach Lektoren- und Lehrertätigkeit 1962 als Dozent für das Fach Biologie an die Pädagogische Hochschule des Saarlandes nach Saarbrücken berufen, wo man ihm den Titel eines PH-Professors verlieh. 1978 ist Kuhn, nach Auflösung der PH, allein aufgrund einer politischen Entscheidung als Universitätsprofessor an die mathematisch-naturwissenschaftliche Fakultät der Universität des Saarlandes versetzt worden. Schon zu Beginn seiner Lehrtätigkeit in Saarbrücken galt Kuhn in Fachkreisen als Außenseiter, der die Evolutionslehre und die Darwinsche Theorie als »materialistische Irrlehren« polemisch verdammte und mit den altbekannten vitalistischen Einwänden »widerlegte«. Bei diesen Bemühungen Kuhns wurde dem biologisch geschulten Fachmann die gelegentlich sehr dilettantische Behandlung biologischer Phänomene und Zusammenhänge deutlich. Aus diesem Grunde haben seinerzeit mehrere Mitglieder des Fachbereichs Biologie der Universität erfolglos gegen die Einstellung Kuhns protestiert. Die Folgen für die wissenschaftliche Arbeit waren verheerend. Die Mitglieder des Fachbereichs Zoologie waren inzwischen bereits gezwungen, sich durch einen Institutsaushang von den Auffassungen und den in der Öffentlichkeit vertretenen Thesen Wolfgang Kuhns geschlossen zu distanzieren – ein zweifellos für beide Seiten höchst peinlicher Vorgang. Es blieb den Unterschreibern aber gar nichts anderes übrig, und zwar im Interesse ihrer Studenten. Man muß sich einmal klarmachen, welche Probleme dadurch entstehen, daß Kuhn jetzt zum Beispiel Studenten im Examen prüft, von denen ein Wissen verlangt werden muß, das er selbst nicht besitzt, wie aus dem folgenden Absatz hervorgeht.
In seinem bis auf derartige typische Fehler für Schulzwecke sicher brauchbaren Buch »Methodik und Didaktik des Biologieunterrichts« (München 1975) wehrt sich Kuhn gegen die Bezeichnung der Niere als ein Filter, da die Niere nicht wie ein passives Sieb funktioniere, sondern Substanzen, wie den Harnstoff, entgegen

einem osmotischen Gefälle anreichere. Hiermit hat Kuhn vollkommen recht. Mit dem darauffolgenden Satz aber: »Chemie und Physik allein reichen eben zur Erklärung von Lebensvorgängen nicht aus« (4. Auflage, S. 265) zeigt er, daß ihm das Phänomen des aktiven Transportes (welcher in der Regel gegen einen osmotischen Gradienten abläuft) entweder nicht bekannt ist oder: Diese angebliche »Unmöglichkeit« wird von Kuhn wieder als »Argument« zugunsten seiner vitalistischen Auffassung ausgegeben und in diesem Sinne auch öffentlich interpretiert. – Es handelt sich hier um einen für biologische Membranen typischen Vorgang, der getrennt von den osmotischen (passiven) Prozessen zu sehen ist – also für den Unwissenden gegen die osmotischen Gesetze zu verstoßen scheint – und nichts anderes als eine chemisch-physikalische, und zwar energieverbrauchende, Reaktion darstellt. Diese Reaktion läuft nach den hierfür geltenden Naturgesetzen ab, wie dem Massenwirkungsgesetz. Das ist biologisches Lehrbuchwissen und wird von den Studenten, für deren Ausbildung auch Wolfgang Kuhn jetzt in Saarbrücken verantwortlich ist, spätestens nach dem 3. Semester verlangt – sonst fliegen sie nämlich bereits durch die Zwischenprüfung. (Ein zweites Beispiel für Kuhns Argumentationsweise findet sich im selben Buch S. 192, wo er behauptet, das Entstehen höherer Ordnung widerspreche dem 2. Hauptsatz der Thermodynamik.)
Das alles wird hier nicht aus Freude an der Polemik dargestellt oder um Wolfgang Kuhn persönlich anzugreifen. Auch mir bleibt jedoch als Autor dieses Buchs, das für Nichtwissenschaftler geschrieben ist, gar nichts anderes übrig, als dem Leser deutlich zu machen, wie es um die fachliche Kompetenz dieses Mannes steht, den eine politische (Fehl-)Entscheidung unversehens zum Hochschullehrer hat werden lassen, mit – mangels ausreichender Qualifikation – auch für ihn selbst peinlichen Folgen. Ich muß es im Interesse der Aufklärung meiner Leser tun. Denn nunmehr verficht Wolfgang Kuhn seine vitalistische Ideologie in Vorträgen und Zeitungsartikeln (mit Vorliebe im »Rheinischen Merkur«) unter Berufung auf seine Position als Universitätsprofessor, was seinen Lehren in den Augen des Laien den Anschein wissenschaftlicher Autorität verleihen muß. Wie sollte ein Außenstehender die Fragwürdigkeit dieses Anspruchs ohne Aufklärung über die Hintergründe dieses Falls durchschauen können?

32 Vorsorglich sei angemerkt, daß auch Eigen selbst gelegentlich von »molekularer Semantik« im Zusammenhang mit der Funktionsweise des genetischen Codes spricht (so etwa auf den Seiten 304 ff. des zitierten Buchs [28]). Das geschieht aber ausdrücklich im Sinne einer Metapher, eines bildlichen Vergleichs, um die hochinteressanten, heute noch weitgehend rätselhaften Analogien zwischen vergleichbaren Strategien auf verschiedenen Evolutionsebenen sichtbar zu machen (in diesem Falle die strukturellen Analogien zwischen molekularen und sprachlichen »Texten«). Die Analogie zur Semantik im linguistischen Sinne wird dagegen von Eigen zur Erläuterung von Entstehung und Funktion des genetischen Codes gerade *nicht* herangezogen (weil sie dazu eben nicht taugt). In ähnlicher Weise sagt z. B. C. F. v. Weizsäcker: »Chromosom und heranwachsendes Individuum stehen in einer solchen Beziehung zueinander, *als ob* das Chromosom spräche und das Individuum hörte.« (»Die Einheit der Natur«, München 1971, S. 54. Die Hervorhebung der Worte »als ob« findet sich im Original.)

33 So A. E. Wilder Smith in: »Die Naturwissenschaften kennen keine Evolution« (s. Anm. 29), S. 30. Auf S. 32 »widerlegt« der Autor dann wieder einmal Manfred Eigen. Da unterstellt er diesem u. a., daß er die Existenz von »Razematzellen« am Startpunkt der Evolution voraussetze. An der als Beleg für diese kühne Behauptung angegebenen Stelle (Eigen, »Das Spiel«, S. 144ff.) ist davon jedoch mit keinem Wort die Rede, und nur zwei Seiten davor (auf S. 142, letzter Absatz) wird diese Möglichkeit von Eigen aufgrund einfacher biochemischer Überlegungen sogar ausdrücklich ausgeschlossen!
Wilder Smith ist eben wahrhaft konkurrenzlos in der »Widerlegung« und Interpretation wissenschaftlicher Veröffentlichungen, die er entweder allzu flüchtig gelesen oder schlicht nicht verstanden hat.

34 »Das Spiel« (s. Anm. 28), S. 142 ff.

35 Der hier skizzierte Ablauf schließt übrigens auch die Möglichkeit aus, die heute vorliegende Asymmetrie der Lebensbausteine als Beweis für die Einmaligkeit des ersten Lebensansatzes auf der Erde heranzuziehen. Auch dieses Argument taucht in der Diskussion über die Wahrscheinlichkeit der Entstehung von Leben immer wieder auf. »Monophyletischer« Abstammung sind alle *heutigen* irdischen Lebewesen wohl mit Sicherheit. Die Gemein-

samkeiten, die zwischen ihnen auf molekularer Ebene bestehen (insbesondere die Allgemeingültigkeit des genetischen Codes, die hier diskutierten Asymmetrien und die Übereinstimmung der Aminosäuresequenzen in allen bisher untersuchten Enzymen), lassen den Schluß zu, daß sie alle »aus einer Wurzel« stammen, daß sie sämtlich Nachkommen einer einzigen realen Urzelle sind. Damit ist aber grundsätzlich überhaupt nichts gegen die Möglichkeit gesagt, daß es vielleicht mehrere, womöglich sogar unübersehbar viele Ansätze des Lebens auf der Erde gegeben hat. Bewiesen wird durch die genannten Befunde lediglich, daß nur die Nachkommen einer einzigen Zelle die Konkurrenz des Anfangs überstanden haben.

36 Es ist erfahrungsgemäß nicht ganz überflüssig, hier nochmals zu betonen, daß die Tatsache des Artenwandels zu Darwins Zeiten von der überwiegenden Mehrzahl aller Wissenschaftler längst anerkannt war. Darwins Leistung besteht in der Entwicklung einer genialen Theorie zur Erklärung der *Ursachen* des Artenwandels. Das Ausmaß dieser Leistung kann man erst ermessen, wenn man berücksichtigt, wie schmal in der Mitte des vorigen Jahrhunderts die empirische Basis noch war, auf die Darwin sich stützen konnte. Das Wissen von Mutationen, die Kenntnisse der Genetiker lagen noch in der Zukunft. Noch ein halbes Jahrhundert später (1902) wird die »Erblichkeit« im Großen Brockhaus als »das dunkelste Gebiet der gesamten Biologie« bezeichnet. Daß Darwin mit seiner Theorie nach jahrzehntelanger Auswertung eines immensen eigenen Beobachtungsmaterials trotzdem in wahrhaft genialer Intuition alle wesentlichen Faktoren erkannt und zum Teil, dem Wissen seiner Zeit weit vorausgreifend, vorweggenommen hat, ist eine der erstaunlichsten Leistungen der ganzen Wissenschaftsgeschichte. Alle Entdeckungen der modernen Biologie, von der Populationsgenetik bis zum genetischen Code, vom molekularbiologischen Verständnis des Erbvorgangs bis zu den Evolutionsexperimenten Manfred Eigens und seiner Mitarbeiter, haben das Konzept dieses Mannes nur immer aufs neue bestätigt und, selbstverständlich, weiter ausgebaut und detaillierter gefaßt. Kein einziges, buchstäblich nicht ein einziges dieser Resultate hat seiner Erklärung bisher widersprochen. Im 2. Teil wird noch die Rede davon sein, daß die erklärende Kraft dieses Konzepts sich neuerdings sogar als groß genug erwiesen hat, um in Gestalt der »evolutionä-

ren Erkenntnistheorie« selbst der Philosophie neue Anstöße zu geben. Konrad Lorenz schrieb schon 1964 (»Über die Wahrheit der Abstammungslehre«, in: n+m [Naturwissenschaft und Medizin] *1*, S. 18): »In der Geschichte menschlichen Wissensfortschritts hat sich noch nie die von einem einzigen Manne aufgestellte Lehre unter dem Kreuzfeuer von Tausenden unabhängiger und von den verschiedensten Richtungen her angestellter Proben so restlos als wahr erwiesen wie die Abstammungslehre Charles Darwins.« Diese Feststellung gilt nach wie vor.

37 Es kann auch an dieser Stelle wieder nur um die Erläuterung und die Diskussion einiger Beispiele gehen, die geeignet sind, das Mißverständnis aufzuklären, das dem unermüdlich wiederholten Einwand zugrunde liegt, die Evolutionstheorie setze die Entstehung von Ordnung durch Zufall voraus. Daher an dieser Stelle wieder einige Hinweise auf Bücher, die dem Nichtfachmann empfohlen werden können, der sich über die Evolutionslehre in ihrer heutigen Form näher informieren möchte. Am kürzesten und verständlichsten ist das in der Anmerkung 20 bereits kurz besprochene Buch »Evolution« von Günther Osche (6. Aufl., Freiburg 1975). Eine sehr viel eingehendere, dabei aber ebenfalls allgemeinverständliche und anregend geschriebene Darstellung gibt der Bonner Paläontologe Heinrich K. Erben in seinem Buch »Die Entwicklung der Lebewesen« (München 1975). Die geistvollste und anregendste Darstellung aller mit der Evolution zusammenhängenden theoretischen Probleme enthält das Buch des Wiener Zoologen Rupert Riedl »Die Strategie der Genesis« (München 1976). In diesem Buch werden gerade die »kritischen« Fragen, die sich im Zusammenhang mit der Evolutionstheorie immer wieder stellen, sehr eingehend behandelt und, soweit das bei dem heutigen Wissensstand möglich ist, beantwortet. Das Buch ist teilweise sehr abstrakt geschrieben und alles andere als leichte Kost. Wer sich aber über Evolution und Evolutionstheorie ein eigenes Urteil bilden (oder über »den Darwinismus« gar selbst kritisch mitreden) will, muß dieses eminent wichtige Buch kennen.

38 Zit. von Rupert Riedl, »Strategie der Genesis«, S. 317.

39 Ilya Prigogine, »Vom Sein zum Werden«, München 1979.
Das sehr abstrakt geschriebene, mit mathematischen Formeln gespickte Buch stellt sehr hohe Anforderungen an den Leser. Ich will versuchen, einen der entscheidenden Punkte der außerordent-

lich wichtigen Entdeckungen, für die Prigogine 1977 den Nobelpreis erhalten hat, anhand eines stark vereinfachten Beispiels wenigstens anzudeuten. Prigogine stellt u. a. fest, daß die Vorstellung von einer absoluten Determiniertheit der physikalischen Welt heute als die Folge einer »übermäßigen Idealisierung« in der klassischen Mechanik erkannt sei. Was ist damit gemeint? Nehmen wir das Beispiel der Fallgesetze. Ihr Entdecker Galilei war sich durchaus darüber im klaren, daß die von ihm abgeleitete mathematische Beschreibung (seine Formulierung des »Fallgesetzes«) das Ergebnis seiner ausgedehnten Fallexperimente »idealisiert« wiedergab. Tatsächlich wich das Verhalten seiner Kugeln und Gewichte in der Realität stets geringfügig vom »Gesetz« ab – als Folge von »Störungen« durch Reibung (auf der »schiefen Ebene«) oder Luftwiderstand. Was Galilei und alle späteren Physiker meinten, wenn sie sagten, das Fallgesetz »bestimme« das Verhalten eines fallenden Körpers, war, wenn man es ganz genau nahm, eigentlich nur folgendes: Sie behaupteten, daß ein fallender Körper sich so verhalten *würde*, wie das Gesetz es befahl, *wenn* er unter störungsfreien (idealen) Bedingungen fiele. Konkret beobachten ließ sich das niemals, denn im ganzen Weltall gibt es keinen für den Versuch wirklich »idealen« Platz. Überall sind die Schwerkrafteinflüsse anderer Himmelskörper wirksam, nirgendwo findet sich ein absolutes Vakuum, und immer beeinflussen auch korpuskulare Strahlungen den Ausfall des Versuchs. Sie alle müssen als »Störungen« vom Ergebnis abgezogen werden, bevor man sagen kann, der konkret beobachtete Fall habe dem Gesetz entsprochen.

Erst seit neuestem kam den Physikern der Verdacht, daß sie die Welt vielleicht doch allzu idealisiert beschrieben, wenn sie aus ihren mathematischen Modellen alle in der Realität immer wirksamen Einflüsse grundsätzlich als »Störungen« eliminierten. Dieser Frage ist Prigogine konsequent nachgegangen. Er hat dabei mit Hilfe komplizierter mathematischer Ableitungen eine Reihe außerordentlich wichtiger, wahrhaft revolutionärer Entdeckungen gemacht. In ihrem Verlauf entwickelte er u.a. eine »Physik des Werdens«, indem er zeigte, daß die thermodynamischen Gesetze in Abweichung von den Annahmen der klassischen Physik nicht ausschließlich zum Zerfall von Ordnungsstrukturen, sondern unter bestimmten Umständen sehr wohl auch zu deren spontaner Entstehung führen, und zwar auch im makroskopischen Bereich.

40 Erich Thenius, »Lebende Fossilien«, Stuttgart 1965.

41 Dies ist unstreitig eine anthropomorphe Formulierung, ein Beispiel für Redewendungen, mit denen die Natur (oder die Evolution usw.) scheinbar in den Rang einer handelnden Person versetzt wird (die Natur »findet« einen Ausweg, die Evolution »erfindet« oder »konstruiert« ein Organ, erweist sich als »phantasievoll« und was dergleichen Sprachformeln mehr sind). Ich werde an einer späteren Stelle noch ausführlicher begründen, warum ich diese Wendungen (deren rein metaphorischer Charakter allerdings ausdrücklich festgestellt werden muß) benutze, und möchte mich meinen diesbezüglichen Kritikern gegenüber hier vorerst lediglich auf die Feststellung Immanuel Kants berufen: »Daher spricht man... ganz recht von der Weisheit, der Sparsamkeit, der Vorsorge, der Wohltätigkeit der Natur, ohne dadurch aus ihr ein verständiges Wesen zu machen« (»Kritik der Urteilskraft« §68).

42 Es stimmt schon deshalb einfach nicht, daß entweder nur Clausius (der den Entropiebegriff entwickelte) oder Darwin Recht haben können, wie man gelegentlich auch hört. Wer sich darüber näher informieren will, findet die wichtigsten Überlegungen bei Eigen und Winkler (Anm. 28), S. 116 ff., oder bei Riedl (Anm. 37), siehe dort Stichwortregister unter »Entropie« (zahlreiche Stellen), ferner bei I. Prigogine (Anm. 39).

43 Evolutionsexperimente (es gibt inzwischen Hunderte von ihnen) werden mit Vorliebe an einzelligen Lebewesen, meist Bakterien, durchgeführt, weil diese Arten sehr viele Generationen innerhalb kurzer Zeit liefern (bei Bakterien zwei bis drei Generationen pro Stunde!) und das Arbeiten mit großen Individuenzahlen mit entsprechend hoher absoluter Mutationshäufigkeit erlauben. Da der genetische Code bei (fast) allen irdischen Lebewesen identisch ist, lassen sich Fragestellungen und Ergebnisse hinsichtlich der grundlegenden Evolutionsgesetze auf alle anderen Arten übertragen.
Die Kenntnis des im Text geschilderten Experiments verdanke ich einer mündlichen Mitteilung von Günther Osche.

44 Konrad Lorenz, »Die Rückseite des Spiegels«, München 1973.

45 Konrad Lorenz, »Über die Wahrheit der Abstammungslehre«, in n+m (Naturwissenschaft und Medizin) 1, S. 5, Mannheim 1964.

46 Bezeichnenderweise hat Nietzsche den Darwinschen Begriff als einen solchen *»bellum omnium contra omnes«* (Krieg aller gegen

alle) aufgefaßt und an der Stelle auch ausdrücklich von einem angeblich natürlichen »Vorrechte des Stärkeren« gesprochen (F. Nietzsche, »Unzeitgemäße Betrachtungen«, zit. nach Küng [Anm. 1], S. 391). Bezeichnend ist das deshalb, weil Nietzsche nicht zuletzt aufgrund derartiger Interpretationen von den Vertretern einer extrem sozialdarwinistischen Ideologie zum Kronzeugen gemacht worden ist.

47 Ingo Rechenberg, »Evolutionsstrategie. Optimierung technischer Systeme nach Prinzipien der biologischen Evolution«, Stuttgart 1973.

48 So kursieren die Bücher von Wilder Smith unter anderem auch in Priesterseminaren, wo sie in manchen Köpfen beträchtliche Verwirrung stiften, wie mir aus persönlicher Erfahrung bekannt ist. Und der Saarbrücker Professor Dr. Wolfgang Kuhn, dessen eigentümlicher Fall in der Anmerkung 31 ausführlich geschildert ist, wird offenbar mehr oder weniger regelmäßig zu Veranstaltungen der katholischen Kirche und sogar zu Gottesdiensten eingeladen, um dort seine Auffassungen vortragen zu können. Es ist sicher auch kein Zufall, daß Kuhn seine Polemiken gegen den »Darwinismus« bevorzugt im »Rheinischen Merkur« zu veröffentlichen pflegt, dessen Herausgebergremium zwei Mitglieder des ZK der deutschen Katholiken angehören.

Ein weiteres Beispiel ist das Buch von Hans Frauenknecht »Urknall, Urzeugung und Schöpfung« (Wiesbaden 1976), das durch seinen Untertitel »Ein Informationsbuch zum Dialog zwischen Naturwissenschaft und Glauben« die gute Absicht verrät, zur Verständigung beider Seiten beizutragen. Auf den Seiten 152 ff. und an vielen folgenden Stellen »beweist« aber auch dieser Autor wieder die angebliche »Unmöglichkeit«, bestimmte biologische Fakten erklären zu können, ohne transzendente Einflüsse heranzuziehen. Damit wird die Möglichkeit zu einer Verständigung von vornherein verbaut (denn dies ist eben aus guten Gründen nicht der Standpunkt der Naturwissenschaft).

49 A. Flew, zit. nach H. Küng, S. 372.

50 Dieser »Subjektzentrismus« (R. Bilz, in: Achelis/v. Ditfurth [Hg.], »Befinden und Verhalten«, Stuttgart 1961, S. 101) ist ein deutlicher Hinweis auf die Auslesekriterien (den »Bewertungsmaßstab«), an denen sich die Evolution bei der Hervorbringung des menschlichen Gehirns orientiert hat. (Hinsichtlich des anthropo-

morphen Charakters dieser Formulierung verweise ich nochmals auf das in Anm. 41 Gesagte.) Ausgelesen wurden offensichtlich (und aus einsichtigen Gründen) nicht solche mutativen Varianten, die eine Verbesserung der Erfassung und Verarbeitung objektiver Weltqualitäten herbeigeführt hätten, sondern jene, die dem Besitzer des Gehirns bessere Überlebenschancen verschafften. Einfacher könnte man sagen, daß es während des bei weitem größten Zeitraums unserer biologischen Stammesgeschichte nicht darauf ankam, die Welt »richtig zu erkennen«, sondern allein darauf, mit ihr auf eine möglichst ökonomische und risikoarme Weise fertig zu werden. Die beiden Maximen waren auf früheren Evolutionsstufen eben noch weiter voneinander getrennt, als es heute der Fall ist.

51 Fred Hoyle, »On Stonehenge«, Oxford 1972.

52 Wie unentbehrlich mythologische Aussagen auch im Rahmen einer »modernen« kulturellen Umwelt sind, hat in neuerer Zeit besonders überzeugend der in England lehrende polnische Philosoph Leszek Kolakowski begründet: »Die Gegenwärtigkeit des Mythos«, München 1974.

53 Es gibt Ausnahmen, Theologen, die das Wagnis unternommen haben. Der Versuch einer solchen »Entmythologisierung« ist vor allem mit dem Namen des protestantischen Theologen Rudolf Bultmann verbunden. Eine Einführung in die Problematik gibt ein von ihm mit Karl Jaspers geführtes Streitgespräch: »Die Frage der Entmythologisierung«, München 1954.

54 Ein Beispiel: Wilhelm Schamoni, »Theologisches zum biologischen Weltbild«, Paderborn 1964, etwa S. 90 ff.

55 Hans Albert, »Traktat über kritische Vernunft«, Tübingen 1975, S. 115 ff.

Nachgetragen sei hier übrigens noch, daß die Problematik des historischen Aspekts in der Christologie keineswegs etwa neu ist. Innerhalb der Kirche blieb sie z. B. als niemals endgültig beantwortete Frage nach der heilsgeschichtlichen Stellung der vor Christi Geburt gestorbenen Heiden lebendig.

56 Rupert Lay, »Zukunft ohne Religion?«, 2. Aufl., Olten 1974, S. 42 f.

Der Autor, Jesuit und Inhaber eines Lehrstuhls für Philosophie und Wissenschaftstheorie an der Kath. Hochschule St. Georgen bei Frankfurt, vertritt im übrigen Ansichten, die, wenn ich ihn nicht gänzlich mißverstehe, der von mir hier vorgetragenen Auffassung verwandt zu sein scheinen. In dem Kapitel, aus dem die Zitate stammen, spricht auch er z. B. davon, daß die Welt ihre mögliche Vollkommenheit »noch nicht erreicht« habe und daß kaum zu leugnen sei, »daß Gott diese Welt evolutiv auf die Vollendung hin heute noch schafft«. Ich will den angesehenen Theologen hier gewiß nicht als Kronzeugen in Anspruch nehmen, freue mich aber natürlich darüber, wenn ich in solchen Formulierungen eine Bestätigung meiner eigenen Ansichten zu entdecken glaube.

57 Zit. nach H. Küng. a.a.O., S. 289.

58 So Lenin in »Materialismus und Empiriokritizismus« (zit. nach H. Küng. a.a.O., S. 293).

59 Wer sich für Einzelheiten interessiert, dem sei das hervorragende, noch immer aktuelle Buch von Richard L. Gregory, »Auge und Gehirn« (1. Aufl., München 1966) empfohlen.

60 Lorenz äußerte sich in der zitierten Weise am 2. 9. 80 in einem ausführlichen biographischen Fernsehinterview des ZDF (»Zeugen des Jahrhunderts: Konrad Lorenz im Gespräch«).

61 Karl R. Popper, »Objektive Erkenntnis«, Hamburg 1973, S. 50.

62 Zur Vermeidung von Mißverständnissen sei hier angemerkt, daß die skizzenhafte Darstellung, mit der ich hier den Kern des Erkenntnisproblems zu beschreiben versucht habe, nicht der historischen Entwicklung der Theorie folgt. So ist z. B. der Begriff des »hypothetischen Realismus« erst in den letzten Jahrzehnten eingeführt worden. Konrad Lorenz zitiert in »Gestaltwahrnehmung als Quelle wissenschaftlicher Erkenntnis« (Z. f. exp. u. angew. Psychologie, Bd. VI, 1, S. 118–165 [1959]) eine 1958 erschienene Arbeit von Donald T. Campbell als Ursprungsort des Begriffs. Der Ausdruck wird heute außerdem von den meisten Autoren (wenn auch nicht von allen) nur im Rahmen der »evolutionären Erkenntnistheorie« verwendet. Mir geht es hier aber nicht um eine Schilderung der Ideengeschichte und ihrer Chronologie, sondern allein um die für den weiteren Gedankengang notwendige Herausarbeitung eines ganz bestimmten Aspekts.

63 Paul Davies, »Why pick on Einstein?«, *New Scientist*, 7. Aug. 1980, S. 463.

64 Aber, wie es fast immer der Fall zu sein pflegt, so ist auch dieser Gedanke schon sehr viel früher einmal gedacht worden, und zwar

von dem genialen Physiker(!) Ludwig Boltzmann. (Den Hinweis auf diese Tatsache verdanke ich dem österreichischen Wissenschaftspublizisten Franz Kreuzer.) Boltzmann schrieb – ohne den Gedanken allerdings weiterzuverfolgen – schon 1897: »Das Gehirn betrachten wir als den Apparat, das Organ zur Herstellung der Weltbilder, welches sich wegen der großen Nützlichkeit dieser Weltbilder für die Erhaltung der Art entsprechend der Darwinschen Theorie beim Menschen geradeso zur besonderen Vollkommenheit herausbildete wie bei der Giraffe der Hals, beim Storch der Schnabel zu ungewöhnlicher Länge...« Und einige Jahre später: »Man kann diese Denkgesetze (die uns vererbt sind) aprioristisch nennen, weil sie durch die vieltausendjährige Erfahrung der Gattung dem Individuum angeboren sind.« Der letzte Satz (der Zusatz in Klammern ist aus einem anderen Stück des Boltzmannschen Textes von mir eingefügt worden) beschreibt kurz und bündig das zentrale Konzept der biologischen Erkenntnislehre! Boltzmann folgerte aus seiner evolutionistischen Betrachtung sogar, daß es »ein logischer Schnitzer Kants« gewesen sei, aus der aprioristischen Natur dieser Denkgesetze auf ihre »Unfehlbarkeit in allen Fällen« zu schließen. Früher habe man ebenso angenommen, »daß unser Ohr, unser Auge auch absolut vollkommen seien, weil sie wirklich sich zu staunenswerter Vollkommenheit entwickelt haben. Heute weiß man, daß es ein Irrtum ist, daß sie nicht vollkommen sind... Analog möchte ich bestreiten, daß unsere Denkgesetze absolut vollkommen sind... Sie verhalten sich dann nicht anders als alle vererbten Gewohnheiten.« (Zitate aus: Engelbert Broda, »Ludwig Boltzmann«, Wien 1955, S. 106/07.)

65 Die Einsteinsche Entdeckung relativiert übrigens auch, wie ebenfalls noch angemerkt sei, auf höchst konkrete, empirische Weise Kants resignierende Behauptung, daß es grundsätzlich unmöglich sei, überhaupt irgendeine Feststellung über die außersubjektive Wirklichkeit treffen zu können. Zwar bleibt auch jetzt noch offen, in welcher Beziehung die Konstanz der Lichtgeschwindigkeit zur Beschaffenheit der »Welt an sich« stehen mag. Immerhin hat sich aber die subjektive Anschauung der Wirklichkeit durch den Einsteinschen Befund (ungeachtet ihrer Unkorrigierbarkeit) kritisch überprüfen und dabei durch ein »außersubjektives Faktum« als in diesem Punkt objektiv offensichtlich unzutreffend durchschauen

lassen. (In eben diesem Sinne hat sich vor vielen Jahren auch K. Lorenz schon geäußert [Anm. 62, S. 122ff.]). Der Fall belegt, wie mir scheint, einmal mehr überzeugend, wie unangebracht es ist, die Grenze zwischen Philosophie und naturwissenschaftlicher Grundlagenforschung so scharf zu ziehen, wie unsere Bildungstradition es vorschreibt.

66 Erich v. Holst, »Zur »Psycho«-Physiologie des Hühnerstammhirns«, in: J. D. Achelis und H. v. Ditfurth (Hg.), »Befinden und Verhalten«, Stuttgart 1961.

67 Ein Beispiel: Wenn man künstlich ausgebrüteten Hühnern, die noch niemals ihr »arttypisches« Futter, nämlich Körner, gesehen haben, ein Gemisch von kugelig und pyramidenförmig gepreßten Kunstfutter-Körnern hinstreut, picken die Tiere etwa zehnmal so häufig nach den »natürlich« (kugelig) geformten Körnern wie nach dem unnatürlich geformten Futter (zit. nach Vollmer, s. Anm. 70, S. 92). – Angeborene Erfahrungen (»Instinkte«) sind der Gegenstand der Verhaltensforschung (Ethologie). Zur Einführung empfohlen: Konrad Lorenz, »Über tierisches und menschliches Verhalten«, 2 Bde., München 1965. Die beiden Bände enthalten die wichtigsten Aufsätze des Begründers dieser Wissenschaftsdisziplin. Ferner: Irenäus Eibl-Eibesfeldt, »Ethologie. Die Biologie des Verhaltens«. Sonderausgabe aus »Handbuch der Biologie«, Bd. II, Frankfurt a. M. 1966. Populärer geschrieben, aber ebenfalls von Fachleuten (Sammelband): Klaus Immelmann (Hg.), »Verhaltensforschung«, Sonderband der Reihe »Grzimeks Tierleben«, Zürich 1974.

68 Konrad Lorenz, »Die angeborenen Formen möglicher Erfahrung«, Zeitschr. f. Tierpsychologie, Bd. 5, S. 235 (1943).

69 In meinem Buch »Der Geist fiel nicht vom Himmel« (Hamburg 1976) habe ich versucht, diese Geschichte zusammenhängend darzustellen.

70 Wer sich über das ebenso aktuelle wie faszinierende Konzept der »evolutionären Erkenntnistheorie« näher informieren will, dem seien folgende Bücher empfohlen: Gerhard Vollmer, »Evolutionäre Erkenntnistheorie«, Stuttgart 1975. Die beste Einführung, die sich denken läßt. Auf knapp 200 Seiten, und dennoch gut lesbar, gibt der Autor einen umfassenden und systematischen Überblick, beginnend mit einer knappen Rekapitulation der Geschichte des Erkenntnisproblems. Den Abschluß bildet eine

Zusammenstellung der heute noch offenen Fragen, vor allem hinsichtlich des Zusammenhangs mit angrenzenden Forschungsgebieten (Linguistik, Anthropologie, Logik u. a.). Umfängliches Literaturverzeichnis. – Großartig und brillant geschrieben ferner: Konrad Lorenz, »Die Rückseite des Spiegels«. Versuch einer Naturgeschichte menschlichen Erkennens, München 1973. Vom selben Autor: »Kants Lehre vom Apriorischen im Lichte gegenwärtiger Biologie« (Blätter f. dt. Philosophie 1941, S. 94) und »Die angeborenen Formen möglicher Erfahrung« (s. Anm. 68), die beiden ersten Veröffentlichungen zum Thema. – Sehr abstrakt, schwer zu lesen, aber wichtig als Beispiel einer konsequenten, systematischen Anwendung des Konzepts auf bestimmte Erkenntniskategorien: Rupert Riedl, »Biologie der Erkenntnis«, Berlin 1979. – Die scharfsinnigsten und ideenreichsten Beiträge von philosophischer Seite enthält die Aufsatzsammlung von Karl R. Popper, »Objektive Erkenntnis«. Ein evolutionärer Entwurf, Hamburg 1973.

71 Konrad Lorenz beschreibt eine Fülle von Beispielen, ebenso I. Eibl-Eibesfeldt (beide s. Anm. 67).

72 Zit. nach Eibl-Eibesfeldt (s. Anm. 67), S. 344.

73 W. M. Schleidt u. Mitarb., »Störungen der Mutter-Kind-Beziehung bei Truthühnern durch Gehörverlust«, *Behaviour* 16, S. 254 (1960).

74 Rupert Riedl bringt in seinem Buch »Biologie der Erkenntnis« (Berlin 1979) eine Fülle weiterer Beispiele. So kann z. B. kaum noch ein Zweifel daran bestehen, daß einige der für unsere heutige Gesellschaft zentralen Probleme ihre eigentliche Ursache in einer solchen Divergenz zwischen uns angeborenen Anschauungsformen und von ihnen abweichenden Strukturen der realen Welt haben. Dazu gehört etwa dic uns angeborene Anschauungsform der Kausalität. Wir vermögen kausale Zusammenhänge anscheinend nur linear zu denken und zu analysieren (auf A folgt B, auf B folgt C usw.). Vieles spricht dafür, daß wir heute nicht zuletzt deshalb vor den zunehmend komplexen wirtschaftlichen und ökologischen Problemen unserer Zivilisation in so erschreckendem Ausmaß versagen, weil wir deren vielfach in sich rückgekoppelten (in Wahrheit eben nicht linear-kausalen, sondern kausal-»vernetzten«) Strukturen mit den analytischen Strategien, auf die wir genetisch programmiert sind, nicht mehr ausreichend gerecht wer-

den. Typische Beispiele dafür scheinen jene ökologischen Eingriffe zu sein, die, nach sorgfältiger Planung zur Verbesserung bestimmter lokaler Situationen durchgeführt, schließlich das Gegenteil bewirkten oder gar zu Katastrophen führten (Assuanstaudamm, Einführung abendländischer Agrartechniken in bestimmten Entwicklungsländern, Anlage von Tiefbrunnen im Sahel-Gebiet u. v. a. m.).
Ein denkbarer Ausweg aus der sich hier abzeichnenden Sackgasse scheint mir in der Entwicklung geeigneter Computergenerationen zu bestehen, die den heutigen weit überlegen sind und selbst Strategien zu entwickeln vermögen, die den zu steuernden zivilisatorischen Systemen besser angepaßt sind als die uns von der Evolution angesichts ursprünglich wesentlich »natürlicherer« Aufgaben angezüchteten analytischen Kategorien. Die Möglichkeit ist nicht von der Hand zu weisen, daß wir uns schon innerhalb der nächsten Jahrzehnte in eine Lage manövriert haben könnten, in der wir gezwungen sind, den Analysen bzw. Planungsanweisungen derartiger Computer gewissermaßen blind zu vertrauen, wenn wir überleben wollen, da wir die Effekte der von ihnen vorgeschlagenen Lösungen im voraus nicht mehr zu beurteilen vermögen.

75 Karl R. Popper, »Objektive Erkenntnis«, Hamburg 1973, S. 273/74: Beide gingen nach der Methode »Versuch und Irrtum« vor. Während die Amöbe jedoch gezwungen sei, alle ihre Versuche konkret durchzuführen, um die beste Lösung herauszufinden, überprüfe Einstein seine Lösungshypothesen selbstkritisch *vor* ihrer Anwendung. Popper: »Ich halte diese bewußt kritische Einstellung gegenüber den eigenen Gedanken für den einzigen wirklich bedeutsamen Unterschied zwischen der Methode Einsteins und der der Amöbe.«

76 Werner Heisenberg, »Der Teil und das Ganze«, München 1972, S. 281/82.

77 Charakteristisch ist ein Brief, den Kepler zehn Jahre nach der Hinrichtung Brunos an Galilei schrieb, nachdem dieser bei seinen ersten Fernrohrbeobachtungen vier Monde des Jupiter entdeckt hatte. Kepler kannte die Schriften Brunos sehr gut, und seit Jahren hatte ihn nach eigenem Zeugnis der Gedanke beschäftigt, daß die Sterne am Himmel, wären sie – wie Bruno behauptet hatte – wirklich Sonnen wie unsere eigene, auch Planeten, womöglich sogar bewohnte Planeten haben müßten. Galilei hatte mit seinem

neuartigen Instrument nun aber nur Monde des Jupiter gesehen, und Kepler schreibt ihm auf diese Nachricht hin, spürbar erleichtert: »Hättest Du auch Planeten entdeckt, die einen Fixstern umlaufen, dann würde das für mich eine Verbannung in das unendliche All Brunos bedeutet haben.« Ihm bereite, so schrieb er an anderer Stelle, »schon der bloße Gedanke einen dunklen Schauder, mich in diesem unermeßlichen All umherirrend zu finden«, das »jener unglückselige Bruno in seiner grundlosen Unendlichkeitsschwärmerei« gelehrt habe.

Daß Bruno mit der »Wende«, die auf ihn nachweislich mehr als auf jeden anderen zurückzuführen ist, dennoch bis auf den heutigen Tag historisch nicht identifiziert zu werden pflegt, ist allein als »Erfolg« der konsequenten Unterdrückung aller seiner Werke durch die kirchliche Inquisition anzusehen: Alle Schriften Brunos mußten aus den Bibliotheken entfernt werden, in Rom wurden sie vor den Stufen des Petersdoms demonstrativ öffentlich verbrannt. Ihr Inhalt geriet in Vergessenheit, bis mehr als 200 Jahre nach dem gewaltsamen Tode des Autors, im Zuge der Säkularisierung, die ersten Exemplare aus bis dahin unzugänglichen Archiven wieder auftauchten. Erst Ende des vorigen Jahrhunderts erschienen die ersten offiziellen Ausgaben und Übersetzungen. (Quellen: H. Brunnhofer, »Giordano Brunos Weltanschauung und Verhängnis«, Leipzig 1882; Dorothea W. Singer, »Giordano Bruno, His Life and Thought«, New York 1950)

78 Am Rande vermerkt: Gegen Napoleon I. läßt sich gewiß vieles kritisch vorbringen. Es fällt mir andererseits schwer, mir vorzustellen, einer unserer heutigen Machthaber könnte auf den Gedanken kommen, einen der führenden Naturwissenschaftler unserer Zeit darum zu bitten, ihm das heute gültige wissenschaftliche Weltbild zu erläutern.

79 Dieser irreführenden Etikettierung scheint letztlich ein definitorisches Mißverständnis zugrunde zu liegen. Das Etikett eines »Positivisten« ist Popper anscheinend von Mitgliedern der »Frankfurter Schule«, und zwar ursprünglich wohl von Th. Adorno, angeheftet worden, anläßlich eines Streitgesprächs über den Grad der Wissenschaftlichkeit der von den »Frankfurtern« vertretenen soziologischen Position (Theodor W. Adorno u. a., »Der Positivismusstreit in der deutschen Soziologie«, Darmstadt 1969). Bei dieser Gelegenheit hat Popper allerdings die positivistische *Methode* der

Naturwissenschaft als optimalen Weg zur Erlangung überprüfbarer wissenschaftlicher Aussagen seiner Beurteilung zugrunde gelegt (ohne damit anderen Methoden – etwa der hermeneutischen Methode »verstehender Einfühlung« – deshalb jeden wissenschaftlichen Aussagewert abzusprechen). Nun kann man selbstverständlich den Begriff des »Positivismus« so weit dehnen, daß er auch eine solche Haltung noch einschließt. Ob das sehr sinnvoll ist, muß allerdings bezweifelt werden, wenn das u. a. eben dazu führt, daß auch ein Mann wie Popper dabei plötzlich zum Positivisten wird, also ausgerechnet der Mann, der dem »logischen Positivismus« des Wiener Kreises und damit dem Positivismus als philosophischer Grundhaltung (oder Weltanschauung) am entschiedensten widersprochen hat.

80 Ludwig Wittgenstein, »Tractatus logico-philosophicus« Frankfurt a. M. 1979.
Wittgenstein gehörte dem sogenannten Wiener Kreis an, einem Zirkel von Naturwissenschaftlern, Mathematikern und Philosophen, die Anfang der zwanziger Jahre den »logischen Positivismus« als philosophische Richtung begründeten und von seiner Basis aus »alle Formen metaphysischer und theologischer Einstellungen bekämpften«. Zu den Maximen dieses Kreises gehörte die Auffassung, daß nur mathematische und logische Aussagen sowie die Beschreibung durch Beobachtung festgestellter Sachverhalte sinnvolle Sätze darstellten und alle außerhalb dieses Bereichs getroffenen Aussagen weder »wahr« (da nicht beweisbar) noch »falsch« (da nicht widerlegbar), sondern einfach »sinnlos« seien.

81 Werner Heisenberg, »Der Teil und das Ganze«, München 1972, S. 279 ff.

82 Zit. nach Hans Küng, »Existiert Gott?«, München 1978, S. 121.

83 Die exakte logisch-philosophische Begründung ergibt sich aus der Feststellung, daß es »keine wahrheitsbewahrenden Erweiterungsschlüsse gibt« (W. Stegmüller, »Das Problem der Induktion«, in: H. Lenk [Hg.], »Neue Aspekte der Wissenschaftstheorie«, Braunschweig 1971), daß, wie schon David Hume anmerkte, kein logischer Schritt denkbar ist, der vom Bekannten zum noch nicht Bekannten führte. Damit aber erweist sich die Methode »induktiven« Schließens, des Schlußfolgerns also von der Summe bisheriger auf zukünftige Erfahrungen (»Vorhersage durch Induktion«), die aller wissenschaftlichen Theorienbildung zugrunde liegt, als

logisch unbegründbar. Poppers häufig zitierte Beispiele: Es ist – obwohl jeder Zoologe so arbeitet – prinzipiell unzulässig, aus der Tatsache, daß auf der ganzen nördlichen Erdhalbkugel in Jahrhunderten ausschließlich weiße Schwanenrassen gefunden worden sind, den induktiven Schluß zu ziehen, *alle* Schwäne seien weiß. Daß das nicht zulässig ist, wurde in diesem konkreten Fall sogar empirisch bestätigt, nämlich durch die gänzlich unerwartete Entdeckung einer schwarzen Schwanenrasse in Australien. Das zweite Beispiel: Kann ich aus der Tatsache, daß die Sonne seit der Entstehung der Erde über einem bestimmten Punkt der Erdoberfläche alle 24 Stunden erneut »aufgegangen« ist, mit uneingeschränkter Gewißheit schließen, daß sie das morgen auch wieder tun wird? Alle Naturwissenschaft (alle Wissenschaft überhaupt) setzt die Zulässigkeit derartiger »induktiver« Schlüsse voraus. In Wirklichkeit lautet die einzig korrekte Antwort auch auf diese Frage jedoch »nein«. (Die Sonne könnte vorher als Supernova explodieren, die Erde könnte von einem Riesenmeteor zerstört werden.) Induktionsschlüsse liefern also zwar, je nach der Breite ihrer empirischen Basis, mehr oder weniger verläßliche Annäherungen an die »Wahrheit«. Deshalb funktioniert Wissenschaft, die ohne sie nicht auskommt, erfahrungsgemäß auch recht gut. Absolute Wahrheit ist aber auch auf diesem Wege nicht zu erreichen und daher auch in der Wissenschaft an keiner Stelle erreicht oder erreichbar. (Siehe dazu Popper, »Objektive Erkenntnis«, S. 113 ff. und viele andere Stellen.)

84 Popper vertritt die Ansicht, daß dieses »Falsifikationsprinzip« auch den wesentlichen Aspekt aller konkreten wissenschaftlichen Arbeit darstelle. Die wichtigste Aufgabe eines Wissenschaftlers sei es, so heißt es bei ihm, die eigenen Theorien immer von neuem kritisch zu überprüfen und alle überhaupt denkbaren Einwände gegen sie ins Feld zu führen. In Gestalt der aus dieser permanenten Widerlegungsarbeit sich stetig ergebenden Korrekturen und Verbesserungen der bisherigen Theorien vollziehe sich wissenschaftlicher Fortschritt. Gegen diese Auffassung Poppers sind begründete Einwände erhoben worden. Wer den »Wissenschaftsbetrieb« aus eigener Erfahrung kennt, wird hier wohl eher dem Wissenschaftstheoretiker Thomas S. Kuhn beipflichten, der feststellt, daß wissenschaftlicher Fortschritt in der Praxis erfahrungsgemäß nicht das Resultat permanenter Reformen ist, die durch die

selbstkritische Aktivität der Urheber der zu reformierenden Theorien in Gang gehalten werden. In der Realität neigt eine sich um eine bestimmte Theorie und deren Initiator bildende wissenschaftliche »Schule« eher zu einer defensiven als zu einer selbstkritischen Haltung. Sie zieht es vor, die eigene Theorie durch immer neue Hilfshypothesen gegen von außen kommende Gegenargumente zu »immunisieren«. Klassisches Beispiel: die zunehmend ausgebaute »Epizyklentheorie« der Planetenbewegungen, mit denen das ptolemäische Weltsystem gegen das heliozentrische Konzept verteidigt wurde. Nach Kuhn (»Die Struktur wissenschaftlicher Revolutionen«, Frankfurt a. M. 1976) wird ein wissenschaftliches Erklärungsmodell (»Paradigma«) nicht durch reformierende Korrekturen seitens seiner Anhänger verbessert, sondern durch den Austausch gegen ein anderes, konkurrierendes »Paradigma« (eine neue, den zu erklärenden Sachverhalt befriedigender beschreibende Theorie), also gleichsam durch eine »Revolution« abgelöst. Die Wissenschaftsgeschichte gibt hier Kuhn gegen Popper wohl recht. Das ändert aber nichts an der Tatsache, daß die auf Popper zurückgehende Widerlegung des »Verifikationsprinzips« den grundsätzlich und stets hypothetischen Charakter alles menschlichen Wissens aufgedeckt hat und daß Poppers »Falsifikationsprinzip« (als logisches Prinzip, nicht als Beschreibung der Realität wissenschaftlichen Arbeitens) den probabilistischen Charakter aller wissenschaftlichen Theorien (Ersatz des Wahrheitsbegriffs durch den der »Bewährung«) zutreffend beschreibt.

85 Unserem Alltagsverstand, der nicht davon ablassen will, die Berührung zwischen der eigenen Faust und einer Tischplatte als »Beweis« der Realität beider zu interpretieren, könnte man auf der gleichen Ebene der Argumentation folgendes Gleichnis entgegenhalten: Zwei Wolken, die miteinander kollidieren und sich dabei aneinander verformen, »beweisen« sich damit gegenseitig ihre Undurchdringlichkeit. Ein Vogel fliegt jedoch durch sie hindurch, ohne sie als Widerstand überhaupt zu registrieren. Auch meine Faust (wie mein ganzer Leib) und die Tischplatte gehören nun der gleichen »Welt« an (und zwar ganz unabhängig von der Frage nach deren Objektivität). Bei ihrem Zusammenstoßen bestätigen sich Faust und Tischplatte daher lediglich ihre Zugehörigkeit zur gleichen Realitätsebene, ohne daß das Problem der

Objektivität dieser Ebene dabei berührt würde.

86 Der Gedanke, daß auch schon die Anerkennung der Realität der von uns erlebten Welt einen Akt des Vertrauens darstellt und daß daher die Entscheidung, auf die Existenz Gottes zu vertrauen (der Entschluß, sich für die Annahme der Existenz Gottes zu entscheiden), nicht so absolut irrational ist, wie sie von vielen beurteilt wird, die sich für Rationalisten halten, stellt eines der durchgehenden Motive des wiederholt zitierten Buchs »Existiert Gott?« von Hans Küng dar.

87 Das Mißverständnis ist anscheinend gerade in »gebildeten« Kreisen und so auch unter Naturwissenschaftlern weit verbreitet. Heisenberg zitiert Max Planck in diesem Sinne: »Die Naturwissenschaft... stellt uns vor die Aufgabe, richtige Aussagen über diese objektive Wirklichkeit zu machen... die Religion aber handelt von der Welt der Werte.« (»Der Teil und das Ganze«, S. 116.) Moralische Kategorien sind jedoch für religiöse Positionen keineswegs spezifisch und daher zur Definition ungeeignet. Sie lassen sich auch im Rahmen ganz anderer, agnostischer und sogar ausdrücklich atheistischer Weltbilder aufstellen und begründen. Vgl. z. B. Julian Huxley (Hg.), »Der evolutionäre Humanismus«, München 1964. – In einem 1937 gehaltenen Vortrag hat übrigens auch Max Planck knapp und unmißverständlich festgestellt: »Religion ist die Bindung des Menschen an Gott.« (»Religion und Naturwissenschaft«, 3. Aufl., Leipzig 1938, S. 9)

88 Als Aberglaube muß eine Überzeugung angesehen werden, die nachweislich unhaltbare Behauptungen einschließt (indem sie z. B. konkret vorliegenden oder nachprüfbaren Erfahrungen widerspricht).

89 So der Soziologe Ernst Topitsch in seinem wichtigen Buch »Erkenntnis und Illusion«, Hamburg 1979, S. 228.

90 Zit. nach Topitsch, S. 25.

91 Hans Küng (a. a. O., S. 264 ff.) gibt eine ausgezeichnet dokumentierte Übersicht über die Entwicklung dieses Arguments innerhalb der marxistischen Ideologie. Marx' zum geflügelten Wort gewordene Definition, Religion sei »das Opium des Volkes«, enthält sich noch jeder Unterstellung demagogischer Absichten seitens der »herrschenden Klasse«. Religion ist bei ihm ein Betäubungsmittel, mit dem sich das Proletariat über sein in kapitalistischen Produktionsverhältnissen unaufhebbares Elend hinwegtröstet.

Dementsprechend hält Marx es auch noch für überflüssig, die Religion aktiv zu bekämpfen. Er ist sich sicher, daß sie von selbst »absterben« wird, wenn die kommunistische Gesellschaft erst einmal verwirklicht ist. Religion als »Seufzer der bedrängten Kreatur« entfällt in einer sozialistischen Gesellschaft, weil es in ihr für das Proletariat sozusagen nichts mehr zu seufzen gibt. Die aggressive Formulierung, Religion sei »Opium für das Volk«, findet sich erst bei Lenin. Für ihn ist Religion eine von den Herrschenden bewußt verabreichte Art »geistigen Fusels, in dem die Sklaven des Kapitals... ihre Ansprüche auf ein halbwegs menschenwürdiges Leben ersäufen«. Diese Sicht der Dinge hat dann allerdings die Pflicht zur aktiven Bekämpfung einer solchen Strategie der »religiösen Verdummung der Arbeiter« logisch zur Folge.
Man wird, wie ich hier hinzusetzen möchte, angesichts des weiteren historischen Ablaufs nicht umhin können, die Marxsche Auffassung für plausibler zu halten als die Lenins. Der Verdacht nämlich, daß die in den Ländern des real existierenden Kommunismus bis heute nicht abgestorbene Religiosität dort deshalb noch immer am Leben sein könnte, weil sie den Mitgliedern dieser Gesellschaften von den jetzt dort Herrschenden bewußt verabreicht würde, läßt sich mit guten Gründen abweisen.

92 »Existiert Gott?«, S. 243. Küng bezieht sich an dieser Stelle auf den Philosophen Eduard v. Hartmann.

93 Alfred Rust belegt in seinem Buch »Urreligiöses Verhalten und Opferbrauchtum des eiszeitlichen Homo sapiens« (Neumünster 1974), daß das auch schon für den prähistorischen Menschen galt, sogar schon für den legendären Neandertaler bis zurück zu einer Zeit, die mindestens 100 000 Jahre vor der Gegenwart liegt. Rust unterscheidet dabei ausdrücklich zwischen lediglich schamanistischen und ähnlichen Ritualen und Zeugnissen für eine Jenseitserwartung.

94 Gerhard Vollmer (s. Anm. 70) schreibt dieses Zitat auf S. 138 ohne weitere Angaben Wilkinson zu.

95 Noam Chomsky, »Sprache und Geist«, Frankfurt 1970.

96 Der Frankfurter Physiker Hermann Dänzer hat schon vor mehr als zwei Jahrzehnten in einem sehr lesenswerten Aufsatz darauf hingewiesen, daß der »symbolische« Charakter der Sprache, mit der ein Kernphysiker die mikrokosmische Realität beschreibe, eine »merkwürdige formale Analogie« zu der Symbolsprache aufweise,

in der Theologen über religiöse Inhalte sprächen, und daß es deshalb unzulässig sei, religiöse Aussagen allein unter Hinweis auf ihren Symbolcharakter als irreal abzuweisen. (»Das Symboldenken in der Atomphysik und in der Theologie«, Universitas, 22. Jg., April 1967, S. 367) In dem gleichen Sinne äußerte sich W. Heisenberg in einem Interview. (Eike Chr. Hirsch, »Das Ende aller Gottesbeweise?«, Hamburg 1975, S. 41)

97 Nicht zufällig, wie mir scheint, wird das angesichts bestimmter Beispiele moderner Lyrik besonders deutlich. Diese Spielart der Kunst bedient sich zwar der uns allen geläufigen Wörter, jedoch in einem Kontext, unter Verwendung einer Syntax, die das Resultat für den, der es im Rahmen alltäglichen Sprachverständnisses zu lesen versucht, mehr oder weniger unverständlich und eigentümlich aussagelos bleiben läßt. Diese Unzugänglichkeit lyrischer Aussagen auf dem Wege konventionellen Sprachverständnisses scheint mir die Kehrseite der Tatsache zu sein, daß auch sie den Versuch darstellen, Bereiche der Wirklichkeit anzusprechen, die sich mit unserer Alltagssprache nicht fassen lassen – dadurch, daß der Dichter die Wörter in einen Zusammenhang stellt, der gleichsam ihre semantischen »Obertöne«, die mit ihnen einhergehenden Assoziationen und atmosphärisch-emotionalen Anklänge, in den Vordergrund treten läßt.

98 Friedrich August von Hayek, »Die drei Quellen der menschlichen Werte«, Tübingen 1979.

Der Titel bezieht sich auf die Auffassung des Autors, daß es nicht nur instinktiv-genetisch und durch individuelle Vereinbarung festgelegte Normen, sondern außerdem auch (auf eine grundsätzlich andere Weise entstandene) kulturelle Wertnormen gebe. Ich möchte erwähnen, daß ich mich hier lediglich auf den diese Auffassung begründenden ersten Teil des genannten Essays beziehe, der mir wichtig erscheint, weil das Konzept eines überindividuellen Lernprozesses, ja sogar die Annahme einer außerhalb organischer Gehirne existierenden Intelligenz hier in einem sehr konkreten, fernab von jeder metaphysischen Spekulation zu verstehenden Sinn zur Definition des Wesens von »Kultur« verwendet wird. Unabhängig von biologischen Überlegungen ist mir dieser Denkansatz bisher nicht in dieser Eindeutigkeit und mit gleich überzeugender Begründung begegnet. Die Wichtigkeit des von Hayek an dieser Stelle entwickelten Konzepts von einer

»dritten« Quelle des Wissens wird auch nicht von der Frage berührt, ob man bereit ist, sich den anschließenden, den Hauptteil des Beitrags ausmachenden gesellschaftskritisch-ideologischen Gedankengängen des Autors anzuschließen oder nicht.

99 Man kann nur hoffen, daß dieser Effekt nicht allzusehr von den sich aus dem genannten Konzept m. E. keineswegs zwingend ergebenden Folgerungen beeinträchtigt wird, die Hayek inhaltlich aus ihnen ableiten zu müssen glaubt und deren ideologische Tendenz vielen einseitig erscheinen wird.

100 Ein Beispiel wäre etwa die jahrelang geführte Diskussion um die Austauschbarkeit der väterlichen und mütterlichen Rollen in der Familie. Da sich rational in der Tat kein Argument dafür finden läßt, die traditionelle Mutterrolle ausschließlich der Frau aufzuerlegen, mußte die Frage auftauchen, ob es nicht »gerechter« sei, die »angeblich geschlechtsspezifischen«, in Wirklichkeit aber »nur aus traditioneller Gewohnheit« resultierenden Rollen gleichmäßiger zu verteilen. Um diesen Punkt ist es in letzter Zeit wieder stiller geworden, nicht zuletzt deshalb, weil inzwischen Untersuchungen vorliegen, die zeigen, daß in dieser »lediglich kulturell« legitimierten Rollenverteilung ein »Wissen« über viele höchst konkrete Zusammenhänge steckt, die sich unserem rationalen Verständnis erst neuerdings bei gezielter Fragestellung schrittweise zu erschließen beginnen. Beispiele in: »Der Geist fiel nicht vom Himmel«, Hamburg 1976, S. 211–219. Einführung in das Spezialgebiet: Bernhard Hassenstein, »Verhaltensbiologie des Kindes«, München 1973.

101 Dem widersprechen auch die Untersuchungen nicht, mit denen der Münsteraner Zoologe Bernhard Rensch z. B. bei Schimpansen, die er zum Malen mit Farben anregte, ästhetische Ausdrucksformen nachwies. (B. Rensch, »Über ästhetische Faktoren im Erleben höherer Tiere«, in: n+m [Naturwissenschaft und Medizin] 9, S. 43, Mannheim 1965). Interessant und bisher zu wenig beachtet scheint mir die von Rensch in diesem Zusammenhang vorgetragene Hypothese zu sein, daß die ästhetische Wirkung bestimmter artspezifischer Färbungen und Körperzeichnungen die Folge davon sein könnte, daß ästhetische Faktoren auch Bestandteil des angeborenen Mechanismus seien, der das Balzverhalten auslöse, und daß sie daher auch bei der geschlechtlichen Zuchtwahl wirksam sein könnten. (Darwin hat seinerzeit schon die

gleiche Vermutung geäußert.) – Das alles liegt aber jedenfalls entwicklungsgeschichtlich noch weit vor dem im Text gemeinten Bedürfnis nach künstlerischem Ausdruck. Das Bedürfnis nach einer Kunstsprache setzt vermutlich die intuitive Einsicht in die Unzulänglichkeit gesprochener Sprache und damit diese selbst voraus.

102 Wenn man das kosmologische Modell des »pulsierenden Weltalls« zugrunde legt (»Im Anfang war der Wasserstoff«, S. 45 f.), bezieht diese Aussage sich auf den ersten Urknall überhaupt.

103 Einzelheiten in meinem Buch »Der Geist fiel nicht vom Himmel«, Hamburg 1976, S. 229-242.

104 Die Beobachtungen und Schlußfolgerungen, auf denen diese Schätzung beruht, habe ich in dem Buch »Im Anfang war der Wasserstoff« ausführlicher beschrieben (4. Aufl., Hamburg 1975), Seite 19–51.

105 C. F. v. Weizsäcker, »Astronomie unseres Jahrhunderts«, 9. Vorlesung in: »Die Tragweite der Wissenschaft«, Stuttgart 1964.
Es gibt auch in diesem Falle wieder abweichende Meinungen. Ein Beispiel ist die von Fred Hoyle entwickelte *»steady state«*-Hypothese, entwickelt eigens zu dem Zweck, die Überzeugung von der »Ewigkeit« der Welt mit den Beobachtungstatsachen vereinen zu können. Einzelheiten zu dieser speziellen kosmologischen Theorie brauchen hier schon deshalb nicht angeführt zu werden, weil sie durch neuere radioastronomische Befunde in den letzten Jahrzehnten mehr und mehr – auch bei vielen ihrer ursprünglichen Anhänger – in Mißkredit geraten ist.

106 Die moderne Evolutionstheorie kennt andererseits durchaus auch den Begriff einer Kausalität »von oben nach unten« im Beziehungsgefüge von Organismus, Population und zugehöriger Umwelt. Die Realität funktioniert eben nicht linear-kausal, sondern in vielfach rückgekoppelten Wirkungskreisen, innerhalb derer bereits vorliegende Umweltfaktoren immer auch neue Anpassungsformen »herausfordern« und bereits verwirklichte Details des Bauplans indirekt – und sei es durch Ausschluß – »nach unten« über den Selektionswert einer neuen Mutation mitentscheiden. Vgl. dazu Donald T. Campbell, »Downward causation in hierarchically organized biological systems«, in: »Studies in the philosophy of biology«, Berkeley 1974. In dem gleichen Sinne auch Rupert Riedl, »Strategie der Genesis«, München 1976.

107 Es gibt nur, was etwas ganz anderes ist, jene Einengungen oder »Kanalisierungen« (K. H. Erben, s. Anm. 37), denen der evolutive Prozeß durch das bereits Bestehende unterworfen wird. Die Evolution ist stets darauf angewiesen, das weiterzuentwickeln, was schon vorliegt. Sie kann niemals (mehr, jedenfalls nicht auf der Erde) von neuem (in Freiheit) anfangen. Je höher entwickelt, je spezifischer in seiner Funktion und je komplizierter ein Bauplan ist, um so mehr engt sich die Möglichkeit grundlegender Änderungen ein: Die geschichtliche »Offenheit« seiner Zukunftsmöglichkeiten nimmt im Verlaufe seiner Weiterentwicklung stetig ab.

108 Paul Davies, »The Runaway Universe«, London 1978, S. 185.

109 B. J. Carr and M. J. Rees, »The anthropic principle and the structure of the physical world«, *Nature* 278, 605–612 (1979).

110 J. A. Wheeler, zit. von Carr und Rees (s. Anm. 109).

111 Dies entspricht im wesentlichen der sog. »Äquivalenz«- oder »Identitäts-Hypothese«, einer bisher nicht genannten weiteren Position angesichts des Geist-Materie-Problems. Eine gute zusammenfassende Darstellung dieser und aller übrigen Denkmöglichkeiten angesichts des Problems bringt Gerhard Vollmers Aufsatz »Evolutionäre Erkenntnistheorie und Leib-Seele-Problem«, in: Herrenalber Texte, Nr. 23, Karlsruhe 1980.

112 Ein besonders krasses Beispiel dafür liefert der wohl prominenteste heutige Vertreter des Behaviorismus, B. F. Skinner, in seinem mit unverkennbar emanzipatorisch-humanistischer Absicht geschriebenen Buch »Jenseits von Freiheit und Würde«, Hamburg 1973. (Als »Behaviorismus« wird eine Richtung der Psychologie bezeichnet, die alle subjektiven, nur der Selbsterfahrung zugänglichen psychischen Phänomene konsequent ausklammert und versucht, sich durch eine systematische Beschränkung auf objektiv beobachtbare und meßbare Verhaltensparameter als »naturwissenschaftlich exakte« Disziplin zu konstituieren.)

113 Ernst Bloch, »Das Materialismusproblem, seine Geschichte und Substanz«, Bd. 7 der Gesamtausgabe, Frankfurt a. M. 1972, S. 289.

114 Berühmtestes Beispiel: Friedrich Engels, »Herrn Eugen Dührings Umwälzung der Wissenschaft« (Anti-Dühring), Bd. 20 der Werke von K. Marx und F. Engels, Berlin (Ost) 1973.

115 C. F. v. Weizsäcker, »Die Einheit der Natur«, 4. Aufl., München 1972, S. 289.

116 K. Lorenz, »Die Rückseite des Spiegels«, München 1973, S. 48 ff.

117 Gerhard Vollmer hat diesem Argument entgegengehalten, daß ich hier einen Unterschied konstruierte, der »in dieser Schärfe« gar nicht bestände. Einer zukünftigen Forschung werde es aller Wahrscheinlichkeit nach vielmehr gelingen, den pauschalen Begriff des »Geistigen« in Teilfunktionen zu zerlegen und für jede von ihnen eigene Kriterien zu erarbeiten. »Einzelne dieser Fähigkeiten reichen dann sehr weit zurück in die Stammesgeschichte, andere finden sich nur bei Wirbeltieren und wieder andere nur bei Primaten oder beim Menschen.« Auf diese Weise ließe sich also, das ist offenbar das Argument, auch die Entstehung »des« Psychischen in der Evolution in eine Vielzahl kleiner und kleinster Schritte zerlegen, deren jeder für sich als »Fulguration« angesehen werden könnte.

Der Einwand überzeugt mich nicht, und das aus zwei Gründen. Zunächst einmal beziehe ich mich, wenn ich vom Psychischen oder Seelischen rede, *nicht* auf die von Vollmer genannten (oder vergleichbare) Teilfunktionen wie Gedächtnis, Abstraktion, Sprachfähigkeit usw. Sie alle werden in Zukunft z. B. auch von Computern *ohne alles Bewußtsein* vollzogen werden können (soweit das nicht heute schon der Fall ist). Und sie alle haben, wie im weiteren Text noch eingehend auseinandergesetzt werden wird, während des größten Teils der bisherigen Evolution auch ohne Bewußtsein schon das Geschehen gelenkt. Was ich meine, ist vielmehr das von allen diesen Funktionen grundsätzlich eben unabhängige, aus bisher unbekannten Gründen mit ihnen mitunter aber doch einhergehende, schwer beschreibbare, andererseits unmittelbar erfahrbare Phänomen des *subjektiven Erlebens* dieser funktionellen Vollzüge. Dies hat sich eben, wie ich meine, nicht nach dem »Alles-oder-nichts-Prinzip« eingestellt, das für das Auftreten einer neuen Systemeigenschaft (für eine »Fulguration«) typisch ist.

Außerdem scheint es mir eine Konstruktion *ad hoc* zu sein, wenn man behauptet, daß es in Zukunft (!) gelingen werde, das Psychische (in dem von mir soeben erläuterten Sinne) so lange in immer kleinere evolutiv erklärbare Einzelschritte zu zerlegen, bis man jeden einzelnen von ihnen als Fulguration auffassen könne. Mit dieser Methode ließe sich z. B. auch die embryonale Entwicklung als eine Kette beliebig klein zu denkender Fulgurationen auffassen, da es, wenn man die Aufsplitterung nur weit genug treibt, möglich werden muß, auf jeder der durch eine derartige begriffliche Atomisierung hergestellten Stufen eine Eigenschaft ausfindig zu machen, die es auf der vorhergehenden noch nicht gab. Eine solche Ausweitung des Begriffs würde aber dem Wesen des embryonalen Entwicklungsprozesses nicht gerecht. Natürlich kann man jede Definition so formulieren, daß sie zur eigenen Argumentation paßt. Logisch läßt sich dagegen kein Einwand erheben. Eine andere Frage ist die des heuristischen Werts. Die von Vollmer in seinem Einwand durchgeführte Argumentation scheint mir die Besonderheit dessen, was mit Fulguration ursprünglich gemeint ist, bis zur Ununterscheidbarkeit aller überhaupt denkbaren Entstehungsprozesse zu verwässern.

Quellen: H. v. Ditfurth, »Gedanken zum Leib-Seele-Problem aus naturwissenschaftlicher Sicht«, Freiburger Universitätsblätter, Heft 62 (1978), S. 25–37. – Gerhard Vollmer »Evolutionäre Erkenntnistheorie und Leib-Seele-Problem«, Herrenalber Texte, Nr. 23, Karlsruhe 1980, S. 38 f.

118 Die hier anschließende Argumentation stammt, ebenso wie das Textzitat von Ryle, aus: Hans Sachsse, »Wie entsteht der Geist?«, Herrenalber Texte, Nr. 23, Karlsruhe 1980, S. 91–105.

119 Erwin Schrödinger, »Geist und Materie«, Braunschweig 1959.

120 Gotthard Günther, »Das Bewußtsein der Maschinen. Eine Metaphysik der Kybernetik«, Baden-Baden 1963. – C. F. v. Weizsäcker formulierte in einem ähnlichen Zusammenhang (dem einer kybernetischen Definition von »Wissen«), daß die »Beschränkung des Geistes auf den Menschen nicht selbstverständlich« sei. (»Die Einheit der Natur«, 4. Aufl., München 1972, S. 366)

121 Michael S. Gazzaniga, »The Split Brain in Man«, *Scientific American,* August 1967, S. 24.

122 Ernst Bloch, a.a.O. (Anm. 113), S. 311/12.

123 Oswald Kroh, »Das Leib-Seele-Problem in entwicklungspsychologischer Sicht«. Studium Generale 9 (1956), S. 249. – Ähnlich J. B. Best, »Protopsychology«, *Scientific American* 208 (1963), S. 55. – Zum »psychophysischen Identismus«: Bernhard Rensch, »Stammesgeschichte des Geistigen«, Herrenalber Texte, Nr. 23, Karlsruhe 1980, S. 41–47.

124 Gerhard Vollmer, »Evolutionäre Erkenntnistheorie und Leib-Seele-Problem«, Herrenalber Texte, Nr. 23, Karlsruhe 1980, S. 14f.

125 K. Lorenz, »Gestaltwahrnehmung als Quelle wissenschaftlicher Erkenntnis«, Z. f. exp. u. angew. Psychologie, Bd. VI, 1, S. 127 (1959).

126 H. v. Ditfurth, »Im Anfang war der Wasserstoff«, 1. Aufl., Hamburg 1972, S. 238–251, detaillierter begründet dann in »Gedanken zum Leib-Seele-Problem« (s. Anm. 117).

127 Die Autoren dieser Produkte verschwenden denn auch in der Regel keinen Gedanken an die Bedeutung der Existenz nichtmenschlicher Bewußtseinsformen. Meist verlegen sie einfach Kriminal- oder Abenteuergeschichten des altgewohnten Genres, deren Handlungsabläufe in einem konventionellen Milieu keine neuen Leseanreize mehr liefern würden, in eine möglichst exotisch ausgeschmückte »außerirdische« Umgebung. In anderen Fällen, und das gilt nun wieder für die Mehrzahl der (wenigen) anspruchsvolleren Produkte, verfolgen die Autoren ganz andere Ziele als die Darstellung plausibler außerirdischer Kulturen. Schon Jonathan Swift ließ seinen Gulliver seinerzeit zu den Liliputanern und anderen phantastischen Völkerschaften reisen, um Mißstände seiner eigenen Gesellschaft, die direkt anzuprangern ihm aus guten Gründen nicht ratsam erschien, wenigstens in der indirekten Form der Fabel verhöhnen zu können. Eine ähnliche Mimikry-Funktion hat auch die von einigen mit Recht geschätzten »Science-fiction«-Autoren unserer Tage entworfene »extraterrestrische« Szenerie, deren Namen anzuführen aus eben diesem Grunde wenig fair wäre.

128 Karl Schaifers und Gerhard Traving, »Meyers Handbuch über das Weltall«, 5. Aufl., Mannheim 1972, S. 699 ff.

129 S. von Hoerner, »Where Is Everybody?«, Naturwissenschaften, 6. Sept. 1978.

130 Könncn wir dic Möglichkcit ausschlicßcn, daß dcr Glaubc an dic Existenz von »Engeln« die Form sein könnte, in der die Einsicht in die Unwahrscheinlichkeit der Einmaligkeit menschlicher Existenz im Kosmos, die Einsicht in die Möglichkeit der Existenz von uns auf unvorstellbare Weise überlegenen Wesen, ihren Niederschlag in unserem, unserer individuellen Intelligenz so überlegenen kulturellen »Wissen« gefunden hat?

131 Pascual Jordan in: »Sind wir allein im Kosmos?«, München 1970, S. 151–165. – Jacques Monod, »Zufall und Notwendigkeit«, München 1971.

Warum der von P. Jordan (und anderen) implizit und von J. Monod explizit vorgetragene Einwand gegen die Möglichkeit einer Wiederholung der spontanen Lebensentstehung auf anderen Planeten nicht stichhaltig ist, habe ich in einem früheren Buch bereits detailliert auseinandergesetzt (»Im Anfang war der Wasserstoff«, Hamburg 1972, S. 179–186). Hier beschränke ich mich auf eine Zusammenfassung der wichtigsten Punkte.

132 Hier ist daran zu erinnern, daß jede Spezialisierung zu einer Einengung der weiteren Entwicklungsmöglichkeiten führt (»Kanalisierungseffekt« nach Heinrich K. Erben). So ist auch der evolutive Weg, auf dem die Optimierung der enzymatischen Wirkung von Cytochrom c erfolgte, schon von einem sehr frühen Stadium ab sehr schnell immer enger geworden: Die Zahl der möglichen mutativen Abänderungen des Moleküls, die über das jeweils Erreichte hinaus eine weitere Steigerung der Wirkung hätten herbeiführen können, wurde mit jedem einzelnen Verbesserungsschritt immer kleiner. Vielleicht schon seit mehr als einer Milliarde Jahren ist der Prozeß der Spezialisierung dieses Moleküls so weit gediehen, daß nahezu jede (an den funktionell bedeutsamen Molekülabschnitten erfolgende) Veränderung nur noch zu Rückschlägen hätte führen können.

Deshalb ist es zwar richtig, daß Cytochrom c in seiner heute vorliegenden Form unentbehrlich ist, »daß es (heute) nur (noch) so und nicht anders geht«. Das heißt aber nicht etwa, daß es grundsätzlich – etwa bei einem zufällig anderen Ausgangspunkt zur Lösung des gleichen Stoffwechselproblems – nicht doch »ganz anders gegangen wäre«.

133 Vielleicht sind es gar nicht mehr organische Gehirne, die in einer so fortgeschrittenen Phase der Evolution dem Geist als Eingangspforten in diese Welt dienen werden. Wir müssen durchaus mit der Möglichkeit rechnen, daß auch die biologische Phase der Evolution nur ein vorübergehendes Stadium der Geschichte darstellen könnte (so, wie es die chemische Evolution z. B. gewesen ist). Es lassen sich Argumente für die Hypothese anführen, daß die biologische Evolution zu Ende gehen könnte, sobald ihre Produkte (wir!) kybernetischen Strukturen einen hinreichenden Komplexitätsgrad verschafft haben, der sie dazu befähigt, sich selbständig, ohne die Hilfe organischer, »lebender« Techniker, weiterzuentwickeln. Da die intellektuelle Kapazität kybernetischer Strukturen

möglicherweise nicht den Grenzen organisch realisierter (von lebenden Gehirnen vermittelter) Erkenntnisfähigkeit unterliegt – und gewiß nicht deren angesichts der gigantischen Aufgabe, die Erkenntnis in diesem Kosmos zu bewältigen hat, lächerlich kurzen Lebensdauer –, ist der Gedanke zulässig, daß die Hauptlinie der Evolution in Zukunft den Pfad der bisherigen Entwicklung verlassen und dazu übergehen könnte, ihre Potenzen nicht länger mit organischem, lebendem Material, sondern mit wie auch immer materialisierten »kybernetischen Mustern« zu verwirklichen. Der Freiburger Biophysiker Werner Kreutz hat sich kürzlich mit zumindest anregenden Argumenten sogar für die Wahrscheinlichkeit dieser Annahme ausgesprochen. (W. Kreutz, »Das Geist-Materie-Problem aus naturwissenschaftlicher Sicht«, Herrenalber Texte, Nr. 23, Karlsruhe 1980, S. 61–72.)

134 Da die Zahl derer, die einen, aus welchen Gründen auch immer, mißzuverstehen wünschen, nach meinen Erfahrungen nur unwesentlich kleiner zu sein pflegt als die Zahl derer, denen man sich nicht hinreichend verständlich gemacht hat, hier eine kurze zusätzliche Anmerkung: Auf S. 143/44 habe ich geschrieben, daß der Gedanke, die Evolution als Augenblick der Schöpfung zu begreifen, wortwörtlich so gemeint sei, wie er da stehe. Gemeint ist mit dem Appell an dieser Stelle – die weit vor unserer Besinnung darauf liegt, daß (fast) all unser Reden metaphorisches, mythologisches Reden ist – lediglich die Forderung, den Gedanken an eine Identität von Evolution und Schöpfungsvorgang *nicht weniger ernst zu nehmen* als alle anderen im Zusammenhang mit der Schöpfung von uns gehegten Vorstellungen (die allesamt freilich nur mythologisch formuliert werden können und insofern nicht wortwörtlich verstanden werden dürfen).

135 George Bernard Shaw legt diese Worte – in: »Bis an des Gedankens Grenze«, dem 5. Stück aus »Zurück zu Methusalem« – der Urmutter Lilith in den Mund. (Gesammelte Werke, Zürich 1947)

136 Quellen s. Anm. 12.

137 Siehe Anm. 135. Shaw setzt an dieser Stelle hinzu: »Und das wird das ewige Leben sein.«

138 Je unmittelbarer der Betende auf die Erfüllung eines konkreten Wunsches abzielt, um so eher liefert er sich dem von Feuerbach, Freud und anderen Religionskritikern geäußerten Verdacht aus,

sein Gebet sei nichts anderes als Ausdruck einer »infantilen Projektion«. In dem Maße andererseits, in dem ein Gebet Ausdruck einer Haltung ist, die sich mitten im Alltagsbetrieb einer jenseits unserer Welt existierenden, unsere Welt transzendierenden Realität zu vergewissern sucht, verfehlt der kritische Einwand das, worum es sich wirklich handelt. »Das Gebet ist der Gedanke an den Sinn des Lebens« (L. Wittgenstein, Tagebücher, zit. nach H. Küng).

139 Eine kritische Betrachtung könnte übrigens zu dem Verdacht führen, daß die so stark affektbesetzte Ablehnung der Lehren Darwins sich der in der Regel vorgebrachten religiösen Argumente nur zur Camouflage unbewußt bleibender tieferer Motive bedient, die sehr viel mehr mit der menschlichen Eitelkeit zu tun haben als mit dem Wunsch einer Verteidigung angeblich bedrohter religiöser Positionen. Es fällt jedenfalls auf, daß Sigmund Freud, der immerhin gelehrt hat, daß der Glaube an einen Gott in Wirklichkeit nichts anderes sei als eine Form »infantiler Wunscherfüllung«, aus den gleichen Kreisen niemals auch nur in annähernd so scharfer Form angegriffen worden ist wie der Begründer der Evolutionstheorie. Könnte man daraus nicht schließen, daß es in den Augen vieler dieser Kritiker offenbar anstößiger ist, den Menschen für einen Bruder der Tiere zu halten als Gott für eine bloße Illusion?

Als der heilige Franz von Assisi Vögel und Fische als seine kleinen Brüder und Schwestern anredete, da habe er, so meinte G. B. Shaw, Darwin geistig ganz sicher nähergestanden als seinen kirchlichen Oberen. (Vorwort von »Zurück zu Methusalem«, s. Anm. 135)

Naturwissenschaft im dtv

John D. Barrow
Warum die Welt mathematisch ist
dtv 30570

Jack Cohen, Ian Stewart
Chaos und Antichaos
Ein Ausblick auf die Wissenschaft des 21. Jahrhunderts · dtv 33003

Richard E. Cytowic
Farben hören, Töne schmecken
Die bizarre Welt der Sinne
dtv 30578

Antonio R. Damasio
Descartes' Irrtum
Fühlen, Denken und das menschliche Gehirn
dtv 30587

Paul Davies, Julian R. Brown
Superstrings
Eine Allumfassende Theorie der Natur in der Diskussion
dtv 30035

Paul Davies, John Gribbin
Auf dem Weg zur Weltformel
Superstrings, Chaos, Komplexität
Über den neuesten Stand der Physik · dtv 30506

Richard Dawkins
Der blinde Uhrmacher
Ein neues Plädoyer für den Darwinismus · dtv 30558

Hoimar von Ditfurth
Die Wirklichkeit des Homo sapiens
Naturwissenschaft und menschliches Bewußtsein
dtv 33000

Ivar Ekeland
Zufall, Glück und Chaos
Mathematische Expeditionen
dtv 30543

Timothy Ferris
Das intelligente Universum
Ein Blick zurück auf die Erde
dtv 30479

Harald Fritzsch
Vom Urknall zum Zerfall
Die Welt zwischen Anfang und Ende
dtv 30395

Don Glass
What's what?
Naturwissenschaftliche Plaudereien · dtv 30511

Karl Grammer
Signale der Liebe
Die biologischen Gesetze der Partnerschaft
dtv 30498

Jean Guitton, Grichka und Igor Bogdanov
Gott und die Wissenschaft
Auf dem Weg zum Meta-Realismus · dtv 30516

Naturwissenschaft im dtv

Gerald Hühner
»Zwei mal zwei ist vier?«
Mutmaßungen über Selbstverständliches · dtv 33004

Philip Johnson-Laird
Der Computer im Kopf
Formen und Verfahren der Erkenntnis · dtv 30499

Lynn Margulis,
Dorion Sagan
Geheimnis und Ritual
Die Evolution der menschlichen Sexualität
dtv 30557

Josef H. Reichholf
Comeback der Biber
Ökologische Überraschungen · dtv 30537

Josef H. Reichholf
Das Rätsel der Menschwerdung
Die Entstehung des Menschen im Wechselspiel mit der Natur · dtv 33006

Mark Ridley
Darwin lesen
Eine Auswahl aus seinem Werk · dtv 30519

Jeanne Rubner
Was Frauen und Männer so im Kopf haben
dtv 30524

Nancy M. Tanner
Der Anteil der Frau an der Entstehung des Menschen
Eine neue Theorie zur Evolution
dtv 30591

Rudolf Treumann
Die Elemente
Feuer, Erde, Luft und Wasser in Mythos und Wissenschaft
dtv 30583

Frederic Vester
Denken, Lernen, Vergessen
Was geht in unserem Kopf vor?
dtv 30395

Frederic Vester
Neuland des Denkens
Vom technokratischen zum kybernetischen Zeitalter
dtv 33001

Kurt Weis
Was ist Zeit?
Zeit und Verantwortung in Wissenschaft, Technik und Religion
dtv 30525

Berthold Wiedersich
Das Wetter
Entstehung, Entwicklung, Vorhersage
dtv 30552

Fred Alan Wolf
Die Physik der Träume
Von den Traumpfaden der Aboriginies bis ins Herz der Materie
dtv 33005